商用车底盘构造与维修

叶新娜 主 编 杨长征 副主编

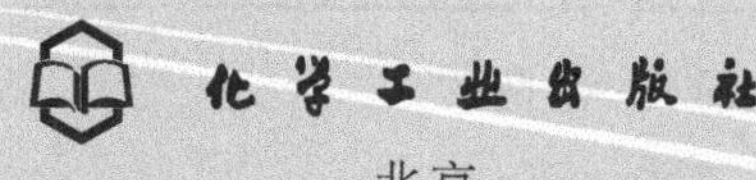

化学工业出版社
·北京·

本书以目前市场上常见的车型为主，按照结构、原理、维护和维修、故障诊断与排除的顺序，系统介绍了商用车底盘的总体及各部件的构造、拆装、检修及常见故障的诊断与排除方法。书中内容包括商用车底盘概述、商用车传动系、商用车行驶系、商用车转向系和商用车制动系等部分，图文并茂，与企业维修实际接轨。

本书可作为相关维修技术人员用书，高职高专院校汽车类专业的教材，也可供培训使用。

图书在版编目（CIP）数据

商用车底盘构造与维修/叶新娜主编. —北京：化学工业出版社，2018.5（2023.9重印）
ISBN 978-7-122-31767-4

Ⅰ.①商… Ⅱ.①叶… Ⅲ.①汽车-底盘-结构②汽车-底盘-车辆修理 Ⅳ.①U463.1②U472.41

中国版本图书馆CIP数据核字（2018）第053051号

责任编辑：韩庆利　　文字编辑：张绪瑞
责任校对：边　涛　　装帧设计：刘丽华

出版发行：化学工业出版社（北京市东城区青年湖南街13号　邮政编码100011）
印　　装：北京科印技术咨询服务有限公司数码印刷分部
787mm×1092mm　1/16　印张17¾　字数460千字　2023年9月北京第1版第4次印刷

购书咨询：010-64518888　　售后服务：010-64518899
网　　址：http://www.cip.com.cn
凡购买本书，如有缺损质量问题，本社销售中心负责调换。

定　价：48.00元

前言

FOREWORD

商用车是在设计和技术特征上用于运送人员和货物的汽车。习惯把商用车划分为客车和货车两大类。我国商用车近些年发展得很快，在重卡行业，国内三大商用车企业包括中国重汽、东风、一汽三大元老级商用车集团。当然随着市场竞争日益的激烈，很多重卡新秀异军突起，包括福田欧曼、陕汽、北奔、红岩等一大批富有极强竞争力的重卡集团。相对于商用车发展的蓬勃之势，商用车的维修技术水平滞后，维修人才急缺，维修资料不齐，目前从业人员水平参差不齐，特别是商用车的底盘维修方面，急需大量的高水平维修技能人才。

为满足商用车底盘维修的需求，我们在收集大量有关资料的基础上，总结前辈实际工作经验，结合市场维修实际情况，认真筛选整理，编写了本书。

本书编写力求遵循人们的认知习惯，注重技能的培养。本书共五章，内容包括商用车底盘概述、商用车传动系、商用车行驶系、商用车转向系和商用车制动系。本书以目前市场上常见的车型为主，系统介绍了商用车底盘的总体及各部件的构造、拆装、检修及常见故障的诊断与排除方法。

本书由河南交通职业技术学院叶新娜担任主编，杨长征担任副主编，参加编写工作的还有河南交通职业技术学院的王旭斌、梅丽歌、张新文和代风。在编写过程中，还得到了河南交通职业技术学院汽车学院领导和多位老师的大力支持和帮助，在此表示衷心感谢。同时，对书中参考相关资料的作者表示衷心感谢。

由于商用车技术发展迅速，作者收集资料的深度和广度有限，加之编者的经验、水平有限，且时间仓促，书中难免存在疏漏和不足，恳请广大读者不吝指正。

编　者

目录 CONTENTS

第一章　商用车底盘概述

第二章　商用车传动系

第四节 万向传动装置

第五节 驱动桥

第三章 商用车行驶系

第一节 商用车行驶系概述

第二节 车架和车桥

第三节 车轮与轮胎

第四节 悬架

第四章 商用车转向系

第一节 商用车转向系概述

第二节 机械转向系

第三节 动力转向系

第五章　商用车制动系

第一节　商用车制动系概述

第二节　行车制动系

第三节　车轮制动器

第四节　其他制动系统

第五节　制动系统常见故障的诊断与排除

第六节　商用车防抱死系统（ABS 系统）

第一章 商用车底盘概述

第一节 商用车底盘的基础知识

按照由中国商用车技术研究中心负责修订，于2002年3月1日实施的国家标准规定，商用车可以按用途分为乘用车和商用车辆两大类，还可以进一步按照车辆的结构不同将车辆分为包括9种主要车型在内的乘用车辆和包括客车、半挂牵引车和货车等型式的商用车辆。

商用车辆（commercial vehicle）：在设计和技术特性上用于运送人员和货物的商用车，并且可以牵引挂车，乘用车不包括在内。

（1）客车（bus） 在设计和技术特性上用于载运乘客及其随身行李的商用车辆，包括驾驶员座位在内座位数超过9座。客车有单层的或双层的，也可牵引一挂车。

（2）半挂牵引车（semi-trailer towing vehicle） 装备有特殊装置用于牵引半挂车的商用车辆，此类车辆常可以通过改变其后部的挂车装载各种集装箱和大型设备。

（3）载货商用车（goods vehicle） 一种主要为载运货物而设计和装备的商用车辆，可按实际用途决定是否牵引挂车。

① 普通载货商用车（general purpose goods vehicle） 一种在敞开（平板式）或封闭（厢式）载货空间内载运货物的货车。普通载货商用车的基本结构如图1-1-1所示。

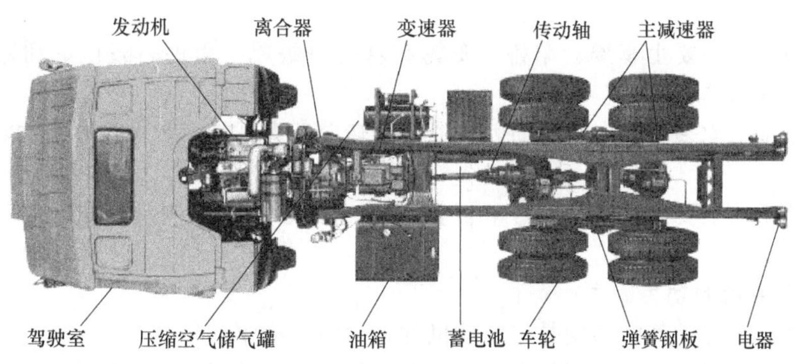

图1-1-1 普通载货商用车的基本结构

② 多用途载货商用车（multi purpose goods vehicle） 在其设计和结构上主要用于载运货物，但在驾驶员座椅后带有固定或折叠式座椅，可载运3个以上的乘客的载货商用车。小型多用途的载货商用车又称“皮卡”（pick up），大多由轿车或吉普车变型而来。

③ 全挂牵引车（trailer towing vehicle） 一种牵引杆式挂车的载货商用车。它本身可在附属的载运平台上运载货物。

④ 越野载货商用车（off-road goods vehicle） 在其设计上所有车轮同时进行驱动（包括一个驱动轴可以脱开的车辆）或其几何特性（接近角、离去角、纵向通过角，最小离地间

隙)、技术特性（驱动轴数、差速锁止机构或其他形式机构）及其性能（爬坡度）允许在非道路上行驶的一种车辆。

⑤ 专用作业车（special goods vehicle） 在其设计和技术特性上用于特殊工作的货车。例如：消防车、救险车、垃圾车、应急车、街道清洗车、扫雪车、清洁车等。

⑥ 专用载货商用车（specialized goods vehicle） 在其设计和技术特性上用于运输特殊物品的货车。例如：罐式车、乘用车运输车、集装箱运输车等。

一、商用车底盘的组成和功用

商用车底盘是支承、安装商用车发动机及其各部件、总成，形成商用车的整体造型，并接受发动机的动力，使商用车产生运动并按驾驶员的操控而正常行驶的部件的总称。

1. 商用车底盘的组成

商用车底盘由传动系、行驶系、转向系和制动系四部分组成。

(1) 传动系 主要由离合器、变速器、万向传动装置、主减速器、差速器和半轴等机件组成，如图1-1-2所示。根据需要，有些车上还装有分动器和轮边减速器。

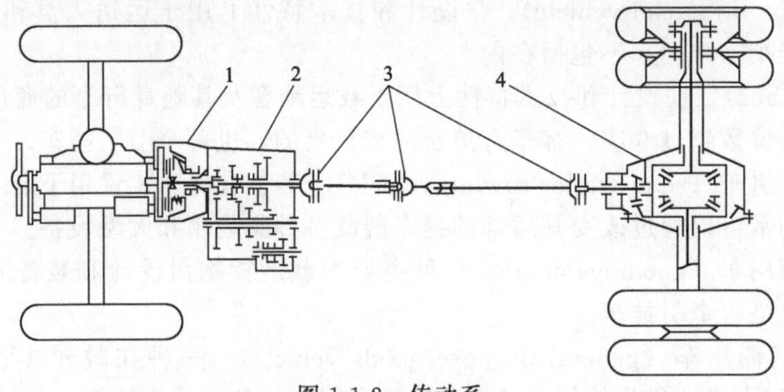

图1-1-2 传动系

1—离合器；2—变速器；3—万向传动；4—驱动桥

(2) 行驶系 主要由车架、车桥、车轮和悬架等组成，为提高载重量和缩短商用车长度，商用车多采用平头驾驶室设计。

(3) 转向系 均采用动力转向助力装置，由转向助力系统、转向操纵机构和转向传动机构组成。

(4) 制动系 主要由主制动（行车制动）、应急制动、驻车制动和辅助制动四种制动装置组成。

2. 商用车底盘的功用

(1) 传动系 传动系的功用是将发动机的动力传递给驱动轮。

(2) 行驶系 行驶系的功用是安装商用车部件、支承商用车、缓和冲击、吸收振动、传递和承受发动机与地面传来的各种力和力矩，并保证商用车正常行驶。

(3) 转向系 转向系的功用是控制商用车的行驶方向，使车辆按照驾驶员给定的方向行驶。

(4) 制动系 制动系的功用是使商用车减速、停车或驻车。

二、商用车底盘的布置形式

机械式传动系常见布置形式主要与发动机的安装位置及商用车的驱动形式有关。例如，越野车多采用四轮驱动，则在它的传动系中就增加了分动器等总成。而对于前置前驱的车

辆，它的传动系中就没有传动轴等装置。在重型货车、越野商用车或大型货车上，当要求有较大的主传动比和较大的离地间隙时，往往将双级主减速器中的第二级减速器齿轮机构制成同样的两套，分别装在两侧驱动轮的近旁称为轮边减速器。

发动机的位置在国际上有很多种标准，通常以日本和德国的标准为主。发动机的位置分为前置、中置和后置，即发动机分布在车辆的前轴之前，前轴与后轴之间以及后轴之后的布置方式。所谓驱动形式，是指发动机的布置方式以及驱动轮的数量、位置的形式。一般的车辆都有前、后两排轮子，其中直接由发动机驱动转动，从而推动或拉动商用车前进的轮子就是驱动轮。

商用车的传动系统布置可以分为五类：发动机前置后轮驱动（Front-engine Rear-drive，简称 FR)、发动机前置前轮驱动（Front-engine Front-drive，简称 FF)、发动机中置后轮驱动（Middle-engine Rear-drive，简称 MR)、发动机后置后轮驱动（Rear-engine Rear-drive，简称 RR）和四轮驱动（4Wheel Drive，简称 4WD)。

1. 前置后驱（FR）

前置后驱（FR）布置形式如图 1-1-3 所示。

图 1-1-3 前置后驱（FR）布置形式

其中前排车轮负责转向，由后排车轮来承担整个车辆的驱动工作。在这种驱动形式中，发动机输出的动力全部输送到后驱动桥上，驱动后轮使商用车前进。也就是说，实际的行进中是后轮“推动”前轮，带动车辆前进。现在则主要应用在中、高级轿车及载货商用车中。FR 的优点是轴荷分配均匀，即整车的前后重量比较平衡，操控稳定性较好。缺点是传动部件多、传动系统质量大，传动轴占据较大空间。

2. 前置前驱（FF）

前置前驱（FF）布置形式如图 1-1-4 和图 1-1-5 所示。

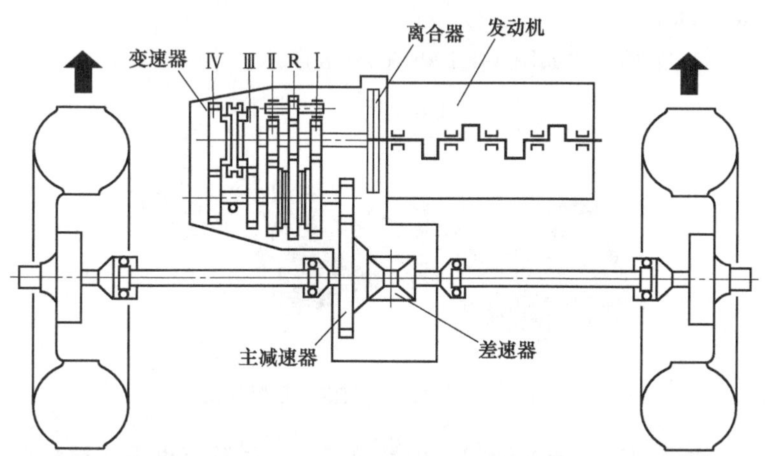

图 1-1-4 发动机前置、前轮驱动的传动系布置示意图（发动机横置）

FF 是现代小、中型轿车普遍采用的布置方案。这种布置形式使得操纵机构简单，发动机散热条件好。但上坡时商用车质量后移，使前驱动轮的附着质量减小，驱动轮易打滑；下坡制动时则由于商用车质量前移，前轮负荷过重，高速时易发生翻车现象。另外，FF 布置

形式降低了车厢地板高度，提高行驶稳定性，抗侧滑的能力也比 FR 强。

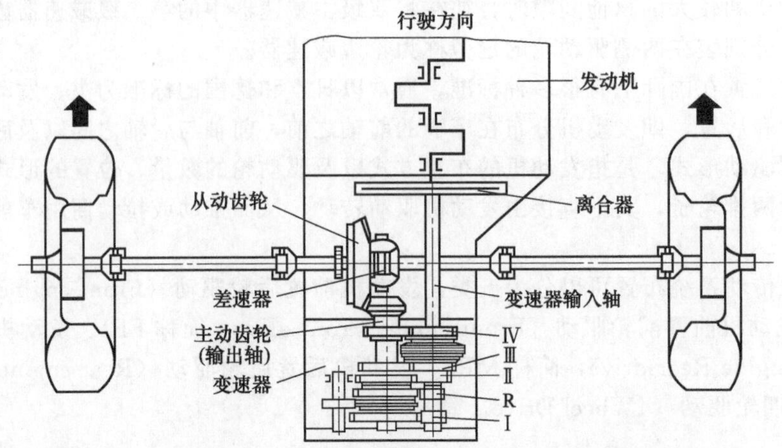

图 1-1-5 发动机前置、前轮驱动的传动系布置示意图（发动机纵置）

图 1-1-6 中置后驱（MR）布置形式

3. **中置后驱**（MR）

中置后驱（MR）布置形式如图 1-1-6 所示。

发动机放置在前、后轴之间，同时采用后轮驱动，类似 F1 赛车的布置形式。还有一种“前中置发动机”，即发动机置于前轴之后、乘员之前，类似于 FR，但能达到与 MR 一样的理想轴荷分配，从而提高操控性。MR 的优点是：轴荷分配均匀，具有很中性的操控特性。缺点是：发动机占去了座舱的空间，降低了空间利用率和实用性，因此 MR 大都应用在追求操控表现的跑车上。

4. **后置后驱**（RR）

后置后驱（RR）布置形式如图 1-1-7 和图 1-1-8 所示。

图 1-1-7 后置后驱（RR）布置形式

在大型客车上多采用这种布置形式，少量微型、轻型轿车也采用这种形式。发动机后置，使前轴不易过载，并能更充分地利用车箱面积，还可有效地降低车身地板的高度或充分利用商用车中部地板下的空间安置行李，也有利于减轻发动机的高温和噪声对驾驶员的影响。缺点是发动机散热条件差，行驶中的某些故障不易被驾驶员察觉。远距离操纵也使操纵机构变得复杂、维修调整不便。但由于优点较为突出，在大型客车上应用越来越多。

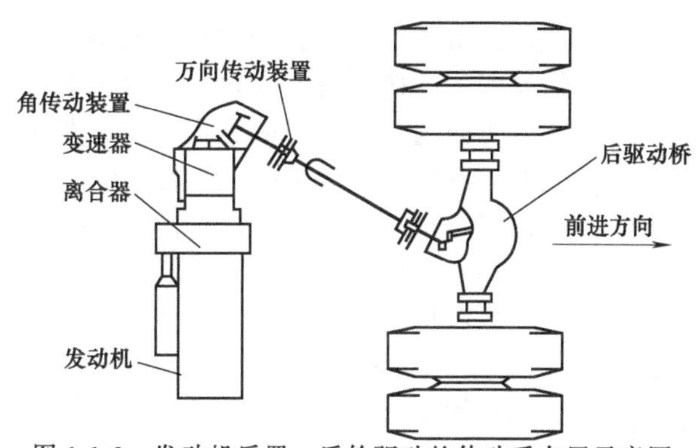

图 1-1-8　发动机后置、后轮驱动的传动系布置示意图

5. 四轮驱动（4WD）

四轮驱动（4WD）布置形式如图 1-1-9 所示。

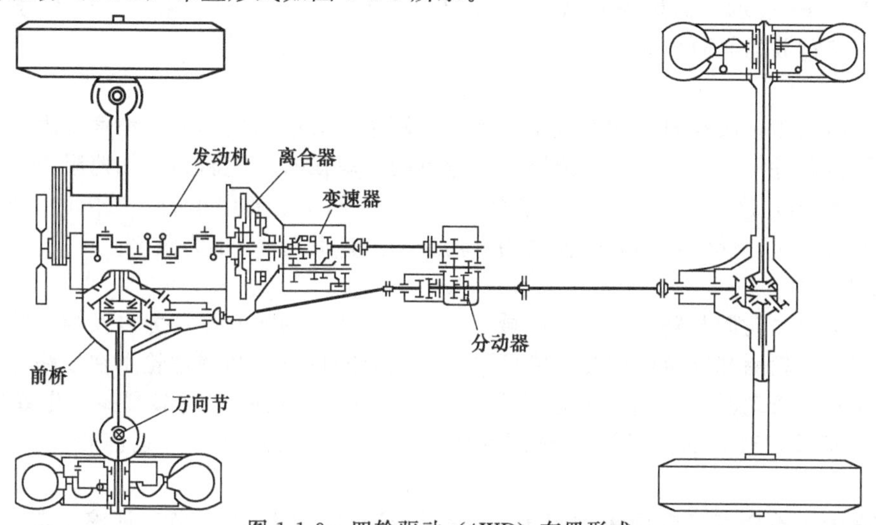

图 1-1-9　四轮驱动（4WD）布置形式

所谓四轮驱动，是指商用车前后轮都有动力，可按行驶路面状态不同而将发动机输出扭矩按不同比例分配到前后桥的轮子上，以提高商用车的行驶能力。四轮驱动一般用 4×4 或 4WD 来表示，如果你看见一辆车上标有上述字样，那就表示该车辆拥有四轮驱动的功能。在过去，四轮驱动是越野车独有的，近年来，一些高档轿车和豪华跑车才逐渐添置了这项配置。4WD 的优点是：四个车轮均有动力，地面附着率最大，通过性和动力性好。

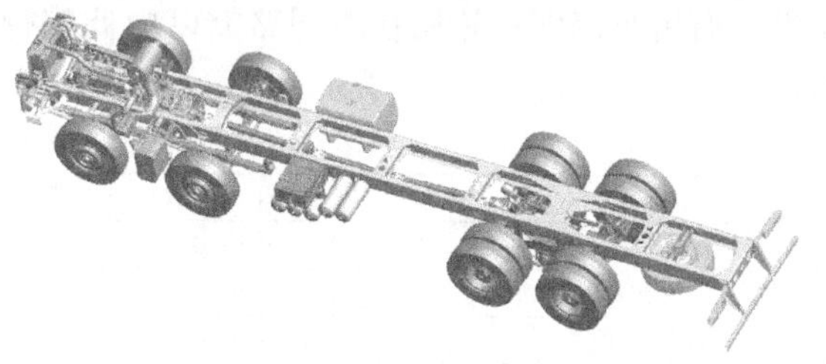

图 1-1-10　8×4 底盘结构

思考：图 1-1-10 所示底盘结构为 8×4，如何理解呢？

三、商用车行驶基本原理

（一）驱动力的产生

当商用车行驶时，发动机的输出扭矩，通过传动系传给驱动车轮，使驱动车轮得到一个

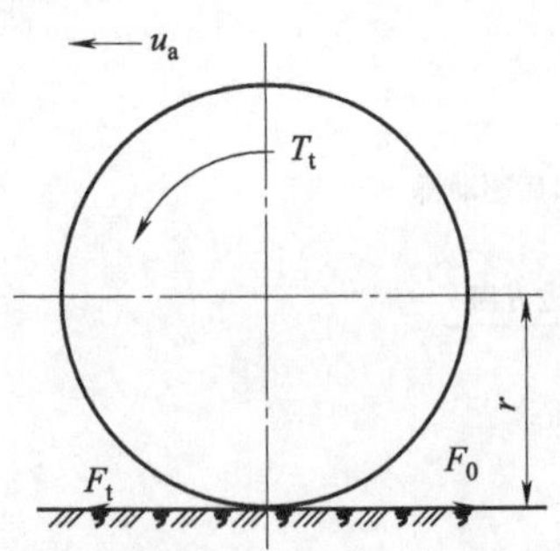

图 1-1-11　商用车的驱动力

扭矩；由于商用车轮胎与地面接触，形成一个接触面，在扭矩作用下，接触面上的轮胎边缘对地面产生一个圆周力 F_0，它的方向与商用车行驶方向相反。根据作用力与反作用力的关系，路面必然对轮胎边缘施加一个反作用力 F_t，其大小与 F_0 相等，方向相反。即为外界对商用车施加的一个推动力，即驱动力，也叫牵引力，如图 1-1-11 所示。当牵引力增大到能克服商用车静止状态的最大阻力时，商用车便开始起步。

（二）行驶阻力

商用车行驶阻力包括滚动阻力、加速阻力、坡度阻力、空气阻力。商用车在水平道路上直线等速行驶时，必须克服来自地面的滚动阻力和来自空气的空气阻力。滚动阻力以符号 F_f 表示，空气阻力以符号 F_w 表示。当商用车在坡道上，直线上坡行驶时，还必须克服重力沿坡道的分力，称为坡度阻力，以符号 F_i 表示。商用车直线加速行驶时，还需要克服加速阻力，以符号 F_j 表示。因比，商用车行驶的总阻力为：

$$\sum F = F_f + F_w + F_i + F_j$$

上述各阻力中，滚动阻力和空气阻力始终作用于行驶的商用车上，坡度阻力和加速阻力仅在相应行驶条件下存在。在水平道路上等速行驶时就没有坡度阻力和加速阻力。商用车下坡时，F_i 为负值，这时商用车重力沿路面方向的分力已不是商用车的行驶阻力，而是动力。商用车减速行驶时，惯性作用力是使商用车前进的力，此时 F_j 也为负值。

1. 滚动阻力

车轮滚动时，轮胎与路面的接触区域产生法向、切向的相互作用力以及相应的轮胎和支承路面的变形，轮胎和支承面的相对刚度决定了变形的特点。当弹性轮胎在硬路面（混凝土路、沥青路）上滚动时，轮胎的变形是主要的，此时由于轮胎有内部摩擦产生弹性迟滞损失，使轮胎变形时对它做的功不能全部回收。正是轮胎的这种弹性迟滞损失造成了滚动阻力。

在实际中，不会直接应用滚动阻力，而是用滚动阻力系数 f 来表征滚动阻力的大小，在轮胎所受的法向力等条件相等的情况下，滚动阻力系数 f 越大，则滚动阻力就越大。影响滚动阻力系数 f 的因素较多，比如：路面的种类、行驶车速以及轮胎的构造、材料、气压等。商用车用同一轮胎在不同路上以中低速行驶试验所得到的滚动阻力系数，如表 1-1-1 所示。

表 1-1-1　滚动阻力系数

路面类型	滚动阻力系数	路面类型	滚动阻力系数
良好的沥青或混凝土路面	0.010～0.018	雨后压紧土路	0.050～0.150
一般的沥青或混凝土路面	0.018～0.020	泥泞土路	0.100～0.250
碎石路面	0.020～0.025	干砂路面	0.100～0.300
良好的卵石路面	0.025～0.030	混砂路面	0.060～0.150
坑洼的卵石路面	0.030～0.050	结冰路面	0.015～0.030
干燥的压紧土路	0.025～0.035	压紧雪道	0.030～0.050

2. 空气阻力

商用车行驶时所受的空气作用力在行驶方向上的分力称为空气阻力。商用车在空气介质中运动，空气介质本身也有运动，空气阻力的方向并不一定与商用车行驶方向相反。

空气阻力分为摩擦阻力和压力阻力两部分。摩擦阻力是由于空气的黏性在车身表面产生的切向力在行驶方向上的分力。压力阻力是作用在商用车外形表面上的法向压力在行驶方向

上的分力，压力阻力分为形状阻力、干扰阻力、内循环阻力和诱导阻力等四部分。形状阻力是指商用车形状引起的阻力，与车身主体形状有关；干扰阻力是车身表面上一些如把手、后视镜、引水槽、驱动轴等突起物而引起的阻力；内循环阻力为发动机冷却系统以及车身通风等所需要的空气在车体内部流动时形成的阻力；诱导阻力是商用车行驶时的空气升力在行驶方向上的分力。在一般轿车的空气阻力中，形状阻力占58%，干扰阻力占14%，内循环阻力占12%，诱导阻力占7%，摩擦阻力占9%。

空气阻力与商用车相对速度的平方成正比，相对速度越高，空气阻力越大。空气阻力系数 *CD* 和迎风面积 *A* 取决于商用车的外形。通过合理的商用车外形设计，降低空气阻力系数是减小空气阻力的主要手段。

空气阻力系数可由道路试验、风洞试验等方法测得。一般车辆的空气阻力系数和迎风面积，如表 1-1-2 所示。

表 1-1-2 一般车辆的空气阻力系数和迎风面积

车型	迎面面积/m^2	空气阻力系数
轿车	1.4～1.9	0.32～0.5
货车	3～7	0.6～1.0
客车	4～7	0.5～0.8

3. 坡度阻力

当商用车上坡行驶时，商用车重力沿坡道方向的分力称为商用车的坡道阻力，用符号 F_i 表示，单位为 N。坡道阻力按下式计算：

$$F_i = G\sin\alpha$$

式中 G——商用车的总重力，N；

α——坡道角度。

4. 加速阻力

商用车加速行驶时，需要克服商用车质量加速运动的惯性力，这就是加速阻力 F_j。商用车的质量包括平移质量和旋转质量两部分，加速时平移质量产生惯性力，旋转质量产生惯性力偶矩。为了计算方便，通常把旋转质量的惯性力偶矩转化为平移质量的惯性力，计算时，用系数 δ 作为计入旋转质量惯性力矩的商用车质量换算系数。旋转质量换算系数主要与飞轮的转动惯量、车轮的转动惯量和传动系的传动比有关。

（三）商用车行驶方程式

1. 商用车行驶的基本条件

商用车的行驶情况取决于商用车的受力情况，其关系如下：

① 当牵引力等于行驶总阻力，商用车匀速行驶或静止状态；

② 当牵引力大于行驶总阻力，商用车加速行驶；

③ 当牵引力小于行驶总阻力，商用车则减速行驶或无法起步。

2. 商用车的行驶方程及驱动条件

行驶方程：$F_t = F_{阻} = F_f + F_w + F_i + F_j$

驱动条件：$F_t \geqslant F_f + F_w + F_i$

商用车行驶的附着条件：$F_t \leqslant F_\sigma = F_z\sigma$

式中，F_σ 为地面附着力；F_z 为车辆正压力；σ 为路面附着系数。

附着力是阻止车轮打滑的路面阻力，为使车轮在路面上不打滑，附着力必须大于或等于商用车牵引力。路面与轮胎间的附着性能决定了路面所能提供反作用力（即附着力）的最大值。

商用车驱动-附着条件：$F_f+F_w+F_i \leqslant F_t \leqslant F_\varphi$

此式表示了商用车直线行驶的必要和充分条件，称商用车行驶的驱动附着条件，也是商用车的行驶原理。

第二节　商用车维修基本知识

商用车维修是商用车维护（商用车保养）和商用车修理的总称。按定义和类别可分为商用车维护和商用车修理。商用车维护是为维持商用车完好技术状况或工作能力而进行的作业；商用车修理是指利用修理或更换零件或总成的方法，为恢复商用车完好技术状况、工作能力和延长寿命而进行的作业。

随着科学技术的进步，检测手段的提高，商用车制造技术不断更新，我国的车辆维修制度已被“预防为主、定期检测、强制维护、视情修理”所替代。

一、商用车维修的基本方法

（一）商用车修理的基本方法

商用车修理方法是指进行商用车修理作业的工艺和组织规则的总和。

按商用车修理以后对商用车属性保持程度来区分，商用车修理的基本方法有就车修理法、混装修理法和总成互换修理法三种。

（1）就车修理法　就车修理法指进行修理作业时要求被修复的主要零件和总成装回原车的修理方法。商用车在修理时，从车上拆解的总成和零件，经检验凡能修复的，均在修竣后全部装回原车，不得进行互换。

（2）混装修理法　混装修理法指进行修理作业时，不要求被修复零件和总成装回原车的修理方法。这种修理方法与就车修理法完全不同，过多调换商用车原来的零件和总成，破坏了商用车原有的装配性能，这已成为商用车修理的大忌。因此，这种修理方法现已不推荐采用。

（3）总成互换修理法　总成互换修理法指用储备的完好总成替换商用车上的不可用总成的修理方法。商用车修理时，首先经过检测诊断，确定可用总成和不可用总成，再用储备周转总成替换下不可用总成，保证既快又好地完成商用车修理作业。对换下的不可用总成，可以组织专门修理，修复后经检测符合标准，入库备用，作为下次互换用的周转总成。商用车大修采用总成互换修理法，可以大大简化工艺过程，有利于组织流水作业生产线，缩短了商用车大修的在厂车日，提高了商用车的修理质量和产量。总成互换修理法具有一定的优越性，是商用车维修生产发展的方向。

（二）商用车修理作业形式

商用车修理作业形式是按商用车和总成在修理过程中的相对位置来区分的，它有定位作业法和流水作业法两种。

（1）定位作业法　定位作业法指商用车在固定工位上进行修理作业的方法。

商用车大修采用定位作业法时，将商用车的拆解和总装作业固定在一个工作位置来完成，而拆解后总成和零件修理作业仍分散到各个工位上进行。

采用定位作业法的优点是：占用工作场地较小，拆解和总成作业不受连续性限制，生产调度方便。缺点是总成和零件要来回搬运，工人劳动强度较大。定位作业法一般适用于规模不大或修理车型较杂的商用车修理厂。

（2）流水作业法　流水作业法指商用车在生产线的各个工位上，按确定的工艺顺序和节

拍进行修理的方法。商用车大修采用流水作业法时，将商用车的拆解和总装作业安排在流水线上完成，对于总成和零件的修理仍可以分散到各个工位上进行，并根据条件尽量采用总成和零件修理的流水线，或采用总成互换修理法，以配合商用车大修流水作业连续性要求，避免“窝工”现象。

采用流水作业法的优点是：专业化程度高，分工细致，修理质量较高，便于集中利用工具设备。缺点是：要有较大的生产场地和完善的生产设施及工艺组织。流水作业法适用于生产规模较大或修理车型单一的商用车修理厂。

（三）修理作业的劳动组织形式

修理作业的劳动组织形式是按劳动者在商用车修理过程中的组织形式来区分的，它有综合作业法和专业分工作业法两种。

(1) 综合作业法　综合作业法指商用车由一个具有多种技能的工人或工组进行修理的方法。

由于商用车修理技术要求高，工作量也较大，因此商用车修理作业很少采用完全综合作业法，比较多的是除车身、轮胎、焊接、零件配制等由专业工种工组完成外，其余均由一个机工维修组完成。采用综合作业劳动组织，要求工人的操作技能比较全面，不易提高工人技术熟练程度，也不易提高工作质量和效率。因此，综合作业法适用于生产量不大、承修车型较杂、设备简陋的商用车修理厂。

(2) 专业分工作业法　专业分工作业法指商用车由分工明确的若干工人或工组协调配合进行修理的方法。商用车修理作业分工可按工种和工位等来划分。如按工种可分为机修工、机加工、轮胎工、油漆工、商用车电工等；按工位可分为发动机修理、底盘修理、液压机械修理等；还可以进一步分为拆解工、装配工、零件检配工等。

工位和工种分得专业化程度越高，说明越适合组织流水作业。采用专业分工劳动组织，虽然易于提高工人的技术水平、工具的设备利用率、工作的效率和质量，但必须建立健全技术管理制度和机构，以确保各项工作有条不紊、保质保量地完成。

（四）商用车修理方法的选择

① 在商用车修理基本方法上，采用就车修理与总成互换法相结合的方法。

② 在商用车修理作业方式上，对商用车拆解和总装采用定位作业，以便集中使用起重搬运设备和专用工具等；对总成和零件修理尽量组织流水作业生产线。

③ 在劳动组织形式上，采用综合作业与专业分工作业修理相结合的方法。

④ 商用车修理企业在采用总成互换修理法时，应根据具体情况而定。

二、商用车维修流程

商用车维修业务的程序化和制度化，既可以规范企业员工的行为，减少无效或低效劳动，提高维修服务的能力和效率，又能让客户了解企业运作的规范化和商用车维修服务保障体系的有效性，提高企业的效益和信誉。

商用车维修企业一般采用“以客户为中心”的服务流程，即由预约、接待、调度与维修、质量控制、交车、跟踪回访等步骤组成，如图 1-2-1 所示。

三、商用车维修安全及注意事项

（一）拆卸基本要求

① 拆卸作业前，作业人员必须仔细阅读维修手册以及使用说明书和零件目录等随机文件，要清楚地了解各部件的详细结构和功能以及注意要点，要按各章节的具体步骤和要求进

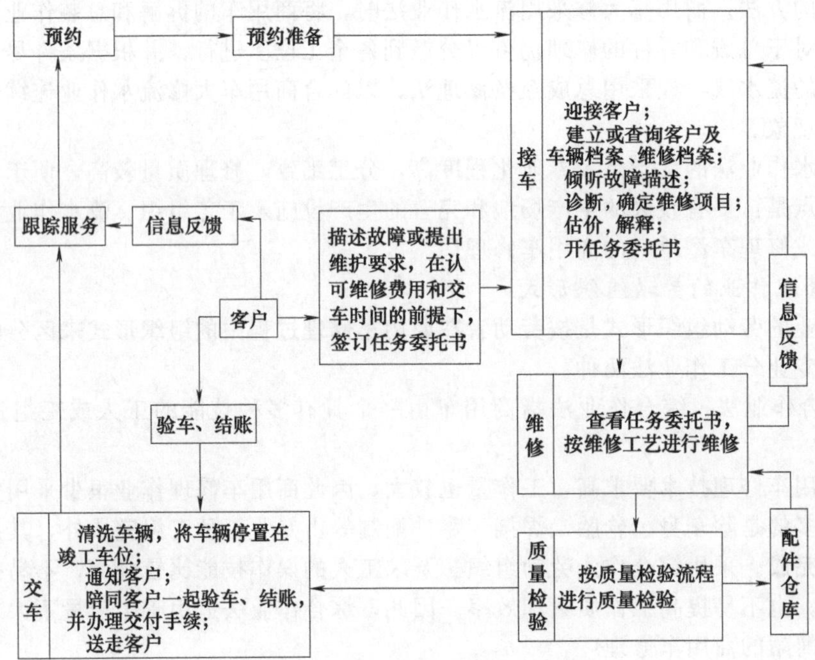

图 1-2-1　商用车维修业务流程图

行。对发动机等重要配套件的维修，必须按各配套厂提供的有关出厂文件中的规定去做。

② 在拆装过程中必须注意安全，对较重、较大的部件要按照维修手册提供的参考重量，准备好有足够起吊能力的吊装工具。

③ 拆卸前首先要放尽各箱体内的油和水。与此同时，要认真观察液体的颜色、黏度与清洁程度。注意：油液及沉淀物情况对判断内部零件的完好程度是十分重要的。

④ 箱体件在拆卸前应在合缝处作记号（即使是相同图号的零件也要分别作记号），并按零件目录清点好数量，以免将来复原时出错。

⑤ 各部件中零件分解时要注意各件的安装位置与安装方向，并按手册中各章节规定的程序进行，必要时也要作记号，以保证装配质量。

⑥ 在使用通用工具可能会损坏零件时，应该按照手册推荐的专用工具或相似工具来操作。

⑦ 要准备好两种清洁液，一种用于去脏物，另一种用于清洗。

⑧ 分解后的零件应及时去污及清洗干净，要按部件分别有序地放置。对零件的重要加工面应妥善保护。对小件要用塑料袋装好并作标记；大件应覆盖塑料布等以防污染。

⑨ 对重要部件，如启动电机、调速器、喷油泵等有特殊要求的部件不准任意拆卸。如有必要，必须在专业人员指导下进行。

（二）装配与调试要求

① 对需安装的零件，必须清洗干净并用清洁布擦干。配件加工面上均涂有防锈油，用户装配前必须先将防锈层去除后清洗擦干然后才能装配。

② 轴承、衬套、油封等零件的装配要用专门工具。严禁直接使用铁锤猛烈敲击零件。在需敲击装配的时候，必须以木块、铜棒等物来均匀传力。

③ 安装异形密封件时，要注意安装方向，切实保护唇口防止因划伤而造成泄漏。安装好的油封不准随轴转动，油封环在轴上应能灵活移动。

④ 安装滚动轴承时要注意调整，保证轴承达到规定的轴向间隙和径向间隙。齿轮安装时应注意检查齿侧间隙。重要齿轮调整必须保证其啮合具有正常的齿面接触位置和面积。

⑤ 螺纹连接必须牢固拧紧。多点连接的螺纹连接，应按一定顺序（对边、间隔）逐次（一般 2～3 次）来拧紧螺母。对有定位销的法兰式连接，其拧紧顺序应从靠近定位销的螺纹连接开始。对有扭矩值要求的螺母，应使用扭矩扳手。

⑥ 不要漏装或错装弹簧垫圈、平垫圈、开口销等标准件。对有特殊防松要求的紧固件，应检查其锁紧方法是否正确。

⑦ 各调整垫和密封垫必须使用规定的材质，不要随意选用其他材料。一般情况下，对拆下的纸垫、衬垫、密封垫不要重复使用。对于铜垫，如未损坏可继续使用，但使用前必须先进行退火处理。

⑧ 各部件组装结束后，对需添加油和水的部位应加入规定牌号及用量的水和油类。对拆卸时放出的油类，如使用时间较短、而未发现变质的，可继续使用。但事先必须经过沉淀、过滤、清除杂质。

沉淀的时间作如下规定：柴油，24h 以上；液压油、变矩器油，36h 以上；驱动桥润滑油，72h 以上。

⑨ 重要零部件安装后要进行调试。如要测试各挡位压力和液压系统工作压力等，达标后方可投入使用。

（三）安全防护

1. 眼睛的防护

在商用车维修企业中，眼睛经常会受到各种伤害，如飞来的物体、腐蚀性的化学飞溅、有毒的气体或烟雾等，这些伤害几乎都是可以防护的。

常见的保护眼睛的装备是护目镜和面罩。护目镜可以防护各种对眼睛的伤害，如飞来物体或飞溅的液体。在下列情况下，应考虑佩戴护目镜：进行金属切削加工、用錾子或冲子铲剔、使用压缩空气、使用清洗剂等。面罩不仅能够保护眼睛，还能保护整个面部。如果进行电弧焊或气焊，要使用带有色镜片的护目镜或深色镜片的特殊面罩，以防止有害光线或过强的光线伤害眼睛。

注意：在摘下护目镜时，要闭上眼睛，防止粘在护目镜外的金属颗粒掉进眼睛里。

2. 听觉的保护

商用车修理厂是个噪声很大的场所，各种设备如冲击扳手、空气压缩机、砂轮机、发动机等都使噪声很大。短时的高噪声会造成暂时性听力丧失，但持续的较低噪声则更有害。常见的听力保护装备有耳罩和耳塞，噪声极高时可同时佩戴。一般在钣金车间必须佩戴耳罩或耳塞。

3. 手的保护

手是身体经常受伤的部位之一，保护手要从两方面着手：一是不要把手伸到危险区域，如发动机前部转动的皮带区域、发动机排气管道附近等；二是必要时戴上防护手套。不同的场合需要不同的防护手套，做金属加工有劳保安全手套，接触化学品有橡胶手套。

4. 衣服、头发及饰物

宽松的衣服、长袖子、领带都容易卷进旋转的机器中，所以在修理厂中，首先一定要穿合体的工作服，最好是连体工作服，外套、工装裤也可以，这些比平时衣着安全多了。如果戴领带要把它塞到衬衫里。工作时不要戴手表或其他饰物，特别是金属饰物，在进行电气维修时可能导入电流而烧伤皮肤，或导致电路短路而损坏电子元件或设备。在工厂内要穿劳保鞋，可以保护脚面不被落下的重物砸伤，且劳保鞋的鞋底是防油、防滑的。长发很容易被卷入运转的机器中，所以长发一定要扎起来，并戴上帽子。

（四）工具和设备安全

1. 手动工具的安全

手动工具看起来是安全的，但使用不当也会导致事故，如用一字旋具代替撬棍，导致旋具崩裂、损坏，飞溅物打伤自己或他人；扳手从油腻的手中滑落，掉到旋转的元件上，再飞出来伤人；等等。另外，使用带锐边的工具时，锐边不要对着自己和工作同事。传递工具时要将手柄朝向对方。

2. 动力工具的安全

所有的电气设备都要使用三相插座，地线要安全接地，电缆或装配松动应及时维护；所有旋转的设备都应有安全罩，以减少发生部件飞出伤人的可能性。在进行电子系统维修时，应断开电路的电源，方法是断开蓄电池的负极搭铁线，这不仅保护人身安全，还能防止对电器的损坏。许多维修工序需要将车升离地面，在升起车辆前应确保商用车已被正确支承，并应使用安全锁以免商用车落下。用千斤顶支起商用车时应当确保千斤顶支承在商用车底盘大梁部分或较结实的部分。

注意：升起商用车时要先看维修手册，找到正确的支撑点，错误的支撑点不仅危险，而且会破坏商用车的结构。工具和设备都要定期检查和保养。

3. 压缩空气的安全

使用压缩空气时，应非常小心，不要将压缩空气对着自己或别人，不要对着地面或设备、车辆乱吹。压缩空气会撕裂鼓膜，造成失聪，损伤肺部或伤及皮肤，被压缩空气吹起的尘土或金属颗粒会造成皮肤、眼睛损伤。

第二章　商用车传动系

第一节　商用车传动系概述

在商用车上设置了传动系，由离合器、变速器、万向传动装置、主减速器、差速器、半轴等总成组成，如图 2-1-1 所示。根据需要，有些车上还装有分动器和轮边减速器。作用是将发动机经飞轮输出的动力传给驱动车轮，并改变扭矩的大小，以适应行驶条件的需要，保证商用车正常行驶。

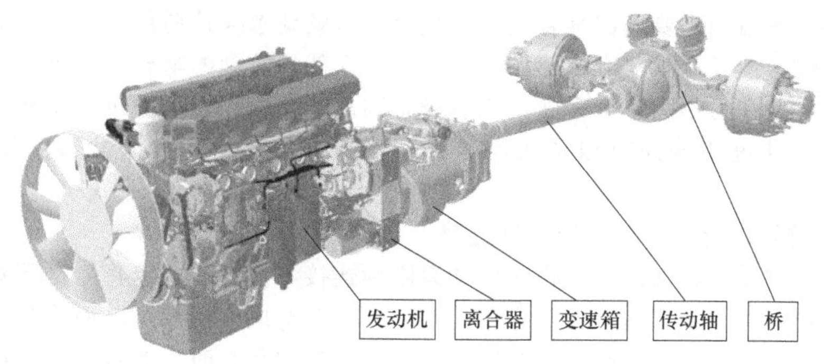

图 2-1-1　商用车传动系

各总成的基本功用分别如下。

① 离合器：在启动、换挡等时间，切断或接合发动机与传动系之间的动力传递。

② 变速器：传递发动机动力，改变输出轴转速的高低、扭矩的大小以和旋转方向，也可以用于切断动力。

③ 万向传动装置：在变速器输出轴与主减速器两者之间距离和轴线夹角的变化条件下，将变速器输出的动力传给主减速器。

④ 主减速器：降低传动轴输入的转速，增大扭矩，改变方向，将动力传递给差速器。

⑤ 差速器：将主减速器传来的动力分配给左右两半轴，并允许左右两半轴以不同角速度旋转，在商用车转弯时，实现左右两驱动轮的差速行驶。

⑥ 半轴：将差速器传来的动力传给驱动轮，使驱动轮获得旋转的动力。

第二节　离合器

一、离合器概述

当商用车采用机械式传动系时，在发动机与变速器之间装设离合器。如图 2-2-1 所示。

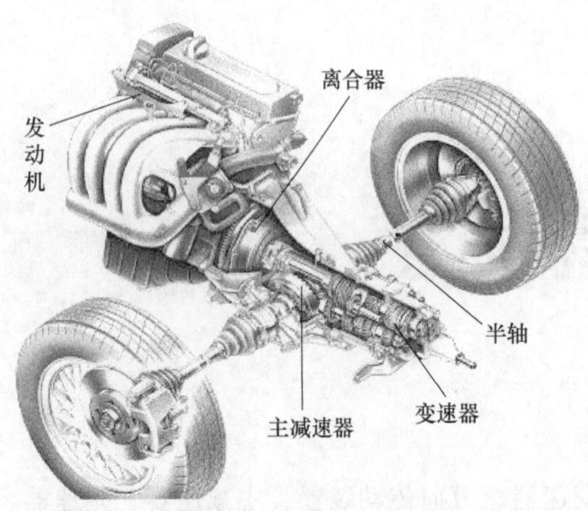

图 2-2-1 机械式传动系

（一）离合器的功用

离合器的功用有如下三个方面。

1. 使发动机与传动系逐渐接合，保证商用车平稳起步

商用车起步时，驾驶员缓慢抬起离合器踏板，使离合器的主、从动部分逐渐接合，与此同时，逐渐踩下加速踏板，以增加发动机的输出转矩，这样发动机的转矩便可由小到大传给传动系。当牵引力足以克服商用车起步时的行驶阻力时，商用车便由静止开始缓慢逐渐加速，实现平稳起步。

2. 暂时切断发动机的动力传动，保证变速器换挡平顺

商用车在行驶过程中，由于行驶条件的变换，需要不断变换挡位。对于普通齿轮变速器，换挡时不同的齿轮副要退出啮合或进入啮合，这就要求换挡前踩下离合器踏板，中断发动机的动力传输，便于退出原有齿轮副的啮合、进入新齿轮副的啮合。如果没有离合器或离合器分离不彻底使动力不能完全中断，原有齿轮副之间会因压力大而难以脱开，而待啮合齿轮副之间因圆周速度不同而难以进入啮合，勉强啮合会产生很大的冲击和噪声，甚至会打齿。

3. 限制所传递的转矩，防止传动系过载

商用车紧急制动时，如果发动机与传动系刚性连接，发动机转速将急剧下降，其所有零件将产生很大的惯性力矩，这一力矩作用于传动系，会造成传动系过载而使其机件损坏。有了离合器，当传动系承受载荷超过离合器所能传递的最大转矩时，离合器会通过主、从动部分之间的打滑来消除这一危险，从而起到过载保护的目的。

（二）对离合器的要求

根据离合器的功用，它应满足下列要求。

① 保证可靠地传递发动机的最大转矩又能防止传动系过载。

② 接合时应平顺柔和，保证商用车平稳起步，减少冲击。

③ 分离时应迅速彻底，保证变速器换挡平顺和发动机启动顺利。

④ 旋转部分的平衡性好，且从动部分的转动惯量小。

⑤ 具有良好的通风散热能力，防止离合器温度过高。

⑥ 操纵轻便，以减轻驾驶员的疲劳。

（三）离合器的分类

商用车上应用的离合器主要有以下三种形式。

（1）摩擦离合器　指利用主、从动部分的摩擦作用来传递转矩的离合器。目前在商用车上广泛采用。摩擦式离合器又分为湿式和干式两种。

① 按照从动盘的数目来分：单片式、双片式和多片式。

② 按照操纵机构来分：机械式、液压式和气压式。

③ 按照压紧弹簧形式来分：周布弹簧式、中央弹簧式和膜片弹簧式。

（2）液力偶合器　指利用液体作为传动介质的离合器。原来多用于自动变速器，目前在商用车几乎不采用。

(3) 电磁离合器　指利用磁力传动的离合器，如在空调中应用的就是这种离合器。

二、摩擦离合器的结构和工作原理

(一) 摩擦离合器的基本组成和工作原理

1. 基本组成

摩擦离合器由主动部分、从动部分、压紧机构和操纵机构四部分组成，如图 2-2-2 所示。

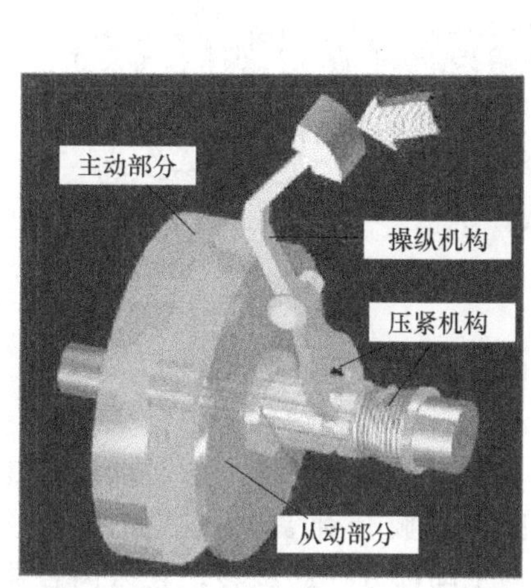

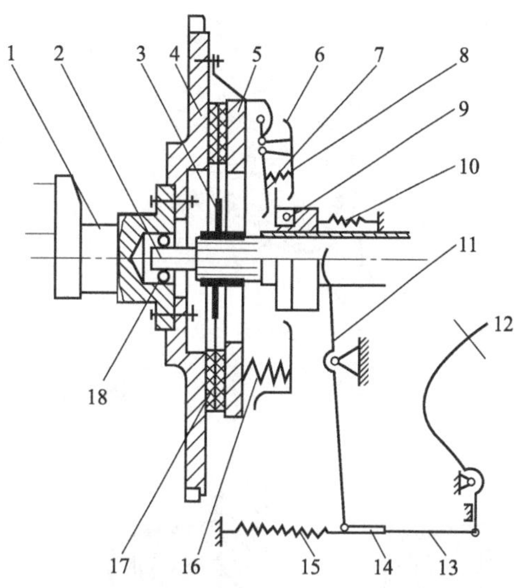

图 2-2-2　摩擦离合器的基本组成示意图

1—曲轴；2—从动轴（变速器一轴）；3—从动盘；4—飞轮；5—压盘；6—离合器盖；7—分离杠杆；8,10,15—回位弹簧；9—分离轴承和分离套筒；11—分离叉；12—离合器踏板；13—分离拉杆；14—分离拉杆调节叉；16—压紧弹簧；17—从动盘摩擦片；18—轴承

(1) 主动部分　主动部分包括飞轮、离合器盖、压盘等机件，如图 2-2-3 所示。这部分与发动机曲轴连在一起。离合器盖与飞轮靠螺栓连接，压盘与离合器盖之间是靠 3～4 个传动片传递转矩的。

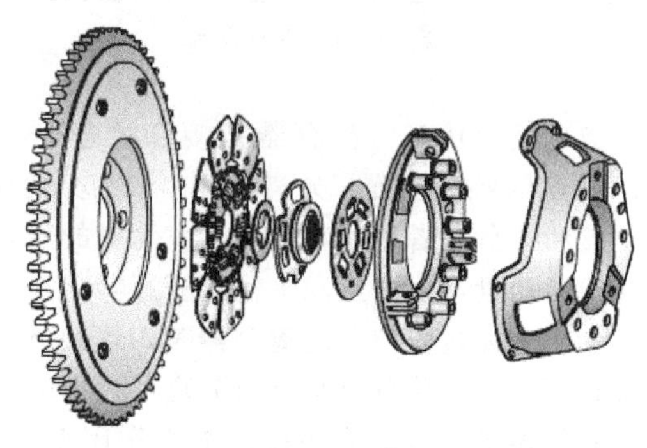

图 2-2-3　主动部分

(2) 从动部分及扭转减振器　从动部分由单片、双片或多片从动盘所组成，它将主动部分通过摩擦传来的动力传给变速器的输入轴。从动盘由从动盘本体、摩擦片和从动盘毂三个基本部分组成，如图 2-2-4 所示。为了避免转动方向的共振，缓和传动系受到的冲击载荷，大多数商用车都在离合器的从动盘上附装有扭转减振器。离合器接合时，发动机发出的转矩经飞轮和压盘传给了从动盘两侧的摩擦片，带动从动盘本体和与从动盘本体铆接在一起的减振器盘转动，从动盘本体和减振器盘又通过四个减振器弹簧把转矩传给了从动盘毂。因为有弹性环节的作用，所以传动系受的转动冲击可以在此得到缓和。传动系中的扭转振动会使从动盘毂相对于从动盘本体和减振器盘来回转动，夹在它们之间的阻尼片靠摩擦消

耗扭转振动的能量，将扭转振动衰减下来。

为了使商用车能平稳起步，离合器应能柔和接合，这就需要从动盘在轴向具有一定弹性。为此，往往在从动盘本体圆周部分沿径向和周向切槽。再将分割形成的扇形部分沿周向翘曲成波浪形，两侧的两片摩擦片分别与其对应的凸起部分相铆接，这样从动盘被压缩时，压紧力随翘曲的扇形部分被压平而逐渐增大，从而达到接合柔和的效果。

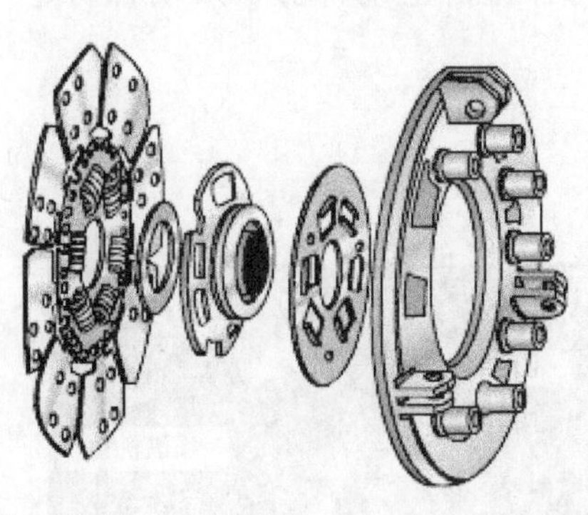

图 2-2-4 从动盘

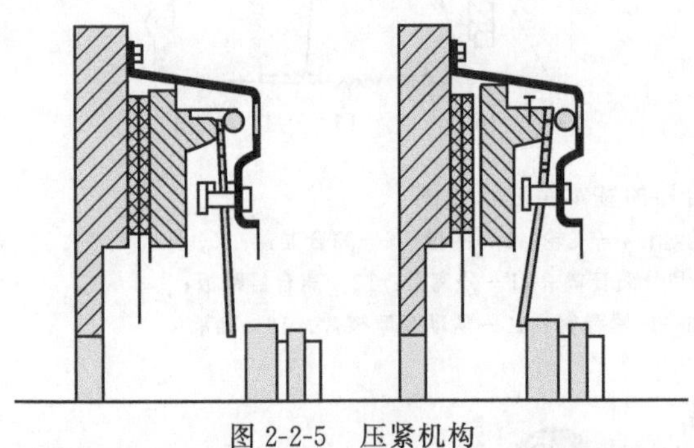

图 2-2-5 压紧机构

(3) 压紧机构 压紧机构主要由螺旋弹簧或膜片弹簧组成，如图 2-2-5 所示。与主动部分一起旋转，它以离合器盖为依托，将压盘压向飞轮，从而将处于飞轮和盘压间的从动盘压紧。

(4) 操纵机构 操纵机构由离合器踏板、分离拉杆、调节叉、分离叉、分离套筒、分离轴承、分离杠杆、回位弹簧等组成。

2. 工作原理

(1) 接合状态 离合器在接合状态下，操纵机构各部件在回位弹簧的作用下回到图2-2-2所示的各自位置，分离杠杆内端与分离轴承之间保持有一定的间隙，压紧弹簧将飞轮、从动盘和压盘三者压紧在一起，发动机的转矩经过飞轮及压盘通过从动盘两摩擦面的摩擦作用传给从动盘，再由从动轴输入变速器。

(2) 分离过程 分离离合器时，驾驶员踩下离合器踏板，分离套筒和分离轴承在分离叉的推动下，先消除分离轴承与分离杠杆内端之间的间隙，然后推动分离杠杆内端前移，使分离杠杆外端带动压盘克服压紧弹簧作用力后移，摩擦作用消失，离合器的主、从动部分分离，中断动力传动，如图 2-2-6 分离时。

(3) 接合过程 接合离合器时，驾驶员缓慢抬起离合器踏板，在压紧弹簧的作用下，压盘向前移动并逐渐压紧从动盘，使接触面间的压力逐渐增加，摩擦力矩也逐渐增加；当飞轮、压盘和从动盘之间接合还不紧密时，所能传动的摩擦力矩较小，离合器的主、从动部分有转速差，离合器处于打滑状态；随着离合器踏板的逐渐抬起，飞轮、压盘和从动盘之间的压紧程度逐渐紧密，主、从动部分的转速也渐趋相等，直到离合器完全接合而停止打滑，接合过程结束，如图 2-2-6 所示。

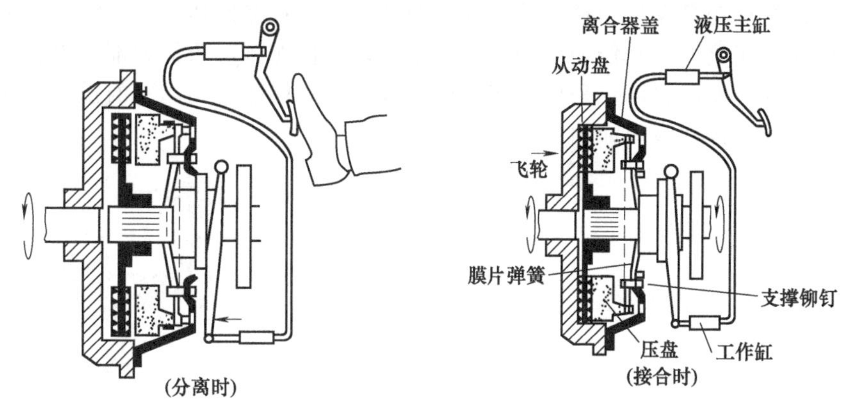

图 2-2-6 接合过程

3. 离合器自由间隙和离合器踏板自由行程

离合器在正常接合状态下，分离杠杆内端与分离轴承之间应留有一个间隙，一般为几毫米，这个间隙称为离合器自由间隙。如果没有自由间隙，从动盘摩擦片磨损变薄后压盘将不能向前移动压紧从动盘，这将导致离合器打滑，使离合器传动转矩下降，车辆行驶无力，而且会加速从动盘的磨损。

为了消除离合器的自由间隙和操纵机构零件的弹性变形所需要的离合器踏板行程称为离合器踏板自由行程。可以通过拧动调节叉来改变分离拉杆的长度对踏板自由行程进行调整。

（二）典型的摩擦片式离合器

1. 膜片弹簧离合器

膜片弹簧离合器目前在各种类型的商用车上都广泛应用，其构造如图 2-2-7～图 2-2-9 所示。

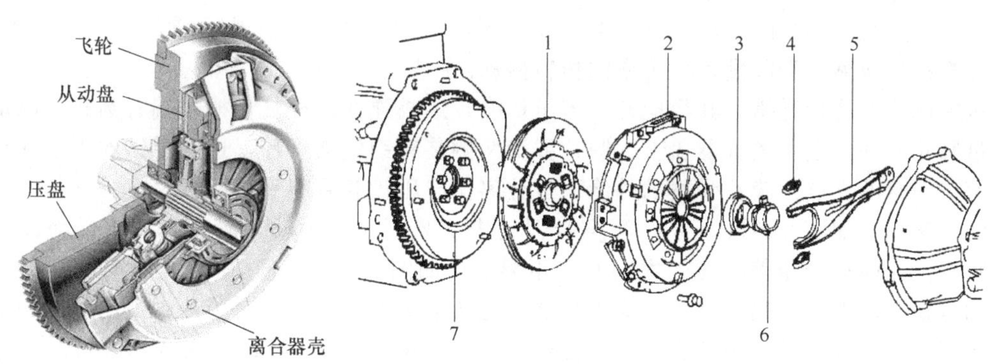

图 2-2-7 膜片弹簧离合器的构造

1—从动盘；2—离合器盖和压盘；3—分离轴承；4—卡环；5—分离叉；6—分离套筒；7—飞轮

（1）构造 膜片弹簧离合器由主动部分、从动部分、压紧机构和操纵机构组成，操纵机构将在稍后进行介绍。

主动部分由飞轮、离合器盖和压盘组成。离合器盖通过螺栓固定在飞轮上，为了保持正确的安装位置，离合器盖通过定位销进行定位。压盘与离合器盖之间通过周向均布的三组或四组传动片来传递转矩。传动片用弹簧钢片制成，每组两片，一端用铆钉铆在离合器盖上，另一端用螺钉连接在压盘上。

从动部分包括从动盘和从动轴，从动盘一般都带有扭转减振器。发动机传到传动系的转速和转矩是周期性变化的，使传动系产生扭转振动，这将使传动系的零部件受到冲击性交变载荷，使寿命下降、零件损坏。采用扭转减振器可以有效地防止传动系的扭转振动。带扭转减振器的从动盘的结构和原理如图 2-2-10 所示。

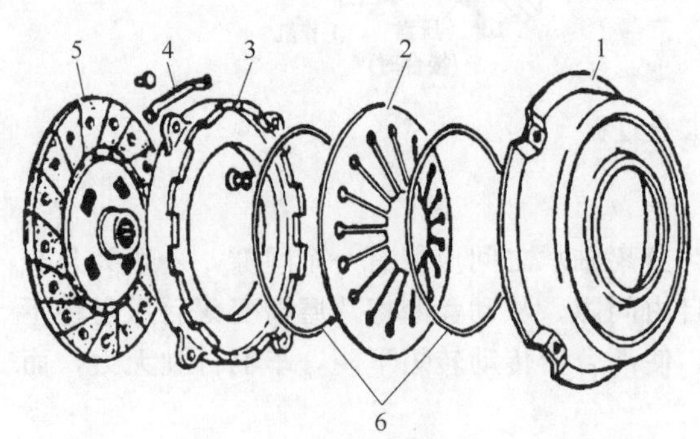

图 2-2-8　膜片弹簧离合器盖和压盘分解图
1—离合器盖；2—膜片弹簧；3—压盘；
4—传动片；5—从动盘；6—支承环

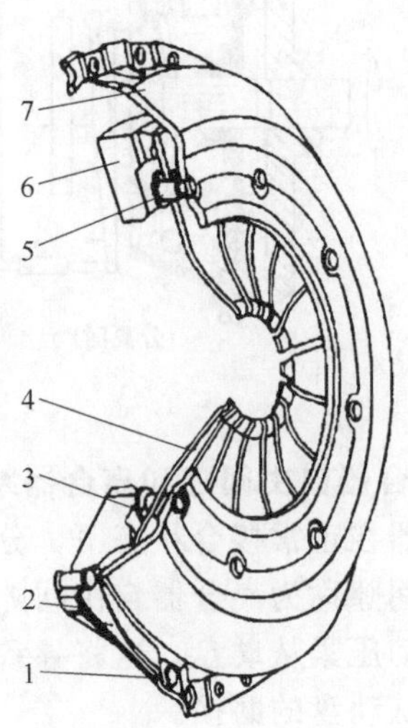

图 2-2-9　膜片弹簧离合器盖和压盘示意图
1—铆钉；2—传动片；3—支承环；4—膜片弹簧；
5—支承铆钉；6—压盘；7—离合器盖

从动盘钢片外圆周铆接有波浪形弹簧钢片，摩擦衬片分别铆接在弹簧钢片上，从动盘钢片与减振器盘铆接在一起，这两者之间夹有摩擦垫圈和从动盘毂。从动盘毂、从动盘钢片和减振器盘上都有六个圆周均布的窗孔，减振弹簧装在窗孔中。

当从动盘受到转矩时，转矩从摩擦衬片传到从动盘钢片，再经减振弹簧传给从动盘毂，此时弹簧将被压缩，吸收发动机传来的扭转振动。

压紧机构是膜片弹簧，其径向开有若干切槽，形成弹性杠杆。切槽末端有圆孔，固定铆钉穿过圆孔，并固定在离合器盖上。膜片弹簧两侧装有钢丝支承环，这两个钢丝支承环是膜片弹簧工作时的支点。膜片弹簧的外缘通过分离钩与压盘联系起来。

(2) 原理　如图 2-2-11 所示。当离合器盖未安装到飞轮上时，膜片弹簧不受力而处于自由状态，此时离合器盖与飞轮之间有一距离 S，如图 2-2-11 (a) 所示。当离合器盖通过螺栓固定在飞轮上时，膜片弹簧在支承环处受压产生弹性变形，此时膜片弹簧的外圆周对压盘产生压紧力使离合器处于接合状态，如图 2-2-11 (b) 所示。当踩下离合器踏板时，分离轴承推动膜片弹簧，使膜片弹簧以支承环为支点外圆周向后翘起，通过分离钩拉动压盘后移使离合器分离，如图 2-2-11 (c) 所示。

从上面的介绍中可以看出，膜片弹簧既是压紧弹簧，又是分离杠杆，使结构简化了。另外膜片弹簧的弹簧特性优于圆柱螺旋弹簧，所以膜片弹簧离合器的应用越来越广泛，在各种车型上都有应用。

2. 周布弹簧离合器

(1) 单片周布弹簧离合器　单片周布弹簧离合器的构造如图 2-2-12 所示。解放 CA1091、东风 EQ1090、北京吉普 BJ2020 等车辆采用的为此种离合器。

① 主动部分和从动部分　单片周布弹簧离合器的主动部分、从动部分的结构与膜片弹

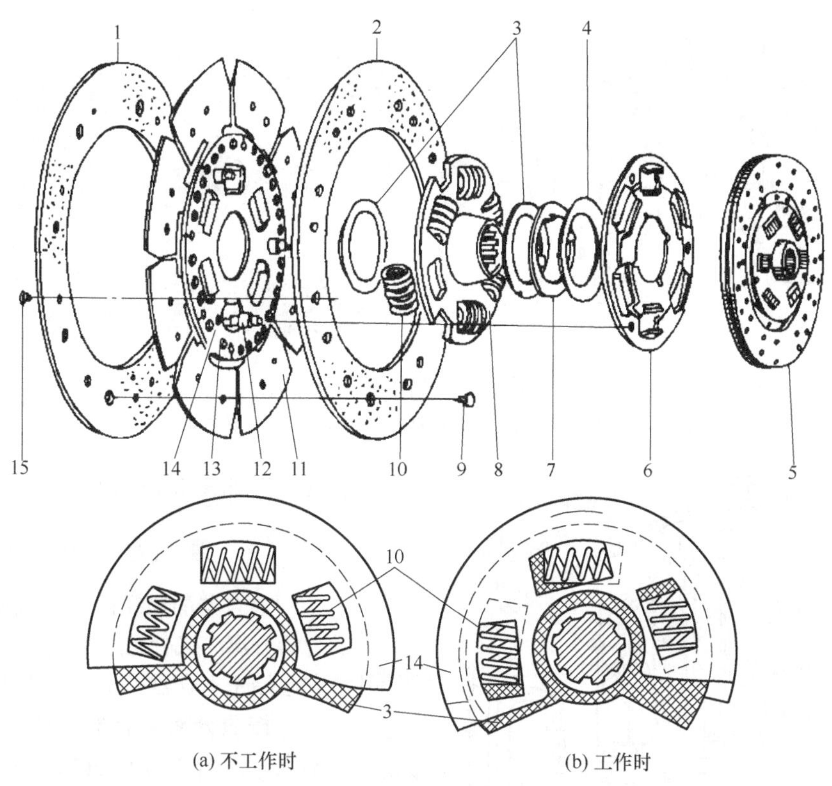

图 2-2-10　带扭转减振器的从动盘

1,2—摩擦衬片；3—摩擦垫圈；4—碟形垫圈；5—装合后的从动盘总成；6—减振器盘；7—摩擦板；8—从动盘毂；9,13,15—铆钉；10—减振弹簧；11—波浪形弹簧钢片；12—止动销；14—从动盘钢片

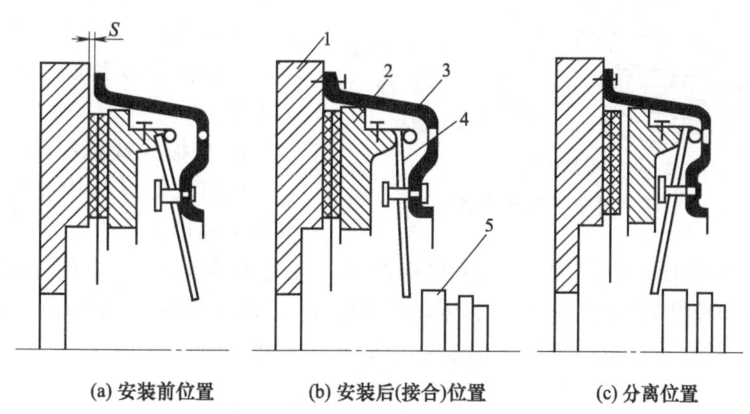

图 2-2-11　膜片弹簧离合器的工作原理

1—飞轮；2—压盘；3—离合器盖；4—膜片弹簧；5—分离轴承

簧离合器基本相同。

② 压紧机构　单片周布弹簧离合器的压紧机构由若干根螺旋弹簧组成，螺旋弹簧沿压盘周向对称布置，装在压盘和离合器盖之间。

③ 分离机构　由分离叉和分离杠杆组成。

(2) 双片周布弹簧离合器　双片周布弹簧离合器有两个从动盘和两个压盘，常用于重型

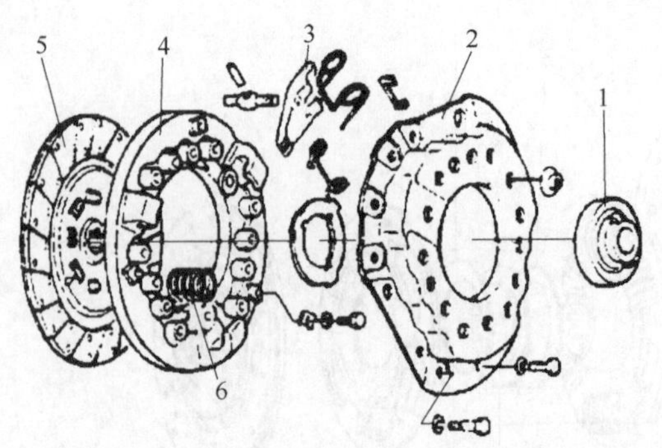

图 2-2-12　周布弹簧离合器

1—分离轴承；2—离合器盖；3—分离杠杆；4—压盘；5—从动盘；6—压紧弹簧

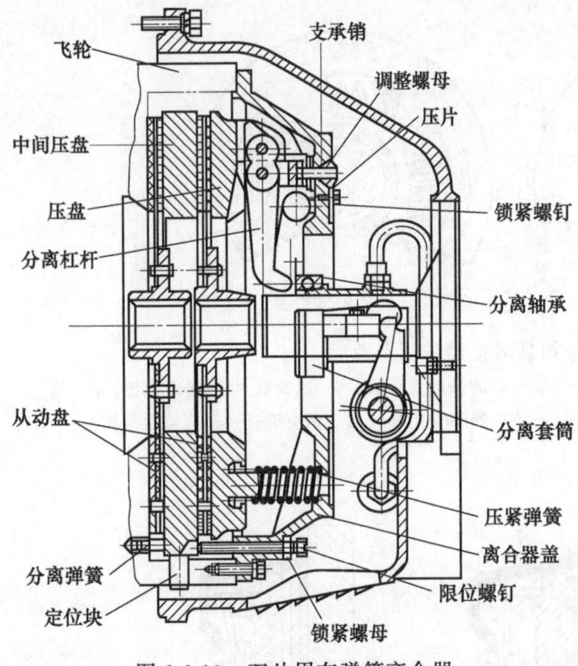

图 2-2-13　双片周布弹簧离合器

货车。如图 2-2-13 所示。

三、离合器操纵结构

离合器的操纵机构是驾驶员借以使离合器分离、又使之柔和接合的一套机构，它起始于离合器踏板，终止于分离杠杆。

按照分离离合器时所需操纵能源的不同，离合器操纵机构分为人力式和助力式。人力式又可以分为机械式和液压式的；助力式又可以分为气压助力式和弹簧助力式。人力式操纵机构是以驾驶员作用在踏板上的力作为唯一的操纵能源。助力式操纵机构除了驾驶员的力以外，一般主要以其他形式的能源作为操纵能源。

1. 机械式操纵机构

机械式操纵机构有杆系传动和绳索传动两种形式。

杆系传动机构如图 2-2-14 所示，其结构简单，工作可靠，广泛应用于各型商用车上。例如东风 EQ1090E 型商用车即为杆系传动机构。但杆系传动中杆件间铰接多，摩擦损失大，车架或车身变形以及发动机位移时会影响其正常工作。

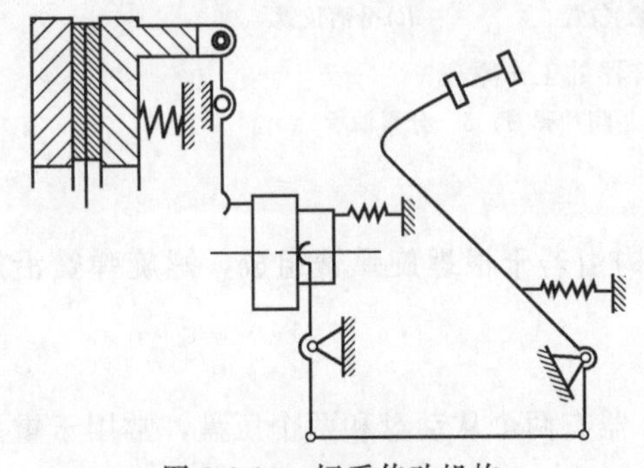

图 2-2-14　杆系传动机构

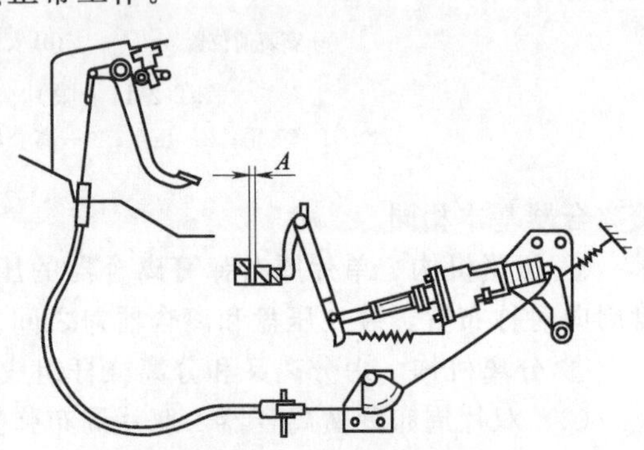

图 2-2-15　绳索传动机构

绳索传动机构如图 2-2-15 所示，可消除杆系传动机构的一些缺点，并能采用便于驾驶员操纵的吊挂式踏板。但绳索寿命较短，拉伸刚度较小，故只适用于轻型、微型商用车和轿车。例如捷达轿车、早期的桑塔纳轿车离合器的操纵机构中就采用了绳索传动机构。

2. 液压式操纵机构

液压式操纵机构的示意图如图 2-2-16 所示，主要由主缸、工作缸和管路系统等组成。目前液压式操纵机构在各类型车上应用广泛。

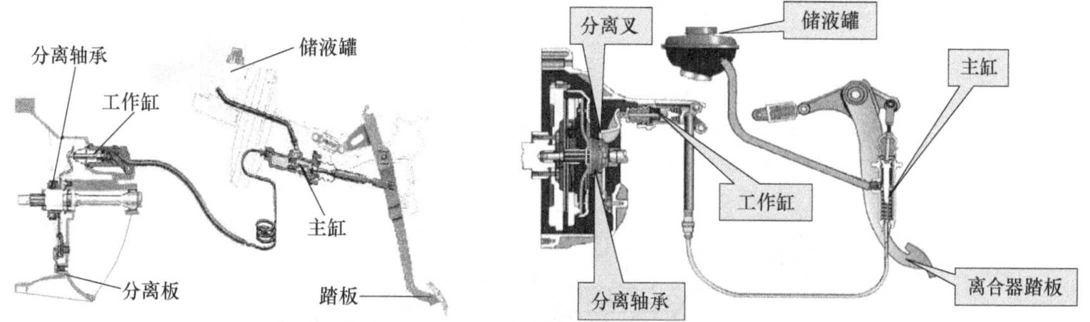

图 2-2-16 液压式操纵机构示意图

下面介绍液压式操纵机构的构造。离合器液压操纵系统由离合器踏板、储液罐、进油软管、离合器主缸、离合器工作缸、油管总成、分离叉、分离轴承等组成，如图 2-2-17 所示。

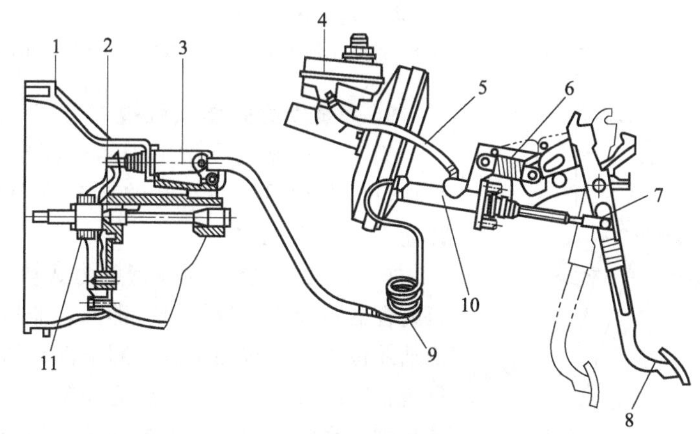

图 2-2-17 离合器液压操纵系统

1—变速器壳体；2—分离叉；3—工作缸；4—储液罐；5—进油软管；6—助力弹簧；7—推杆接头；8—离合器踏板；9—油管总成；10—主缸；11—分离轴承

储液罐有两个出油孔，分别把制动液供给制动主缸和离合器主缸。

离合器主缸的结构如图 2-2-18 所示，主缸体借补偿孔 A、进油孔 B 通过进油软管与储液罐相通。主缸内装有活塞，活塞中部较细，且为“十”字形断面，使活塞右方的主缸内腔形成油室。活塞两端装有皮碗。活塞左端中部装有单向阀，经小孔与活塞右方主缸内腔的油室相通。当离合器踏板处于初始位置时，活塞左端皮碗位于补偿孔 A 与进油孔 B 之间，两孔均开放。

离合器工作缸的结构如图 2-2-19 所示，工作缸内装有活塞、皮碗、推杆等，缸体上还设有放气螺塞。当管路内有空气而影响操纵时，可拧松放气螺塞进行放气。工作缸活塞直径略大于主缸活塞直径，故液压系统稍有增力作用，以补偿液流通道的压力损失。

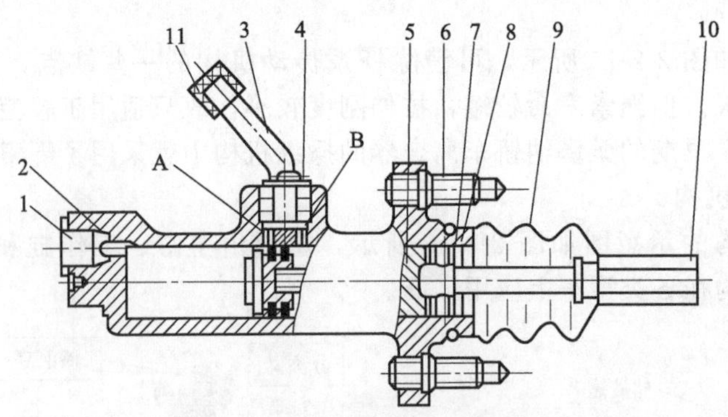

图 2-2-18 离合器主缸的结构

1—保护塞；2—壳体；3—管接头；4—皮碗；5—阀芯；6—固定螺栓；7—卡簧；8—挡圈；9—护套；10—推杆；11—保护套；A—补偿孔；B—进油孔

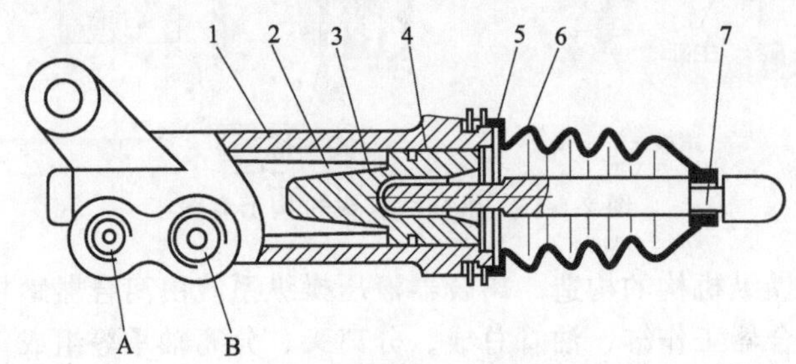

图 2-2-19 离合器工作缸的结构

1—壳体；2—活塞；3—管接头；4—皮碗；5—挡圈；6—保护套；7—推杆；A—放气孔；B—进油孔

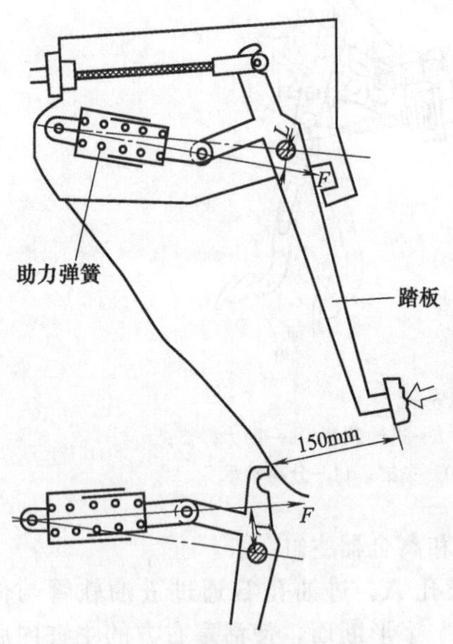

图 2-2-20 弹簧助力式操纵机构

3. 弹簧助力式操纵机构

为了尽可能减小作用于离合器踏板上的力，减轻驾驶员的劳动强度，在有的离合器操纵机构中采用弹簧助力式操纵机构。

如图 2-2-20 所示为弹簧助力式操纵机构的示意图。当离合器踏板完全放松时，即离合器接合，此时助力弹簧轴线位于踏板转轴下方。踩下离合器踏板，踏板绕自身转轴顺时针转动，压缩助力弹簧，此时助力弹簧实际是起到阻碍的作用，即助力弹簧的伸张力产生一个阻碍踏板转动的逆时针力矩 FL，但这个力矩是比较小的。当踏板转动到助力弹簧的轴线与踏板转轴处于一条直线上时，该阻碍力矩为零。随着踏板的进一步踩下，助力弹簧轴线位于踏板转轴上方，此时助力弹簧的伸张力产生一个有助于踏板转动的顺时针力矩 FL。在踏板后段行程是最需要助力作用的，因而这种弹簧助力式操纵机构可以有效地减轻驾驶员疲劳。

四、离合器的维护及维修要点

（一）离合器的拆卸和安装

1. 离合器的拆卸

首先拆下变速器。用专用工具将飞轮固定，然后逐渐将离合器压盘的固定螺栓对角拧

松，取下离合器盖及压盘总成，并取下离合器从动盘。然后分解离合器各部件。

2. 离合器的安装

用专用工具将飞轮固定。用专用工具将离合器从动盘定位于飞轮和压盘中心。装上紧固螺栓，并用 25N·m 的力矩对角逐渐旋紧。

（二）离合器的检修

1. 从动盘的检查

先目视检查，看从动盘摩擦片是否有裂纹、铆钉外露、减振器弹簧断裂等情况，如果有则更换从动盘。

再检查从动盘的端面圆跳动。在距从动盘外边缘 2.5mm 处测量，离合器从动盘最大端面圆跳动为 0.4mm，测量方法如图 2-2-21 所示。如果不符合要求，可用板钳校正或更换从动盘。

最后检查从动盘摩擦片的磨损程度。摩擦片的磨损程度可用游标卡尺进行测量，如图 2-2-22 所示。铆钉头埋入深度应不小于 0.20mm。如果检查结果超过要求，则应更换从动盘。

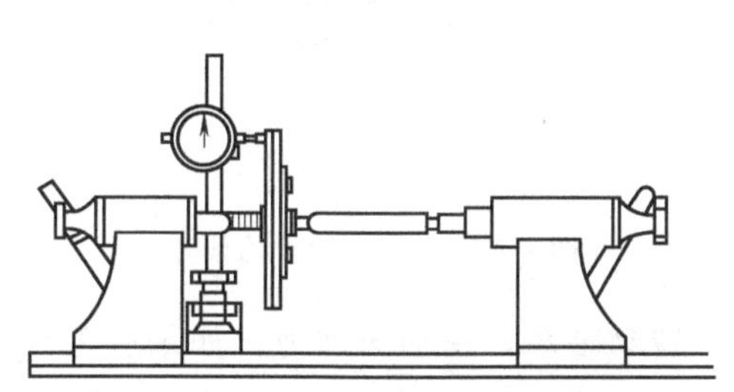

图 2-2-21　从动盘端面圆跳动的检查

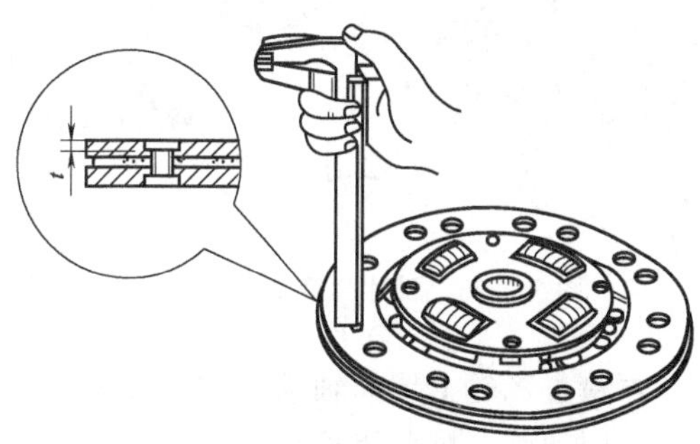

图 2-2-22　摩擦片磨损的检查

注意：检查的是铆钉头的深度，即浅处的深度。

2. 压盘和离合器盖

压盘损伤主要是翘曲、破裂或过度磨损等。

先检查压盘表面光洁度。压盘表面不应有明显的沟槽，沟槽深度应小于 0.30mm。轻微的磨损可用油石修平。

再检查压盘平面度。检查方法如图 2-2-23 所示，用钢直尺压在压盘上，然后用塞尺测量。离合器压盘平面度不应超过 0.2mm。

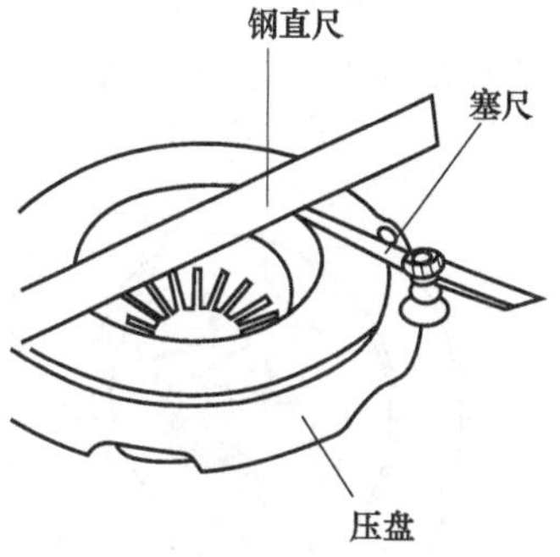

图 2-2-23　压盘平面度的检查

压盘平面度或表面光洁度超过要求可用平面磨床磨平或车床车平，但磨、车的厚度应小于 2mm，否则应更换压盘。

离合器盖与飞轮的接合面的平面度应小于 0.5mm，如有翘曲、裂纹、螺纹磨损等应更换离合器盖。

3. 膜片弹簧

先检查膜片弹簧的磨损程度。如图 2-2-24 所示用游标卡尺测量膜片弹簧与分离轴承接触部位磨损的深度和宽度。深度应小于 0.6mm，宽度应小于 5mm，否则应更换。

再检查膜片弹簧的变形。如图 2-2-25 所示用专业工具盖住弹簧分离指内端（小端），然后用塞尺测量弹簧分离指内端与专用工具之间的间隙。弹簧分离指内端应在同一平面内，间隙不应超过 0.5mm。否则用维修工具将变形过大的弹簧分离指翘起以进行调整。

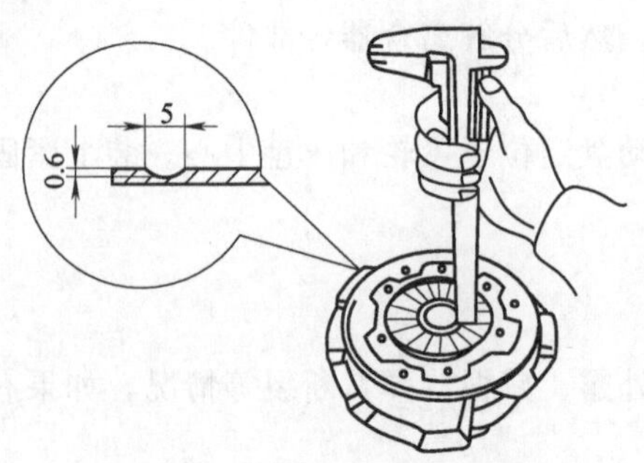

图 2-2-24　膜片弹簧磨损的检查

4. **分离轴承**

如图 2-2-26 所示用手固定分离轴承内圈，转动外圈，同时在轴向施加压力，如有阻滞或有明显间隙感时，应更换分离轴承。

分离轴承通常是一次性加注润滑脂。维护时切勿随意拆卸清洗。若有脏污，可用干净抹布擦净表面。

5. **飞轮**

首先进行目视检查，检查齿圈轮齿是否磨损或打齿，检查飞轮端面是否有烧蚀、沟槽、翘曲和裂纹等，如果有则应修理或更换飞轮。

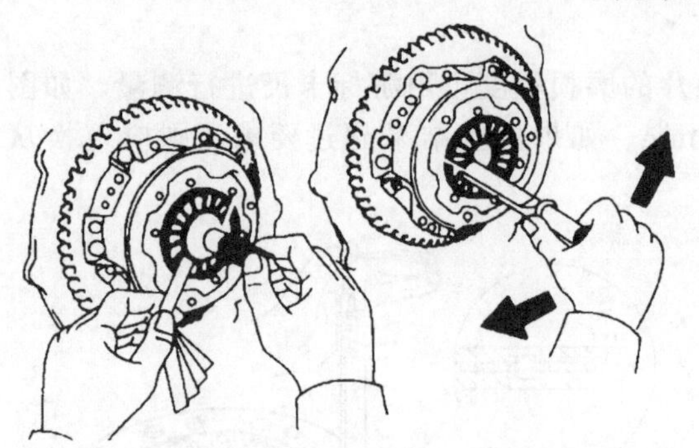

图 2-2-25　膜片弹簧变形的检修

图 2-2-26　分离轴承的检查

再检查飞轮上导向轴承。如图 2-2-27 所示用手转动轴承，在轴向加力，如果有阻滞或有明显间隙感，则应更换轴承。

最后检查飞轮端面的圆跳动。如图 2-2-28 所示将百分表安装在发动机机体上，百分表表针抵在飞轮的最外圈，转动飞轮，测量飞轮的端面圆跳动，应小于 0.1mm。如果端面圆跳动超过标准，应修磨或更换飞轮。

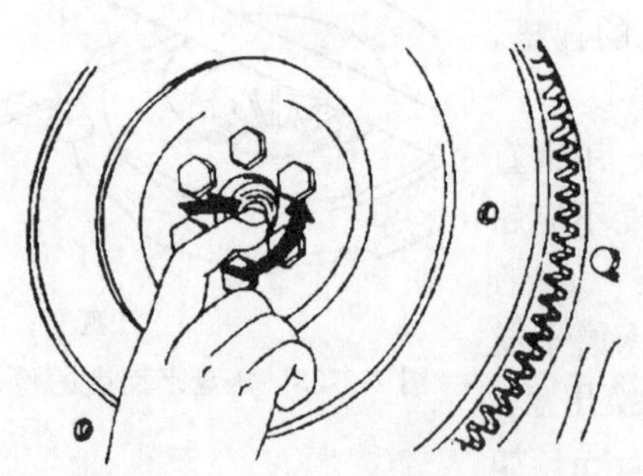

图 2-2-27　飞轮上导向轴承的检查

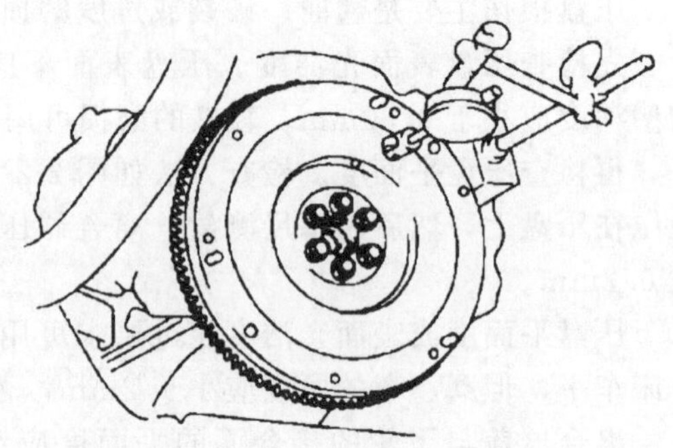

图 2-2-28　飞轮端面圆跳动的检查

飞轮每次拆卸后，应更换连接螺栓。将飞轮安装到曲轴上时，应按对角线逐次以规定的力矩拧紧。

（三）离合器液压操纵系统的拆装、检修

1. **离合器主缸的拆卸与分解**

（1）拆卸　取下离合器踏板与主缸推杆叉的连接销轴。从主缸上拧下进油管和出油管接头。拧下主缸固定螺栓，拉出主缸。

在解体离合器主缸前，应排净主缸中的制动液。

(2) 分解 取下防尘罩，用旋具或卡环钳拆下卡环，拉出主缸推杆、压盖和活塞。

2. 离合器工作缸的拆卸与分解

(1) 拆卸 拧下工作缸进油管接头，再拆下工作缸固定螺栓，即可拉出工作缸。

(2) 分解 拉出工作缸推杆，拆下防尘罩，然后用压缩空气将工作缸活塞从缸筒内压出来。

3. 主缸、工作缸的检修

主缸和工作缸是离合器液压操纵系统的主要部件，其工作性能的好坏直接影响离合器的工作性能。当出现缸筒内壁磨损超过 0.125mm，活塞与缸筒的间隙超过 0.20mm，皮碗老化及回位弹簧失效等情况时，应更换相应零件。

4. 离合器主缸、工作缸的装配

主缸和工作缸的装配，按拆卸与分解相反顺序进行，但装配时应注意以下事项。

① 零件在装配前要用非腐蚀性液体清洗干净，并在活塞、皮碗、挡圈、缸套等零件上涂一层制动液。装合后推杆在缸筒内运动应灵活。在放松（不工作）位置时，主缸皮碗和活塞头部应位于进油孔和补偿孔之间，两孔都开放。工作缸上带有塑料支承环，安装时外表面要涂上一层薄薄的润滑油，工作缸推杆末端也要涂上润滑脂。

② 安装离合器工作缸时，需要用一个适当的杠杆克服弹簧的弹力，将其压向变速器壳相应的孔中后，方能将固定螺栓旋入。

(四) 离合器的维护检查项目

离合器的维护检查主要包括检查离合器踏板自由行程、检查离合器的工作情况、检查离合器储液罐液面高度等。

1. 离合器储液罐液面高度检查

检查主缸储液罐内离合器液（制动液）面的高度，如果低于“MAX”的标记，则应补加，并要进一步检查离合器液压操纵机构是否有泄漏的部位。

2. 离合器液压操纵机构泄漏检查

液压操纵机构泄漏检查主要是检查主缸与油管、工作缸与油管及油封等部位是否有离合器液的痕迹。

3. 离合器踏板检查

踩下离合器踏板，检查是否存在下述故障：踏板回弹无力；异响；踏板过度松动；踏板沉重。

(1) 检查离合器踏板高度

① 离合器分离间隙：离合器处于完全分离状态时，离合器片与飞轮压盘三者之间的间隙总和。

② 离合器踏板自由行程：消除离合器自由间隙及杆件传动副间隙所对应的踏板行程，一般为 30～40mm。

③ 离合器踏板工作行程：与摩擦面分离间隙所对应的行程。

④ 离合器踏板总行程等于自由行程与工作行程之和。

离合器踏板高度的检查如图 2-2-29 所示，掀起地毯或地板革，用直尺测量地面到离合器踏板上表面的距离。如果超出标准，应调整踏板高度。

离合器踏板高度的调整可以通过踏板后的限位螺栓进行。

(2) 检查离合器踏板自由行程 踏板自由行程的检查如图 2-2-29 所示，用一个直尺抵在驾驶室地板上，先测量踏板完全放松时的高度，再用手轻按踏板，当感到阻力增大时再测量踏板高度，两次测量的高度差即为踏板的自由行程。

踏板自由行程的调整如图 2-2-29 所示，液压式操纵机构一般是调整主缸推杆的长度，

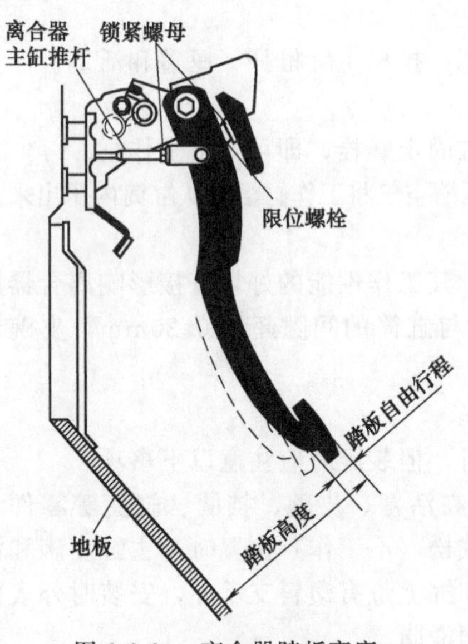

图 2-2-29　离合器踏板高度、踏板自由行程及其调整

先将主缸推杆锁紧螺母旋松，然后转动主缸推杆，从而调整踏板自由行程，调整后应将锁紧螺母旋紧。有些车辆的操纵机构具有自调装置，如捷达轿车，可以免除离合器踏板自由行程的调整。

4. 离合器工作情况检查

车辆可靠驻停，拉起驻车制动手柄。启动发动机，发动机怠速运转，踩下离合器踏板，换到1挡或倒挡，检查是否有噪声、是否换挡平稳。如果有，说明离合器分离不彻底。

5. 离合器液压系统中空气的排出

离合器液压操纵系统在经过检修之后，管路内可能进入空气；在添加制动液时也可能使液压系统中进入空气。空气进入后，由于缩短了主缸推杆行程即踏板工作行程，从而使离合器分离不彻底。因此，液压系统检修后或怀疑液压系统进入空气时，就要排除液压系统中的空气。排除方法如下。

① 将主缸储液罐中的制动液加至规定高度。升起商用车。

② 在工作缸的放气阀上安装一软管，接到一个盛有制动液的容器内。

③ 排空气需要两个人配合工作，一人慢慢地踏离合器踏板数次，感到有阻力时踏住不动，另一人拧松放气阀直至制动液开始流出，然后再拧紧放气阀。

④ 连续按上述方法操作几次，直到流出的制动液中不见气泡为止。

⑤ 空气排除干净之后，需要再次检查及调整踏板自由行程。

⑥ 再次检查主缸储液罐液面高度，必要时添加。

五、离合器常见故障的诊断与排除

（一）压盘的传力、导向和定心

在主动件中，压盘是靠离合器盖的（或飞轮）来驱动的，并应能作一定量的轴向移动，但在移动过程中不允许产生径向位移。这些问题都是由离合器盖（或飞轮）对压盘的驱动部位来解决的。因此，驱动部位具有传力、导向和定心的作用。驱动部位的形式有离合器盖和压盘的窗孔与凸台、传动片、传动销等，应用较广泛的是传动片式。

（二）压紧弹簧的三次压缩

离合器在接合状态下，压紧弹簧应有足够的压紧力，以保证传递发动机的最大扭矩。

第一次压缩：离合器总成装配时。

第二次压缩：离合器总成和从动盘安装在飞轮上，即离合器处于接合状态。

第三次压缩：离合器处于分离状态。离合器在接合状态时，压紧弹簧不能压死，否则造成分离不彻底。

（三）离合器分离时曲轴的窜动

在离合器分离过程中，分离轴承通过分离杠杆内端对离合器、飞轮和曲轴这一组合件整体向前施加一个轴向推力，将使曲轴向前窜动。这一轴向力经曲轴传至曲轴止推轴瓦（片）。这就是曲轴需要轴向定位和曲轴止推轴瓦后片磨损严重的主要原因。

由此可知，若曲轴轴向窜动量过大，会严重影响分离杠杆的有效行程，造成离合器不能彻底分离。

（四）分离杠杆的运动干涉及其防止措施

从离合器的分离过程看，若分离杠杆中间支承是固定铰链，则其外端与压盘铰接处的运动轨迹将是一弧线（如图2-2-30所示），而压盘上该点只能作轴向直线运动，二者要产生一个距离差 ΔS，这就使分离杠杆产生运动干涉而不能正常运动。要防止这种干涉，在结构上就得使支点或杠杆与压盘连接点（重点）处能沿径向移动（平移或摆动），如图2-2-31所示为几种防干涉结构形式。

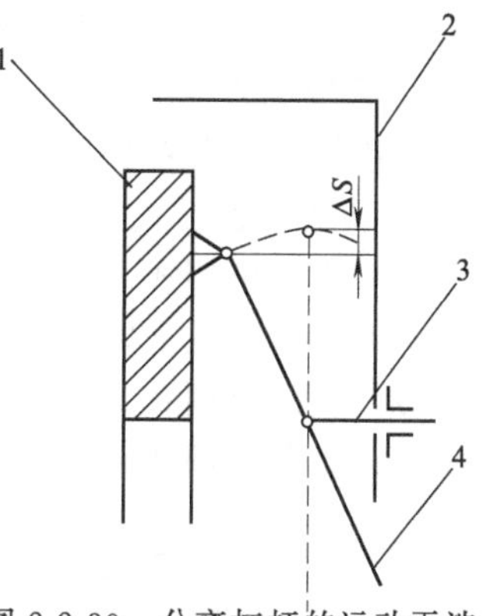

图 2-2-30 分离杠杆的运动干涉

1—压盘；2—离合器盖；3—支架；4—分离杠杆

（五）自由间隙与踏板自由行程

1. 自由间隙的必要性

由于离合器接合过程中存在着滑磨现象，从动盘、压盘和飞轮长期使用磨损后，压盘会向前（飞轮方向）移动，分离杠杆内端相应地要向后移动。如果安装时分离杠杆内端与分离轴承间不留间隙，则磨损后分离杠杆内端将由于压在分离轴承上而不能自由后移，使外端牵制压盘不能前移，从而不能压紧从动盘。这将造成离合器打滑，不能保证传递发动机的最大扭矩，摩擦副和分离轴承也会很快磨损和烧坏。因此离合器接合状态下，分离杠杆内端与分离轴承间留有一个自由间隙。

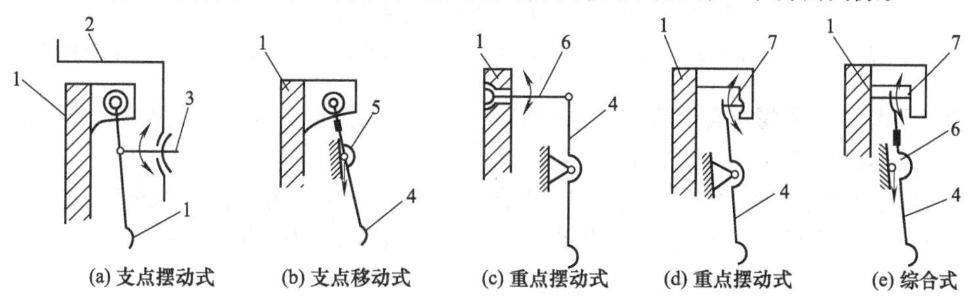

图 2-2-31 分离杠杆防干涉的结构措施

1—压盘；2—离合器盖；3—支承螺柱；4—分离杠杆；5—滚销；6—分离螺钉；7—摆动片

2. 调整

为了保证自由间隙值，踏板自由行程都是可以调整的。利用分离拉杆调节叉 14（如图 2-2-2 所示）调整分离拉杆 13 的长度就可调整踏板的自由行程。这是最简单的机械式操纵机构的调整装置。

（六）压盘移动距离和踏板有效行程

由于从动盘有一定的弹性，飞轮、压盘和从动盘的接触面积也会有一定的翘曲变形。要使离合器彻底分离，就必须使压盘向后移动有充分的距离（1～3mm）。这一距离通过一系列杠杆放大，反映到踏板上就是踏板的有效行程。有效行程与自由行程之和就是踏板的总行程。

（七）分离杠杆高度调整的必要性及调整装置形式

1. 分离杠杆高度调整的必要性

① 由于制造上的偏差，分离杠杆各支点磨损的差异，以及分离杠杆的变形等原因，会导致分离杠杆内端沿离合器轴线方向出现高度（如图 2-2-2 所示）不一的现象。这将使压盘分离时不能平行移动，从而不能彻底分离。

② 当摩擦片磨损时，分离杠杆内端将向后移，并随其后移，分离杠杆向后倾斜增大，便增大了运动干涉量（从图 2-2-30 中可知，分离杠杆重点在中间位置附近摆动时，干涉量

ΔS 最小）。为使分离杠杆能够调平，并调到规定高度，分离杠杆都有高度调整装置。

2. 调整原理

利用螺纹装置对分离杠杆的外端重点或中间支点进行高度调整。

3. 调整装置形式

（1）重点可调式　如图 2-2-32（a）所示，旋进调整螺母 3，分离杠杆 5 内端就向后移动，即被调高；反之则调低。

（2）支点可调式　如图 2-2-32（b）所示，旋进螺母 3，分离杠杆也被调高。

（3）力点可调式　如图 2-2-32（c）所示，旋进螺钉 7，分离杠杆也被调低。

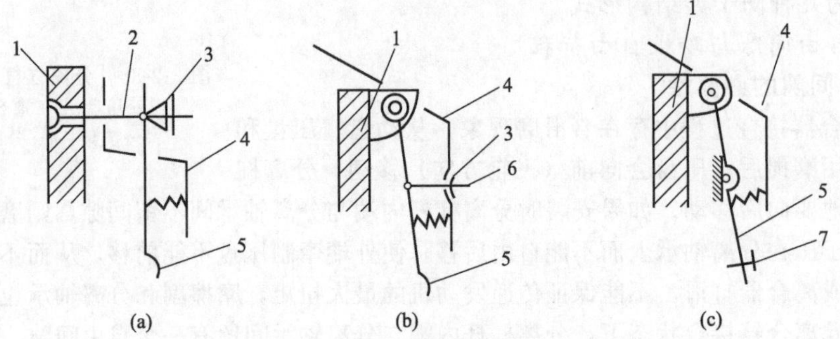

图 2-2-32　分离杠杆高度调整装置的形式

1—压盘；2—分离螺钉；3—调整螺母，4—离合器盖；5—分离杠杆；6—支承螺柱；7—调整螺钉

为防止调整螺母或螺钉自动旋动，它们都有锁止装置，如锁止销、锁止垫圈、锁止螺母等。

（八）离合器故障的诊断与排除

离合器的故障也不外乎离合器打滑、离合器分离不彻底、离合器“闯车”、离合器异响、离合器发抖等。下面针对某一方面具体讲解它的故障现象、判断方法及排除。

1. 离合器打滑

离合器打滑即压盘与从动片、从动片与飞轮之间在传递动力的时候发生滑转而不能足够地使动力传递出去的故障现象。它主要表现在当商用车起步、爬坡、载重量较大时，离合器踏板虽已完全放开，但发动机的动力不能完全地传递给驱动轮，使车轮运转；或当商用车需加速时车速提不上来；当打滑现象严重或打滑时间较长时都会造成摩擦片产生大量的热，甚至散发出焦味。

（1）原因　离合器打滑主要是因为摩擦片与压盘的飞轮之间的摩擦力不足造成的。造成摩擦力不足的原因主要有以下几个方面。

① 摩擦片沾有油污，铆钉露出或是由于摩擦片磨损过甚使弹簧压力不足而造成摩擦系数下降。

② 压紧弹簧因长期工作而造成疲劳，使弹力下降或折断，造成压盘与从动盘之间压紧力减小。

③ 离合器踏板自由行程消失或过小，经常使离合器处于半分离状态。

④ 离合器盖与飞轮之间的螺栓松动使压盘处于半分离状态，或由于飞轮、压盘变形磨损等。

⑤ 离合器操纵机构有卡滞现象，使离合器踏板不能回位，离合器经常处于半结合状态。

⑥ 离合器从动片的烧蚀硬化而造成摩擦系数降低。

（2）故障诊断与排除　当怀疑商用车离合器打滑时，首先在商用车发动时踏下离合器踏板，把变速杆移入低速挡并拉紧手制动，稍微踏一下油门，然后缓缓抬起离合器踏板，使离合器接合，看发动机是否熄火，如果发动机不熄火，则可判断离合器打滑。如果 4s 后再熄

火，则离合器刚开始打滑。

经判断确认离合器打滑时要加以修理。首先应找到造成离合器打滑的具体原因，切记不要盲目下手，如果是因为离合器踏板自由行程过小或没有自由行程造成的，则要根据前面讲的方法进行调整；如果是由于操纵机构卡滞则要查明原因予以排除，经上述检查，如果不是它们造成的，应对离合器进行拆解，看具体发生故障的部位在哪里，是离合器片的原因、弹簧原因，还是压盘等部位的原因，视具体情况予以排除。

2. 离合器分离不彻底

在商用车起步或运行过程中需要换挡时，离合器踏板已踩到底，但还是挂挡困难，出现嗒嗒的打齿声，如强行挂入挡后，离合器还没有抬起，商用车就出现前冲现象，发动机熄火。

(1) 故障原因　离合器分离不彻底绝大多数是由操纵机构引起的。造成分离不彻底的原因主要有：

① 踏板自由行程太大，使有限行程缩短而影响离合器分离。

② 操纵机构的机件磨损而增大了离合器踏板的自由行程，如分离叉支点的磨损、分离轴承的磨损等。

③ 对液压式操纵系统而言液压系统中有空气，或系统管路及泵的泄漏都可造成离合器的分离不彻底。

④ 分离杠杆高度不一致，膜片弹片式离合器的膜片弹簧失效，或它的内端面磨损过甚，分离杠杆支座松动，轴销孔的磨穿，轴销脱出等都可导致离合器分离不彻底。

⑤ 离合器从动盘移动困难，从动盘翘曲，钢片破裂，摩擦面凸凹不平或更换新的摩擦片过厚，从动盘的方向装反等都可造成离合器分离不开。

⑥ 压盘或飞轮变形。

⑦ 变速器第一轴前轴承（飞轮弹子）润滑不良而发咬，导致发动机直接拖带变速器。

⑧ 双片式离合器中间压盘的限位螺钉失调或调整不当，造成中间压盘后移量不足或过多，使中间压盘与前后摩擦片相碰而使离合器分离不彻底，中间压盘的分离弹簧失效使离合器继续接合而不能分离。

(2) 故障诊断与排除　当察觉离合器有分离不彻底现象时，首先将变速器推至空挡位置，一个人踏住离合器踏板，另一人从车下拨动离合器从动盘，看是否能够移动，如果难于移动则可确定离合器确实分离不彻底，那么就要有针对性地进行检查。

① 检查离合器踏板自由行程是否过大，如果过大要按规定调整。

② 分离杠杆安装是否牢固及杠杆高度是否一致，不符合规定应进行调整。

③ 分离离合器观察从动片是否装反，它的平面度及厚度等方面是否符合标准，如果不符合应进行修理或更换。

④ 液压式操纵系统的检查，首先踩下离合器踏板，如果感觉很轻且工作缸中推杆不动则说明液压系统中存有空气，再按前面介绍的方法进行排除。

⑤ 对于双片式离合器看其中的压盘限位螺钉是否调整合适，不合适应进行调整。

⑥ 检查双片式离合器的中间压盘的分离弹簧是否过软或折断，如果不合格规定应进行更换。

3. 离合器异响

离合器机件的长期使用造成疲劳损坏，或由于其他原因造成离合器异响，离合器异响主要有以下几种。

① 发动机在怠速运转时，离合器处于放松状态，可以听到有间断的撞击声，处于此种现象应首先看离合器踏板是否回到位，如果踏板已经回位应检查离合器分离轴承的回位弹簧工作是否可靠，是否有弹力变软或折断现象。检查分离轴承与分离杠杆之间的间隙是否符合

规定，不符合规定应进行调整。如果踏板没有完全回位，把它抬起后异响消失，说明踏板的回位弹簧弹力过软或折断，使离合器分离。

② 发动机在怠速运转时没有异响，而在踩下离合器踏板时异响出现，此种响声对于单片离合器而言多是因为分离轴承损坏造成的，分离轴承的烧结、钢球破碎、卡死等都可造成离合器异响，更换一新的分离轴承即可。对于双片式离合器还应考虑中间压盘销孔与传动销之间是否磨损严重、松旷所致，情况严重时可将传动销转动 90°进行安装，如仍不能解决就要更换加粗处理的传动销或更换新的压盘。

③ 商用车起步时，在放松离合器踏板时出现响声，如果此响声是在刚接合时听到的尖叫声，而踏板继续踏下时响声消失，放松踏板又出现，这是由于从动盘有破碎处或是铆钉头刮碰压盘、飞轮所致，应进行修理或更换修复。如果是离合器在刚放松时发出“喀咭”一声响，多是由于分离杠杆磨损松旷造成的；从动片的铆钉松动或从动盘毂与第一轴的花键磨损过多，也可造成此种响声。如果在商用车起步时，尽管驾驶员很慢地抬起离合器踏板，但车辆还是冲撞起步而且发出“硬铛”一声，这是由于主、从动部分突然接合造成的。多是由于操纵杆卡滞，使压盘与从动盘突然接合所致。另外，从动盘摩擦衬片上沾有油污使离合器断续结合引起的冲撞也会造成此种响声。如果离合器放松后发出的响声和分离轴承损坏的响声类似，也是“吱吱”的响声，即还可能是变速器第一轴导向轴承损坏所致。

4. 离合器“闯车”

商用车离合器的断续接合会造成“闯车”现象发生。这种现象驾驶员在驾驶过程中就能感觉出来，造成这种现象的主要原因如下。

① 当更换新的衬片后由于摩擦衬片的材料和原来的不一致，或是由于它的表面不平沾有油污等，都有可能造成离合器的断续接合，结果引起“闯车”。对此只有对衬片进行检查，如果是衬片的问题应进行修理或更换。

② 离合器摩擦衬片变薄时容易发生变形，或是由于铆钉松动而使摩擦力变化，这些都会引起离合器接合不良造成“闯车”。

③ 由于离合器的弹簧弹力过强，使离合器在接合的瞬间又由于回转惯性的原因使离合器分离，从而造成“闯车”。对此应对弹簧弹力进行调整。

④ 当变速器第一轴的花键呈台阶形磨损时，则从动盘毂在花键上将滑动不顺畅；或是操纵杆件的连接处松动而使离合器“闯车”，如果是这样就必须更换零件。

5. 离合器发抖

在商用车起步或换挡时利用离合器使动力传递柔和。当离合器出现故障时，使接合不平稳，而使车身发抖，以下的几种离合器的故障可以引起离合器发抖。

① 当从动盘上沾有油污或表面硬化，离合器在接合时可以引起发抖。

② 当离合器摩擦衬片平面度超过一定值，或它的厚度不均时也可以造成离合器抖动。

③ 压盘不平在离合器接合时，使它们之间不能平稳接合，或是由于压紧弹簧弹力不均、折断或高度不等，也会造成压力的分布不均而造成离合器抖动。

④ 扭转减振器的损坏。

第三节　手动变速器和分动器

一、手动变速器概述

（一）变速器的功用

从变速器的名称，我们可以知道变速器应该具有变速的功能，但这还不全面，还应从发

动机的特性来考虑。目前商用车上广泛采用的是活塞式内燃机，其转矩变化范围较小，而商用车实际行驶的道路条件非常复杂，要求商用车的牵引力和行驶速度必须能够在相当大的范围内变化；另外，任何发动机的曲轴总是沿同一方向转动，而商用车实际行驶过程中常常需要倒向行驶。为此，在商用车传动系中设置了变速器。其具体功用是：

① 改变传动比，扩大商用车牵引力和速度的变化范围，以适应商用车不同条件的需要；

② 在发动机曲轴旋转方向不变的条件下，使商用车能够倒向行驶；

③ 利用空挡中断发动机向驱动轮的动力传递，以使发动机能够启动和怠速运转，并满足商用车暂时停车和滑行的需要；

④ 利用变速器作为动力输出装置驱动其他机构，如自卸车的液压举升装置、商用车起重机的工作装置。

（二）变速器的类型

现代商用车上所采用的变速器有多种结构形式，一般可以按照传动比和操纵方式进行分类。

1. 按传动比的变化方式进行分类

变速器按传动比的变化方式（级数）可分为有级式、无级式和综合式三种。

（1）有级式变速器　有级式变速器采用齿轮传动，所以也称为齿轮式变速器，具有若干个定值传动比。轿车和轻、中型货车变速器多采用 2～3 个前进挡和一个倒挡，每个挡位对应一个传动比。重型商用车行驶的路况复杂，变速器的挡位较多，可有 8～20 个挡位。

（2）无级式变速器　无级式变速器英文缩写为 CVT（Continuously Variable Transmission），它的传动比的变化是连续的。目前的无级变速器一般都是采用金属带传递动力，通过主、从动带轮直径的变化实现无级变速。这种变速器在中、高级轿车上的应用越来越多。

（3）综合式变速器　综合式变速器是由液力变矩器和有级齿轮式变速器组成的，一般都是由电脑来自动实现换挡，所以多把这种变速器称为自动变速器。这种变速器的传动比可在最大值与最小值之间的几个间断的范围内作无级变化，目前应用较多。

需要注意的是：变速器的挡数都是指前进挡的个数。

传动比是用来衡量主、从动件动力传递效果的，主、从动件可以是齿轮、链轮或皮带轮等。传动比的大小只与主、从动件大小（齿数）有关，与主、从动件的转速无关。变速器的挡位是输入轴与输出轴间通过内部齿轮多级传递实现的，因此，挡位的传动比等于内部齿轮间传动比之积。

2. 按变速器的操纵方式进行分类

按变速器的操纵方式，变速器可分为手动变速器、自动变速器和手动自动一体变速器三种。

（1）手动变速器　手动变速器的英文缩写为 MT（Manual Transmission）。它通过驾驶员用手操纵变速杆来选定挡位，并直接操纵变速器的换挡机构进行挡位变换。有级式变速器大多都采用这种换挡方式。

（2）自动变速器　自动变速器的英文缩写为 AT（Automatic Transmission）。这种变速器的自动控制系根据发动机的负荷和车速的变化情况自动选定挡位，并进行挡位变换，即自动地改变传动比。驾驶员只需要操纵加速踏板控制车速。

（3）手动自动一体变速器　这种变速器可以自动换挡，也可以手动换挡。

（三）普通齿轮变速器的工作原理

普通齿轮变速器利用不同齿数的齿轮啮合传动来实现转矩和转速的改变。

1. 变速原理

齿轮传动的变速原理如图 2-3-1 所示，一对齿数不同的齿轮啮合传动时可以实现变速，而且两齿轮的转速比与其齿数成反比。设主动齿轮转速为 n_1，齿数为 z_1，从动齿轮转速为 n_2，齿数为 z_2。主动齿轮（即输入轴）转速与从动齿轮（即输出轴）转速之比值称为传动比，用字母 i 表示，即由 1 传到 2 的传动比，计算公式为 $i_{12}=\frac{n_1}{n_2}=\frac{z_2}{z_1}$。

当小齿轮为主动齿轮，带动大齿轮转动时，输出转速降低，即 $n_1<n_2$，称为减速传动，此时传动比 $i>1$，如图 2-3-1（a）所示；当大齿轮驱动小齿轮时，输出转速升高，即 $n_1>n_2$，称为增速传动，此时传动比 $i<1$，如图 2-3-1（b）所示。这就是齿轮传动的变速原理。商用车变速器就是根据这一原理利用若干大小不同的齿轮副传动而实现变速的。

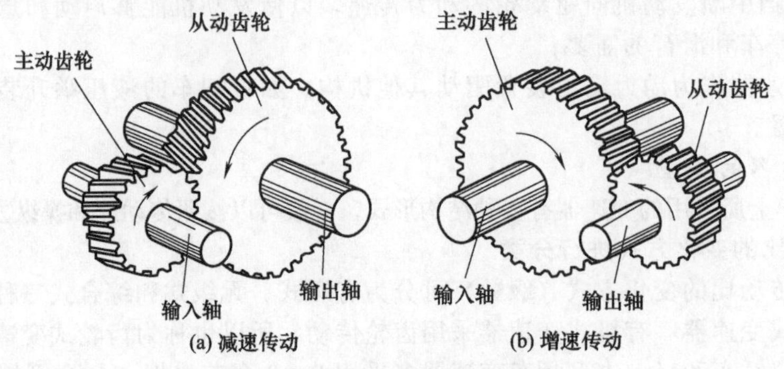

图 2-3-1　齿轮传动的变速原理

2. **换挡原理**

换挡即不同挡位有不同的传动比，当动力不能传到输出轴时即是空挡。

如图 2-3-2 所示为两级齿轮传动示意图，齿轮 1 为主动齿轮，驱动齿轮 2 转动，齿轮 3 与齿轮 2 固连在一起，再驱动齿轮 4 转动并输出动力，此时由 1 传到 4 的传动比为

$$i_{14}=\frac{n_1}{n_4}=\frac{z_2z_4}{z_1z_3}=i_{12}i_{34}$$

因此，可以总结为多级齿轮传动的传动比为

$$i=\frac{\text{所有从动齿轮齿数的乘积}}{\text{所有主动齿轮齿数的乘积}}=\text{各级齿轮传动比的乘积}$$

对于变速器，各挡的传动比 i 就是变速器输入轴转速与输出轴转速之比，即

$$i=\frac{n_{\text{输入}}}{n_{\text{输出}}}=\frac{T_{\text{输出}}}{T_{\text{输入}}}$$

当 $i>1$ 时，$n_{\text{输出}}<n_{\text{输入}}$，$T_{\text{输出}}>T_{\text{输入}}$，此时实现降速增矩，为变速器的降速挡，且 i 越大，挡位越低；当 $i=1$ 时，$n_{\text{输出}}=n_{\text{输入}}$，$T_{\text{输出}}=T_{\text{输入}}$，为变速器的直接挡；当 $i<1$ 时，$n_{\text{输出}}>n_{\text{输入}}$，$T_{\text{输出}}<T_{\text{输入}}$，此时实现升速降矩，为变速器的超速挡。

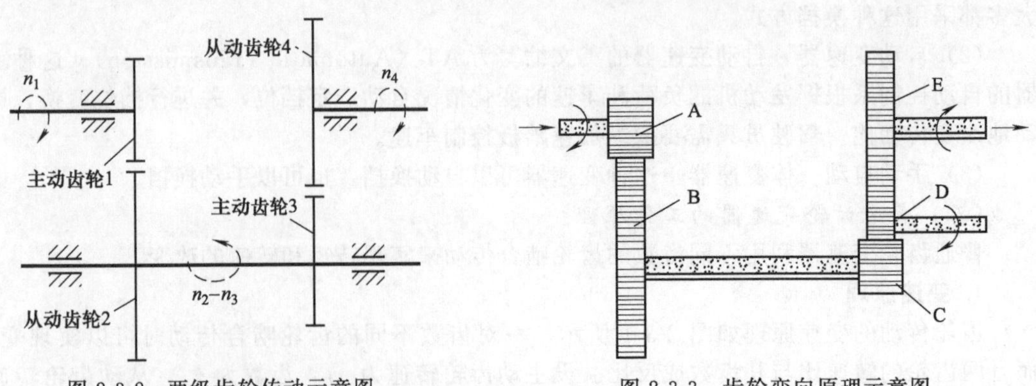

图 2-3-2　两级齿轮传动示意图

图 2-3-3　齿轮变向原理示意图

A，B，C，D，E—齿轮

3. 变向原理

相互外啮合的一对齿轮旋向相反，每经一传动副，其轴旋转方向改变一次。经两对齿轮传动，其输入轴与输出轴转向一致。如加上一倒挡轴，变成三对传动副传递动力，则输入轴与输出轴的转向相反，如图 2-3-3 所示。虽然倒挡惰轮改变了最终旋转方向，但是它对传动比的大小没有影响。

二、手动变速器变速传动机构

手动变速器包括传动机构和操纵机构两大部分。传动机构是变速器的主体，按工作轴的数量（不包括倒挡轴）分为三轴式变速器和二轴式变速器。传动机构的主要作用是改变传动比和旋转方向，操纵机构的作用是实现换挡。

变速传动机构主要由齿轮、轴、壳体和支撑件等组成。

（一）齿轮机构及传动

齿轮机构和轴承是商用车传动系统的基础部件。变速器、主减速器、驱动桥内部的齿轮机构将发动机的动力传递给驱动轮，并采用不同的传动比来实现车辆不同的行驶速度。传动系统中的轴承可减少转动部件的摩擦，防止部件异常磨损，保证动力正常传递。

齿轮传动是指两个或两个以上的齿轮（齿轮机构）按一定的顺序啮合在一起传递动力的方式。驱动的齿轮称为主动齿轮，被驱动的齿轮称为从动齿轮。啮合则是指两个齿轮的齿按一定规律彼此依次交替接触，以此来实现动力传递。齿轮传动是应用最为广泛的一种机械传动形式，它具有功率范围大、传动比准确、承载能力高、结构紧凑、传动效率高、使用寿命长等特点。与其他机械传动形式（如带传动、链传动、摩擦传动、液压传动等）相比，齿轮传动结构更为紧凑。对于固定速比的齿轮传动，其瞬时传动比是恒定的，工作平稳性较高，且传动比变化范围大，适用于减速或增速传动。但是齿轮传动无过载保护功能，且中心距离通常不能调整，在传动过程中常会伴随振动和噪声，对制造和安装的精度要求高。

齿轮机构的类型很多，商用车传动系统中通常采用的类型包括直齿轮机构、斜齿轮机构、锥齿轮机构、准双曲面齿轮机构、行星齿轮机构等。

1. 直齿轮机构

齿向与齿轮轴线方向一致的齿轮称为直齿轮，相互啮合的直齿轮组成直齿轮机构，如图 2-3-4 所示。直齿轮机构允许同时啮合 1.5～2.5 对齿，且每一对齿同时进入啮合或脱离啮合，这种接触方式可增加齿轮传动的强度，但也增大了工作噪声。直齿轮机构几乎能将所有动力传递出去，而不产生轴向力。因此，重型商用车变速器通常采用直齿轮机构。

2. 斜齿轮机构

齿向相对于齿轮轴线倾斜的齿轮称为斜齿轮，相互啮合的斜齿轮组成斜齿轮机构，如图 2-3-5 所示。斜齿轮机构允许同时啮合 2.5～3.5 对齿，且每一对齿逐步进入啮合或脱离啮合，而不是一次性全部进入啮合或脱离啮合，因此斜齿轮机构运转平稳、噪声小。但是，斜齿轮机构传递动力时会产生轴向力，需要使用推力轴承。另外，这个轴向力也增大了摩擦，造成动力损失，导致传动效率较低。轿车手动变速器通常采用斜齿轮机构。

3. 锥齿轮机构

如图 2-3-6 所示，锥齿轮机构所传递的动力和运动的方向发生了改变，相互啮合的锥齿轮的轴线是相交的，轴交角（两齿轮轴线交角）通常为 90°，锥齿轮机构有直齿［图 2-3-6 (a)］、斜齿［图 2-3-6 (b)］、曲齿［图 2-3-6 (c)］之分。转速比较低的锥齿轮机构采用直齿或斜齿，转速比较高的锥齿轮机构采用曲齿。曲齿锥齿轮机构中的大齿轮（齿圈）通常叫做冠状齿圈，小齿轮呈螺旋状，通常称为螺旋锥齿轮。曲齿锥齿轮机构传动平稳，承载能力高，通常应用于高速重载传动中。

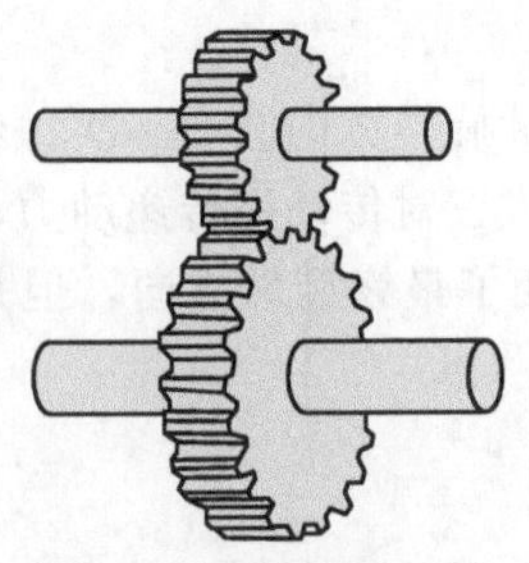

图 2-3-4 直齿轮机构

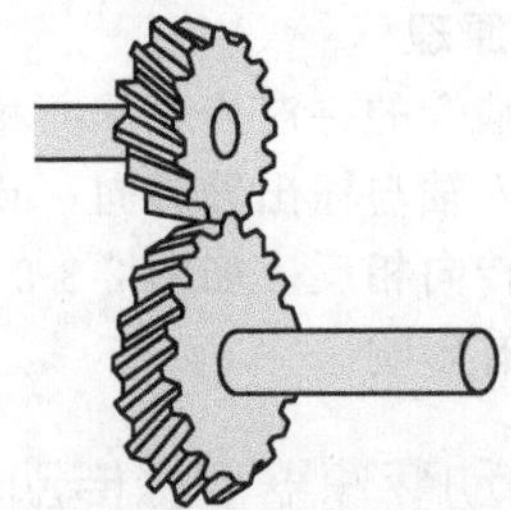

图 2-3-5 斜齿轮机构

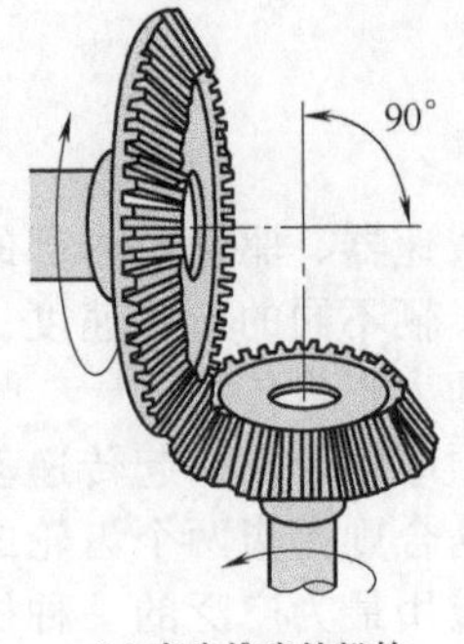

(a) 直齿锥齿轮机构

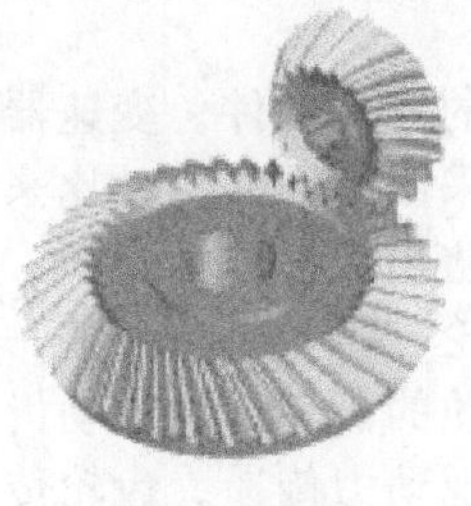

(b) 斜齿锥齿轮机构

(c) 曲齿锥齿轮机构

图 2-3-6 锥齿轮机构

4. **准双曲面齿轮机构**

图 2-3-7（a）所示的是准双曲面齿轮机构，它与曲齿锥齿轮机构［图 2-3-7（b）］相似，但小齿轮轴线偏离了冠状齿圈轴线一定的距离。这种设计可增大小齿轮直径，增加小齿轮的刚度和两齿轮的强度，获得最大的齿面接触，降低噪声。准双曲面齿轮机构通常应用于后轮驱动车辆。

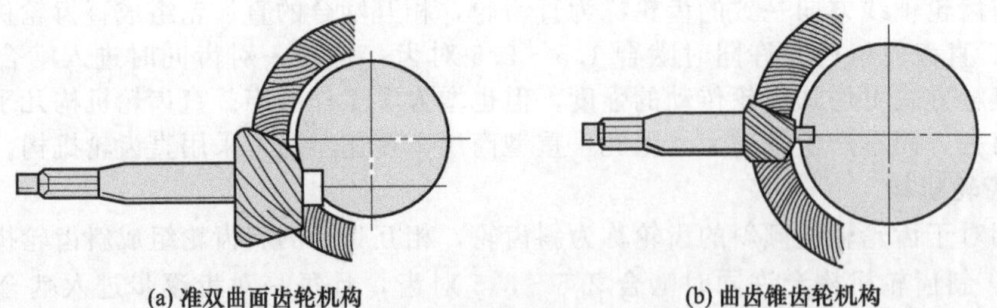

(a) 准双曲面齿轮机构　　(b) 曲齿锥齿轮机构

图 2-3-7 锥齿轮机构和准双曲面齿轮机构

以上齿轮机构在传动时所有齿轮的轴线都固定，且各齿轮轴线彼此之间没有相对运动，称为定轴齿轮传动，定轴齿轮传动按照传动齿轮轴线的相对位置可以分为平行轴齿轮传动、相交轴齿轮传动、立体交错轴齿轮传动。

5. **行星齿轮机构传动**

如图 2-3-8 所示，该机构由行星轮、行星架、太阳轮和内齿圈组成，太阳轮、齿圈和行星架都绕固定轴线旋转，多个行星轮既绕自身轴线自转，又绕固定轴线旋转，这种传递动力方式称为行星齿轮机构传动。载荷被分到多个齿轮上，可以获得多个传动情况，多用于主减速器和自动变速器中。

（二）轴承

当物体与另一物体沿接触面的切线方向运动或有相对运动趋势时，它们的接触面之间会产生摩擦。摩擦会缩短零部件寿命，并降低机械效率。润滑可以减少摩擦，然而多数情况下，仅有润滑是不够的，需要使用轴承来防止两个相对运动部件之间的过度磨损。

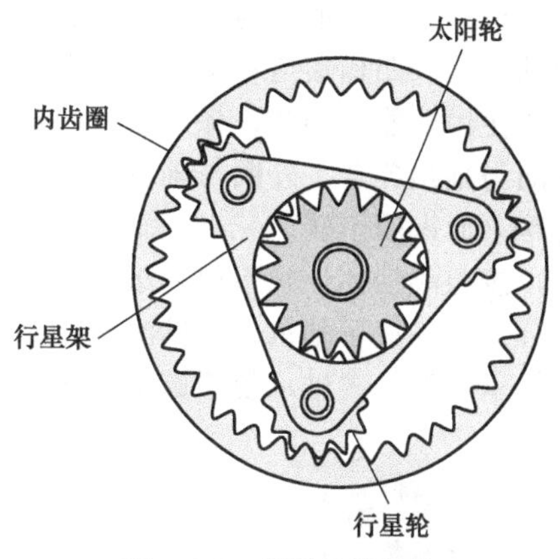

图 2-3-8 行星齿轮机构

轴承主要有两个作用：一是支承轴及轴上零件，并保持轴的旋转精度；二是减少转轴与支承（或转动零件）之间的摩擦和磨损。

按运动元件摩擦性质的不同，轴承可分为滑动轴承和滚动轴承两大类。虽然滚动轴承具有一系列优点，应用广泛，但是在高速、高精度、重载、结构上要求剖分（如发动机曲轴主轴承）等情况下，滑动轴承就显示出优异性能。因而，在内燃机、大型电机上多采用滑动轴承。此外，低速而带有冲击性的机器也通常采用滑动轴承。

1. 滑动轴承

在滑动摩擦下工作的轴承称为滑动轴承，它通过轴和轴承的相对运动使两表面之间的润滑油形成压力膜，将两表面隔开，从而承受载荷。根据轴承载荷方向不同，滑动轴承分为向心滑动轴承（承受径向载荷）和推力滑动轴承（承受轴向载荷）。

（1）向心滑动轴承　向心滑动轴承一般由轴承体、轴瓦、润滑及密封装置等组成，其中轴瓦是其核心部件。向心滑动轴承通常有整体式和剖分式两种类型，如图 2-3-9（a）、（b）所示。

（2）推力滑动轴承　推力滑动轴承用来承受轴向载荷，且能防止轴或轴上零部件的轴向位移。推力滑动轴承通常叫止推垫片，具有环状的支承面。变速器使用了大量的推力滑动轴承，如图 2-3-9（c）所示。安装止推垫片时需要特别注意，其工作面必须朝向转动部件。

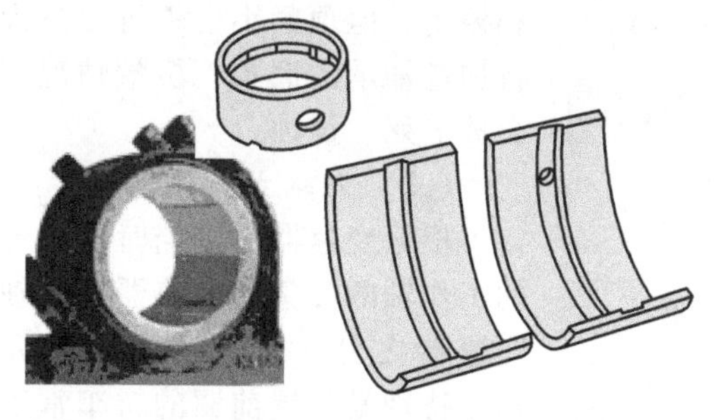

(a) 整体式滑动轴承(衬套)　(b) 剖分式滑动轴承(轴瓦)　(c) 推力滑动轴承(垫片)

图 2-3-9 滑动轴承

2. 滚动轴承

滚动轴承将轴与轴承座之间的滑动摩擦变为滚动摩擦，从而减少摩擦。与滑动轴承相比，滚动轴承具有摩擦力小、启动灵敏、效率高、润滑简便和易于互换等优点，所以获得广泛应用。但是，滚动轴承抗冲击能力较差，高速时出现噪声，工作寿命也不及液体摩擦的滑动轴承。另外，转速过高时，滚动轴承会产生高温，导致润滑失效，从而被损坏。由于滚动轴承内、外圈一般为过盈配合，拆装时需用专用工具。

滚动轴承一般由内圈、外圈、滚动体和保持架四部分组成。外圈的内侧面和内圈的外侧面都加工有凹槽滚道；滚动体分布在内圈和外圈的滚道中，其形状、大小和数量直接影响轴承的使用性能和寿命；保持架将滚动体彼此隔开，使其沿滚道均匀分布，防止滚动体脱落。内圈与轴颈配合，外圈与轴承座或机座配合，通常内圈随轴颈旋转，外圈不转；也可以外圈旋跨，而内圈不转。

按照滚动体形状不同，滚动轴承分为球轴承和滚子轴承，如图 2-3-10 所示。滚子轴承又分为圆柱滚子轴承、圆锥滚子轴承、球面滚子轴承、滚针轴承等。负荷较大时一般采用滚子轴承，如轮毂轴承使用圆锥滚子轴承。

图 2-3-10 滚动轴承

圆锥滚子轴承、球轴承和滚针轴承等是商用车传动系统常用的。圆锥滚子轴承能够同时承受较大的轴向载荷和径向载荷，且承载负荷较大，差速器轴承、轮毂轴承等通常采用圆锥滚子轴承。球轴承也能同时承受轴向载荷和径向载荷，但是承载能力低于滚子轴承。由于成本较低，球轴承应用广泛。滚针轴承只能承受径向载荷或轴向载荷，一般应用于变速器轴与齿轮之间。

有些滚动轴承的游隙（滚动体与内、外圈之间的间隙）是可调的，如圆锥滚子轴承在安装时给予一定的轴向预紧力（压紧力），使内、外圈产生相对位移而消除游隙，并在套圈和滚动体接触处产生弹性预变形，借此提高轴的旋转精度和刚度，减少轴承运行过程中的噪声和振动。但预紧小也不可以过大，否则将加速轴承的磨损，极端情况下，轴承会被卡死、烧蚀。

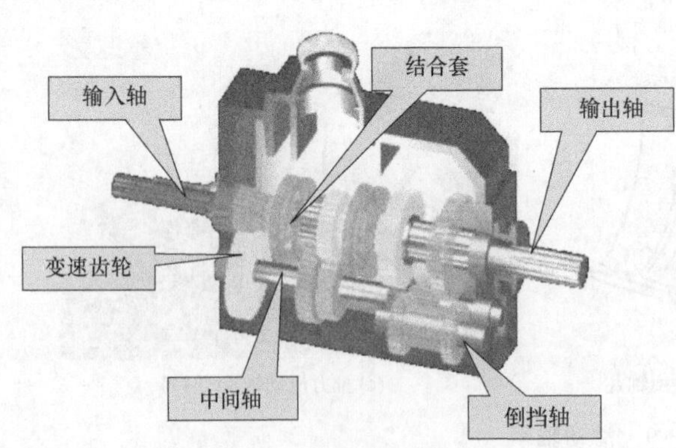

图 2-3-11 三轴变速器基本结构

（三）三轴式变速器

根据变速器前进挡时参与动力传递的工作轴的数量，变速器有二轴和三轴变速器之分。二轴变速器常用于乘用车，特别是前置前驱的轿车常采用横置式的；三轴变速器多用于中、重型车辆。

1. 构造

典型的三轴式（输入轴、中间轴和输出轴）变速器基本结构如图 2-3-11 所示。三轴式五挡手动变速器（东风 EQ1092 变速器）动力传递路线结构简图如图 2-3-12 所示。

变速器用螺栓固定在离合器壳上，输入轴的轴承盖的外凸面与离合器壳相应的孔配合，可以保证输入轴的轴心和曲轴的轴线重合。

变速器输入轴也称为第一轴、一轴、主动轴等，如图 2-3-13 所示。其前端与发动机曲

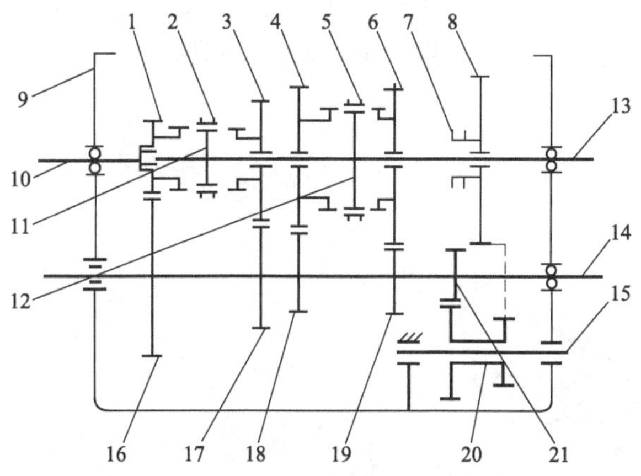

图 2-3-12 三轴式五挡变速器结构简图

1—常啮合主动齿轮；2—四挡和五挡同步器接合套；3—四挡从动齿轮；4—三挡从动齿轮；5—二挡和三挡同步器接合套；6—二挡从动齿轮；7—滑动齿轮上接合套；8—滑动齿轮（一挡、倒挡从动齿轮）；9—壳体；10—输入轴；11—四挡和五挡同步器齿座；12—三挡和四挡同步器齿座；13—输出轴；14—中间轴；15—倒挡轴；16—常啮合从动齿轮；17—四挡主动齿轮；18—三挡主动齿轮；19—二挡主动齿轮；20—倒挡中间轴齿轮；21——挡、倒挡主动齿轮

注：为了让图简便，二挡和三挡同步器与四挡和五挡同步器省略了同步器中的锥盘，在图中用虚线表示，虚线相连的两个齿轮是相啮合的。

轴中心孔通过导向轴承相连，曲轴中心孔和导向轴承对输入轴起支承作用。输入轴花键部分与离合器从动盘配合，用于传递动力。输入轴中间部分与轴承配合，被支承于变速器壳体上，输入轴后端与常啮合齿轮铸成一体，常啮合齿轮是空心的，其空心部分称为中心孔，用于安装滚针轴承来支承输出轴。

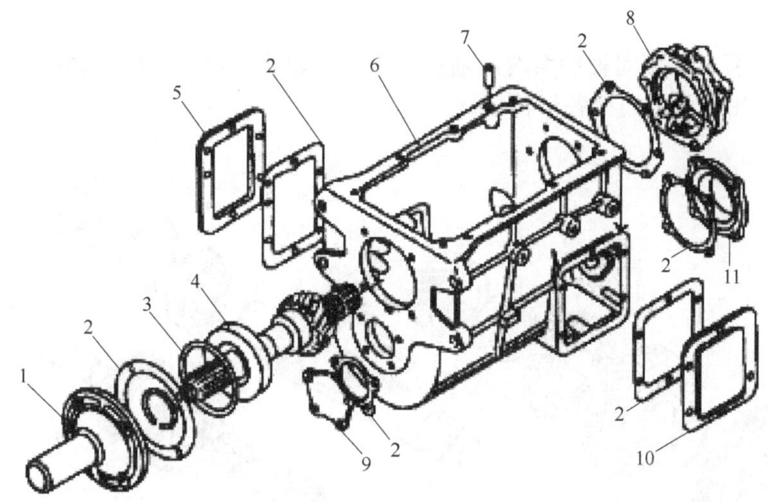

图 2-3-13 三轴式五挡变速器输入轴和壳体部分

1—输入轴轴承盖；2—衬垫；3—钢丝挡圈；4—输入轴后轴承；5—检查孔盖；6—外壳；7—定位销；8—输出轴后轴承盖；9—中间轴前轴承盖；10—倒挡检查孔盖；11—输出轴后轴承盖

输出轴也叫二轴，其前端用滚针轴承支承，后端用滚子轴承支承在变速器壳体上。如图 2-3-14 所示，输出轴上铣有多处花键，分别用于连接同步器的四挡和五挡花键毂（齿座）、

二挡和三挡花键毂齿轮、滑动齿轮和凸缘。输出轴后端通过凸缘与万向传动装置相连，用于动力输出。输出轴与凸缘通过花键连接，用锁紧螺母锁紧。

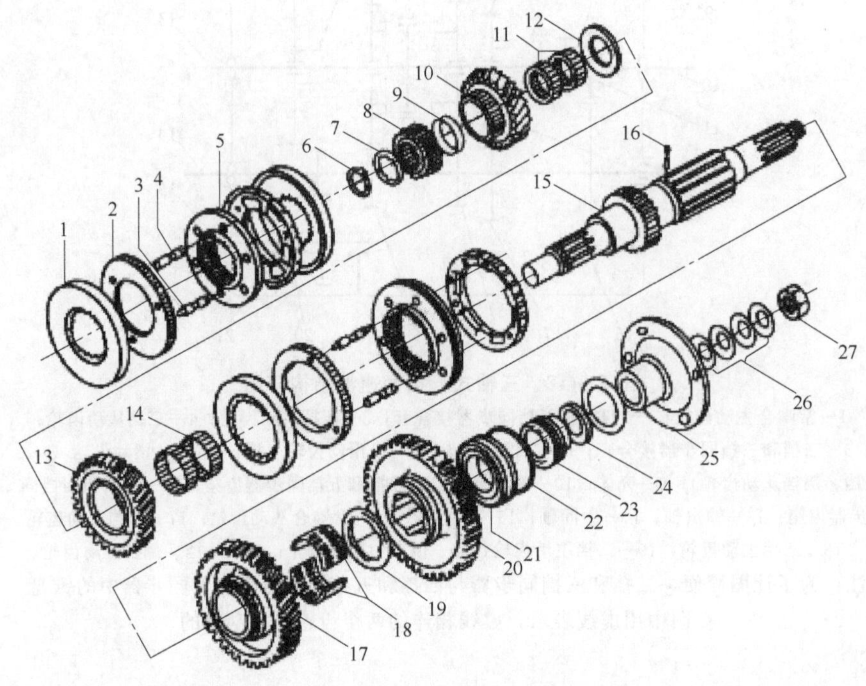

图 2-3-14　三轴式五挡变速器输出轴部分

1—同步器锥环；2—同步器锥盘；3—同步器锁销；4—同步器定位销；5—接合套；6—卡环；7,12,19,26—垫片；8—花键毂；9—衬环；10—四挡从动齿轮；11,14,18—轴承；13—三挡从动齿轮；15—输出轴；16—定位销；17—二挡从动齿轮；20—滑动齿轮；21—支承轴承；22—钢丝垫圈；23—里程表主动转子；24—油封；25—凸缘；27—锁紧螺母

如图 2-3-15 所示，中间轴的两端由轴承支承在变速器壳体上，中间轴位于变速器底部，工作时能搅动齿轮油飞溅润滑各运转部件。

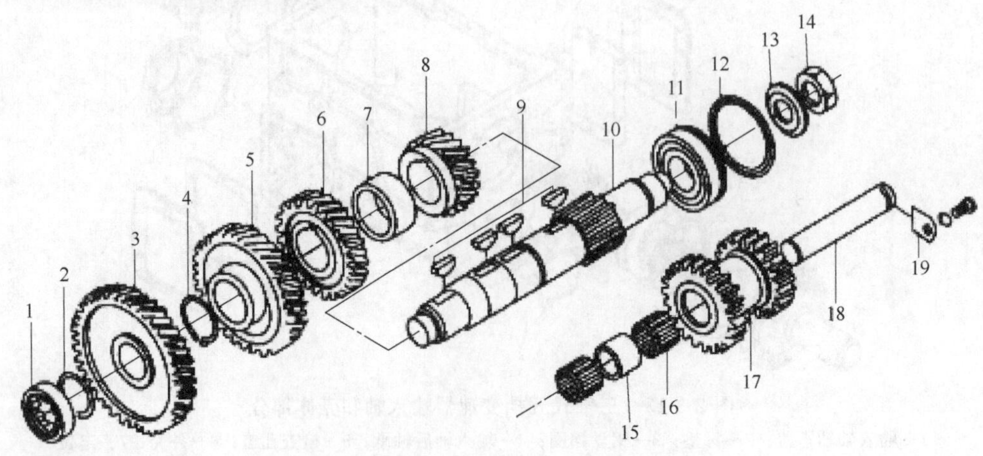

图 2-3-15　三轴式五挡变速器中间轴及倒挡轴部分

1—中间轴前轴承；2—齿轮挡圈；3—中间轴常啮合齿轮；4—挡圈；5—四挡齿轮；6—三挡齿轮；7—隔套；8—二挡齿轮；9—半圆键；10—中间轴；11—中间轴后轴承；12—中间轴后轴承外缘挡圈；13—锁片；14—锁紧螺母；15—轴承隔套；16—轴承；17—倒挡齿轮；18—倒挡齿轮轴；19—倒挡齿轮轴锁片

倒挡轴是不能转动的，在壳体的外端有一锁片，可以在轴向和径向限制倒挡轴运动。倒挡轴上有两个滚针轴承和一个轴承隔套，用来支承倒挡齿轮。

变速器内多使用斜齿轮，因为斜齿轮接触面大，噪声小，但是斜齿轮工作时会产生轴向力，如果安装不牢固，会使斜齿轮滑动。在变速器内采用直齿轮的是滑动齿轮（一挡、倒挡从动齿轮）和与其啮合的齿轮，滑动齿轮在滑动接合时容易出现撞击，故容易损坏。

齿轮与轴的连接情况分为以下几种：通过轴承连接，这种连接方式中齿轮与轴之间不直接传递动力，例如倒挡中间齿轮，输出轴上二挡从动齿轮、三挡从动齿轮、四挡从动齿轮；通过花键连接，这种连接齿轮和轴之间可以传递动力，例如滑动齿轮；输入轴上的常啮合主动齿轮和中间轴上的倒挡主动齿轮，轴和齿轮是一体式，当齿轮损坏后，需要将轴一起更换；中间轴的常啮合从动齿轮、四挡主动齿轮、三挡主动齿轮、二挡齿轮和中间轴是过盈配合（即轴的外径比孔的内径大）并用半圆键连接，轴和齿轮之间能传递动力。

齿轮的结构有以下几种：一种是上文提到的与轴做成一体的，滑动齿轮与接合套做成一体，二挡从动齿轮与锥盘做成一体；另一种是普通齿轮；还有一种是与同步器相接合的齿轮会带有接合齿，倒挡轴上的两个齿轮连在一起。

所有的旋转轴与壳体之间都使用轴承来支承。支承同一轴，一端使用滚针轴承，另一端使用滚子轴承。滚针轴承与轴不是过盈配合，不能限制轴的轴向移动。滚子轴承与轴采用过盈配合，可以用来限制轴的轴向移动，配合使用两种轴承来支承轴，可以限制轴的轴向移动，又能减小热膨胀带来的不利影响。

在支承轴承外面都有轴承盖。在输入轴和输出轴的轴承盖内有橡胶油封，在靠近该轴承盖的壳体上有回油孔，能防止润滑油从输入轴与轴承盖之间的间隙流入离合器而影响离合器的性能。为防止油温升高、气压增大造成润滑油渗漏，在变速器盖上有通气塞。

变速器一侧有加油口，该加油口既可用来加油，也可用来检查齿轮油的数量。通常齿轮油的平面高度应保持与加油口的下沿平齐。在变速器壳体下面有放油螺塞用于放油，有些变速器壳体内有磁铁或放油螺塞带有磁性，可以吸附一些铁屑，防止铁屑飞溅到齿轮上损坏齿轮。

2. 动力传递路线

如图 2-3-16 所示（图注见图 2-3-12）。

（1）空挡　二轴上的各接合套、传动齿轮均处于中间空转的位置，动力不传给第二轴。

（2）一挡　前移一挡、倒挡从动齿轮 8 与中间轴一挡、倒挡主动齿轮 21 啮合。动力经齿轮 1、中间轴常啮合从动齿轮 16、中间轴一挡、倒挡主动齿轮 21、二轴一挡、倒挡从动齿轮 8，传到第二轴使其顺时针旋转（与第一轴同向）。

（3）二挡　后移接合套 5 与二轴二挡从动齿轮 6 的接合齿圈啮合。动力经齿轮 1、16、中间轴、中间轴二挡主动齿轮 19、二挡从动齿轮 6，传到二轴使其顺时针旋转。

（4）三挡　前移接合套 5 与二轴三挡主动齿轮 4 的接合齿圈啮合。传到二轴使其顺时针旋转。

（5）四挡　后移接合套 2 与二轴四挡从动齿轮 3 的接合齿圈啮合。传到二轴使其顺时针旋转。

（6）五挡（直接挡）　前移接合套 2 与一轴常啮合主动齿轮 1 的接合齿圈啮合。动力直接由一轴传到二轴，传动比为 1。由于二轴的转速与一轴相同，故此挡称为直接挡。

（7）倒挡　后移二轴上的一挡、倒挡从动齿轮 8 与倒挡中间齿轮 20 啮合。动力经齿轮 1、16、21、20、8 传给二轴使其逆时针旋转，商用车倒向行驶。倒挡传动路线与其他挡位相比较，由于多了倒挡中间齿轮的传动，所以改变了二轴的旋转方向。

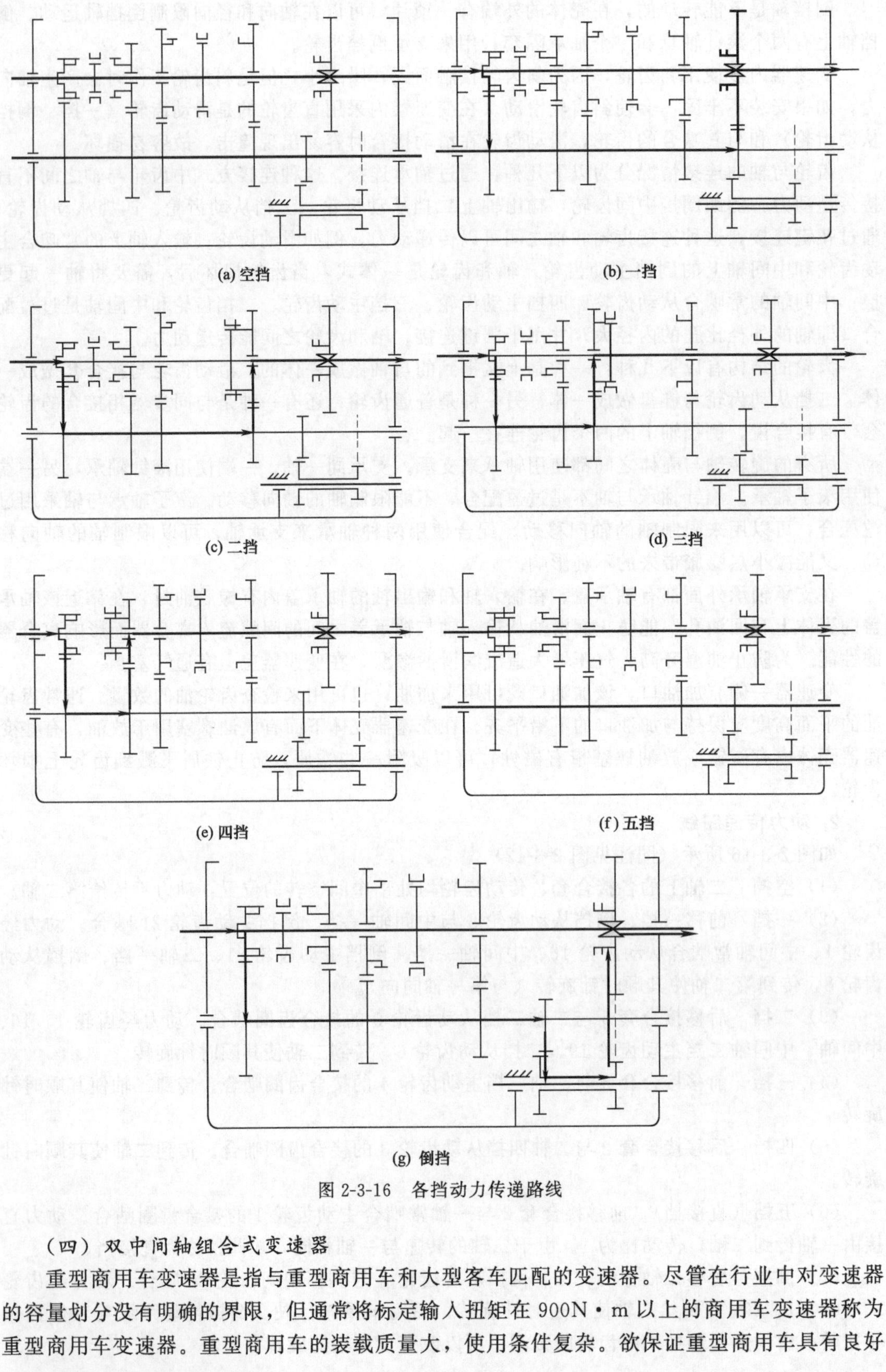

(a) 空挡

(b) 一挡

(c) 二挡

(d) 三挡

(e) 四挡

(f) 五挡

(g) 倒挡

图 2-3-16 各挡动力传递路线

（四）双中间轴组合式变速器

重型商用车变速器是指与重型商用车和大型客车匹配的变速器。尽管在行业中对变速器的容量划分没有明确的界限，但通常将标定输入扭矩在 900N·m 以上的商用车变速器称为重型商用车变速器。重型商用车的装载质量大，使用条件复杂。欲保证重型商用车具有良好

的动力性、经济性和加速性，必须扩大变速器传动比的范围并增加挡位数。为避免变速器的结构过于复杂并便于系列化生产，多采用组合式机械变速器。

采用两个变速器相串联的方式构成组合式变速器。其中一个为主变速器，挡数多且有倒挡；另一个为副变速器，只有高低两挡，如图 2-3-17（a）所示。

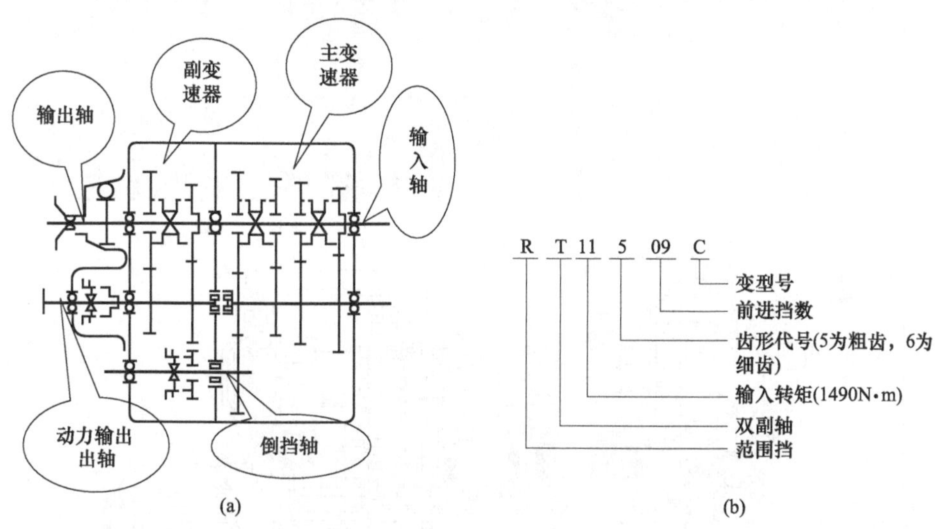

图 2-3-17　组合式变速器

富勒 RT11509C 系列变速器是重型商用车集团公司从美国伊顿（Eatorr）公司引进的变速器。变速器型号含义如图 2-3-17（b）所示

富勒 RT11509C 型变速器基本性能参数见表 2-3-1，各挡齿轮齿数及速比见表 2-3-2。

表 2-3-1　富勒 RT11509C 型变速器基本性能参数

型　　号	RT11509C	型　　号	RT11509C
最大输入转矩/N·m	1490	最高输入转速/(r/min)	2600
最大输入功率/kW	265		

表 2-3-2　富勒 RT11509C 型变速器各挡齿轮齿数及速比

主变速器一轴齿轮齿数	28									
主变速器副轴齿轮齿数	从动传动齿轮	3 挡齿轮	2 挡齿轮	1 挡齿轮	爬行挡齿轮	倒挡齿轮	左取力齿轮	右取力齿轮		
	40	36	30	22	17	17	47	45		
主变速器二轴齿轮齿数	3 挡齿轮	2 挡齿轮	1 挡齿轮	爬行挡齿轮	倒挡齿轮					
	34	38	38	44	46					
副变速器齿轮齿数	副变速器输入齿轮	从动传动齿轮	输出传动齿轮	输出齿轮						
	15	42	30	36						
各挡速比	爬行挡	1 挡	2 挡	3 挡	4 挡	2～3 挡	6 挡	7 挡	8 挡	倒挡
	12.42	8.29	6.08	4.53	3.36	2.47	1.81	1.35	1.00	12.99

1. 结构

如图 2-3-18 所示，富勒 RT11509C 型变速器由具有 5 个前进挡、1 个倒挡的主箱和具有高、低两挡的副箱组合而成，成为具有 9 个前进挡（1～8 挡和 1 个爬行挡）、1 个倒挡的整体式变速器（5 个前进挡和 1 个倒挡的主箱与高、低两挡的副箱组合出 10 个前进挡和 2 个倒挡，由于高速爬行挡和高速倒挡没有意义，因此在操纵机构上把这个挡位摘除，从而形成 9 个前进挡、1 个倒挡）。

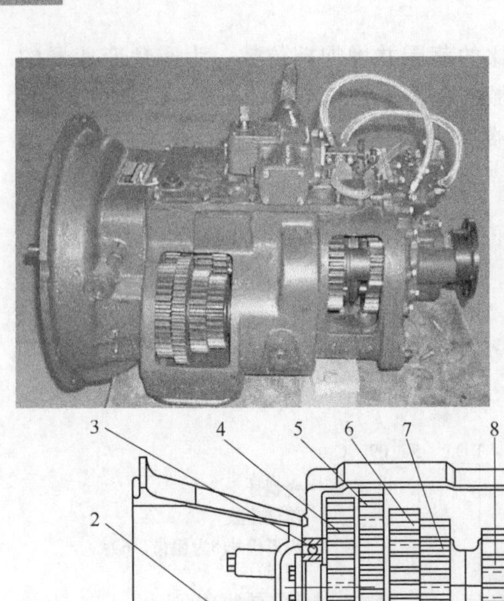

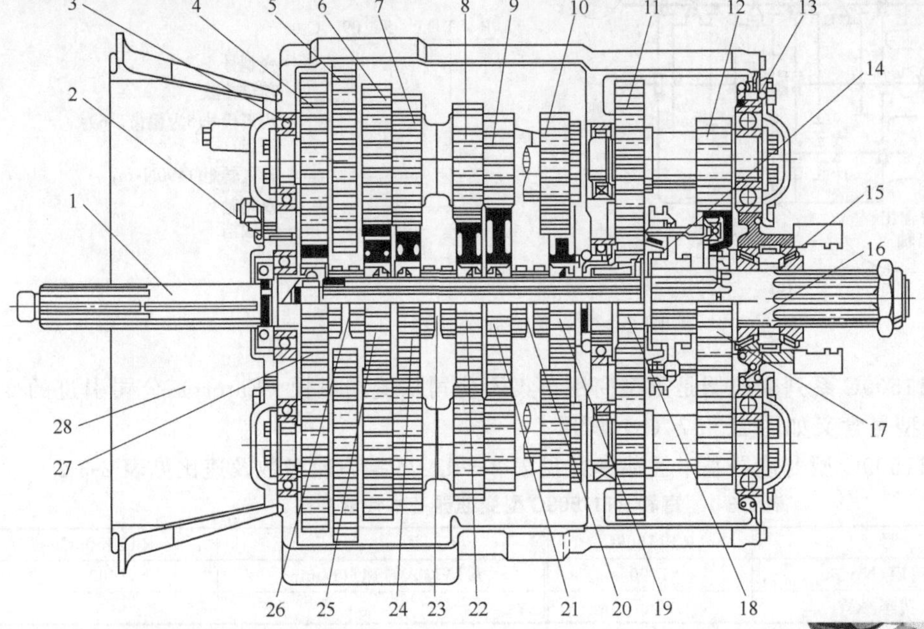

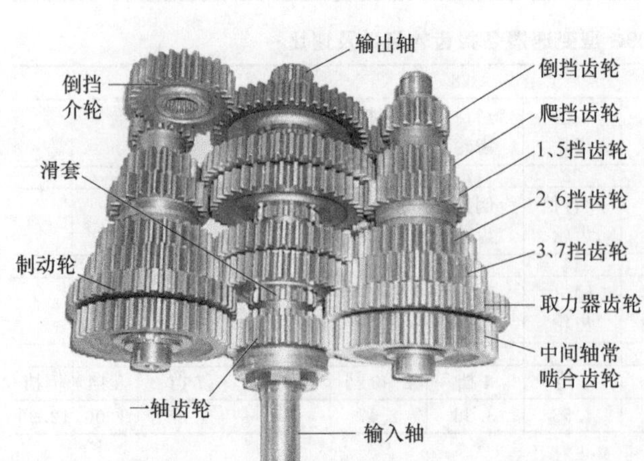

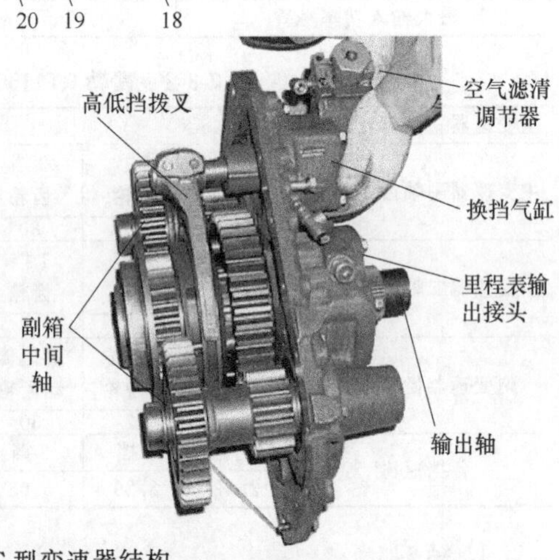

图 2-3-18 富勒 RT11509C 型变速器结构

1—主箱一轴；2—一轴轴承；3—副轴轴承；4—右副轴从动齿轮；5—右副轴取力器齿轮；6—主变速器副轴 3 挡齿轮；7—主变速器副轴 2 挡齿轮；8—主变速器副轴 1 挡齿轮；9—主变速器副轴爬行挡齿轮；10—主变速器倒挡中间齿轮；11—副变速器从动传动齿轮；12—副变速器输出齿轮；13—副变速器副轴轴承；14—高、低挡换挡同步器；15—输出轴双联轴承；16—副变速器输出轴；17—副变速器输出齿轮；18—副变速器输入齿轮；19—主变速器二轴倒挡齿轮；20—倒爬行挡换挡啮合套；21—主变速器二轴爬行挡齿轮；22—主变速器二轴 1 挡齿轮；23—主变速器 1-2 挡换挡啮合套；24—主变速器二轴 2 挡齿轮；25—主变速器二轴 3 挡齿轮；26—主变速器 3-4 挡换挡啮合套；27—一轴主动传动齿轮；28—离合器壳

其主、副变速器都采用双副轴结构，它们共用一个变速器壳体，壳体内有一中间隔板将前箱和后箱划分为主变速器与副变速器。主变速器由两个副轴支承在变速器前壳与中间隔板之间，主变速器二轴前端插在一轴轴孔内，后端支承在中间隔板上。变速器输出端有一个整体式端盖与变速器壳体相连接，在变速器壳体后端面上有两个定位销钉，以确保后端盖与壳体的同轴度。副变速器两根副轴即支承在中间隔板与后端盖之间，副变速器输出轴 16 用两盘锥轴承悬臂支承在端盖上。

富勒变速器结构的最大特点是采用双副轴结构，使变速器传动非常平稳，噪声也低，无需采用斜齿齿轮，直齿齿轮已完全达到要求；换挡机构也无需使用同步器，除了起步挂挡以及副变速器高、低挡操纵换挡机构使用同步器之外，富勒变速器主变速器仍采用最简单的啮合套式换挡机构而不使用同步器。

图 2-3-19 给出了富勒变速器的传动简图，其主变速器是一个具有 5 个前进挡（1～4 挡和爬行挡）和一个倒挡的双副轴变速器。其换挡机构是传统的啮合套而没有同步器。副变速器也是双副轴结构，高、低挡换挡机构是由高、低挡换挡气缸控制的惯性锁销式同步器来实现的。当操纵换挡杆在低速（1～4 挡）区时，双 H 换挡阀（高、低挡换挡气阀）通过气缸推动同步器啮合套向后与副箱输出齿轮挂合，此时由主变速器输入的动力由齿轮 18 和副轴从动传动齿轮 11 将动力传递给两根副轴，再由输出传动齿轮 12 将动力传递给副轴输出齿轮 17，通过同步器 14 啮合套再将动力传递给副变速器输出轴 16 输出。当换挡杆置高速挡（5～8 挡）区域时，双 H 换挡阀通过换挡气缸推动同步器向前与副变速器输入一轴啮合，此时由主变速器输入的动力直接由同步器啮合套传递给副变速器输出轴 16 输出，实现直接挡即高速挡。所谓双 H 换挡阀即是高、低挡换挡阀。

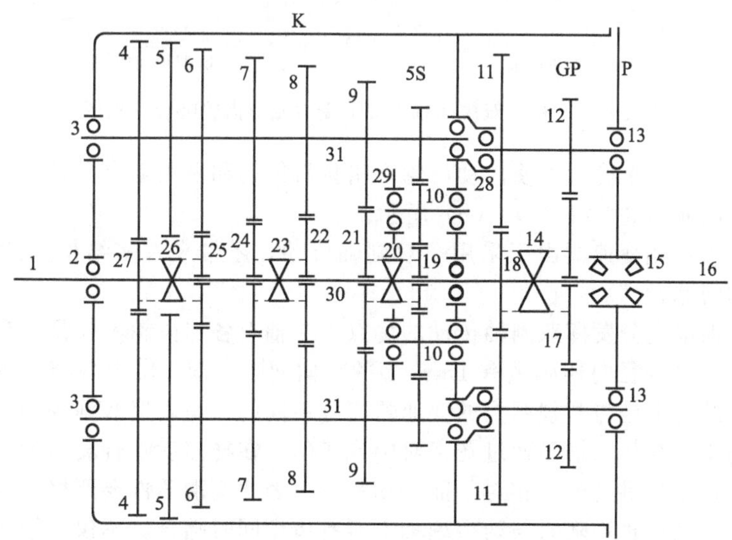

图 2-3-19　富勒 RT11509C 型变速器传动简图

1—主变速器一轴；2—一轴轴承；3—主变速器副轴轴承；4—副轴被动传动齿轮；5—主变速器副轴取力齿轮；6—主变速器副轴 3 挡齿轮；7—主变速器副轴 2 挡齿轮；8—主变速器副轴 1 挡齿轮；9—主变速器副轴爬行挡齿轮；10—主变速器倒挡中间齿轮及轴；11—副变速器副轴从动传动齿轮；12—副变速器副轴输出传动齿轮；13—副变速器副轴轴承；14—副变速器高低挡同步器挂挡装置；15—副变速器输出轴双联锥轴承；16—副变速器输出轴；17—副变速器输出齿轮；18—副变速器输入轴主动传动齿轮；19—主变速器二轴倒挡齿轮；20—倒挡爬行挡啮合套；21—主变速器二轴爬行挡齿轮；22—主变速器二轴 1 挡齿轮；23—1-2（5-6）挡啮合套；24—主变速器二轴 2 挡齿轮；25—主变速器二轴 3 挡齿轮；26—3-4（7-8）挡啮合套；27—主变速器一轴主动传动齿轮；28—主变速器倒挡中间轴后轴承；29—主变速器倒挡中间轴前轴承；30—主变速器二轴；31—主变速器副轴（对称两根）；K—变速器；P—副变速器后端

由图 2-3-19 可以看出，主变速器二轴 30 的前轴是插在一轴主动齿轮轴孔内，这里没有支承轴承，这是与常规变速器不同的一点，而另一端是通过轴承支承在变速器壳体上。而副变速器的输出轴 16 完全是通过双联锥轴承 15 悬臂支承在副变速器后端盖上。

主轴各挡齿轮同时与两中间轴啮合，主轴（二轴）齿轮在主轴上呈径向浮动状态，这样就取消了传统的主轴齿轮要用滚针轴承支撑的结构，使主轴总成的结构更简单。

采用两根结构完全相同的中间轴总成（左中间轴内花键除外），两根中间轴总成相间 180°，动力由主变速器输入轴输入后，通过传动齿轮传递到对称分布的两根副轴上，然后再通过各挡齿轮啮合汇集于主变速器主轴输出，主变速器的主轴即为副变速器的输入轴，动力在副变速器内重复主变速器内的传递过程，最后由副变速器的输出轴将动力传出。动力从输入轴输入，分流至两中间轴，后汇集主轴输出。此传动方式的优点是每根副轴传递的扭矩减半，输入轴与输出轴只传递扭矩，没有径向作用力，传动齿轮对称受力，改善了齿轮的受力情况，齿轮宽度即可缩小，减小了变速器的轴向长度，大大提高变速器可靠性和耐久性，如图 2-3-20 所示。

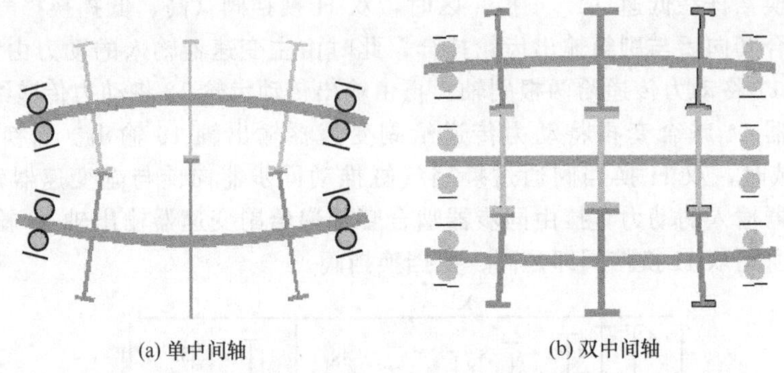
(a) 单中间轴　　(b) 双中间轴

图 2-3-20　单、双中间轴变速器受力变形齿轮啮合示意图

并且由于齿轮传动平稳，可使传动齿轮采用直齿传动和采用啮合套直接换挡机构。中间轴及倒挡轴分解图如图 2-3-21（a）、（b）所示。

富勒 RT11509C 型变速器由于采用了双副轴传动，还带来许多结构上的特点和使用维修方面应注意的问题。

首先，为了保证充分发挥双副轴传动的优点，二轴上各挡齿轮不仅是空套在二轴上，而且齿轮的轴孔与二轴的径向还必须有 1mm 多的径向间隙。即二轴上各挡齿轮是极松旷地套在二轴上。这在结构上是与常规结构的变速器完全不同的，是确保双副轴同时传递动力所必需的。二轴上的啮合套与二轴是通过花键对中连接的，在挂挡后啮合套与齿轮咬合传力过程中，齿轮相对啮合套来讲是处于相对平面运动状态，因此润滑条件要严格保证。

为保证二轴各挡齿轮均随时与两根副轴上所有齿轮同时啮合，不仅二轴所有齿轮与二轴有一定的径向间隙，而且二轴与一轴孔处也采用浮动式结构。如图 2-3-22 所示，二轴插入一轴轴孔，不仅取消了支承轴承，而且有足够的径向间隙用以二轴浮动。这又是与常规变速器的主要结构区别。

同样道理，副变速器的输出轴传动齿轮与输出轴之间也取消了滚针轴承，而且轴孔与轴颈有一足够的径向间隙，副变速器输出轴采取双联锥轴承支承的悬臂式结构。

由于双副轴传动平稳的特点，再加上挡位多、各挡速比的级差较小，因此主变速器无需采用同步器换挡机构，老式啮合套换挡机构完全可以满足要求。如图 2-3-23 所示，啮合套和各挡齿轮接合齿端处都有 35°锥角 α，其整个锥面能起到一定的自动定心和同步作用。

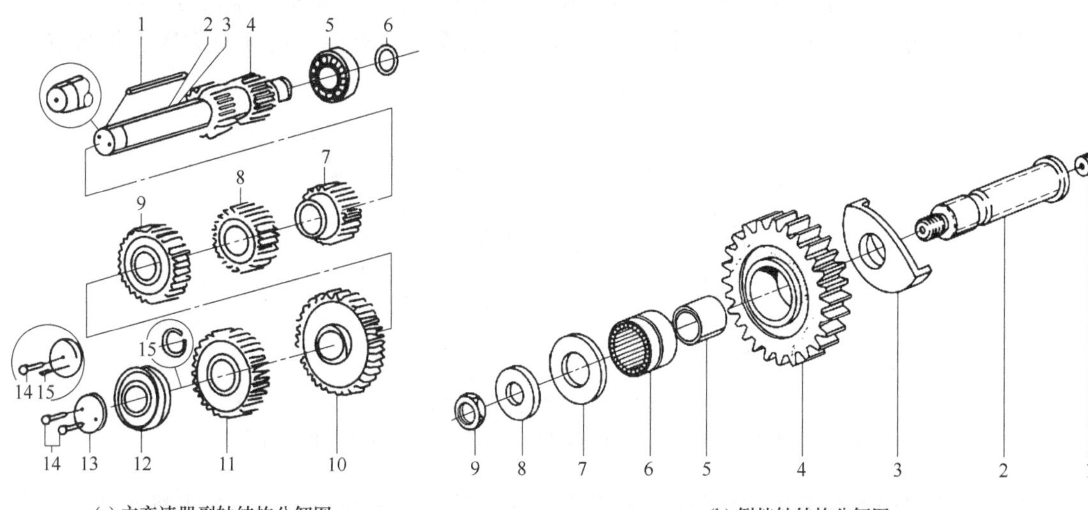

(a) 主变速器副轴结构分解图

1—通键；2—销钉；3—半圆键；4—副轴；5—副轴后轴承；6—卡环；7—1 挡齿轮；8—2 挡齿轮；9—3 挡齿轮；10—取力齿轮；11—副轴从动齿轮；12—副轴前轴承；13—挡板；14—固定螺钉；15—锁止销

(b) 倒挡轴结构分解图

1—旋塞；2—倒挡中间齿轮轴；3—偏心支承板；4—倒挡中间齿轮；5—轴承内圈；6—轴承外圈；7—止推垫片；8—挡圈；9—锁紧螺母

图 2-3-21　中间轴及挡倒轴分解图

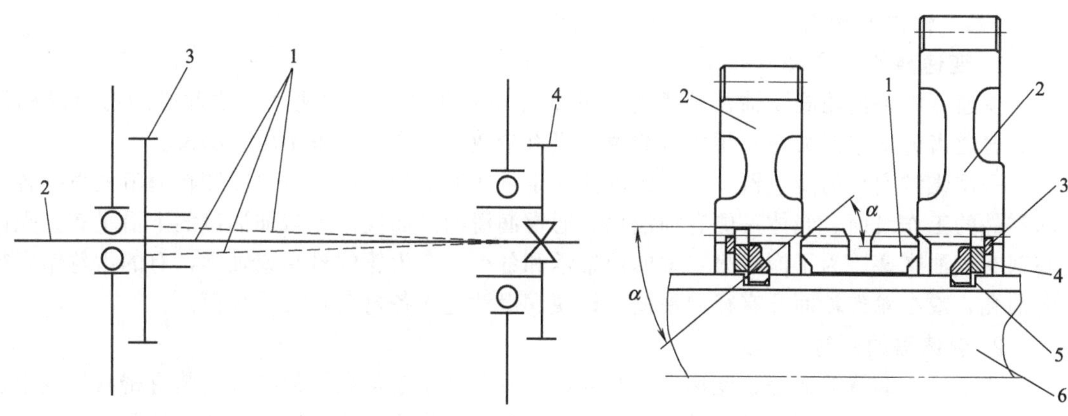

图 2-3-22　变速器二轴浮动式结构

1—主轴；2—输入轴；3—输入轴齿轮；4—副变速器驱动齿轮

图 2-3-23　二轴齿轮在二轴上的定位情况（注：α＝35°）

1—滑套；2—二轴齿轮；3—卡簧；4—花键垫；5—调整垫；6—二轴

同时采用了双副轴传动方式，在维修时也与常规变速器有较大的区别，特别是在解体后安装时，只有在一个固定的位置上才能使二轴各挡齿轮与两根副轴各挡齿轮同时全部处于啮合状态，在其他任何位置都无法啮合就位。因此，在主变速器或副变速器解体后重新组装时需进行“对齿安装”。

如图 2-3-24 所示，主变速器在各轴安装前，将两副轴从动齿轮 1 和 2 在对应的齿端面上打一安装标记，然后与一轴主动齿轮 3 对称啮合后（使两副轴在一条轴线上），在主动齿轮与两副轴打有标记的相邻两齿端面上也同时打上对齿标记，在安装一轴、副轴和二轴时必须

将对齿标记对齐，所有齿轮才能全部啮合就位，否则无法就位。副变速器在两个副轴传动齿轮和输出轴齿轮上本身就刻有对齿标记，在安装时只需将刻有标记的齿对齿咬合即可安装就位。

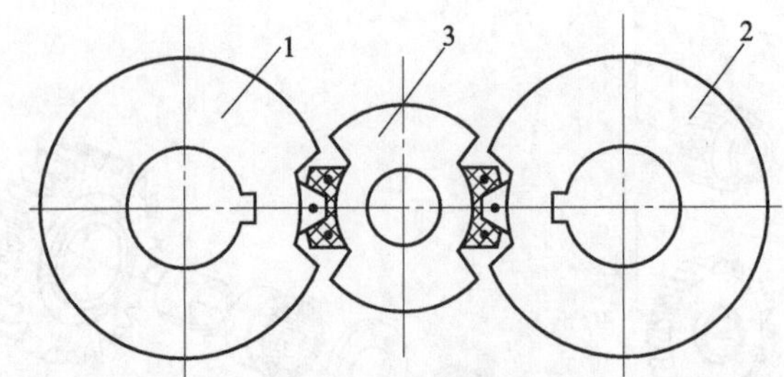

图 2-3-24　对齿安装示意图

1—第Ⅰ副轴从动齿轮；2—第Ⅱ副轴从动齿轮；3——轴主动传动齿轮

在实际维修中往往发生这样的情况：即安装时没有注意对齿标记，结果也将各轴、齿轮装就位了，只是变速器像“乱挡”一样不能旋转。这是由于变速器经长期使用后齿轮磨损，轴承松旷，使变速器虽然没有按“对齿安装”的程序安装，但偶尔也能装上，只是变速器各啮合挡齿轮咬合较劲而无法旋转。

2. 动力传递路线

操作主变速器变速杆换挡时，通过气压机构控制副变速器中的同步器，实现主副箱中齿轮以不同组成传递动力。各挡动力传递情况如图 2-3-25 所示。

（五）润滑与密封

1. 变速器的润滑

变速器中各齿轮副、轴及轴承等运动部件均有较高的运动速度，因此必须有可靠的润滑。普通齿轮变速器大都采用飞溅润滑，只有少数重型商用车采用压力润滑。

采用飞溅润滑的变速器，其壳体内注一定量的润滑油，依靠齿轮旋转将润滑油甩到各运动零件的工作表面。壳体一侧有加油口。通常润滑油平面应保持与加油口的下沿平齐。壳体底部有放油螺塞。为了润滑第二轴的前轴承和各个空套齿轮的衬套或轴承，有的齿轮钻有径向油孔，或在轮毂端面开有径向油槽，以便润滑油进入各衬套和轴承表面。

2. 变速器的密封

为了防止润滑油泄漏，变速器盖与壳体以及各轴承盖与壳体的结合面装有密封垫或用密封胶密封；第一轴和第二轴与轴承盖之间则用自紧油封或回油螺纹密封。在轴承盖下部一般制有回油凹槽，在壳体的相应部位开有回油孔，使润滑油流回壳体内。装配时应使凹槽与油孔对准。为了防止变速器工作时由于油温升高，使气压过大而造成润滑油渗漏，在变速器盖上装有通气螺塞。

油封通常有两种类型，即静态油封和动态油封。静态油封用来封堵两个位置固定的部件之间的油道，防止发生泄漏，要求两个部件不能移动或只能有微小的移动，否则将损坏油封，导致泄漏。动态油封用来封堵两个有相对运动的部件之间的油道，防止变速器油泄漏。相对运动可以是轴向的相对运动，也可以是旋转的相对运动。油封因材质不同分为橡胶油封、金属油封和特氟隆油封。

（六）密封垫与卡环

密封垫用来密封两个部件之间的配合面，根据配合面要求选用具备相应压缩率的密封垫。压缩率小于 20% 的密封垫叫做硬密封垫，压缩率大于 20% 的密封垫叫做软密封垫。对

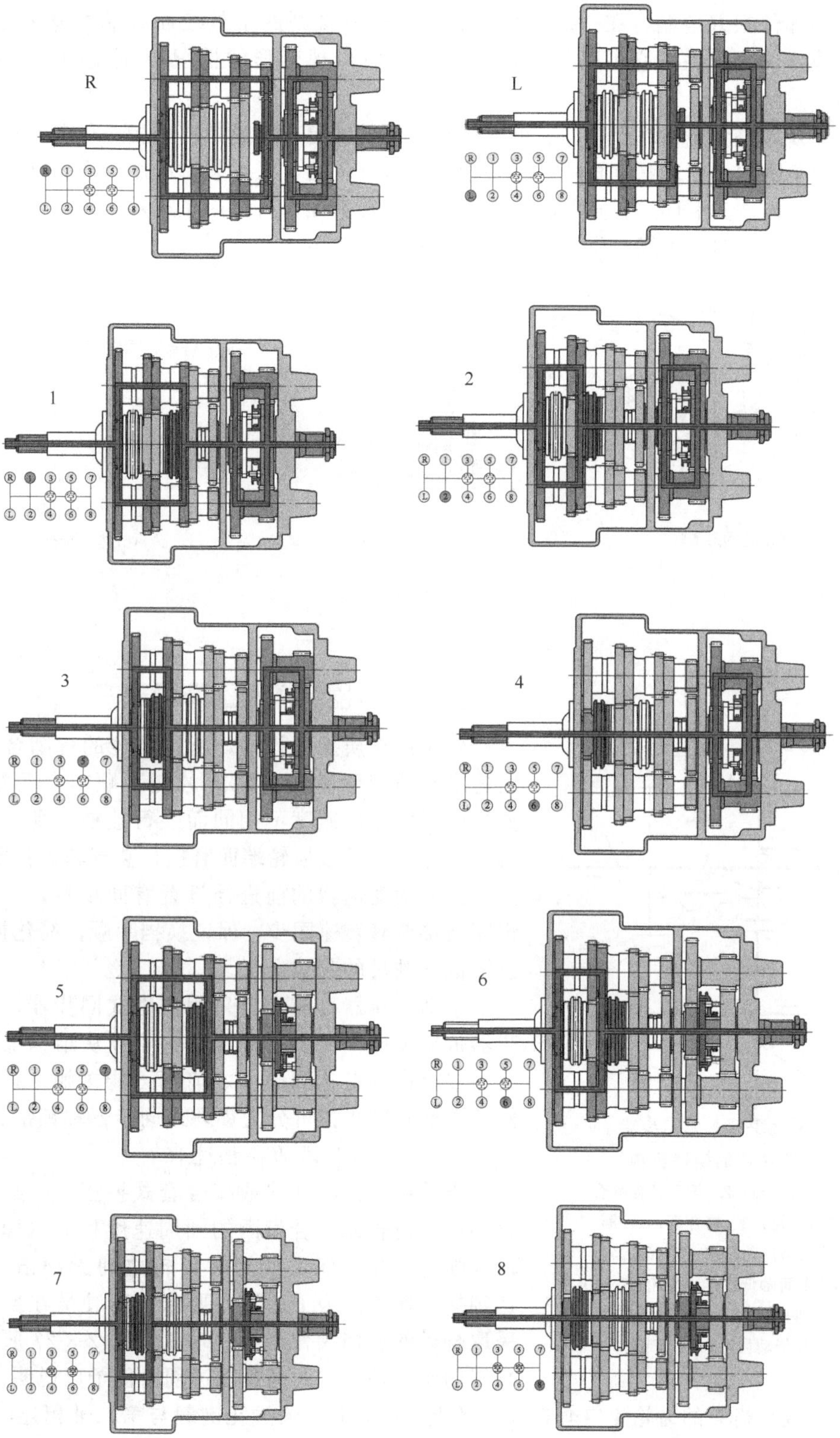

图 2-3-25 各挡动力传递路线示意图

于平滑和坚硬的配合面，硬密封垫有较好的密封效果。此外，硬密封垫较容易紧固，可将被密封的部件很好地贴合在一起。软密封垫对于不规则的密封表面有非常好的密封效果，由于有很好的压缩性，它可以在配合面因紧固而出现变形的情况下填充间隙，起到密封的作用。

卡环分为内卡环和外卡环。它可以将相关部件锁定在变速器内的相应位置，还可以利用若干不同厚度的卡环来调节间隙。有些卡环在端部带孔，在拆装时可用卡环钳夹到孔中进行拆装，不过，许多卡环只有简单的方形端面或锥形端面，可以用小螺丝刀来拆除。安装锥面卡环时要注意方向，不能装反。如图 2-3-26 所示。

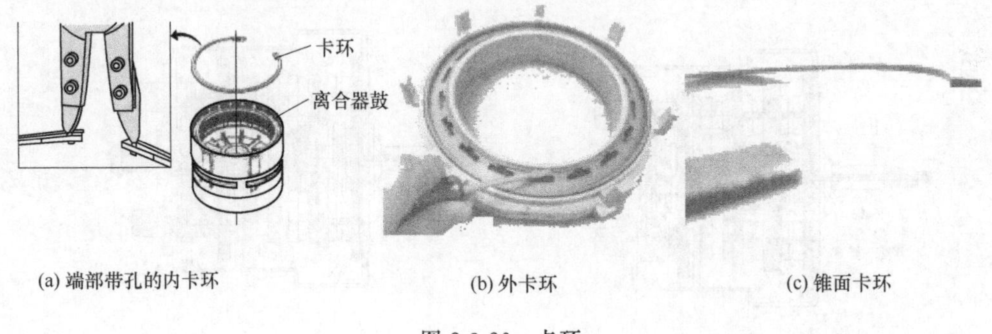

(a) 端部带孔的内卡环　(b) 外卡环　(c) 锥面卡环

图 2-3-26　卡环

三、同步器结构及工作原理

变速器在换挡过程中，所选挡位的待啮合齿轮轮齿线速度必须相等（即同步），才能平顺啮合而顺利挂挡。如果两齿轮轮齿速度不相同而强行挂挡，则两齿轮之间会出现冲击，导致齿轮端面磨损，甚至轮齿折断。因此，大多数手动变速器的前进挡设置有同步器，它使待接合齿圈与接合套转速同步，保证换挡平顺，简化换挡操作，以降低驾驶员的劳动强度。

手动变速器目前广泛采用惯性式同步器，惯性式同步器依靠摩擦作用实现同步，它可以从结构上保证接合套与接合齿圈在达到同步之前不可能接触。根据结构不同，惯性式同步器可分为锁环式同步器和锁销式同步器。

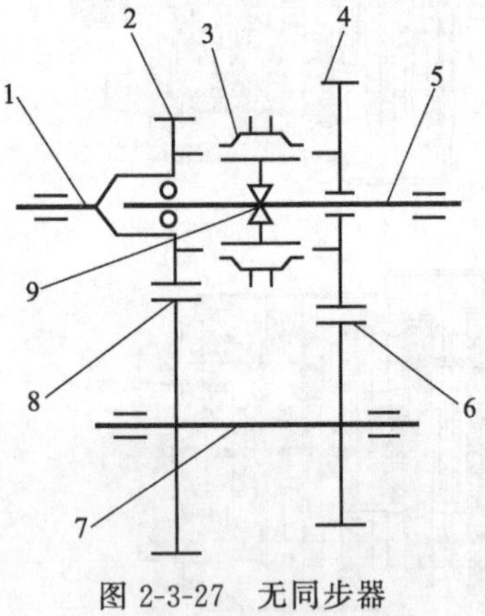

（一）无同步器的换挡过程

当采用直齿滑动式或接合套式换挡时，必须在待啮合的一对齿轮或接合齿圈的圆周速度相同（即同步）时进入啮合，才能保证换挡时齿轮之间无冲击、无噪声，达到平顺换挡。为了达到一要求，驾驶员在换挡时必须采取合理的换挡操作步骤。现以如图 2-3-27 所示的无同步器的两个挡位之间的换挡过程为例予以说明。

图 2-3-27　无同步器变速器的换挡机构

1—第一轴；2—第一轴常啮合传动齿轮；3—接合套；4—第二轴低挡传动齿轮；5—第二轴；6—中间轴低挡传动齿轮；7—中间轴；8—中间轴常啮合传动齿轮；9—花键毂

带有接合齿圈的齿轮 4 空套在第二轴上，接合套 3 通过花键毂与第二轴相连，接合套 3 向左移动与齿轮 4 上的接合齿圈相接合构成低速挡；接合套 3 向左移动与齿轮 2 上的接合齿圈相接合构成高速挡（即直接挡）。其换挡过程介绍如下。

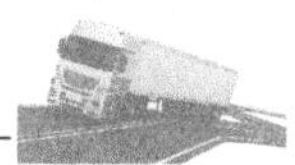

1. **由低速挡换入高速挡**

当变速器在低速挡工作时，接合套3与齿轮4上的接合齿圈接合，此时两者接合齿的圆周速度相等，即 $v_3=v_4$。欲由低速挡换入高速挡时，驾驶员应先使离合器分离，随即将变速器拨入空挡位置，使接合套3与齿轮4齿圈脱离接合。

刚拨入空挡的瞬时，$v_3=v_4$，而低速挡齿轮4的转速低于齿轮2的转速，因而 $v_4<v_2$，故有 $v_3<v_2$，为了避免产生冲击，此时不能立即挂高速挡，而应在空挡位置稍停片刻。由于空挡位置时已中断了发动机动力的传递，v_3 和 v_2 都将逐渐下降，但两者下降的快、慢程度不同：v_2 下降得较快（这是由于第一轴及其随动零件因动力中断，其转动惯量较小，加之中间轴齿有搅油阻力，故速度下降快），v_3 下降得较慢（因接合套3与第二轴及整个商用车相连接，其转动惯量大，要维持原速，故速度下降慢），两者因斜率不同而相交，其交点即同步点（$v_3=v_2$），如图2-3-28（a）所示，如果驾驶员恰好在此时将接合套3左移与齿轮2上的齿圈接合，就会使两者平顺地进入啮合而不会产生冲击。但这种依靠其惯性自然减速出现同步的时刻太晚，使换挡过程延长。为此，有经验的驾驶员在实际换挡操作时，会在踩下离合器踏板将变速器拨入空挡后，立即抬起离合器踏板使离合器重新接合，利用发动机的怠速迫使变速器第一轴及齿轮2等迅速减速，使 v_2 迅速下降，如图2-3-28（a）中虚线所示，这样可尽早出现同步点，从而缩短了换挡时间。

2. **由高速挡换入低速挡**

同样道理，当变速器在高速挡工作时以及刚刚由高速挡拨入空挡时，接合套3与齿轮2的接合齿圈的圆周速度相等，即 $v_3=v_2$，并且 $v_2>v_4$，因而 $v_3>v_4$，此时两者不同步，不能挂入低速挡。变速器在退入空挡后，v_4 与 v_3 也同时下降，但 v_4 比 v_3 下降快，不会自然地出现两者相交的同步点，如图2-3-28（b）中实线所示。为此，驾驶员应在变速器由高速挡退入空挡时随即抬起离合器踏板，使离合器重新接合，同时踩一下加速踏板使发动机加速，并带动变速器第一轴及齿轮4等加速到 $v_4>v_3$，如图2-3-28（b）中虚线所示。然后再踏下离合器踏板，使离合器分离并稍等片刻，待到 v_3 与 v_4 出现相交的同步点时即挂入低速挡。

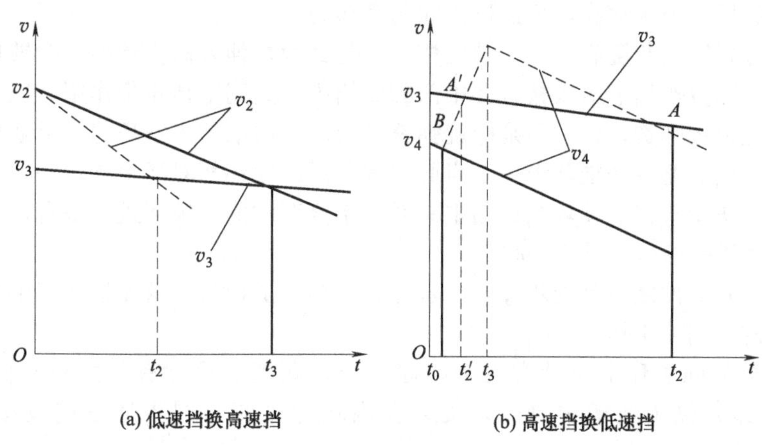

(a) 低速挡换高速挡

(b) 高速挡换低速挡

图2-3-28 无同步器的换挡过程

采用直齿滑动齿轮的换挡过程与上述的接合套换挡过程相同。由此可见，采用上述无同步器的换挡装置的变速器操纵起来相当复杂，不仅易使驾驶员产生疲劳，而且容易加速齿轮的损坏。因此，现代商用车齿轮式变速器越来越多地采用同步器换挡装置。

（二）惯性同步器的构造与工作原理

同步器是在接合套的基础上进一步发展起来的，作用是使接合套与待啮合的齿圈迅速同步，缩短换挡时间；防止在同步前啮合而产生接合齿之间的冲击。同步器有多种结构形式，分为惯性式、常压式和自增力式。

目前所采用的同步器几乎都是摩擦式惯性同步器，都由同步装置（包括推动件、摩擦件）、锁止装置和接合装置三部分组成。按锁止装置不同，摩擦式惯性同步器可分为锁环式惯性同步器和锁销式惯性同步器。锁环式多用于轿车和轻型货车，锁销式多用于中、重型货车。

1. 锁环式惯性同步器

（1）构造　锁环式同步器由花键毂、接合套、同步环（锁环）、滑块、弹簧等组成，如图 2-3-29 所示。

使用同步器换挡的挡位齿轮与一般的齿轮结构是不同的。齿轮靠近接合套的一端有短花键齿圈，该齿圈称为接合齿圈。接合齿圈靠近接合套的一端还有一个锥面，该锥面在换挡时要传递摩擦力。

花键毂用卡环锁止不能作轴向移动，外部有与其相邻齿轮的接合齿圈齿形完全相同的外花键，分别与相应的具有内花键的接合套接合，接合套可沿花键毂轴向滑动。接合套上有条槽，是拨叉的叉槽，用来接受拨叉的力而前后移动。接合套的内端有内花键，用来和花键毂外花键、同步环和齿轮上的接合齿圈接合。在任何挡位接合套的内花键和花键毂的外花键都是啮合的，在挂入某一个挡位时，接合套才和该挡位齿轮上的接合齿圈啮合。

花键毂两端各有一个青铜制成的同步器环（同步环、锁环），锁环上有与接合齿圈和花键毂一样的短花键齿圈，在靠近接合套的一端都有锥角，该角与接合套齿端的倒角相同。这个角称为锁止角，它不像一般锥角一样起导向作用，该倒角与接合套内花键齿的端面倒角相同，在挡位齿轮与接合套转速未相等之前，当两者倒角相接触时，同步环阻止接合套轴向移动而与挡位齿轮啮合的作用。

锁环内端面为锥面，该锥面与接合齿圈上的锥面角度相同，锥面上制出细牙的螺旋槽，以使两锥面接触后，破坏油膜，增加锥面间的摩擦力。

三个滑块分别嵌入花键毂的三个轴向槽内，且其两端伸入同步环的三个缺口中，并可轴向滑动。滑块在弹簧作用下压入接合套中部的凹槽中，起到空挡定位作用。压紧滑块的弹簧有两种，一种是钢丝弹簧，另一种是螺旋弹簧。滑块的两端伸入锁环的三个缺口中，锁环缺口的宽度减去滑块的宽度是锁环上一个齿的宽度，所以锁环相对滑块顺转和逆转只能转过半个齿宽。只有滑块端头位于锁环缺口的中央时，接合套才能与锁环进行啮合，继续移动，与齿轮上的接合齿进行啮合，挂上挡位。

同步器的核心部件之一是同步环，同步环在空挡、退挡时以及保持在某个挡位时都不工作，只在挂挡的时刻才工作。

有些同步器的同步环上设计有三个凸起部分，花键毂设计有与之对应的通槽，只有同步环的凸起部分位于通槽中央时，接合套内花键才能与同步环花键及接合齿圈花键啮合。

（2）锁环式同步器工作原理　下面以通用车用 D16 变速器由低速挡挂入高速挡为例，介绍锁环式惯性同步器的工作原理，D16 变速器的所有同步器都位于输出轴。

当踩下离合器时，输入轴与飞轮之间的动力传递被切断，拨叉使接合套从低速挡退出倒挡位置，在惯性作用下，接合套、同步环和接合齿圈继续保持原来的速度转动。同步环可以轴向自由移动，接合齿圈与同步环的摩擦锥面之间没有接触，如图 2-3-30（a）所示。

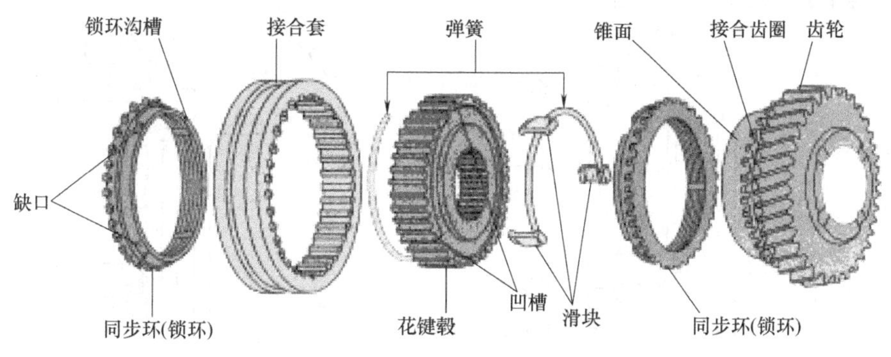

图 2-3-29 锁环式惯性同步器

拨叉继续推动接合套往高速挡接合齿圈移动，带动滑块左移。当滑块与同步环缺口端面接触时，便推动同步环向接合齿圈方向移动，同步环内锥面与接合齿圈外锥而接触，由于两者有转速差，两个锥面间产生摩擦力。接合齿圈通过摩擦力带动同步环相对接合套向前进方向转动一个角度，同步环缺口的一个侧面紧贴滑块，如图 2-3-30（b）所示，然后继续与接合套同步转动。此时，同步环花键齿相对接合套内花键齿错开半个齿，两者的齿端倒角相互抵触，接合套无法继续向左移动，即锁止。

由于拨叉始终给接合套一个向左的轴向推力，接合套齿端倒角紧压同步环齿端倒角，并给其施加一个正压力 F_N。正压力 F_N 分解为轴向力 F_1 和切向力 F_2，如图 2-3-30（b）所示，切向分力 F_2 产生一个使同步环相对接合套向后退方向转动的拨环力矩。轴向压力 F_1 使同步环压紧接合齿圈锥面而产生摩擦力矩，该摩擦力矩既使同步环相对于接合套向前进方向转动，又阻碍接合圈转动，因此两者转速迅速接近。同步环通过接合套、花键毂、输出轴等与驱动轮乃至整个车辆相联系，其转动惯量大，转速变化慢，因此同步环转速基本认为是不变的；而接合齿轮仅与输入轴及离合器从动部件相联系，其转动惯量小，转速下降快。摩擦力矩是由于接合齿圈转动惯性产生的，从而使同步环对接合套产生锁止作用，因此这种同步器称为惯性式同步器。

同步环和花键毂的齿端倒角在设计上保证摩擦力矩大于拨环力矩，当同步环与接合齿圈转速不等时，摩擦力矩始终存在，滑块始终位于同步环缺口一侧，同步环与接合套处于锁止状态；当两者转速相等时，摩擦力矩消失，拨环力矩依然存在，使同步环转动一个角度，滑块回到缺口中央位置，同步环端倒角与接合套齿端倒角相互抵触状态解除，即锁止解除。此时，由于拨叉给接合套施加的轴向推力依然存在，接合套继续向左移动，其内花键与同步环花键齿啮合，如图 2-3-30（c）所示，进而与接合齿圈花键接合，完成换挡，如图 2-3-30（d）所示。

总结：摩擦工作面接触产生摩擦力矩→锁环转动一角度→锁止，防止接合套前移→摩擦力矩增长至同步→惯性力矩消失→锁止消失→接合套进入啮合完成换挡。

（3）双锥体式惯性同步器　双锥体式惯性同步器机械装置是一个紧凑的装置，它能够承担重负载啮合。双锥体式惯性同步器的原理和典型锁环式惯性同步器是相似的，其结构如图 2-3-31 所示，它是在典型的同步器的结构上增加了内锥和对顶锥。在换挡过程中，会在同步环、对顶锥和内锥三者之间形成摩擦面，缩短接合套和换挡齿轮的同步过程。随着同步器的同步容量大幅度增加，从而减小了换挡操作力。

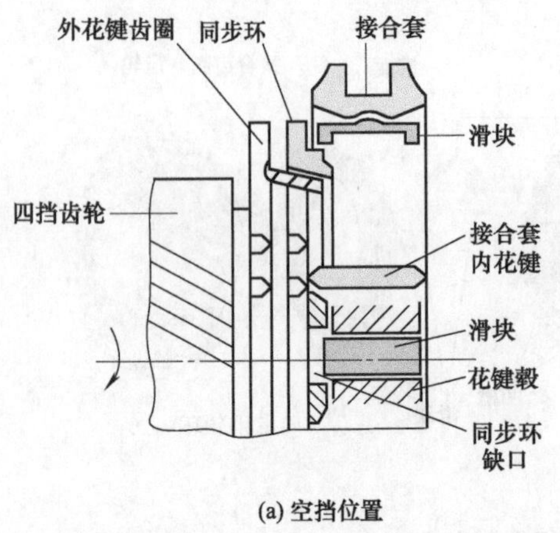

(a) 空挡位置

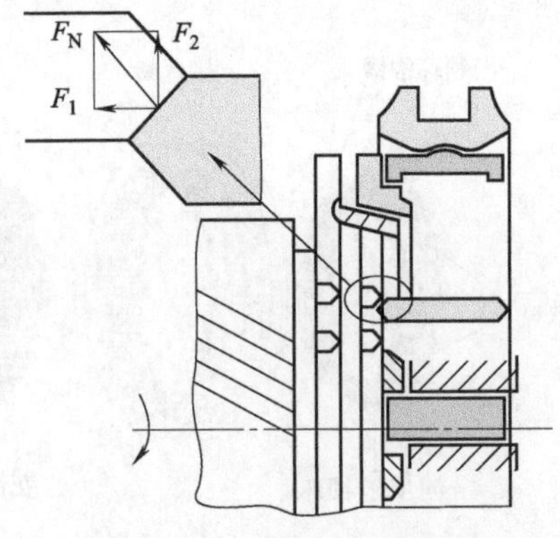

(b) 同步环与接合套齿端倒角相抵触(锁止位置)

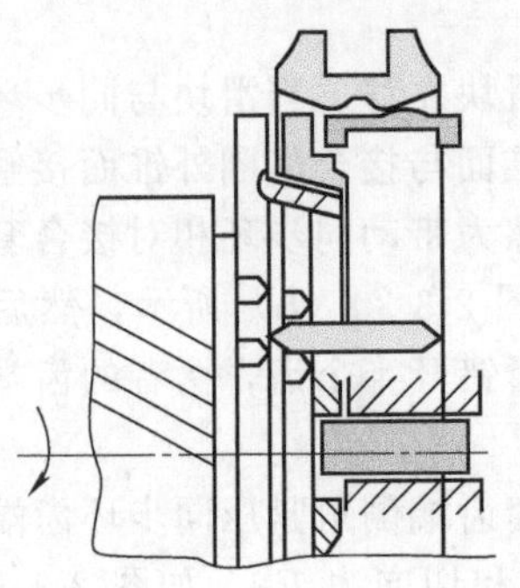

(c) 接合套内花键与同步环花键啮合

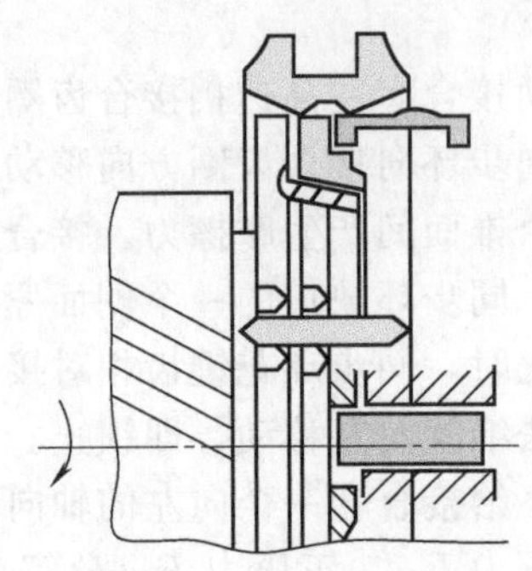

(d) 接合套内花键与接合齿圈接合

图 2-3-30 锁环式同步器工作原理图

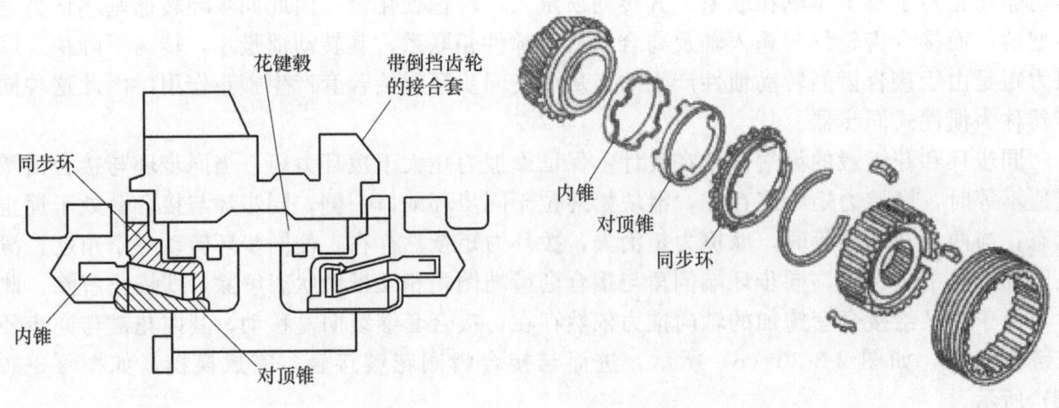

图 2-3-31 双锥体式惯性同步器

2. 锁销式惯性同步器

(1) 构造 当变速器输出轴上的常啮齿轮及其接合齿圈直径较大时，采用锁销式同步器不仅使齿轮的结构形式合理，而且还可在摩擦锥面间产生较大的摩擦力矩，缩短同步时间。中、重型货车常使用锁销式惯性同步器。

锁销式同步器由花键毂、接合套、内锥面摩擦锥盘、外锥面摩擦锥环、锁销、定位销等组成，如图 2-3-32 所示。内锥面摩擦锥盘与带有外花键的接合齿圈一同旋转，与之相配合的外锥面摩擦锥环通过三个锁销和三个定位销与接合套连接（两个锥环、三个锁销、三个定位销和接合套构成一个部件，套在花键毂的齿圈上）。锁销与定位销在同一圆周上相互间隔地均匀分布。锁销两端固定在摩擦锥环中，其直径与接合套锁销孔的内径相等，且中部直径小于孔径，锥环相对接合套在一定范围内作周向摆动。锁销中部和接合套锁销孔两端都有角度相同的倒角。只有当锁销和锁销孔对正时，两倒角才不相互抵触，接合套才能沿锁销轴向移动，进而与接合齿圈接合，实现换挡。接合套定位销孔的中部钻有孔，孔内装有弹簧，把钢球顶向定位销中部的环槽，这样接合套能够带动定位销轴向移动，并保证同步器处于正确的空挡位置。定位销随接合套能轴向移动，定位销两端伸入锥环内侧面的弧线形浅坑中，并有一定周向间隙，以便于摩擦锥环与摩擦锥盘迅速分离。

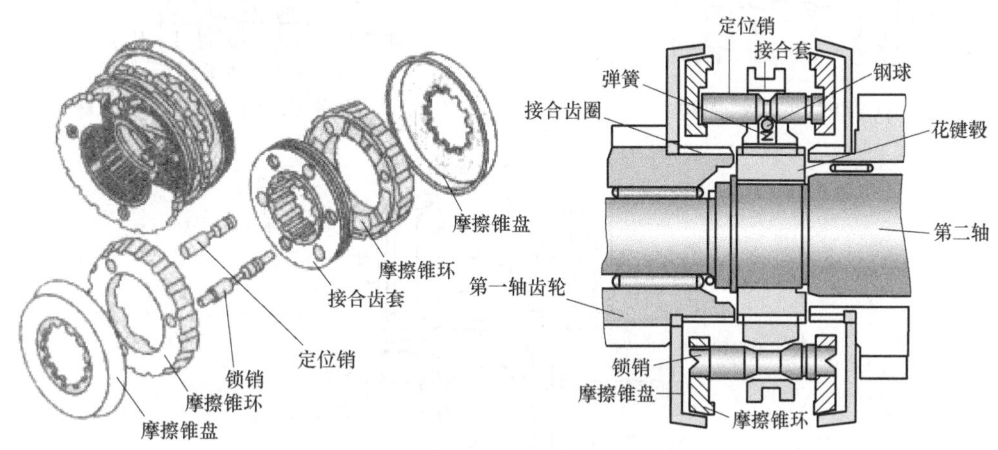

图 2-3-32 锁销式同步器

（2）锁销式同步器工作原理　锁销式同步器的工作原理与锁环式惯性同步器基本相同。由低速挡换入高速挡时，接合套受到拨叉的轴向推力作用，通过钢球和定位销带动摩擦锥环向接合齿圈移动，使之与对应的摩擦锥盘接触，如图 2-3-33（a）所示。具有转速差的摩擦锥环与摩擦锥盘一旦接触就会产生摩擦，摩擦作用使摩擦锥环连同锁销一起相对接合套转过一个角度，从而，锁销的轴线相对接合套上锁销孔的轴线偏移。于是锁销中部倒角与锁销孔端的倒角相互抵触，阻止接合套继续前移，即锁止，如图 2-3-33（b）所示。在摩擦力矩作用下，接合套与待接合的花键齿圈迅速达到同步，具有锁止作用的摩擦力矩迅速消失，摩擦锥环和接合齿圈一起相对于接合套向后方转过一个角度，锁销重新与锁销孔对中。于是，接合套便能轻易地克服钢球的阻力而沿锁销移动，直至与接合齿圈接合，实现换挡，如图 2-3-33（c）所示。

工作过程如下：

① 具有转速差的摩擦锥环与摩擦锥盘产生摩擦；

② 同步前，有摩擦力矩，接合套被锁止；

③ 同步后，惯性力矩消失，锁销与接合套相应对中，接合套沿锁销轴向移动，与花键齿圈啮合，顺利地换挡。

锁环式惯性同步器和锁销式惯性同步器的工作原理相同，它们的结构作用比较如表 2-3-3所示。

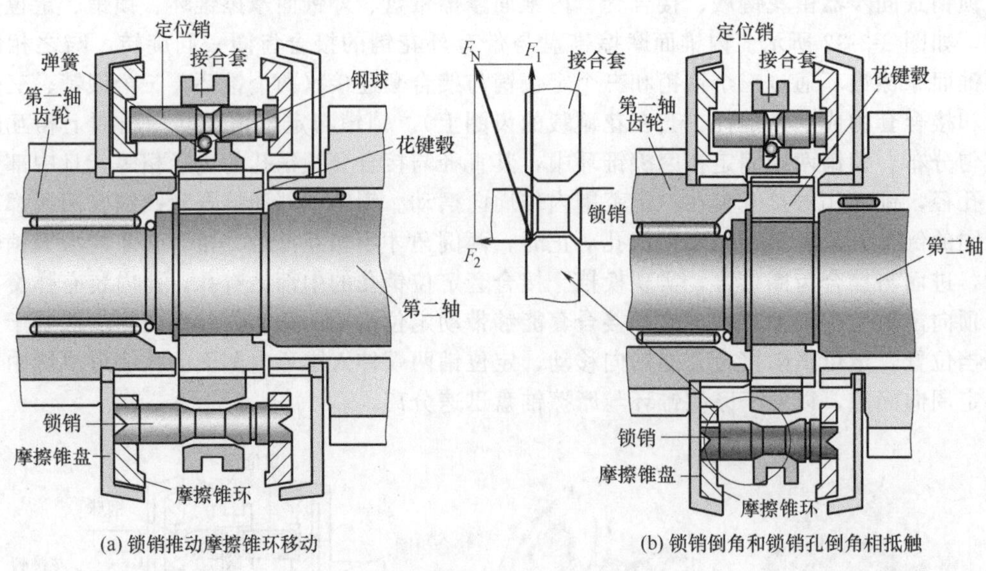

(a) 锁销推动摩擦锥环移动

(b) 锁销倒角和锁销孔倒角相抵触

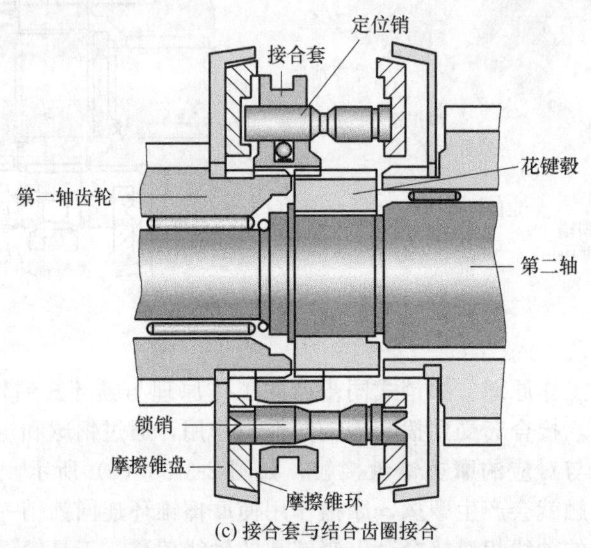

(c) 接合套与结合齿圈接合

图 2-3-33 锁销式同步器工作原理

表 2-3-3 锁环式和锁销式同步器结构作用比较

锁环式惯性同步器	锁销式惯性同步器	作　用
齿轮的锥面	锥盘的锥面	传递摩擦力
锁环的锥面	锥环的锥面	
锁环的锁止角	锁销的锁止角	未同步前防止挂入
锁环的缺口	接合套锁销座孔	
销环锥面的细螺纹槽	锥环锥面的细螺纹槽	破坏油膜
滑块凸起部分及弹簧	定位销及弹簧	空挡定位

3. 常压式同步器的构造及工作原理

(1) 锥式常压同步器　如图 2-3-34 (a) 所示，接合套位于空挡位置。当挂直接挡时，接合套向左移动，并通过定位销带动花键毂左移，使花键毂的内锥面与一轴齿轮的外锥面紧

密接合，相互摩擦，促使两者尽快同步，如图 2-3-34（b）所示。接合套也受到定位销的阻碍作用，不能与一轴齿轮的齿圈啮合。此时，驾驶员继续加大换挡推力，接合套便克服定位销的阻力，继续左移，即挂入直接挡，如图 2-3-34（c）所示。在同步之前，对接合套的阻力是由弹簧提供的，非常有限，会出现强制挂挡而产生冲击，目前应用较少。

（2）片式常压同步器　片式常压同步器如图 2-3-35 所示，其工作原理与锥式常压同步器相同，只是采用公用摩擦片代替了摩擦锥面。

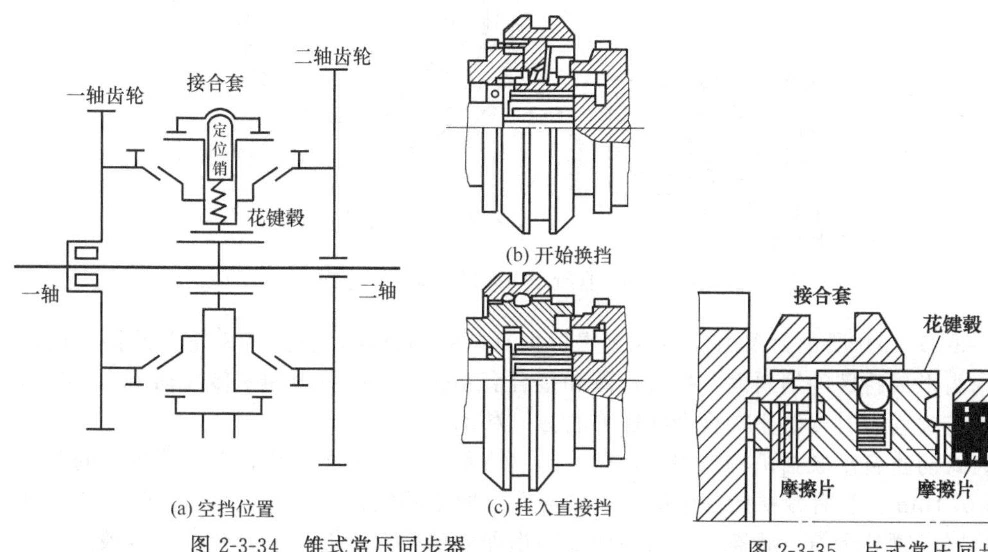

图 2-3-34　锥式常压同步器

图 2-3-35　片式常压同步器

4. 自行增力式同步器的构造及工作原理

如图 2-3-36 所示，接合套与花键毂用键连接与轴一同转动，且可轴向移动。接合齿圈分别与其对应的齿轮固定连接。两个齿轮通过轴承空套在第二轴上。同步环装在接合齿圈的内侧圆周上，两弹簧片用支承块隔开，分置于同步环内圆左右两侧，滑块位于同步环与接合齿圈轴颈外圆面之间，其上凸台正好插在同步环的开口中，支承块的凸起部分插在接合齿圈轴颈的槽孔内。同步环外表面沿轴向两端制出外锥面，而接合齿圈和接合套的两侧也制出与其配合的内锥面。

自行增力式同步器的工作过程如下：换挡时，拨动接合套（如向右移），当接合齿圈刚要啮合时，接合套的接合齿圈端部锥面与同步环外侧锥面接触。由于啮合套的锥面作用，同步环向内收缩；同步环的弹力作用在接触面上产生摩擦力，同步过程开始。因接合套转速高于同步环转速，二者一经接触后，接合套带动同步环顺时针方向转动一个角度。当同步环开口左端碰到滑块的凸台时，就开始转动，使右侧弹簧片被顶在滑块与支承块之间并弯曲，紧紧压在同步环上，增大了同步环锥面与接合套接合齿端锥面间的摩擦力矩，继而又使弹簧片进一步变形再增大锥面之间的摩擦力矩，使接合齿圈的转速迅速上升直至达到同步。其优点是：利用本身的增力机构，能得到更大的摩擦力矩；在换挡后，因同步环处于接合套的屋顶状的凹槽里，被可靠地定位，防止跳挡，无需再设置自锁装置。这种同步器结构很紧凑，轴向尺寸比较小。

5. 同步器的防止自动脱挡功能

同步器除了要保证顺利换挡以外，还要保证变速器挂入某一挡位后不会出现自动脱挡的现象。所谓自动脱挡，是指同步器的接合套从一侧退到中间位置，这样就是空挡了。常见的防止自动脱挡的结构有齿端斜面式和减薄齿式两种形式。

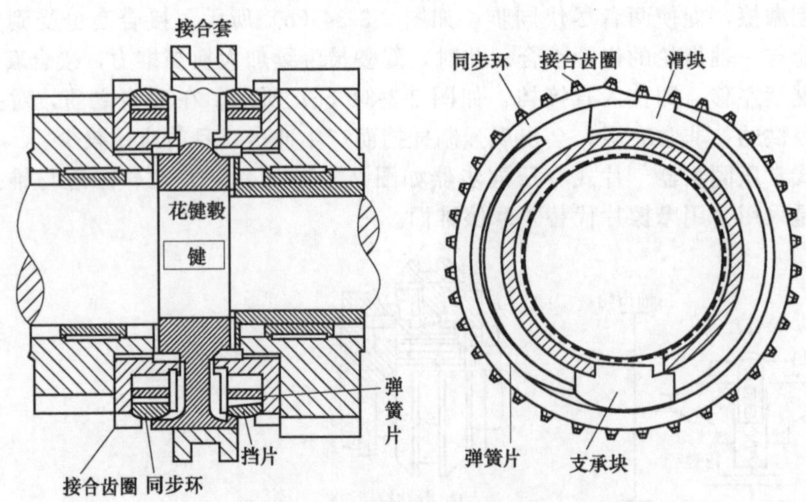

图 2-3-36　自行增力式同步器

如图 2-3-37（a）所示为采用齿端斜面式防止自动脱挡机构，它是将齿轮上的接合齿和接合套的内齿做成特殊的倒斜面，接合齿圈和接合套啮合时，以倒斜面来传递动力。明显地这种结构在传递动力时可防止接合套向图中右方向移动。

减薄齿式防止自动脱挡机构如图 2-3-37（b）所示，它是将同步器中的花键毂齿的宽度减少 0.3～0.4mm，没有减薄的部分能防止接合套跳回中间位置。在换挡时，驾驶员松开加速踏板，这时车辆处于滑行状态，动力传递线路由原先的接合齿圈—接合套—花键毂改为花键毂—接合套—接合齿圈。花键毂比接合套快一定的角度，于是结合套能顺利地向右移动。

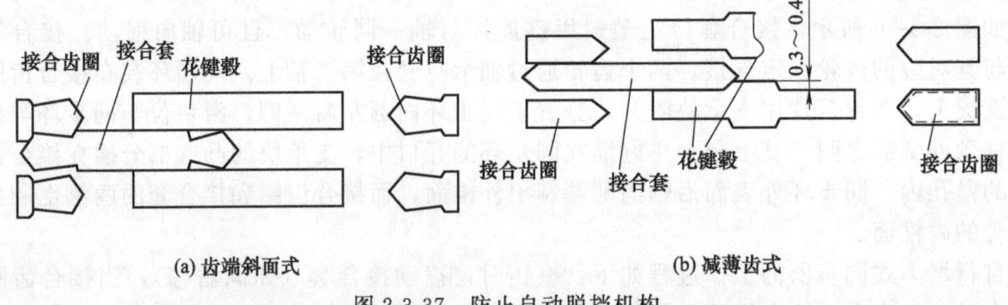

图 2-3-37　防止自动脱挡机构

6. 富勒 RT11509C 型变速器用换挡机构

由于双副轴传动平稳的特点，再加上挡位多、各挡速比的级差较小，因此主变速器无需采用同步器换挡机构，老式啮合套换挡机构完全可以满足要求。如图 2-3-38 所示，啮合套和各挡齿轮接合齿端处都有 35°锥角 α，其整个锥面能起到一定的自动定心和同步作用。

副变速器高、低挡换挡机构由于是气控制换挡，因此采用惯性锁销式同步器。同步器结构如图 2-3-39 所示。仅在高、低挡位段变化时才使用（即从高挡区换到低挡区或从低挡区换到高挡区时才工作）。其动作由横向拉杆和双 H 气阀联动控制。

（三）锁销式同步器常见故障分析

1. 定位销断裂

定位销在同步器中主要起换挡初始及空挡定位的作用，它受力并不大，正常情况不容易断裂。若出现断裂，主要原因是出在定位销制造质量问题上。另外，齿套定位销孔的加工与端面不垂直，换挡时产生一个力矩，把定位销折断。

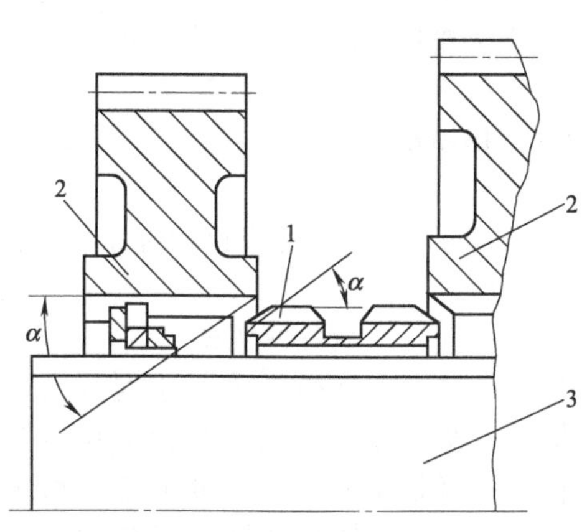

图 2-3-38 主变速器换挡啮合套

1—换挡啮合套；2—二轴齿轮；3—二轴

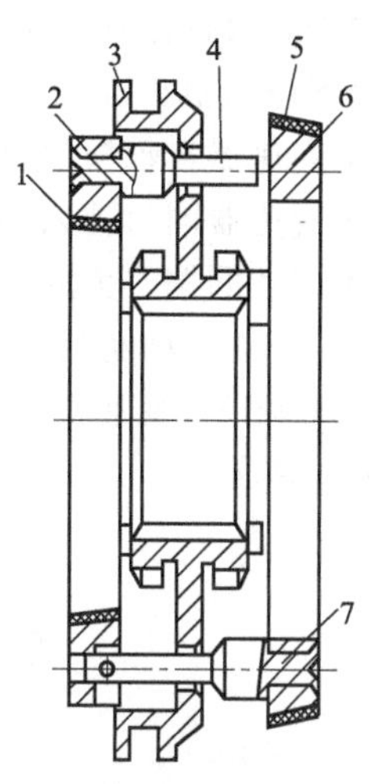

图 2-3-39 副变速器高、低挡同步器

1—高速挡同步锥环上的盖伦材料；2—高速挡同步锥环；3—啮合滑套；4—锁销；5—低速挡同步锥环上的盖伦材料；6—低速挡同步锥环；7—锁销

2. 锁销断裂

因为断销主要是同步器同步不够，齿套对锁销的作用力过大引起，如将同步器的加工材质提高，那么齿套对锁销的作用力将会减小，因此解决问题的关键是提高锥环与锥盘之间的摩擦力。

3. 锥环“烧死”

同步器中的锥环“烧死”是一种常见的故障，一般有两个原因：一是变速器的操纵杆位置调整不当，调整不合适过松，使换挡时不容易拨到位，致使锥环与锥盘的摩擦时间过长，产生大量的摩擦热；二是变速器缺油或使用劣质的齿轮油黏度太稠造成的，锥环与锥盘摩擦时不能将摩擦热量及时带走，致使温度升高而造成锥环烧死。还有就是有些司机喜欢熄火空挡长距离滑行，因为这时副轴不旋转不能将机油甩起来，油无法进入锥环与锥盘之间的空隙，当滑行过后突然点火换挡也容易“烧死”同步器锥环。还有拨叉变形、锥环的牙型不合格、油槽过小散热性能不好等，也容易引起“烧死”同步器锥环。

4. 空挡速度不减

变速器挂空挡时速度不减（这种现象只出现在变速器的台架试验过程中），这是由于锥环与锥盘结合后脱不开，挂空挡时与锥盘没完全脱开，在行车中这种情况一般不会受影响，但会加速锥盘的磨损，如果这时油的润滑不充分，也很容易“烧死”同步器。

5. 换挡发响、挂挡困难

同步器换挡发响、难进挡是锁销式同步器常见故障之一，主要是同步器没有同步造成的。这种情况通常是由于同步器总成位置高度过低，锥环与锥盘的接触面过少，锥环的磨损严重，挂挡时同步器还没有达到同步，齿套与结合齿仍存在有较高的速度差，齿套与结合齿的外花键产生“打齿”而发响。

四、手动变速器操纵机构

手动变速器操纵机构的功能是保证驾驶员能准确可靠地将变速器挂入所需要的挡位，并可随时退至空挡，通常由换挡拨叉机构和换挡锁装置两部分组成。

要使变速器操纵机构准确可靠地工作，应满足以下要求：

① 能防止变速器自动换挡和自动脱挡，为此，在操纵机构中应设有自锁装置。

② 能防止变速器同时挂入两个挡位，为此，在操纵机构中应设有互锁装置。

③ 能防止误挂倒挡，为此，在操纵机构中应设有倒挡锁装置。

（一）变速器操纵机构的类型

按照变速操纵杆（变速杆）与变速器的相互位置的不同，变速器操纵机构有直接操纵式和远距离操纵式两种。

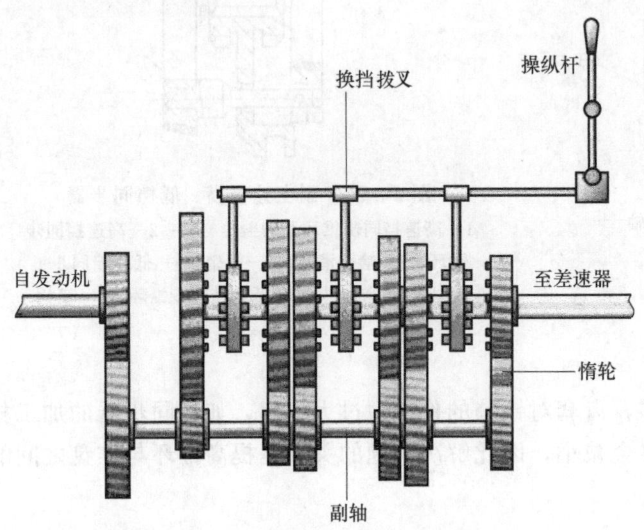

图 2-3-40　直接操纵式变速器

1. 直接操纵式

直接操纵式变速器的变速杆及所有换挡操纵装置都设置在变速器盖上，驾驶员可直接操纵变速杆来拨动变速器盖内的换挡操纵装置进行换挡，如图 2-3-40 所示。它具有换挡位置易确定、换挡快、换挡平稳等优点。大多数发动机前置后轮驱动的货车或越野车，变速器安装在驾驶员座位右侧附近，变速杆从底板伸出，采用直接操纵式。

2. 远距离操纵式

在有些商用车上，由于其总体布置的需要，变速器的安装位置离驾驶员座位较远，因而变速杆不能直接布置在变速器盖上，为此在变速杆与变速器之间加装了一套传动杆件构成远距离操纵的形式，如图 2-3-41 所示。它具有变速杆占据的驾驶室空间小、驾驶室乘坐方便等优点，但换挡操作的准确性和可靠性稍差。平头商用车、发动机后置和发动机横置前驱的商用车、发动机前置前轮驱动的轿车采用这种操纵方式。

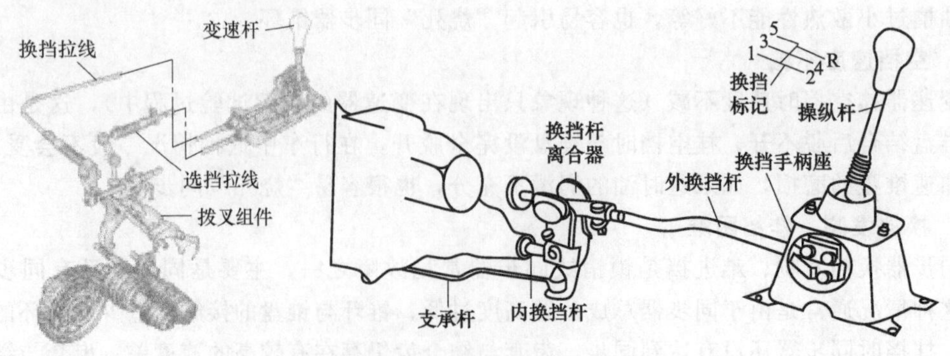

图 2-3-41　远距离操纵式变速器

（二）变速器操纵机构的构造

变速器操纵机构通常由换挡拨叉机构和定位锁止装置两部分组成。

1. **换挡拨叉机构**

换挡拨叉机构主要由变速杆、叉形拨杆、换挡轴、各挡拨块、拨叉轴及拨叉等组成。各种变速器由于挡位及挡位排列位置不同，其拨叉和拨叉轴的数量及排列位置也不相同。

如图 2-3-42 所示为解放 CA1092 中型货车六挡变速器操纵机构的组成与布置图。拨叉轴 7、8、9 和 10 的两端均支承于变速器盖的相应孔中，可以轴向滑动。所有的拨叉和拨块都以弹性销固定于相应的拨叉轴上。三、四挡拨叉 2 的上端具有拨块。拨叉 2 和拨块 3、4、14 的顶部制有凹槽。变速器处于空挡时，各凹槽在横向平面内对齐，叉形拨杆 13 下端的球头即伸入这些凹槽中。选挡时可使变速杆绕其中部球形支点横向摆动，则其下端推动叉形拨杆 13 绕换挡轴 11 的轴线摆动，从而使叉形拨杆下端球头对准与所选挡位对应的拨块凹槽，然后使变速杆纵向摆动，带动拨叉轴及拨叉向前或向后移动，从而实现挂挡。

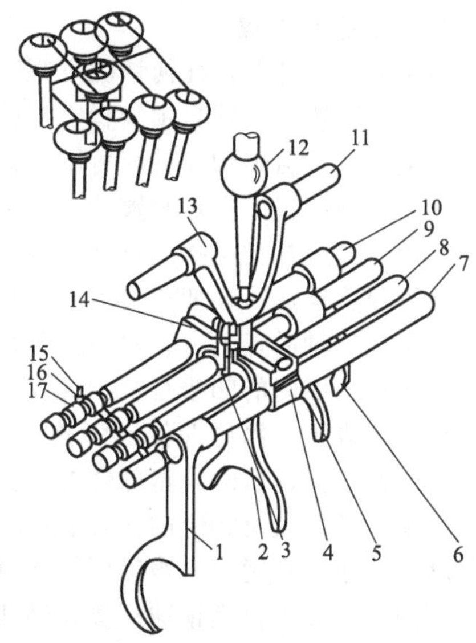

图 2-3-42 解放 CA1092 中型货车六挡变速器换挡机构

1—五、六挡拨叉；2—三、四挡拨叉；3—一、二挡拨块；4—五、六挡拨块；5—一、二挡拨叉；6—倒挡拨叉；7—五、六挡拨叉轴；8—三、四挡拨叉轴；9—一、二挡拨叉轴；10—倒挡拨叉轴；11—换挡轴；12—变速杆；13—叉形拨杆；14—倒挡拨块；15—自锁弹簧；16—自锁钢球；17—互锁销

上述六挡变速器的六个前进挡用了三根拨叉轴，倒挡独立使用了一根拨叉轴，共有四根拨叉轴；而东风 EQ1092 型商用车的五挡变速器具有三根拨叉轴，其二、三挡和四、五挡各占一根拨叉轴，一挡和倒挡共用一根拨叉轴。变速杆、拨叉、拨叉轴、自锁、互锁、倒挡锁装置均安装于变速器盖上，如图 2-3-43 所示。

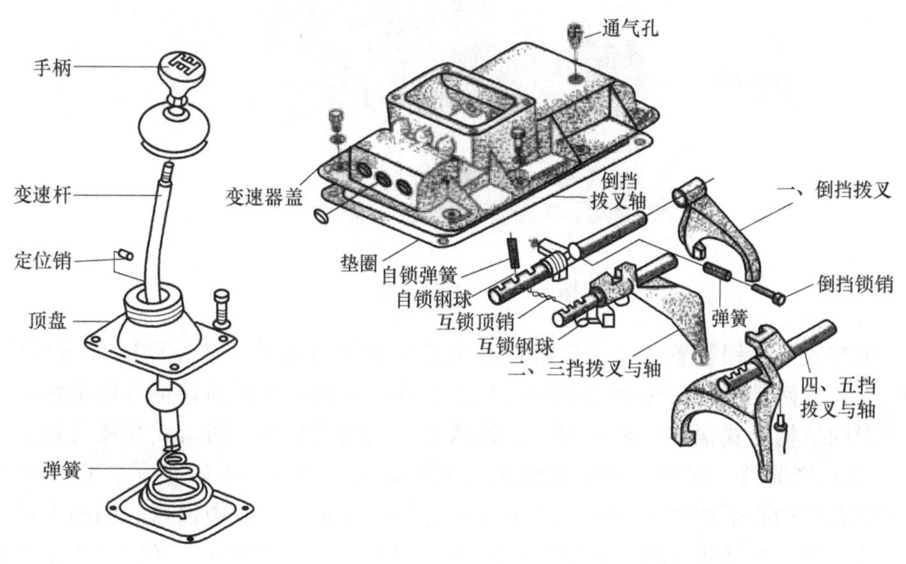

图 2-3-43 EQ1092 型商用车变速器操纵机构分解图

2. 定位锁止装置

为了保证变速器在任何情况下都能准确、安全、可靠地工作，变速器操纵机构一般都具有定位锁止装置，包括自锁装置、互锁装置和倒挡锁装置。不同型号变速器的锁止装置差别较大，换挡时，自锁和互锁装置同时开始起作用。

(1) 自锁装置　自锁装置的功用是对各挡拨叉轴进行轴向定位锁止，以防止其自动产生轴向移动而造成自动挂挡或自动脱挡，并保证各挡传动齿轮以全齿长啮合。它一般由自锁钢球及自锁弹簧组成。在变速器盖的凸起部钻有深孔，在孔中装入自锁钢球及自锁弹簧，其位置正处于拨叉轴的正上方，每根拨叉轴对着钢球的表面沿轴向设有三个凹槽，槽的深度小于钢球的半径。中间的凹槽是空挡位置，相邻凹槽之间的距离正好等于滑动齿轮（接合套）由空挡移至相应工作挡位并保证齿轮处于全齿长啮合或是完全退出啮合的距离，如图 2-3-44 所示。凹槽对正钢球时，钢球便在自锁弹簧的压力作用下嵌入该凹槽内，拨叉轴的轴向位置便被固定，其拨叉及相应的接合套或滑动齿轮便被固定在空挡位置或某一工作挡位置，而不能自动挂挡或自动脱挡。当需要换挡时，驾驶员通过变速杆对拨叉轴施加一定的轴向力，克服弹簧的压力而将自锁钢球从拨叉轴凹槽中挤出并推回孔中，拨叉轴便可滑过钢球进行轴向移动，并带动拨叉及相应的接合套或滑动齿轮轴向移动。当拨叉轴移至其另一凹槽与钢球相对正时，钢球又被压入凹槽（此动作传到手柄上，使驾驶员具有手感），此时拨叉所带动的接合套或滑动齿轮便被拨入空挡或被拨入另一工作挡位。

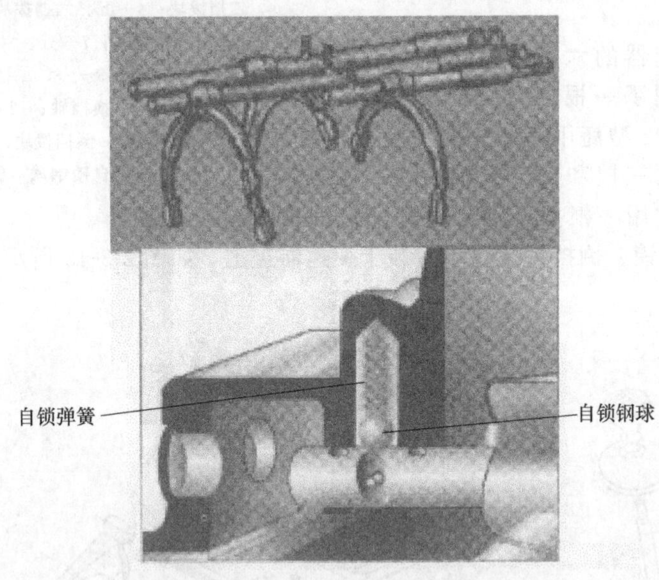

图 2-3-44　自锁装置

(2) 互锁装置　互锁装置的功用是阻止两个拨叉轴同时移动，防止同时挂入两个挡位，避免因同时啮合的两挡齿轮其传动比不同而互相卡住，造成运动干涉甚至零件损坏。

互锁装置的结构形式很多，最常用的有锁球式、锁销式和转动钳口式互锁装置。

① 锁球式互锁装置。它由互锁钢球和互锁顶销组成，如图 2-3-45 所示。在变速器盖前端三根拨叉轴之间的孔道中装有两个互锁钢球，每根拨叉轴朝向互锁钢球的侧面上都制有一个深度相等的凹槽，中间拨叉轴的两侧都有凹槽，凹槽之间钻有通孔，互锁顶销就装在此孔中。两个互锁钢球的直径之和正好等于相邻两拨叉轴圆柱表面之间的距离加上一个凹槽的深度，互锁顶销的长度则等于拨叉轴的直径减去一个凹槽的深度。

当变速器处于空挡位置时，所有拨叉轴侧面的凹槽同钢球都在一条直线上，此时拨叉轴和互锁钢球及顶销都处于自由状态，相互之间不卡紧，每一根拨叉轴都可以沿轴向拨动。但要挂挡，移动某一根拨叉轴（图中为中间轴）时，该轴两侧的钢球便从其侧面凹槽中被挤出，而两外侧钢球则分别嵌入其他拨叉轴侧面的凹槽中，因而将这些拨叉轴刚性地锁止在空挡位置，不能轴向移动。如欲拨动另一拨叉轴（即要想挂入另一挡位）时，则必须先将前一拨叉轴退回到空挡位置。由此可见，互锁装置的作用是当驾驶员用变速杆推动某一拨叉轴时，自动将其余拨叉轴锁止在空挡位置，因而可防止同时挂入两个挡位。

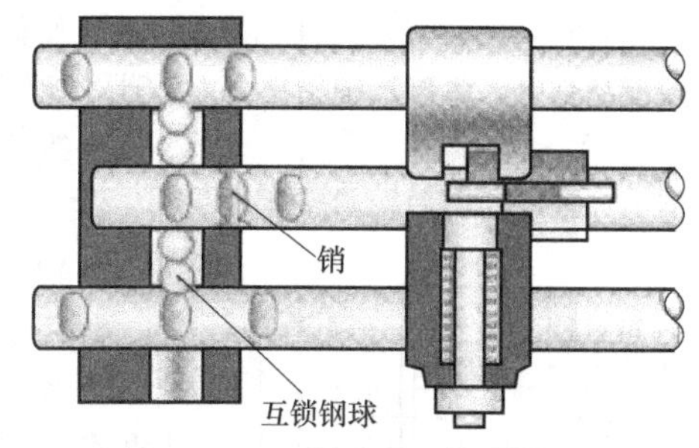

图 2-3-45　锁球式互锁装置

② 锁销式互锁装置。它是将上述相邻两拨叉轴之间的两个互锁钢球制成一个互锁销，互锁销的长度相当于两个互锁钢球的直径，其工作原理与钢球式互锁装置完全相同，如图 2-3-46 所示。

③ 转动钳口式互锁装置。如图 2-3-47 所示，变速杆下端球头置于钳口中，钳形板可绕 A 轴摆动。换挡时，变速杆先拨动钳形板处于某一拨叉轴的拨叉凹槽中，然后换入需要的挡位，其余两个换挡拨叉凹槽被钳形板挡住，将这两个换挡轴锁止在空挡位置，起到互锁作用。

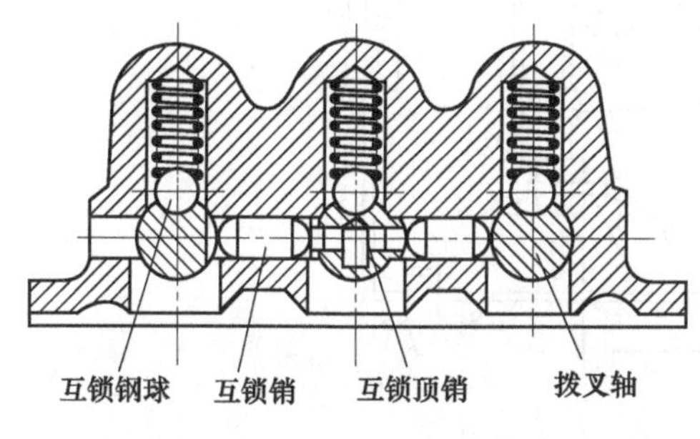

图 2-3-46　锁销式互锁装置

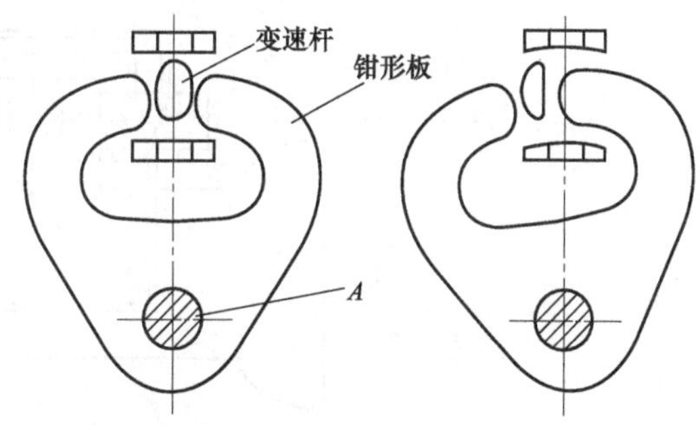

图 2-3-47　转动钳口式互锁装置

(3) 倒挡锁装置　倒挡锁装置用于防止误挂倒挡。变速器上多采用弹簧锁销式倒挡锁，如图 2-3-48 所示。倒挡锁一般由倒挡锁销和倒挡锁弹簧组成。倒挡锁销的杆部装有倒挡锁

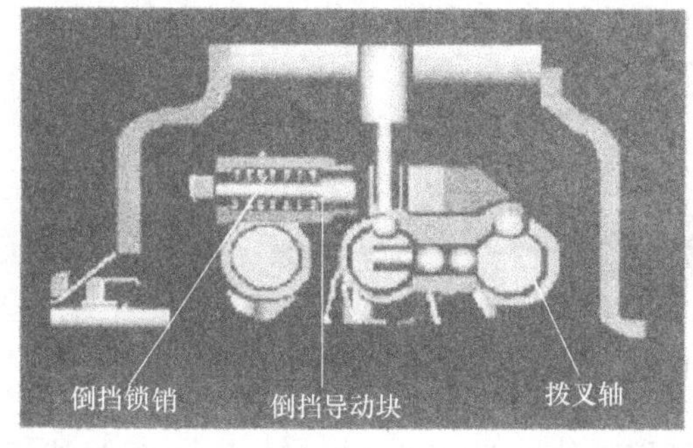

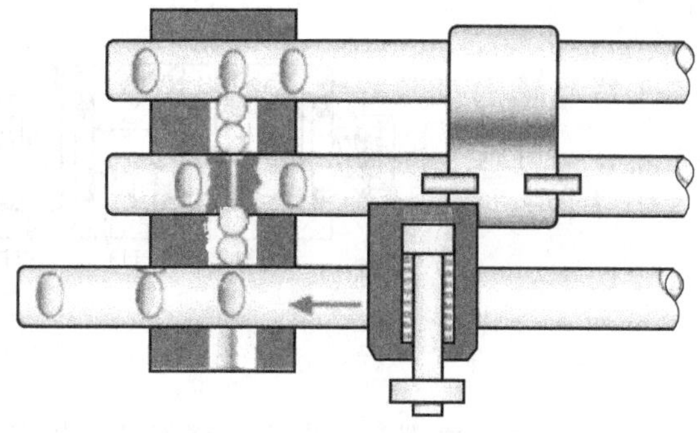

图 2-3-48　弹簧锁销式倒挡锁

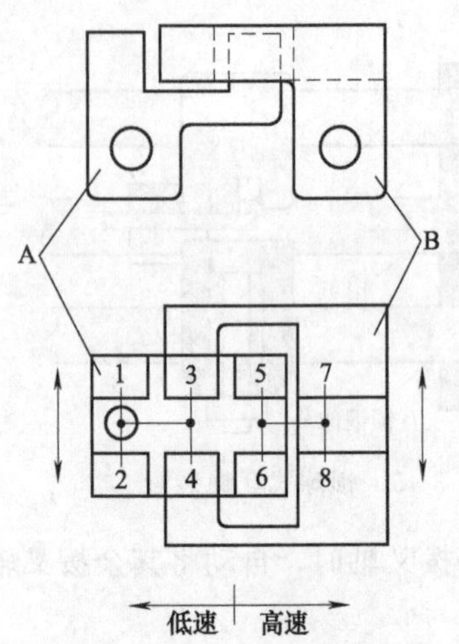

图 2-3-49　双 H 换挡机构
A—1-2（5-6）挡换挡拨块；
B—3-4（7-8）挡换挡拨块

弹簧，其左端的螺母可调整弹簧的预紧力和倒挡锁销的长度。驾驶员要挂倒挡时，必须用较大的力使变速杆的下端压缩倒挡弹簧，将倒挡锁销推向左方后，才能使变速杆下端进入倒挡拨块的凹槽内，以拨动一、倒挡拨叉轴而推入倒挡。

（三）富勒 RT11509C 变速器的操纵机构

富勒 RT11509C 变速器的操纵机构为远距离操纵式，主、副变速器由一根操纵杆控制，主箱是机构操纵机构，与普通变速器的操纵机构相似。主变速器采用“双 H”换挡操纵机构，配合副变速器高、低挡气操纵换挡机构使变速器综合形成一个 9 个前进挡和一个倒挡的变速器。所谓双 H 换挡机构，如图 2-3-49 所示，就是在主变速器换挡操纵机构的 1-2挡（低速）和 5-6 挡（高速）的换挡拨块是一体的，3-4 挡（低速）和 7-8 挡（高速）的换挡拨块是一体的，只是 1-2 挡、3-4 挡和 5-6 挡、7-8 挡交错安排。

副箱是由气路操纵换挡，副箱的操纵系统主要由空气滤清减压阀、二位三通气阀（俗称双 H 换向阀）、高低速控制缸等配件组成（如图 2-3-50 所示），此操纵系统的使用是根据变速杆的横向位置、主箱换挡机构的特殊结构及双 H 换向阀的控制，自动地将副变速器换入所需要的挡位段。

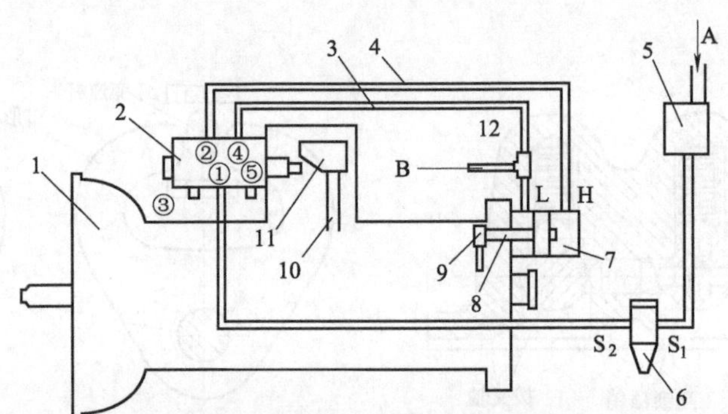

图 2-3-50　副变速器气路操纵系统原理图
1—变速器；2—双 H 换向阀；3—低挡位气管；4—高挡位气管；5—四回路保护阀；
6—滤清减压阀；7—高低速控制缸；8—副箱换挡叉轴；9—副箱换挡叉；
10—换挡拨销；11—换挡轴；12—三通；A—空压机来的压缩气体；
B—至离合器制动开关阀

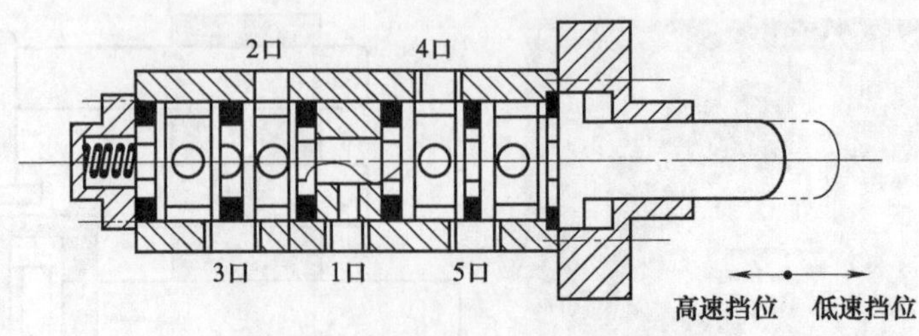

图 2-3-51　双 H 换气阀结构示意图

副箱的操纵原理为：由四回路保护阀传来的压缩气体（$7\times10^5 \sim 8\times10^5$Pa）经过滤清减压阀 S_1 口入阀内，为 $4.1\times10^5 \sim 5\times10^5$Pa，由 S_2 口进入双 H 换向阀的入口①（如图

2-3-50所示），变速杆横向左移处于低挡位时，双H换向阀阀杆在阀内回位弹簧作用下顶出（如图2-3-51所示），此时1口与4口相通，2口与3口相通，气体从4口输出，经低挡气管、高低速控制缸的L口进入气缸，将活塞向后移动，带动换挡叉轴、换挡叉，使同步器啮入低挡齿轮，副变速箱的传动速比为3.35，输出转速较慢。与此同时，活塞后部的气体经H口、2口从双H换向阀的排气口3排出。当变速杆横向右移处于高挡位时，换挡轴带动换挡销轴向移动，拨销将双H换向阀的阀杆顶回，此时，1口与2口相通，4口与5口相通，气体从2口输出，经高挡气管，从高低速控制缸的H口进入气缸，将活塞向前推动，带动换挡叉轴、换挡叉，使同步器啮入主变速的输出轴输出齿轮上，副变速箱的传动比为1，输出转速较高。与此同时，活塞前方的气体经L口、4口从双H换向阀的排气口5处排出。而此时，主变速箱的变速杆仍然拨动的是一、二、三、四挡的拨挡叉。

当变速杆在低挡区操纵时，压缩空气的路线：

压缩空气 —7～8bar→ 空滤器 —滤清 / 调压4.1～4.4bar→ 双H气阀 —出气口4→ 副箱换挡气缸低挡区进气口

使气缸的活塞紧靠在气缸的右端。

当变速杆在高挡区操纵时，压缩空气的工作路线：

压缩空气 —7～8bar→ 空滤器 —滤清 / 调压4.1～4.4bar→ 双H气阀 —出气口2→ 副箱换挡气缸高挡区进气口

使气缸的活塞紧靠在气缸的左端。

当变速杆从低挡区向高挡区或高挡区向低挡区换挡时，气缸内的残存气体将通过连接气管从双H气阀的排气口3或排气口5排向大气。

双H操纵系的变速杆有两个空挡位置（如图2-3-52所示），低挡段位于3/4挡的通道中间位置，高挡段位于5/6挡的通道中间位置。当从低挡段换入高挡段时，需要用一冲击力推动变速杆以克服变速器内的段位自锁力，变速箱即自动从低挡段换入高挡段。反之亦然。

富勒RT11509C变速器上盖及双H换挡机构分解图如图2-3-53、图2-3-54所示。

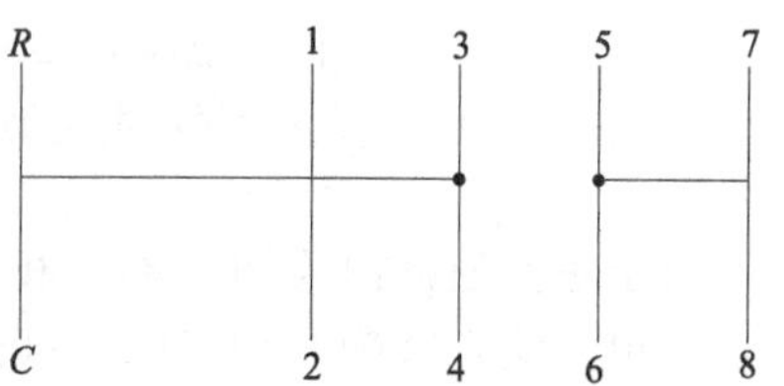

图2-3-52 双H挡操纵挡位位置图

在变速器盖上面装有两位三通气阀（俗称双H换挡阀），当换挡轴上的拨杆处于1-2挡、3-4低挡区时，双H换挡阀处于低速挡位置，双H换挡阀向副变速器换挡气缸低速挡工作缸接头1供气，而将高速挡工作缸接头2排气，如图2-3-55所示，低速挡工作缸的压缩空气推动活塞3向后拉动，换挡轴5控制同步器滑套向后移动挂合低速挡。当变速器盖上的换挡轴拨杆推向高速挡位置时，拨杆上的凸台将双H换挡阀阀芯顶进，使阀的气路换向，此时双H换挡阀向高速挡工作缸接头2提供压缩空气，而将低速挡工作缸接头1排气，此时活塞3连同换挡杆5被推向前，使滑套挂入高速挡（直接挡）。

如图2-3-49和图2-3-55所示，当变速器挂1-2挡时，换挡拨杆推动的是1-2挡拨块，副变速器挂低速挡。当变速器挂3-4挡时，换挡拨杆推动的是3-4挡拨块，副变速器仍然挂低速挡。当变速器挂5-6挡时，副变速器在双H换挡阀和换挡气缸作用下挂入高速挡，然后主变速器换挡拨杆在5-6挡位拨动的仍然是1-2挡拨块。换句话说：变速器由4挡换入5挡，副变速器由低速挡换入高速挡、主变速器由4挡推入1挡。同理，变速器挂6挡，副变速器挂高速挡、主变速器挂入2挡，依次类推。如图2-3-49在换挡拨块的排列挡位上形成了1-2挡、3-4挡和5-6挡、7-8挡两个“H”形的高、低挡位，所以称其为“双H”换挡机构。

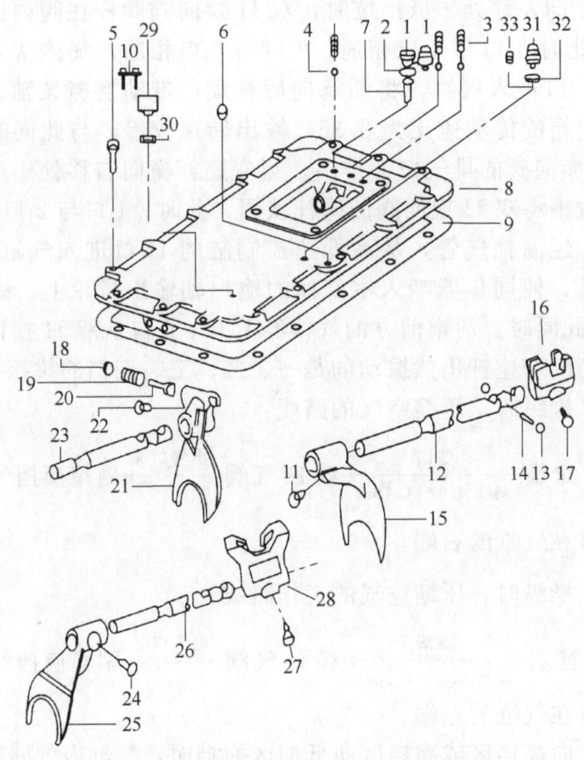

图 2-3-53　变速器上盖结构分解图

1—倒车开关；2,9—衬垫；3—张力弹簧；4—钢球（3 个）；5—螺钉（16 个）；6,18—旋塞；7—倒挡灯柱销（选用）；8—上盖；10—六角螺钉支架（选用）；11,17,24,27—锁止螺钉；12,23,26—拨叉杆；13—互锁钢球；14—互锁销；15—一、二挡，五、六挡拨叉；16—一、二挡，五、六挡拨块；19—弹簧；20—倒挡锁柱塞；21—低、倒挡拨叉；22—锁止螺钉；25—三、四挡，七、八挡拨叉；28—三、四挡，七、八挡拨块；29—气阀（选用）；30—空挡开关（选用）；31,32—密封圈（选用）；33—旋塞螺钉

由于主变速器内无同步器，在挂挡起步时，如果加速踏板配合不好，会导致齿轮的撞击，发出异响。富勒 RT11509C 变速器的离合器制动装置（也称离合器制动器、中间轴制动装置）恰恰是为了克服变速器在挂挡起步时齿轮撞击的装置。当驾驶员将离合器踏板踩到底时，离合器踏板臂将离合器制动控制阀打开，压缩空气进入离合器制动控制阀，将制动活塞推向主变速器中间轴（副轴）制动齿轮。制动活塞的制动面靠在制动齿轮的端面上，二者产生摩擦。因为此时主变速器的齿轮和轴是靠惯性旋转的，产生制动后，其旋转的齿轮和轴就会很快地停止不转，这样就能使车辆迅速平稳地挂挡起步。

离合器制动器是由离合器制动开关阀和离合器制动缸组成的，如图 2-3-56 所示。

在离合器踏板下面装有一个两位三通气阀，这是离合器制动开关阀。当起步挂挡时，踩下离合器踏板有一个明显阻碍位置时，说明踏板臂已顶到了制动开关阀，若再向下踩踏板，此时踏板臂将开关阀顶开，来自储气筒的压缩空气经过开关阀通向安装在主变速器取力齿轮侧面窗口的制动缸，如图 2-3-56 所示。压缩空气进入制动缸推动活塞 3，活塞 3 的前端有一与取力齿轮 2 外圆一样弧度的凹面，活塞 3 在气压的作用下紧压在取力齿轮 2 外圆面上，使取力齿轮连同副轴克服转动惯性迅速制动，二轴上所有齿轮都停止旋转，起步挡则很轻便地挂挡。当离合器踏板松开时，制动开关阀芯在弹簧作用下完全回位，制动缸的空气经开关阀

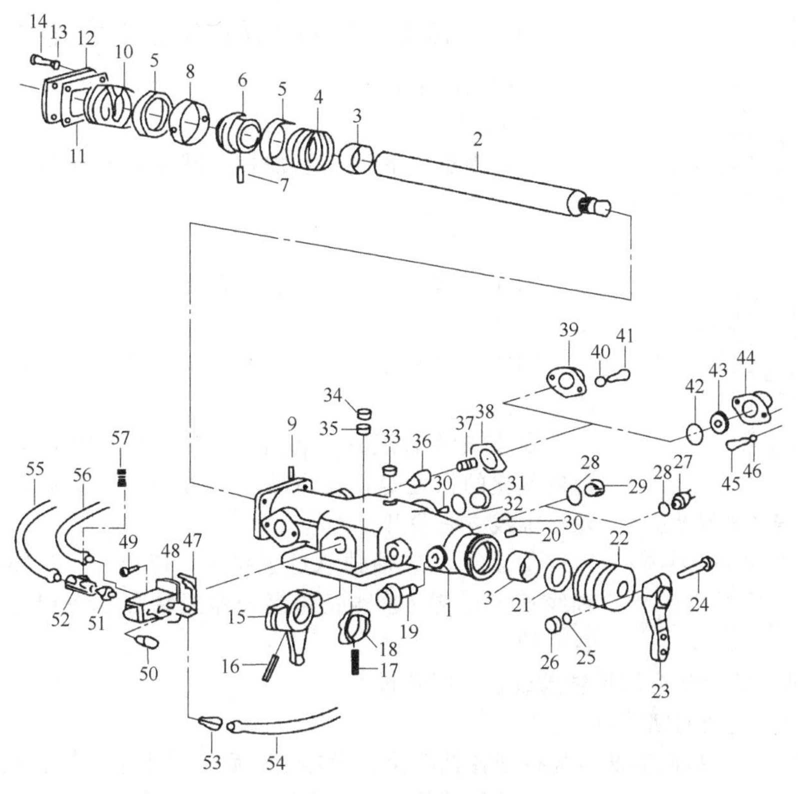

图 2-3-54 双 H 换挡机构结构

1—壳体；2—换挡轴；3—滑动套；4,10,37—弹簧；5—弹簧座；6—定位环；7—弹性圆柱销；8—弹簧隔套；9—锁止螺栓；11,28,32,38,47—衬垫；12—壳体盖；13,25,40,46—弹簧垫圈；14,24,41,45—螺钉；15—换挡拨块；16—圆柱销；17—弹性圆柱销；18—倒挡开关控制块；19,50—通气塞；20,29,57—旋塞螺钉；21—油封；22—气囊；23—换挡摇臂；26—螺母；27—倒车灯开关；30—销；31—旋塞螺钉（空挡开关）；33—塞；34—锁止螺母；35—六角螺母；36,43—活塞；39,44—盖；42—O 形圈；48—换向气阀；49—内六角头螺钉；51—螺纹管接头；52—三通；53—弯管接头；54～56—气管

排掉，制动解除，变速器恢复正常运转。事实上，离合器制动器就是起到商用车起步时能顺利挂挡的作用（因为在车辆起步前，变速器处于空挡位置，主轴齿轮、中间轴和离合器传动件随发动机一起转动，而主轴不旋转；挂挡起步时，首先分离离合器，然后接通中间轴制动器气路，使离合器从动部分和与之相连的变速器一轴、中间轴齿轮及主轴齿轮的转速很快降低，这样就使车辆迅速平稳挂挡起步）。但因活塞 3 的行程是有限的，当活塞 3 的端面严重磨损时，显然离合器工作就会较差或完全失效，表现出起步不好挂挡的现象。中间轴制动器仅在挂挡起步时起作用。

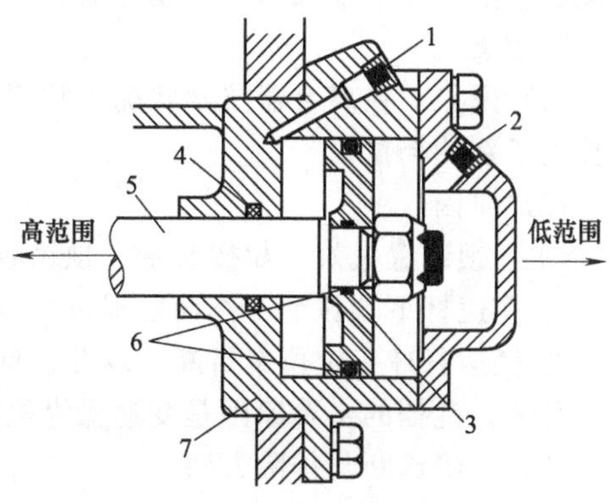

图 2-3-55 副变速器高、低挡换挡气缸

1—低速挡工作缸接头；2—高速挡工作缸接头；3—换挡活塞；4,6—O 形密封圈；5—换挡轴；7—换挡气缸

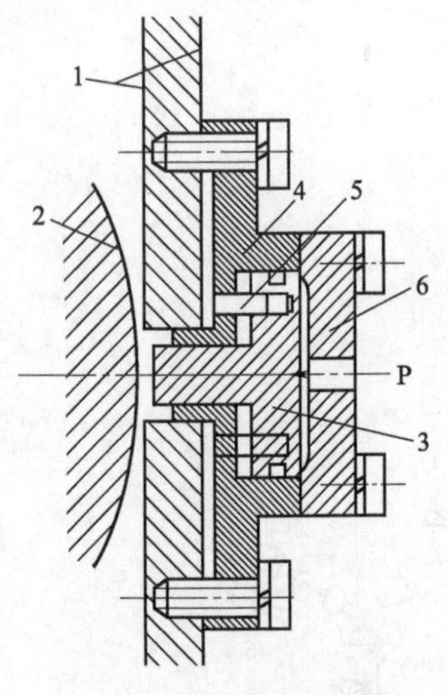

图 2-3-56 离合器制动缸

1—变速器壳；2—副轴取力齿轮；3—离合器制动缸活塞；4—离合器制动缸；5—导向销；6—端盖

五、手动变速器常见故障的诊断与排除

（一）手动变速器的故障诊断

1. 掉挡

（1）现象 商用车在加速、减速或爬坡时，变速杆自动跳回空挡位置。

（2）原因

① 自锁装置的钢球未进入凹槽内或挂上挡后齿轮未达到全齿长啮合。

② 自锁装置的钢球或凹槽磨损严重，自锁弹簧疲劳过软或折断。

③ 齿轮在轴线方向磨损成锥形，在商用车行驶中因振动、速度变化的惯性等，在齿轮轴向方向产生推力，迫使啮合齿轮沿轴线方向脱开。

④ 第一、二轴轴承过于松旷，使第一、二轴和曲轴三者轴线不同心或变速器壳与离合器壳结合平面相对曲轴轴线垂直变动。

⑤ 第二轴上的常啮合齿轮轴向或径向间隙过大。

⑥ 各轴轴向或径向间隙过大。

（3）故障诊断与排除方法 先确知掉挡挡位：走热全车后，采用连续加、减速的方法逐挡进行路试便可确定。将变速杆挂上掉挡挡位，发动机熄火，小心拆下变速器盖，观察掉挡齿轮的啮合情况。

① 未达到全齿长啮合，则故障由此引起。

② 达到全齿长啮合，应继续检查。

③ 检查啮合部位磨损情况：若磨损成锥形，则故障是由此引起。

④ 检查第二轴上该挡齿轮和各轴的轴向和径向间隙：若间隙过大，则故障是由此引起。

⑤ 检查自锁装置，若自锁装置的止动阻力很小，甚至手感钢球未插入凹槽（把变速器盖夹在虎钳上，用手摇动换挡杆），则故障为自锁效能不良；否则，故障为离合器壳与变速器接合平面与曲轴轴线垂直变动等引起。

2. 乱挡

（1）现象 在离合器技术状况正常情况下，变速器同时挂上两个挡或挂需要挡位时，结果挂上了别的挡位。

（2）原因

① 互锁装置失效：如拨叉轴、顶销或钢球磨损过甚等。

② 变速杆下端弧形工作面磨损过大或拨叉轴上导块的导槽磨损过大。

③ 变速杆球头定位销折断或球孔、球头磨损过于松旷。

总之，乱挡的主要原因是变速操纵机构失效。

（3）故障诊断与排除方法

① 挂需要挡位时，结果挂上了另外的挡位；摇动变速杆，检查其摆转角度，若超出正常范围，则故障由变速杆下端球头定位销与定位槽配合松旷或球头、球孔磨损过大引起。变速杆摆转 360°则为定位销折断。

② 摆转角度正常，则检查是挂不上或摘不下挡：若挂不上或摘不下挡，则故障由变速

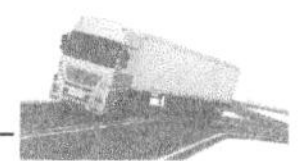

杆下端从导槽中脱出引起（脱出的原因是下端弧形工作面磨损或导槽磨损）。

③ 同时挂上两个挡：则故障由互锁装置失效引起。

3. 变速器异响

（1）现象　变速器异响是指变速器工作时发出不均匀的碰撞声。由于变速器内相对运动的机件较多，故发出不均匀响声的故障部位也较复杂。

（2）变速器异响的原因

① 齿轮发响。齿轮齿磨损过甚变薄，间隙过大，运转中有冲击；齿面啮合不良，如修理时没有成对更换齿轮；新、旧齿轮搭配，齿轮不能正确啮合；齿面有金属疲劳剥落或个别牙齿损坏折断；齿轮与轴上的花键配合松旷，或齿轮的轴向间隙过大；轴弯曲或轴承松旷引起齿轮啮合间隙改变。

② 轴承响。轴承磨损严重，润滑油过稀、过稠或品质变坏；轴承内（外）座圈与轴颈（孔）配合松动；轴承弹子碎裂或有烧蚀麻点。

③ 其他原因发响。如变速器内缺油，润滑油过稀、过稠或品质变坏；变速器内掉入异物；某些紧固螺栓松动；里程表软轴或里程表齿轮发响等。

（3）故障诊断与排除　在判断发响故障时，要根据响声的不均匀程度、出现的时机和发响的部位来判断响声的原因，然后予以排除。

① 变速器发出金属干摩擦声，即为缺油和油的品质变差。应加油和检查油的品质，必要时更换。

② 行驶时换入某挡若响声明显，即为该挡齿轮齿磨损；若发出周期性的响声，则为个别齿轮坏。

③ 空挡时响，而踏下离合器踏板后响声消失，一般为第一轴前、后轴承或常啮合齿轮响；如换入任何挡都响，则多为第二轴后轴承响。

④ 变速器工作时发出突然撞击声，多为齿断裂，应及时拆下变速器盖检查，以防机件损坏。

⑤ 行驶时，变速器只有在换入某挡时齿轮发响，在上述完好的前提下，应检查啮合齿轮是否搭配不当，必要时应重新搭配一对新齿轮。此外，有可能同步器齿轮磨损或损坏，应视情况修复或更换。

⑥ 换挡时齿轮相撞击而发响，则是离合器不能分离或离合器踏板行程不正确，同步器损坏，怠速过大，变速杆调整不当或导向衬套紧等。遇到这种情况，先检查离合器能否分离开，再分别调整怠速或变速杆位置，检查导向衬套与分离轴承配合的松紧度。

如经上述检查排除后，变速器仍发响，应检查各轴轴承与轴孔配合情况、轴承本身的技术状态等，如完好，再查看里程表软轴及齿轮是否发响，必要时予以修理或更换。

4. 变速器漏油

（1）现象　变速器周围出现齿轮润滑油，变速器齿轮箱的油量减少，则可判断为润滑油泄漏。

（2）原因及排除方法

① 润滑油选用不当，产生过多泡沫，或润滑油量太多，此时需要更换润滑油或调节润滑油量。

② 侧盖太松，密封垫损坏，油封损坏，密封和油封损坏，应更换新件。

③ 放油塞和变速器箱体及盖的固定螺栓松动，应按规定力矩拧紧。

④ 变速器壳体破裂或延伸壳油封磨损而引起的漏油，必须更换。

⑤ 里程表齿轮限位器松脱破损，必须锁紧或更换；变速杆油封漏油应更换油封。

（二）富勒变速箱常见的故障以及排除方法

1. 换挡困难

一般对刚接触装有富勒变速箱的商用车时，常反映该车起步不好挂挡。这往往是没有阅读使用说明，或没有经过培训，不了解富勒变速箱的操作特点所致。上面已经说过，由于富勒变速箱的主箱没有同步器，因此起步挂挡必须有离合器制动器配合工作。起步时，如果仅将离合器踏板踩下而没有顶开离合器制动器开关阀，那么制动器不起作用，显然挂挡困难。有些用户知道起步操作要求，但还反映起步不好挂挡，一般来说，驾驶人员个子太低，腿太短，加上座椅太高，起步时腿伸直也踏不到制动器工作位置，此时应调整座椅高度才能达到要求。

如果说，离合器踏板确实已将制动器开关阀顶开，而起步挡仍然难挂（好像离合器分离不彻底）则说明离合器制动系统有故障。此时应首先检查制动气路，将制动阀至富勒箱右侧下方的制动气缸气管线接头松开，踏下离合器踏板到顶开离合器制动阀的位置，观察气管接头是否向外排气，如果排气不畅，说明制动器开关阀故障应预予拆检或更换。如果排气正常说明开关阀没有问题，问题可能发生在制动气缸。需拆检离合器制动气缸，观察制动气缸活塞密封O形圈是否磨损漏气、活塞是否移动自如没有发卡的现象，如果漏气则需更换O形圈。最后检查活塞制动圆弧凹面是否磨损严重，如果磨损严重需更换制动缸活塞。如果发现商用车正常行驶时换挡困难，那么应首先检查是不是远距离操纵换挡杆系的故障所致。如果换挡杆系调整不当或是连接接头和衬套过紧或过度磨损都会产生增大换挡阻力和换挡困难的故障。特别是某些挡位挂挡困难，可调整变速器上换挡拐臂支承调整螺杆，以使操纵杆系处于合适的位置。

如果将远距离操作杆系与变速箱换挡拐臂拆卸分开，直接操作换挡拐臂的方式换挡仍然发现某些位换挡困难，则说明故障在变速箱内部，需要解体检查。一般来讲是由于变速箱盖的换挡轴变形、啮合套与二轴变形或过度磨损，或是换挡轴与拨杆的锁销松旷造成的。

2. 变速箱脱（掉）挡

商用车在运行中某一挡位经常掉挡，特别是在急加速（突然施加负荷）或突然减速（丢油门）时较为明显。掉挡的主要原因是啮合套与齿轮啮合牙齿长期撞击磨损，使齿磨成锥形，使传力过程中对啮合套产生轴向推力所致，此时应更换磨损严重的啮合套或齿轮。变速箱的一轴如果与飞轮轴孔内导向轴承不同心也易造成掉挡故障。当然变速箱盖上变速轨定位凹合磨损，挡位锁销磨损、弹簧失效等都会造成掉挡故障。由于远距离操纵换挡机构的杆系较长，商用车行驶颠簸造成杆系摆动也会偶尔造成掉挡。显然由于远距离操纵杆系调整不当，使某些挡位啮合套挂不倒位，即仅啮合半个挡位也会造成掉挡故障。

副变速箱掉挡同样是由于啮合套严重磨损或啮合齿非全齿长啮合造成的。另外还应注意副箱输出轴两盘双联锥轴承是否松旷，该双联轴承松矿不仅会造成副箱掉挡，严重时会打坏齿轮。

发动机支承垫损坏有时也会造成各个挡位也掉挡。

3. 只有高速挡而没有低速挡，或是只有低速挡而没有高速挡

商用车行驶中突然只有高挡而没有低挡，或只有低挡而没有高挡，这种故障经常发生。就是说商用车在低速挡行驶时，换入高速挡，结果仍在低速挡位运行。比如商用车在4挡运行，换入5挡，结果反而呈现出低速1挡的情况。这种故障一般是出现在副箱高、低挡换挡的操纵系统。出现这种故障，首先将商用车停下来，检查全车气压是否符合要求，然后原地将变速杆在空挡位置左、右或在高、低挡区来回拨动，观察变速箱上盖的双H换挡阀有没有“嚓、嚓”的放气声音。如果没有任何反应，则应检查换挡气路减压阀是否堵塞或经减压

阀输出的气压太低，清洗或更换减压阀。如果变速杆由低速挡拨入高速挡位置时，双 H 换挡阀排气口持续向外排气，则显然商用车行驶时有低速挡。反之如果变速杆由高速挡区拨入低速挡区时，双 H 换挡阀排气口持续向外排气，则商用车运行时有高速挡而无低速挡。发生这种故障可以采取将变速杆在空挡位置左、右（高速，低速）位置反复拨打，往往故障就被排除，这是由于双 H 换挡阀“O”形密封圈偶尔封闭不严漏气或是高、低挡换挡气缸漏气。无论是双 H 换挡阀漏气，还是高、低挡换挡气缸漏气都将造成有高挡无低挡、或是有低挡而无高挡的故障。

检查漏气的方法很简单，如果变速箱有低挡而无高挡，将变速杆由低挡区推到高挡区，然后将低速挡换挡气缸进气接头拆卸，如果此时从气缸接头处向外漏气，则说明换挡气缸漏气。如果此时仍由双 H 换挡气阀排气口向外排气，则说明是双 H 换挡阀漏气。同样道理，如果变速箱有高挡而无低挡，将变速杆推入低挡区，将高速挡工作缸进气接头拆卸，如果从该接头处持续向外漏气，则说明换挡气缸漏气。如果此时仍然从双 H 换挡阀排气，则说明是双 H 换挡阀漏气。一般来讲，双 H 换挡阀的故障，如果没有可更换的密封圈则只能更换整个阀件。如果判断是高、低挡换挡气缸的故障，一般来讲主要是由于换挡活塞上大、小两个 O 形密封圈磨损封闭不严所致。

4. 任何挡都挂不上

行驶中偶尔发生任何一个挡都挂不上去，变速杆没有任何挡位，呈现“自由”状态，这一般是由于在换挡轴和拨杆上起固定作用的销钉断掉，使拨杆与换挡轴脱离，换挡轴不起作用导致的。

5. 挂挡后商用车不能正常起步

这类故障表现为挂起步挡抬起离合器后商用车不能正常起步，一抬离合器发动机就熄火。和有高速挡而没有低速挡故障是一样的。换句话说，由于双 H 换挡阀漏气，或是高、低挡换挡气缸密封圈漏气，或者是换挡气路压力不够使得副箱在高速挡位而不能推入低速挡，导致商用车在高速挡起步，造成一起步发动机就熄火的故障。解决的方法如同第 3 项故障相同。

6. 乱挡

偶尔发生的乱挡故障往往是由于变速器互锁机构严重磨损，同时挡位段未锁也严重磨损，在操作比较猛烈的情况下容易同时挂合两个挡位从而造成乱挡故障。

7. 变速箱异响

变速箱异响故障涉及的方面较多，在诊断时首先要判断异响的部位，如果是在变速箱前部产生异响，说明故障部位在主箱，否则故障部位在副箱。

一般噪声异响有几种。一种是敲击声，或者说发“啃”的声音，这一般是由于齿面撞击造成剥落、打齿或是齿面局部严重磨损所致。轴承“散架”或是严重破损也会产生这种异响。这种异响在低速运转时十分明显。

另一种异响是持续的不正常噪声，这种噪声或是尖叫，或是轰鸣，往往是齿轮齿面产生锈蚀或轴承产生锈蚀所产生的。总之，变速箱发生异响需解体检查，更换磨损严重的机件。如果异响的位置明显在副箱输出轴位置，而且还伴随着输出轴法兰前后窜动，显然是副箱输出轴双联轴承松旷或损坏造成的，此时应及时检查和修理，否则容易造成打齿的严重事故。在使用中应对输出轴双联轴承经常进行检查和调整。

当变速箱解体重新组装后，变速箱产生严重的轰鸣声，而且明显看出变速箱旋转“别劲”。这一般是在重新组装时没有按“对齿”的要求装配。一般来讲，不按“对齿”要求，其二轴与副轴是装不上去的。但是如果齿轮磨损严重、轴承松旷，如果错位一、两个齿偶尔也能装上，但这时运转必然“别劲”，即使能够转动也会产生巨大的噪声。

8. **变速箱解体后重新装配后不能旋转**

显然这种故障也是由于装配时没有按“对齿”程序要求而错装，装配后完全不能旋转。只有旧变速箱才会发生这样的问题；

9. **变速箱过热**

富勒变速箱允许工作温度不超过120℃。因此夏季炎热天气运行的商用车变速箱“烫手”是正常现象。但是如果变速箱的漆皮都烧裂了，表现出高温状况，就应注意检查了。引起变速箱过热的原因也较多。首先如果加注的齿轮油过多或是严重缺油都会引起过热。其次，机件的不正常磨损、轴承配合过紧也会造成过热。变速箱长期在低速挡高速行驶也会产生过热现象。变速箱齿轮油的牌号（特别是黏度牌号）不对，造成润滑条件恶劣也会使变速箱过热。变速箱的通风孔堵塞不仅会造成过热而且会造成变速箱从输入、输出端严重漏油。

六、分动器结构及工作原理

在多轴驱动的商用车上，为了将变速器输出的动力分配到各驱动桥，一般装有分动器。

（一）分动器的功用

① 将变速器输出的动力分配到各驱动桥：越野商用车因多轴驱动而装有分动器，因而需要将动力分配到各驱动桥。

② 兼起副变速器的作用：目前大多数越野商用车装用两挡分动器，兼起副变速器的作用。

③ 降速增扭：两挡分动器的低速挡可起降速增扭作用。

（二）齿轮式分动器的构造

分动器用来分开动力的机构常见有齿轮式和链带式，如图2-3-57所示。

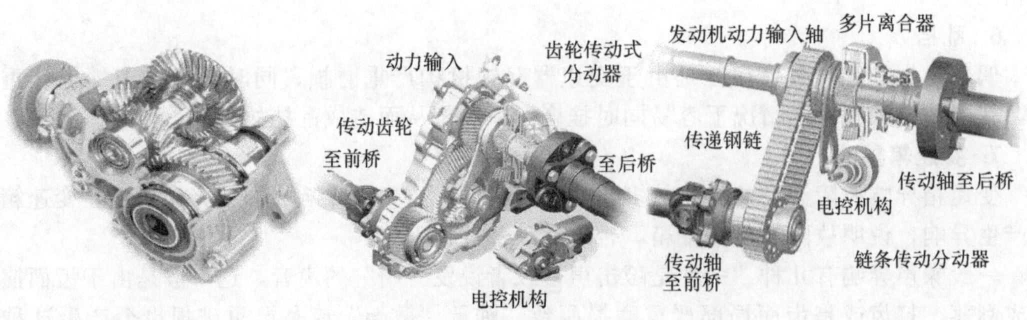

图2-3-57 分动器传动机构

一般齿轮式结构简单，在各类全轮驱动的商用车上广泛使用，其缺点是不能保证前、后轮的地面速度相等，分动器驱动前、后桥的两根输出轴，在接合前驱动啮合套时为刚性连接，目前，采用这类分动器的商用车越来越少。

带轴间差速器的分动器正好克服了上述缺点，两根输出轴可以不同的转速旋转，并按一定的比例将转矩分配给前、后驱动桥，既可使前桥经常处于驱动状态，又可保证各车轮运动协调，在前、后输出轴之间有一个行星齿轮式轴间差速器。

分动器由齿轮传动机构和操纵机构两部分组成。

1. 齿轮传动机构

分动器的齿轮传动机构是由若干齿轮、轴和壳体等零件组成，有的还装有同步器。

(1) 三个输出轴式分动器　如图 2-3-58 所示。

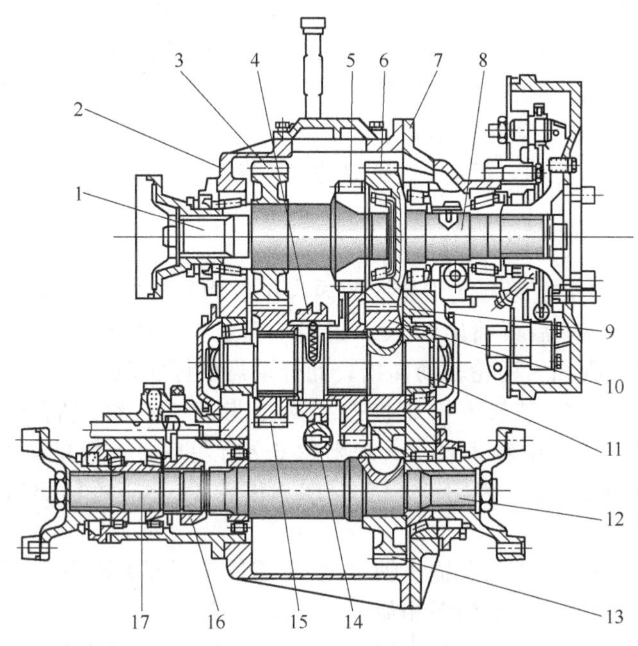

图 2-3-58　三个输出轴式分动器

1—分动器输入轴；2—分离器；3,5,6,9,10,13,15—齿轮；4—换挡结合套；7—分动器盖；8—后桥输出轴；11—中间轴；12—中桥输出轴；14—换挡拨叉；16—前桥结合套；17—前桥输出轴

① 结构　图 2-3-59 为三轴式两挡分动器的结构简图。分动器单独安装在车架上，其输入轴 1 用凸缘通过万向传动装置与变速器第二轴连接。输出轴 8、12、17 分别经万向传动装置通往后、中、前驱动桥。

分动器的常啮合齿轮均为斜齿轮，轴的支承多采用锥轴承。轴 1 前端支承在壳体上，后端支承在与轴 5 制成一体的齿轮 6 的中心孔内。齿轮 5 与轴 1 制成一体。齿轮 3、10、13 分别用半圆键连接在轴 1、11、12 上。齿轮 15 和 9 之间装有换挡接合套 4。前桥输出轴 17 后端装有接合套 16，其右移使轴 17 和轴 12 相连接，即前桥驱动。

② 工作情况

a. 空挡：图 2-3-59 所示的是分动器空挡位置。

b. 高速挡：将接合套 4 左移与齿轮 15 的齿圈接合时为高速挡，动力由输入轴 1→齿轮 3→齿轮 15→接合套 4→中间轴 11→齿轮 10，再分别经齿轮 6、13 传到输出轴 8 和

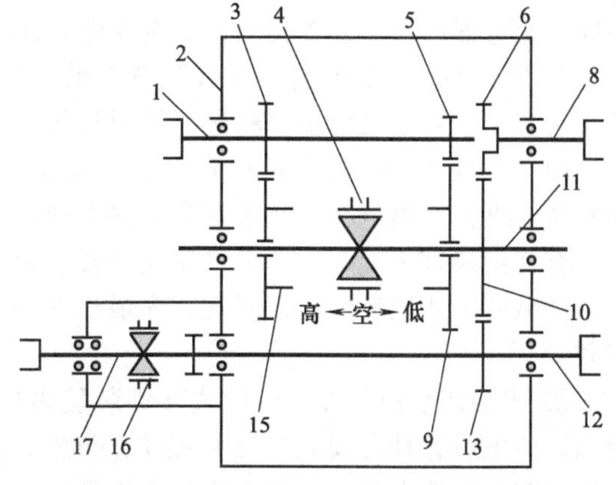

图 2-3-59　三个输出轴式分动器的结构

1—输入轴；2—分动器壳；3,5,6,9,10,13,15—齿轮；4—换挡接合套；8—后桥输出轴；11—中间轴；12—中桥输出轴；16—前桥接合套；17—前桥输出轴

12。因齿轮 6 和 13 齿数相同，故轴 8 和 12 转速相等。

c. 低速挡：将接合套 16 右移，轴 17 和 12 相连接，便接上了前驱动桥，再将接合套 4 右移与齿轮 9 的齿圈接合时为低速挡，动力由输入轴→齿轮 5→齿轮 9→接合套 4→中间轴 11→齿轮 10，再分别传到输出轴 8、12、17，三轴的转速相同。

(2) 两个输出轴式分动器　两轴式分动器用于轻型越野商用车，即前、后桥都为驱动桥。齿轮传动机构常采用普通齿轮式和行星齿轮式两种。普通齿轮式的工作原理与前述三轴式分动器类似。行星齿轮式分动器介绍如下。

① 组成　如图 2-3-60 所示，齿圈 4、行星轮 3（装有三个或四个）及行星架 5、太阳轮 6 组成行星齿轮机构。

② 动力传递情况

a. 高速挡：换挡齿毂 7 左移与太阳轮 6 的内齿接合为高速挡（传动比为 1）。动力由输入轴 1→太阳轮 6→齿毂 7→后桥输出轴 10。齿圈 4 固定在壳体 2 上，行星轮 3 及行星架 5 空转（不传力）。上述过程称为两轮驱动高挡，此分动器也可实现四轮驱动高挡。

b. 低速挡：接合套 8 右移与齿轮 9 接合，换挡齿毂 7 右移与行星架 5 接合，分动器处于四轮驱动低挡。动力由输入轴 1→太阳轮 6→行星轮 3→行星架 5→换挡齿毂 7→输出轴 10→后桥→花键毂 17→齿轮 9→链条 16→齿轮 14→前桥输出轴 15。轴 10 与轴 15 的转速相同。

另外，分动器的行星齿轮机构及输出轴 10 所有零件采用压力润滑，油泵 11 的结构、工作原理与发动机润滑系的转子式机油泵相似。

分动器常设两个挡，低挡又称为加力挡，高挡为直接挡或亦为减速挡。

2. 操纵机构

(1) 对操纵机构的要求

① 因分动器换入低速挡时，输出扭矩较大，为避免中、后桥超载，要求操纵机构必须保证：非先接上前桥，不得换入低挡；非先退出低挡，不得摘下前桥。为此要有互锁装置。

② 为防止自动换挡和脱挡，须有自锁装置。

(2) 操纵机构的构造　对分动器的控制有机械式和电控式。机械式操纵机构由操纵杆、杠杆机构（或摆板机构）、拨叉轴、拨叉、自锁及互锁装置等组成。自锁装置的结构、工作原理与变速器的自锁装置相同。互锁装置有钉、板式，球销式和摆板滑槽凸面式。

① 钉、板式互锁装置　这种装置在前桥操纵杆上装有螺钉或铁板，与换挡操纵杆互相锁止。多用于两拨叉轴距离较远的操纵机构。

图 2-3-61 所示的操纵机构采用螺钉式互锁装置。两个支承臂 10 固定在变速器壳体上，轴 9 与操纵杆 2 固定在一起可在支承臂上转动。换挡操纵杆 1 松套在轴 9 上。前桥操纵杆 2 下端有互锁螺钉 3，其头部顶靠在换挡操纵杆 1 的下部。只有操纵杆 2 向前移动接上前桥后，操纵杆 1 才能换低挡；同理，先退出低挡，才能摘下前桥驱动。这样可以避免中、后桥超载。

② 球销式互锁装置　球销式互锁装置多用在两拨叉轴距离较近的情况下。如图 2-3-62 所示，两根拨叉轴之间装有互锁销 2，与轴 1 上的凹槽对准时（即接上前桥驱动后），轴 3 才能向左移动换入低挡，同理应先退出低挡后，才能摘下前桥驱动。

③ 摆板滑槽凸面式互锁装置　如图 2-3-63 所示，摆板 3 绕转轴 8 的中心线转动，转轴 8 与操纵杆（只有一根）相连；滑槽 4 驱动高低挡拨叉，凸面 7 驱动接、摘前桥驱动拨叉，两拨叉在同一根轴上前后移动，其中拨叉 6 被一弹簧压靠在凸面 7 上。各挡位两拨叉的相对位置已在图中表明，两者的运动关系是相互对应的，可见摆板兼起互锁作用。

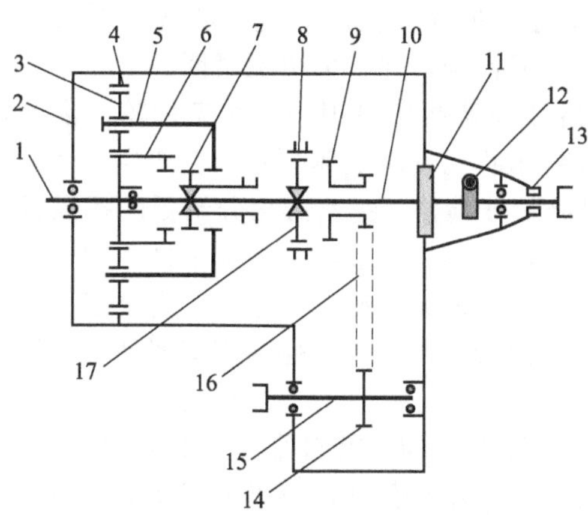

图 2-3-60 典型两轴式分动器的结构

1—输入轴；2—分动器壳；3—行星轮；4—齿圈；5—行星架；6—太阳轮；7—换挡齿毂；8—接合套；9,14—齿轮；10—后桥输出轴；11—转子式油泵；12—里程表驱动齿轮；13—油封；15—前桥输出轴；16—锯齿式链条；17—花键毂

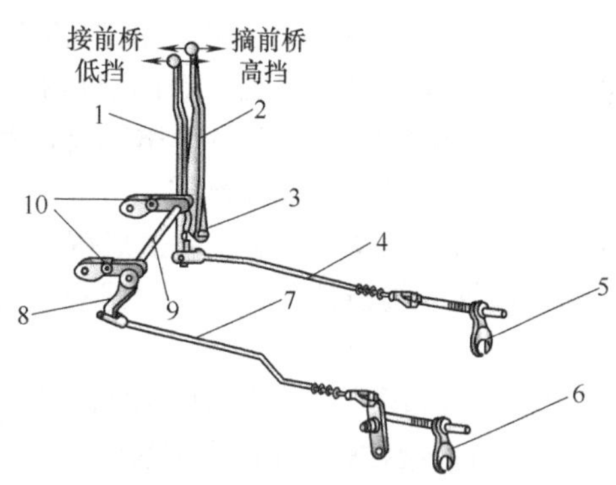

图 2-3-61 螺钉式互锁装置

1—换挡操纵杆；2—前桥操纵杆；3—螺钉；4,7—传动杆；5—换挡拨叉；6—前桥接合套拨叉；8—摇臂；9—轴；10—支承臂

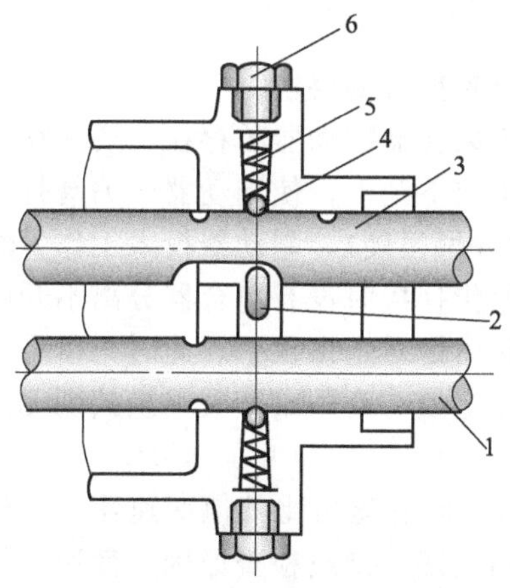

图 2-3-62 球销式互锁装置

1—前桥接合叉轴；2—互锁销；3—高低挡变速叉轴；4—自锁钢球；5—弹簧；6—螺塞

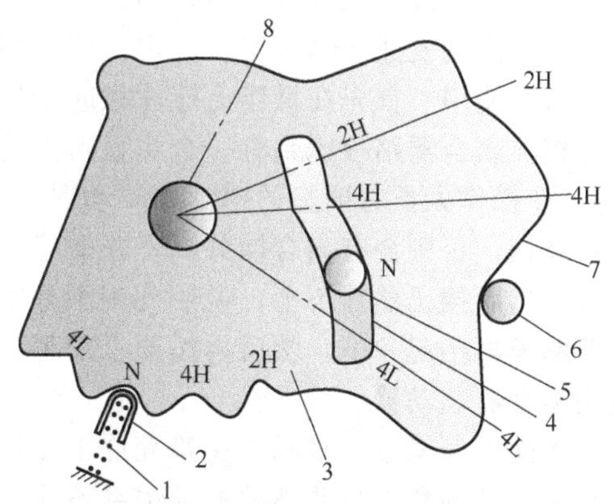

图 2-3-63 摆板滑槽凸面式互锁装置

1—自锁弹簧；2—自锁销；3—摆板；4—滑槽；5—高低挡拨叉；6—接、摘前桥驱动拨叉；7—凸面；8—转轴；N—空挡；4H—四轮驱动高挡；2H—两轮（后轮）驱动高挡；4L—四轮驱动低挡

总之，接上前桥驱动时，前中后桥的车轮同步转动，若前后轮胎磨损不同、气压不等或路面情况不同，易产生滑转或滑移。故在好路上使用高速挡且不接前桥，以免增加功率消耗、轮胎和传动系零件的磨损；在路况较差的条件下行驶时，为使商用车具备足够的牵引力，应接上前桥驱动用低速挡（或高速挡）行驶。

七、手动变速器及分动器的维护和维修要点

（一）维护要点

变速器和分动器在使用过程中，由于零件的磨损和变形，导致零件配合失常，变速器换挡困难、运转有异响、跳挡和出现漏油现象，因此应重视对其的维护。

① 紧定情况的检查。车辆在行驶中，由于本身连续振动，会使变速器和分动器与车架及前、后连接件的连接松动，因此，在使用中必须定期检查，并根据情况紧固。

② 各齿轮及操纵机构工作情况的检查。变速器和分动器在使用中，由于齿轮、齿轮轴和轴承，以及换挡与互锁机件等的磨损和变形，其技术状况逐渐变坏，甚至会产生一系列故障。因此，必须经常检查它的工作情况，及时予以维护或检修。变速器和分动器的操纵机构由于环节较多，且大多部件暴露在外，使用中可能因润滑不良、油泥增多或锈蚀严重，导致磨损和阻力增大。这不仅给操纵造成困难，甚至还可能使操纵失准。因此，必须定期检查其灵活情况和挂、摘挡情况，必要时进行去泥、除锈、润滑和检修，以保证变速器和分动器的正常工作。

③ 轴油封和通气器的维护。油封的唇口经使用会逐渐磨钝，其自紧弹簧的弹力会降低，这都会使油封的密封作用减弱而漏油。油封漏油时，变速器和分动器将因油平面降低而导致润滑不良，磨损增加，甚至使机件损坏。因此，应经常检查油封是否漏油。因通气器一旦脏污、堵塞，也会使油封漏油，所以应及时清洁通气器。

④ 润滑油的检查、添加和更换。变速器和分动器的润滑油平面应符合规定，过低会使机件润滑不良，磨损增加，甚至使机件损坏。因此，应定期进行检查。油平面的检查一般在冷车时进行，要求油平面与检视孔口平齐，或不低于检视孔口 10mm，不足即添加。添加时，应加注原车规定的润滑油。润滑油应根据使用情况及时予以更换。更换应在热车时进行，以便彻底放尽和带走金属杂物。

由于富勒变速箱结构特点决定在使用与保养方面应注意它独有的要求。

(1) 使用　首先在操作上应注意起步挂挡的要求。由于离合器制动器的存在，要求在起步挂挡前离合器踏板踩到有一个明显阻力的位置后，应继续向下踏下，使制动器开关阀打开(为了使操作人员有明显的感觉，制动器开关阀弹簧有意设置得很硬)，制动器投入工作，然后再挂挡，否则会有离合器分离不开的感觉。如果第一次操作挂挡时没有离合器分离不开的感觉，然而挡仍然挂不上，说明此刻刚好啮合套的齿与齿轮内齿对正顶住了。此时只需将离合器踏板再抬起一下，然后再按要求踏下，自然就很容易挂上挡。商用车行驶间换挡则无需使用离合器制动器。

上面已经谈过，富勒变速箱允许工作温度为 120℃，因此该变速箱比其他变速器工作温度高是正常现象。只要不缺油就关系不大，如果发现变速箱过热，则应检查原因。变速箱的通风孔应经常检查是否畅通。否则易造成过热和漏油。

由于变速箱由低速挡向高速挡换挡时，主箱与副箱同时换挡，因此操作上应注意：由 4 挡推入 5 挡或由 5 挡拉回 4 挡时，操作上应有间隔，即由 4 挡推出，先将变速杆向高挡区打过去，停顿一下再推入 5 挡。就是说首先让副变速箱由低速挡换高速挡，再让主变速箱由 4 挡换入 1 挡。反之亦然。如果由 4 挡迅速推入 5 挡，离合器抬得又过猛，容易造成打齿的事故。

商用车在下坡行驶时应尽量避免用挂低挡“坐车”的方式使商用车减速。特别不能在高速挡区行驶时突然挂入低速挡区来使商用车减速，这样操作往往会造成副箱同步器的烧损。

在行驶中严禁空挡熄火滑行，一般也不推荐空挡滑行的操作。在发动机产生故障而需要长距离高速拖车时，必须将传动轴与驱动桥连接法兰拆卸，否则会造成变速箱二轴和花键垫的严重烧损。

(2) 保养　富勒变速箱是重负荷、大扭矩变速箱，因此要求加注 API GL-5 以上等级、黏度牌号为 SAE85W/90 的齿轮油。国产 18 号双曲线齿轮油完全满足使用要求。富勒变速器的润滑油容量为 13L，要确保油平面和加油口平齐，油面不要过高或过低。新车走合期达

2000km 后，应更换润滑油。在车辆运行 3000～40000km 进行一保时，应检查变速器的油平面，如减少应及时添加。车辆运行 50000km 或一年时，进行全面检查保养时，应更换润滑油。不同牌号的润滑油不能混用。应在热状态下放出润滑油，再加入适量柴油进行清洗。清洗时启动发动机，将变速器挂入空挡，怠速运转 1min 后，将洗油放出，拧紧放油螺栓，再加入新的润滑油。此外，应经常检查变速器的通风孔，不畅通则应进行清洗。检查和润滑操纵杆系，并视情进行调整，使之符合要求。

（二）变速器拆装注意事项

① 变速器接合面应彻底清洁，并涂上密封剂，密封剂应涂抹均匀。涂抹量过少会产生泄漏，涂抹量过多会造成密封胶溢出堵塞油道或造成相互啮合的齿轮卡滞，纸垫不能重复利用，安装倒车开关也要涂密封剂。

② 所有 O 形密封环、轴密封圈在维修拆装时必须更换，不能使用旧的。装入密封圈前，要在外径上涂少许润滑油，用专用工具安装油封。

③ 在组装时用齿轮油润滑所有的内部零件。

④ 拆卸换挡拨叉弹簧销要使用专用工具；安装开口弹簧销时开口顺着受力方向，如图 2-3-64 所示。

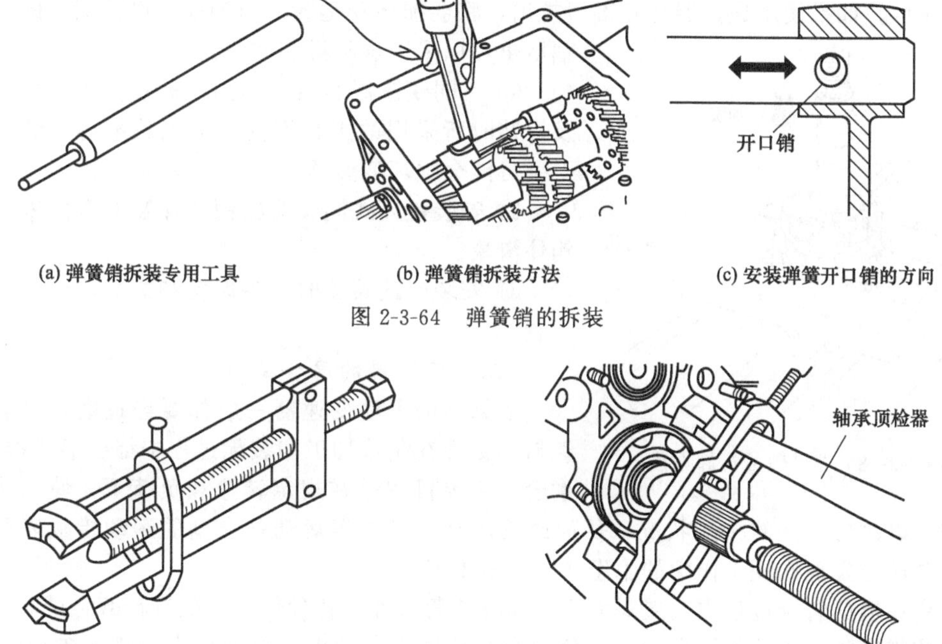

(a) 弹簧销拆装专用工具　(b) 弹簧销拆装方法　(c) 安装弹簧开口销的方向

图 2-3-64　弹簧销的拆装

图 2-3-65　拆卸轴承的工具及方法

⑤ 拆装轴承要使用专用工具，其拆卸方法如图 2-3-65 所示。更换轴承应选用原车规定使用的轴承，安装时在轴与轴承之间涂一层润滑油。安装时也要使用专用工具，如图 2-3-66 所示。

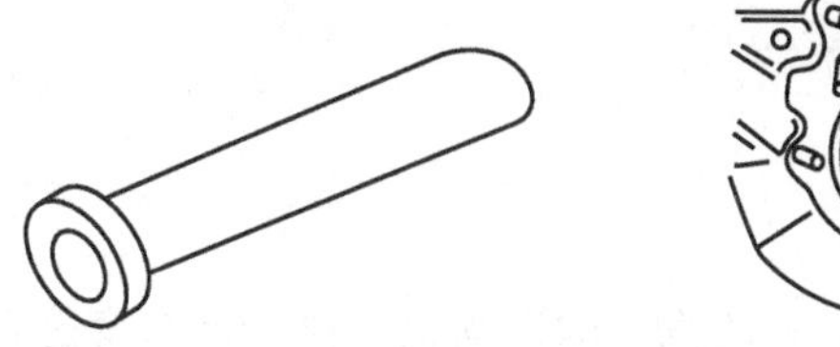

专用工具

图 2-3-66　安装轴承的工具及方法

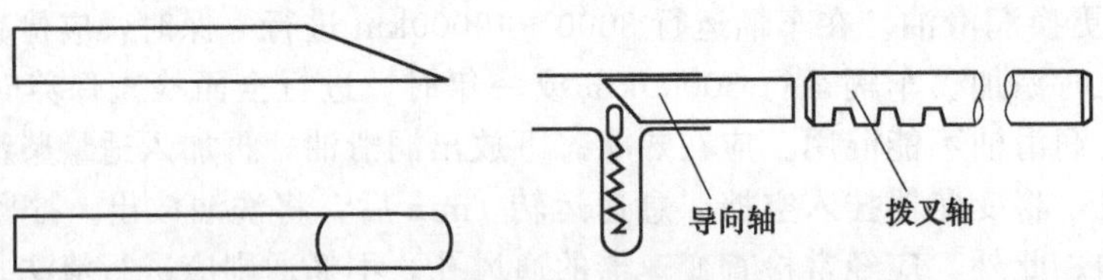

图 2-3-67　安装拨叉轴的工具及方法

切忌直接用锤子将轴承敲进变速器壳体，这样可能造成壳体损坏。

⑥ 装配时要注意齿轮和齿轮之间的间隙，以保证润滑和防止热胀，此间隙（称为齿隙）通常只有百分之几毫米。

⑦ 安装变速器的拨叉轴时，通常需要用专用工具（导向轴），如图 2-3-67 所示。

⑧ 安装手动变速器总成时，在输入、输出轴的花键上涂少量的润滑脂，注意发动机和变速器之间空心定位销的正确位置。

⑨ 选择合理的垫片和卡环，保证轴承、齿毂正确的轴向间隙。

⑩ 同步器花键毂、接合套通常是有方向的，拆装时要注意方向。

花键毂的拆卸方法是将齿轮支承在钢板上，然后将主动轴从同步器毂中压出来，如图 2-3-68 所示。如果使用顶拔器将花键毂拉出，将会损坏花键毂。与轴采用过盈配合的齿轮和轴承也可以采用这种拆装方法。

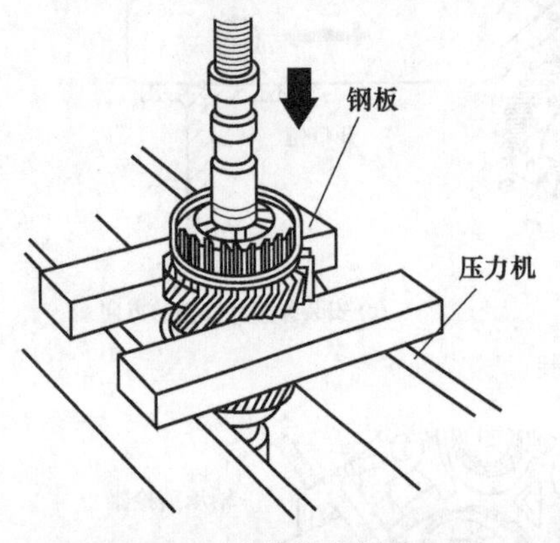

图 2-3-68　花键毂的拆卸方法

⑪ 不同变速器的结构不同，拆装流程、拆装方法及拆装时所采用的工具不同，要先熟悉再拆装，贸然下手可能会损坏变速器。

⑫ 安装锁环式同步器的钢丝弹簧的弯曲末端必须钩住滑块。

⑬ 安装变速器盖时，各齿轮和拨叉均应处于空挡位置。

（三）变速器的磨合试验

大修后的手动变速器一般都要经过磨合试验。变速器的零件在制造加工和装配过程中都会形成误差值。磨合的主要目的是在规定转速和负荷下，使工作面逐渐加载，以改善零件的接触状况，从而改善轴承、齿轮等运动配合副的运动接触表面的状况。磨合还能发现修理工作中的隐患，降低返工率。

在变速器的磨合过程中，应对无负荷和有负荷条件下各种传递情况进行磨合试验。磨合前，应按规定加注清洁的润滑油。无负荷磨合是指用发动机或电动机带动输入轴以 1000～2000r/min 的转速转动，各挡磨合时间要在 1h 以上。有负荷磨合是指最大磨合为最大传递转矩的 30%。在磨合中要控制油温为 15～65℃。磨合后要认真清洗，装配后要加注正确的齿轮润滑油。叠合平面的平面度公差不能超过 0.15mm，拨叉轴装于轴承孔内不能松动。

第四节　万向传动装置

一、万向传动装置概述

就变速器与驱动桥之间传动而言，一般汽车的发动机、离合器与变速箱三者合为一体装在车架，驱动桥通过悬架与车架相连，如图 2-4-1 所示。在负荷变化及汽车在不平路面上行

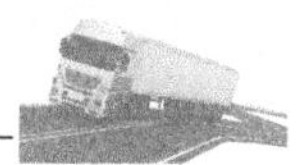

驶时引起的跳动，会使驱动桥输入轴与变速器输出轴之间的夹角和距离发生变化。为此采用万向传动装置用来实现变角度的动力传递。在轴线相交、且相对位置经常发生变化的转轴之间传递动力的装置，称为万向传动装置。万向传动装置一般由万向节和传动轴组件以及中间支承（中间轴承）组成，如图 2-4-2 所示。

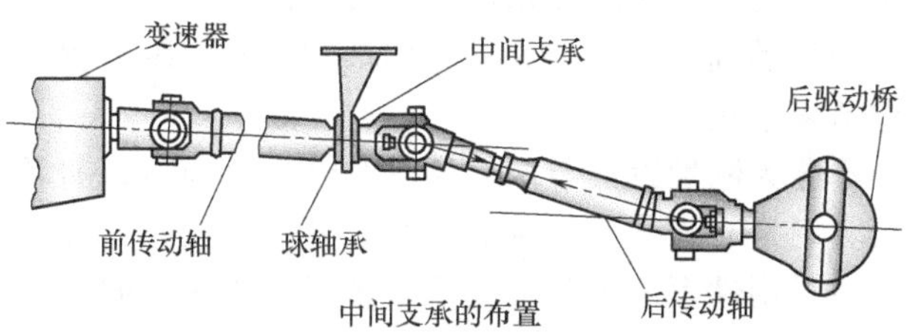

图 2-4-1 万向传动装置

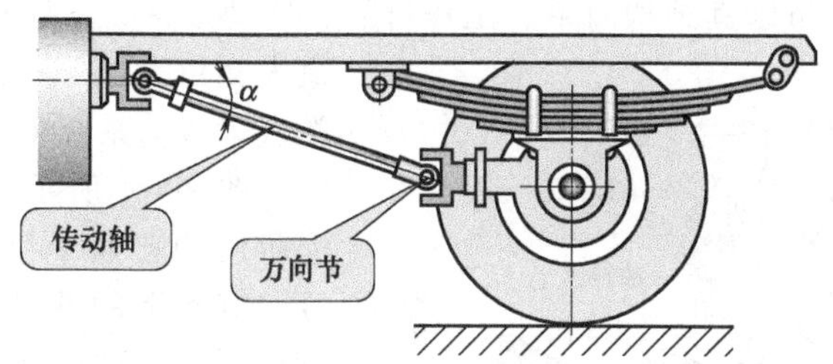

图 2-4-2 商用车传动轴、万向节布局图

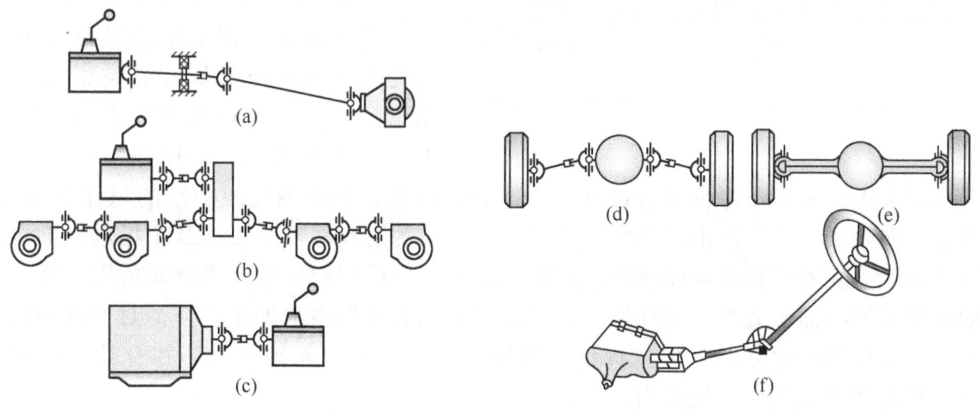

图 2-4-3 万向装置在汽车上的应用

有的轴距较大的汽车，由于变速器与后桥距离较远，还将传动轴分成两段，即前传动轴［见图 2-4-3（a)］和后传动轴并设置了中间支承。

在多轴驱动的汽车上，在分动器与各驱动桥之间或驱动桥与另一驱动桥之间也需要万向传动装置传递动力。若变速器与分动器分开时，为了便于装配及考虑车架变形的影响，则变速器与分动器之间也应有万向传动装置［见图 2-4-3（b)］。

某些重型汽车变速器单独固定在车架上，这时，它与发动机总成之间也应有万向传动装置［见图 2-4-3（c)］。

在转向驱动桥中，前轮在偏转的过程中均需传递动力。因此，在非独立式悬架的转向驱动桥中，往往将一侧半轴再分为内、外两段半轴，用万向节连接［见图 2-4-3（e)］。对独立式悬架，则需要在差速器与车辆之间装万向传动装置［见图 2-4-3（d)］。

不少汽车的转向系统中也采用了万向传动装置［见图 2-4-3（f）］。此外，有的汽车动力输出中也需采用万向传动装置。

二、万向节

在万向传动装置中，万向节是实现变角度动力传递的机件。万向节用于连接不同心，有夹角且夹角不断变化的两传动轴；需要传递动力的两轴之间的距离较大且不同轴，可以用两根传动轴中间加一万向节来连接。

万向节按其刚度大小分为刚性万向节和挠性（弹性）万向节。前者靠刚性铰链式零件传递动力，其弹性小，后者则是靠弹性元件传递动力，其弹性较大，且具有缓冲减振作用，汽车上普遍采用刚性万向节。刚性万向节又分为十字轴式不等速万向节、准等速万向节和等速万向节三大类。

（一）十字轴式刚性万向节

十字轴式刚性万向节因其结构简单、工作可靠、传动效率高，且它最大允许相邻两轴的最大交角为15°～20°，所以普遍应用于各类汽车传动系统中。

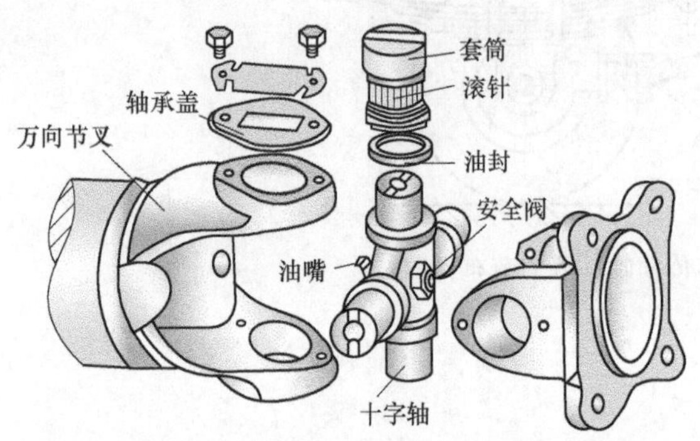

图 2-4-4　解放 CA10B 型十字轴式刚性万向节结构

图 2-4-4 所示为解放 CA10B 型汽车上所用的普通十字轴式刚性万向节。两万向节叉上的孔分别活套在十字轴的两对轴颈上。这样当主传动轴转动时，从动轴既可随之转动，又可绕十字轴中心在任意方向摆动。为了减少摩擦损失，提高传动效率，在十字轴轴颈和万向节叉孔之间装有由滚针和套筒组成的滚针轴承。为了防止轴承在离心力作用下从万向节叉内脱出，套筒用螺钉和盖板固定在万向节叉上，并用锁片将螺钉锁紧。为了润滑轴承，十字轴做成中空的以储存润滑油，并有油路通向轴颈。润滑油由油嘴注入十字轴内腔。为避免润滑油流出及尘垢进入轴承，在十字轴的轴颈上套着装在金属座圈内的油封。在十字轴的中部还装有带弹簧的安全阀。如果十字轴内腔的润滑油压力大于允许值，安全阀即被顶开而润滑油外溢，使油封不致因油压过高而损坏。这样的刚性万向节可以保证在轴间交角变化时可靠地传动，并有较高的传动效率，因此在现代汽车上广泛被采用。

1. 万向节滚针轴承常见的轴向定位方式

（1）盖板固定式　用螺钉将盖板固定在万向节叉上，并用锁片将螺钉锁紧，防止螺钉松动。特点：定位可靠、拆装方便、零件数目多，如图 2-4-5 所示。

（2）外挡圈固定式　挡圈在万向节叉轴颈孔的外面，如图 2-4-6 所示。

（3）内挡圈固定式　挡圈在万向节叉内挡圈槽口内的里面，如图 2-4-7 所示。

（4）瓦盖固定式　万向节叉上与十字轴轴颈相配合的圆柱孔不是一个整体，而是分成两半，然后用螺钉连接起来。特点：使用可靠，拆装方便，但加工工艺复杂，如图 2-4-8 所示。

（5）塑料环固定式　在轴承座的外圆和万向节叉轴承孔的中部开有环形槽，将填充塑料经万向节叉上的小孔压注到环槽中，待万向节叉上与环槽垂直的另一小孔有塑料溢出时，表明塑料已填满环槽。特点：工作可靠，拆装不方便，如图 2-4-9 所示。

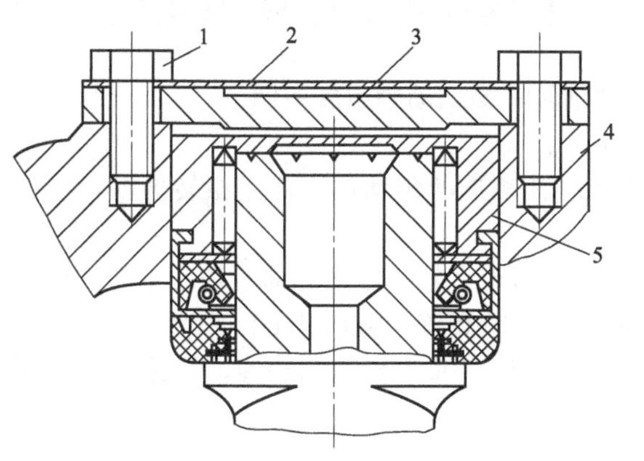

图 2-4-5 滚针轴承的盖板固定式

1—螺栓；2—锁片；3—盖板；4—万向节叉；5—套筒

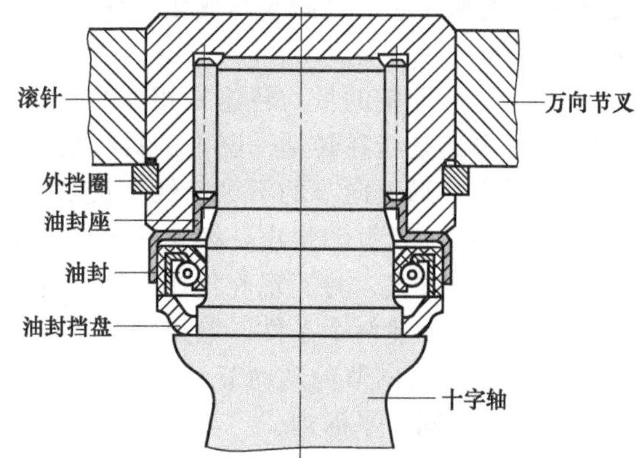

图 2-4-6 滚针轴承的外挡圈定位式

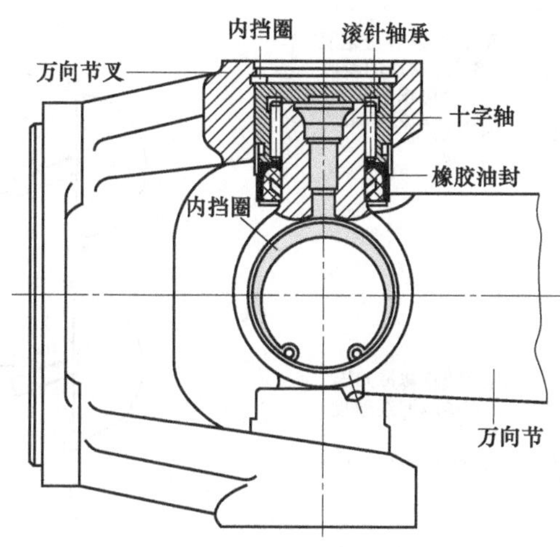

图 2-4-7 滚针轴承的内挡圈定位式

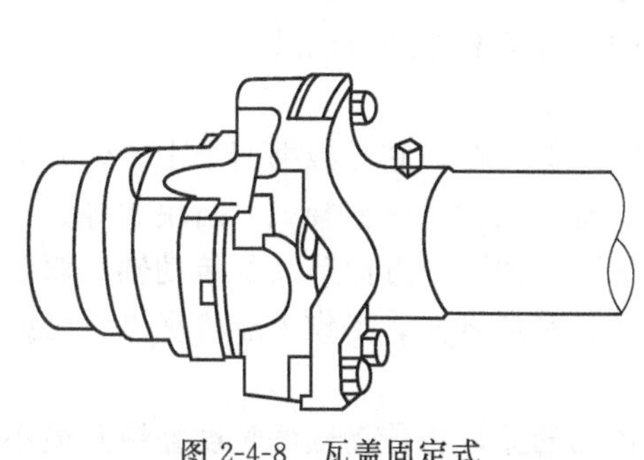

图 2-4-8 瓦盖固定式

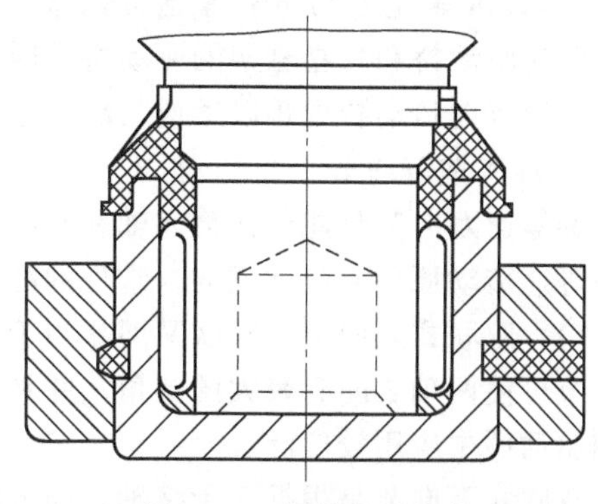

图 2-4-9 塑料环固定式

2. 十字轴式刚性万向节的速度特性

（1）速度特性 单个使用在两轴之间有夹角的情况下，其两轴的角速度是不相等的，即主动轴转一周时，从动轴会出现两次周期性的超前或滞后变化，如图 2-4-10 所示。

① 当主动叉轴 1 以等角速度旋转时，从动叉轴 2 是不等角速度的，从动叉轴 2 的角速

度在最大值和最小值之间来回变化，周期为 180°；从动叉轴 2 的不等速的程度随轴间夹角的加大而加大。

② 主、从动轴的平均转速是相等的，即主动轴转一圈从动轴也转一圈。

③ 不等速是指在转动一圈内的瞬时角速度而言。

④ 单个普通万向节的不等速性会使从动轴及与其相连的传动部件产生扭转振动，产生附加的交变载荷及振动噪声，影响零部件的使用寿命。

(2) 改进方式　为实现等角速传动，可将两个普通十字轴式刚性万向节按一定的排列方式安装。满足下述两个条件，输出轴与输入轴的角速度就相等，如图 2-4-11 所示。

① 第一个万向节的从动节叉和第二个万向节的主动节叉与传动轴相连，且传动轴两端的万向节叉在同一平面内。

② 输入轴、输出轴与传动轴的夹角相等。

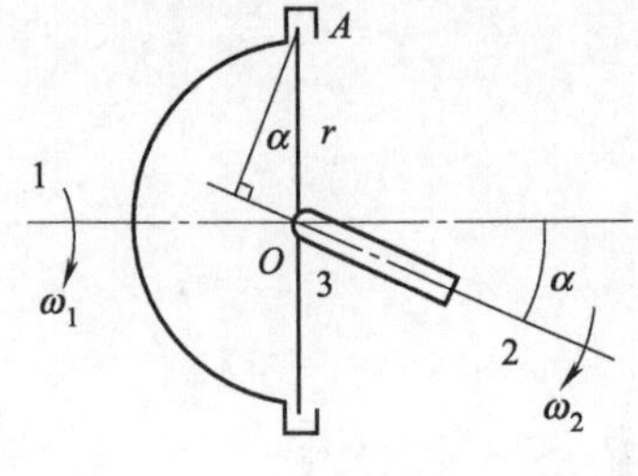

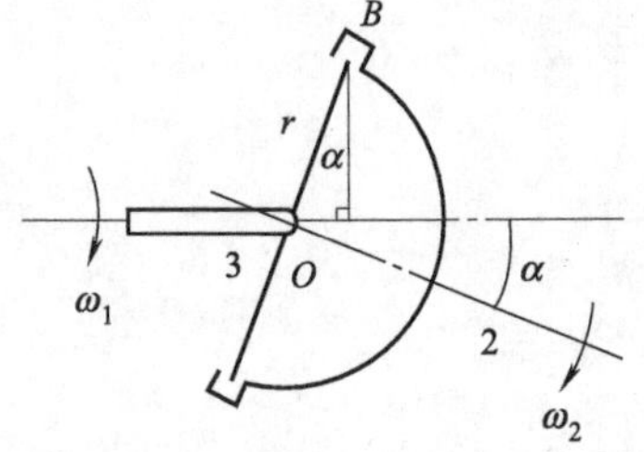

图 2-4-10　十字轴式刚性万向节的速度特性

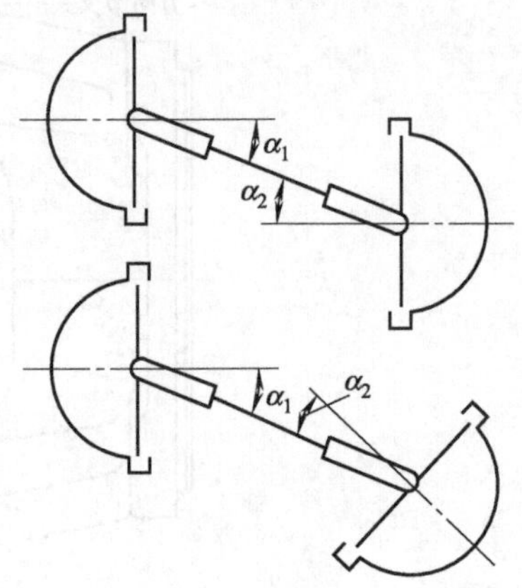

图 2-4-11　十字轴式刚性万向节改进方式

(二) 准等速万向节和等速万向节

转向驱动桥和独立悬架的驱动桥，因受轴向尺寸限制、转向轮偏转角大等原因（影响），两个普通万向传动装置难以适应，故采用各种形式的准等速和等速万向节。

1. 准等速万向节

准等速万向节只能保证输入轴和输出轴的角速度近似相等，它是根据两个十字轴万向节实现等速传动原理而设计成的。常见的准等速万向节有双联式、三销轴式、凸块式等。

(1) 双联式万向节　双联叉即相当于处于同一平面上的两个万向节叉及传动轴。双联式万向节可使两轴之间有较大的夹角，并具有结构简单、制造方便、工作可靠等优点，因此在转向驱动桥中应用较广泛。

双联式万向节是根据双十字轴万向节实现等速传动的原理将传动轴的长度缩短到最小的一种万向节。图 2-4-12 所示双联叉即相当于处于同一平面内的两个万向节叉及传动轴。欲使轴 1 与轴 2 角速度相等，应保证当两轴间有一角度时，$\alpha_1=\alpha_2$。为此，有的双联式万向节的结构中装有分度机构，以使双联叉的轴线平分所连两轴的夹角。

图 2-4-13 所示是带分度机构的双联式万向节。万向节叉的内端有球头，装在球碗内。球头与球碗中心位于两十字轴中心连线的中点。当左万向节叉相对于右万向节叉转过一个角

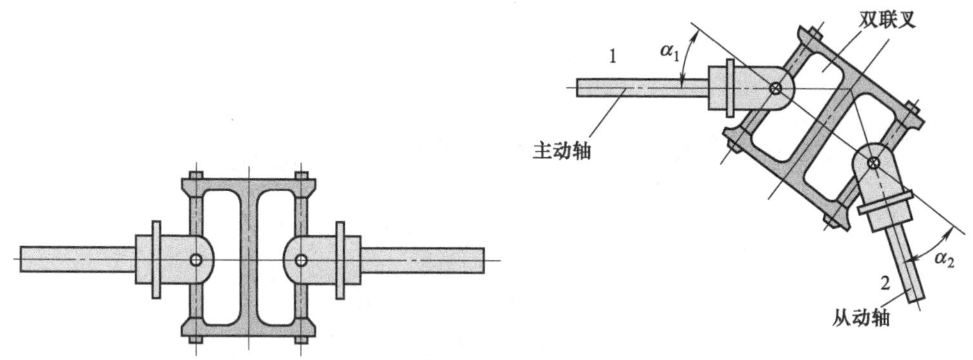

图 2-4-12 双联式万向节示意图

度时，双联叉就绕球心转动，因而使双联叉的偏转角基本上是等分左右两万向节叉的夹角。

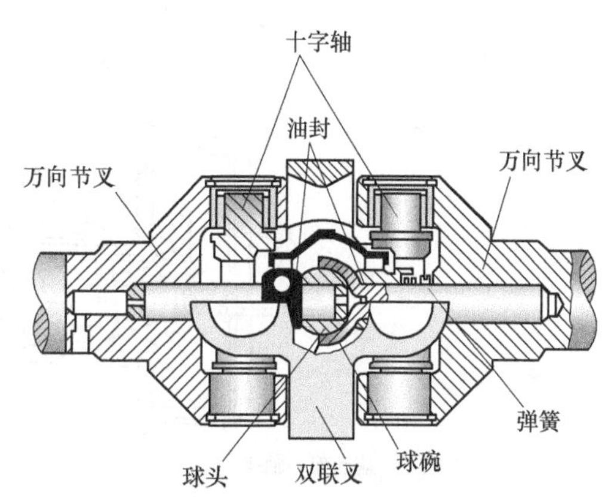

图 2-4-13 带分度机构的双联式万向节

（2）三销轴式万向节 三销轴式万向节是由双联式万向节演变出来的一种准等速万向节，如图 2-4-14 所示。东风 EQ2080 型、解放 EQ240 型、红岩 CQ261 型汽车转向驱动桥中都使用三销轴式万向节，它主要由主动偏心轴叉、从动偏心轴叉和两个三销轴组成。主、从动偏心轴叉分别与转向驱动桥的内、外半轴制成一体。叉孔中心线与叉轴中心线互相垂直但不相交。两轴叉由两个三销轴连接。三销轴的大端有一穿通的轴承孔，其中心线与小端轴颈中心线重合。靠近大端两侧的两个轴颈，其中心线与小端轴颈中心线垂直并相交。装配时每一偏心轴叉的两叉孔与一个三销轴大端的两轴颈配合，而两个三销轴小端的轴颈互相插入对方的大端轴承孔内，这样便形成了 Q_1-Q_1'、Q_2-Q_2' 和 R-R'三根轴线。在与主动偏心轴叉相连的三销轴的两个轴颈端座和轴承座之间装有推力垫片。其余各轴颈端面均无推力垫片，且端面与轴承座之间留有较大空隙，以保证在转向时三销轴与万向节不至于发生运动干涉现象。

三销轴式万向节的最大特点是允许相邻两轴有较大交角，可达 45°，在转向驱动桥中采用这种万向节可使汽车获得较小的转弯半径，提高汽车的机动性；其缺点是所占空间较大。

2. 等速万向节

等速万向节的基本原理是从结构上保证万向节在工作中，其传力点始终位于两轴交角的平分面上。两齿轮的接触点位于两齿轮轴线交角的平分面上，两齿轮的圆周速度是相等的，即两齿轮旋转角速度也相同。若万向节在工作中，其传力点始终在两轴夹角的平分面上，这种万向节就是等速万向节。

等速万向节的基本原理是传力点永远位于两轴交点的平分线上。如图 2-4-15 所示为等速万向节的工作原理。两个大小相同锥齿轮的接触点 P 位于两齿轮轴线交角 α 的平分面上，由 P 点到两轴的垂直距离都等于 r。P 点处两齿轮的圆周速度相等，两齿轮的角速度也相等。可见，若万向节的传力点在其交角变化时，始终位于两轴的平分面上，就能保证等速

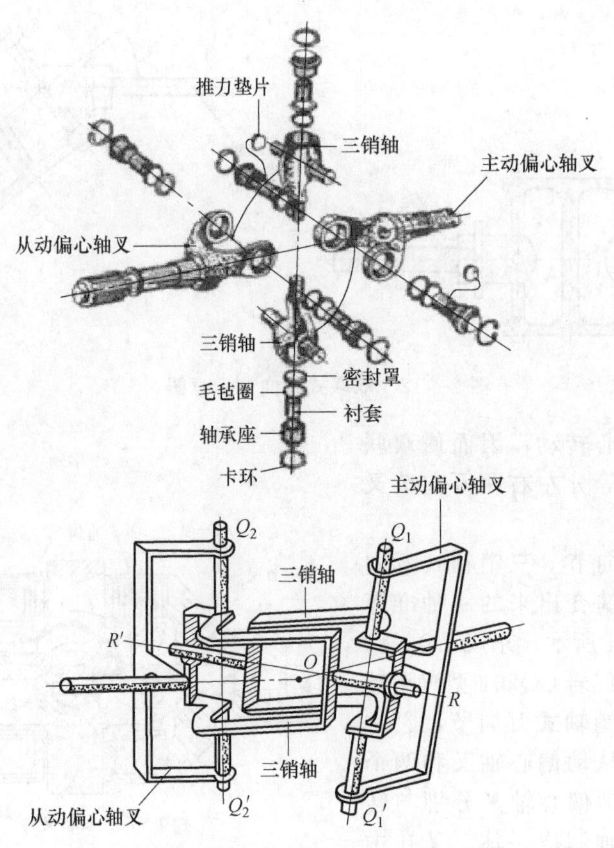

图 2-4-14　三销轴式等速万向节

传动。

等速万向节的常见结构形式有球笼式和球叉式。

(1) 球笼式等速万向节　球笼式等速万向节如图 2-4-16 所示，主要由星形套 7、球笼 4、

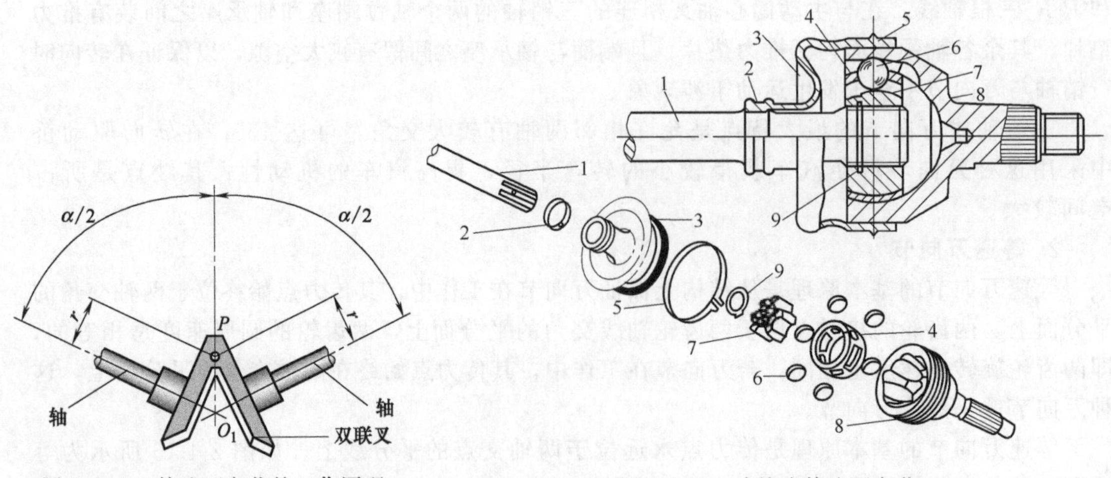

图 2-4-15　等速万向节的工作原理

图 2-4-16　球笼式等速万向节

1—主动轴；2,5—卡箍；3—外罩；4—保持架（球笼）；6—钢球；7—星形套（内滚道）；8—球形壳（外滚道）；9—卡环

球形壳 8 及钢球 6 等组成。星形套 7 通过内花键与中段半轴相连接，用卡环 9、隔套和碟形弹簧轴向限位。星形套 7 的外表面有 6 条曲面凹槽，形成内滚道。球形壳 8 与带花键的外半轴制成一体，内表面制有相应的 6 条曲面凹槽，形成外滚道。球笼 4 上有 6 个窗孔。装合后 6 个钢球分别装于 6 条凹槽中，并用球笼使之保持在一个平面内。工作时，转矩由主动轴 1 传至星形套 7，经 6 个均布的钢球 6 传给球形壳 8，并通过球形壳上的花键轴传至转向驱动轮，使汽车行驶。

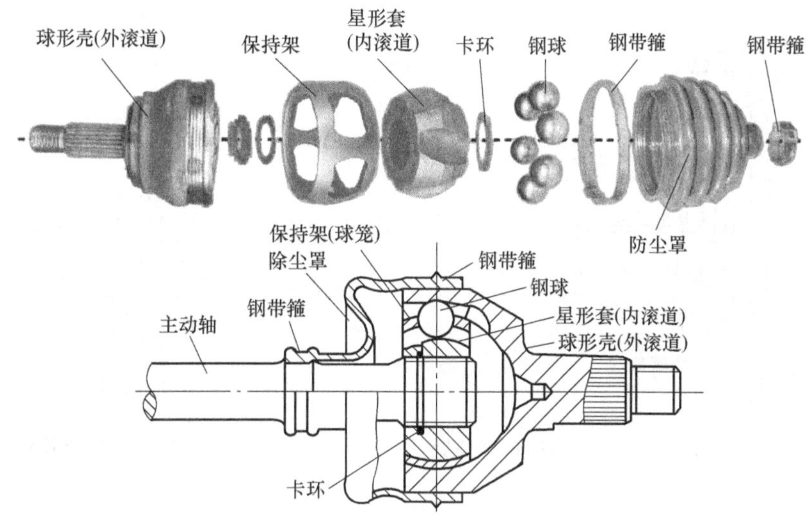

图 2-4-17　球笼式等速万向节的结构

球笼式等速万向节可在两轴最大交角为 42°的情况下传递转矩，无论传动方向如何，6 个钢球全部传力，如图 2-4-17 所示。与球叉式万向节相比，在相同的外廓尺寸下，其承载能力强、使用寿命长、结构紧凑、拆装方便，因此被广泛应用于各种型号的转向驱动桥和独立悬架的驱动桥。

（2）球叉式等速万向节　球叉式等速万向节的结构如图 2-4-18 所示，由主动叉、从动叉、传动钢球和定心钢球组成。其主动叉与从动叉分别与内、外半轴制成一体。在主、从动叉上各有 4 个曲面凹槽，装合后，形成两条相交的环形槽，作为传动钢球的滚道，4 个传动钢球装于槽中，定心钢球放在两叉中心的凹槽内，以定中心。

球叉式等速万向节结构简单，允许最大交角为 32°～38°。但由于前行时只有两个钢球传力，倒车时则由另外两个钢球传力，故钢球与曲面滚道之间接触压力较大，磨损较快。随着凹槽的磨损，万向节工作的准确性就会下降，并且这种万向节的制造工艺较复杂，一般应用在转向桥中。

（三）挠性万向节

挠性万向节的特点是其传力元件依靠橡胶盘、橡胶块、橡胶环等弹性元件，以适应变交角两轴间的传动，从而保证在相交两轴间不发生机械干涉。由于弹性元件变形量

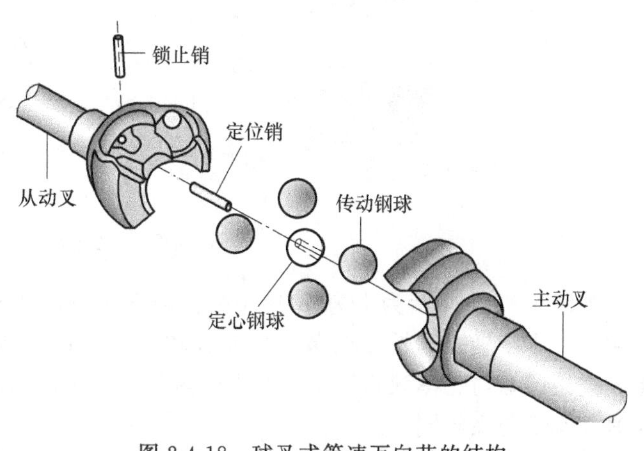

图 2-4-18　球叉式等速万向节的结构

有限，故挠性万向节一般用于夹角较小的两轴间和有微量轴向位移的传动场合。例如，安装在支架上的两个部件（发动机与变速器或变速器与分动器）之间，可使装配方便不需轴线严格对正，并能消除工作车架变形对传动的不利影响。挠性万向节不但结构简单，不需润滑，而且还具有缓冲和减振作用。

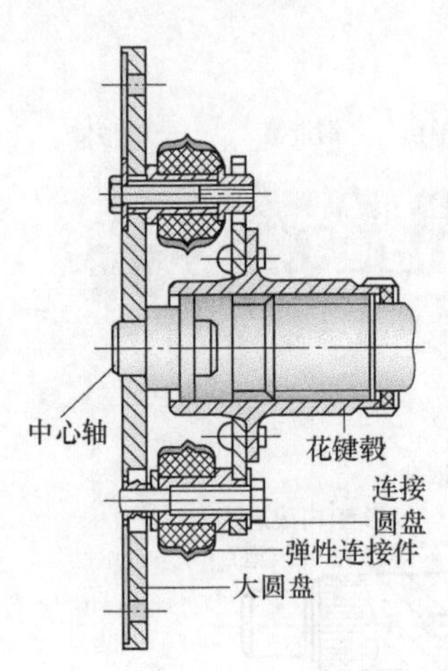

图 2-4-19　上海 SH380A 自卸汽车的万向传动装置

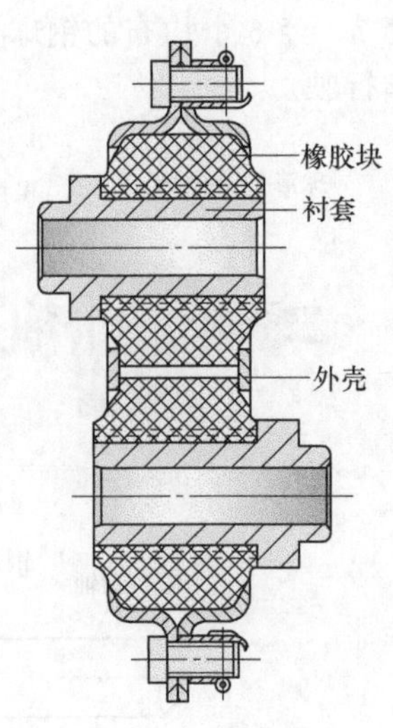

图 2-4-20　弹性连接件

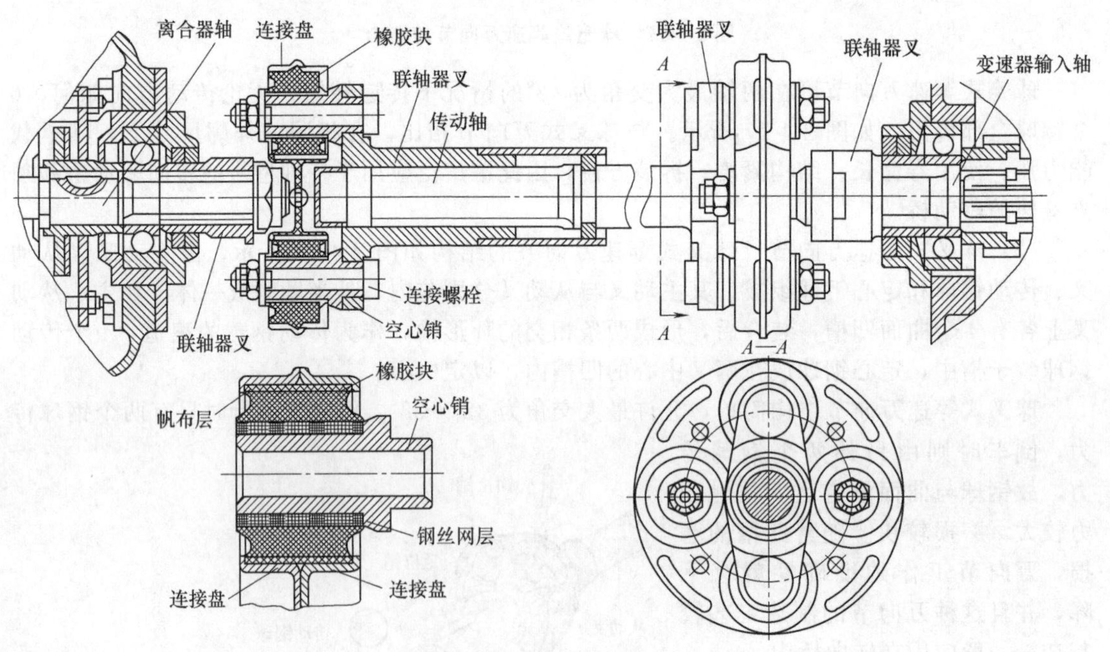

图 2-4-21　挠性万向节

如图 2-4-19 所示为上海 SH380A 自卸汽车发动机与变速器之间安装的万向传动装置。它由一个十字轴式刚性万向节、传动轴和一个挠性万向节组成。大圆盘用螺栓固定在飞轮上，连接圆盘与花键毂相铆接，而大圆盘与连接圆盘则通过四副弹性连接件相连接，中心轴用来使花键与飞轮同心。

挠性万向节内的四副弹性连接件，每一副弹性连接件结构如图 2-4-20 和图 2-4-21 所示。

两个橡胶块装在两半对合的外毂中，每个橡胶块中各有一衬套。每副弹性连接件中的一个橡胶块用螺栓固定在大圆板上，而另一橡胶块用螺栓固定于连接圆板上。发动机发出的动力经飞轮、大圆盘、衬套传给每一副弹性连接件中的一个橡胶块，再经外壳、另一橡胶块、衬套传给连接圆板，从而经带内花键的花键毂把动力传出。

挠性万向节能减小传动系的扭转振动、动载荷和噪声，结构简单，使用中不需润滑，一般用于两轴间夹角不大（一般为 3°～5°）和很小轴向位移的万向传动场合。如它常在轿车万向节传动中，被用来作为靠近变速器的第一万向节，或在重型汽车中用于发动机与变速器之间，越野汽车中用于变速器与分动器之间，以消除制造安装误差和车架变形对传动的影响。

三、传动轴与中间支撑

汽车行驶过程中，变速器与驱动桥的相对位置经常变化，为避免运动干涉，传动轴用由滑动叉和花键轴组成的滑动花键连接，以适应传动轴长度的变化。为减少磨损，还装有用以加注润滑脂的滑脂嘴、油封、堵盖和防尘套，如图 2-4-22 所示。传动轴除去传递动力以外，有些传动轴长度可以伸缩，用来防止在所连接两轴之间有距离变化时产生运动干涉。传动轴在高速旋转时，由于质量不均匀引起的离心力将使传动轴发生剧烈震动。因此当传动轴与万向节装配后必须进行动平衡。经过动平衡的传动轴两端一般都点焊有平衡片，并在伸缩轴与传动轴管上刻有标记，以便拆装后重装时保持二者的相对角位置不变。

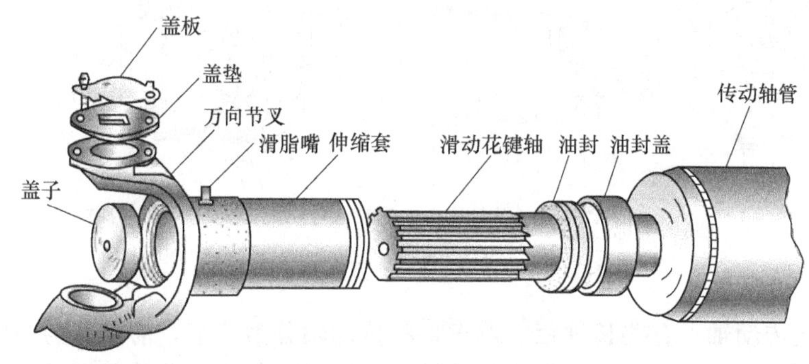

图 2-4-22 传动轴结构

（一）传动轴

为了得到较高的强度和刚度，传动轴多做成空心的，一般用厚度为 1.5～3.0mm 且厚薄均匀的钢板卷焊而成，这样可以保证传动轴的质量沿圆周均匀分布，避免在高转速下因离心力作用而产生剧烈地振动，提高传动轴共振转速，使传动轴工作在危险的共振转速以下。超重型汽车的传动轴则直接采用无缝钢管。在转向驱动桥、断开式驱动桥或微型汽车的万向传动装置中，通常将传动轴制成实心的。

因驱动桥与车架是弹性连接的，故采用十字轴式万向节所组成的万向传动装置不可能在任何情况下都保证等速传动，如图 2-4-23 所示。下面介绍传动轴的几种排列方法，一般都是只保证汽车满载在水平路面行驶时，是近似等速的。

（1）单节式传动轴　当传动距离较近时采用，传动轴只有一节，两端用十字轴万向节分别与变速箱和驱动桥连接。装配时，传动轴两端的十字轴万向节叉在同一平面内就可满足满载时等速传动的条件。

（2）双节式传动轴　当传动距离较远时，采用两节传动轴、三个万向节，其布置形式有两种：一种是汽车变速器输出轴与中间传动轴不在一条直线上，当汽车满载时其两节传动轴之间近似在一直线上，相当于只有一根传动轴，此时中间万向节不起改变角速度的作用，因此，为满足满载等速传动的条件，两节合起来作为整根传动轴来说，两端万向节叉应装在同一平面内，为此一些汽车规定，中间传动轴两端的万向节叉相互垂直，主传动轴两端的万向节叉在同一平面内，如图 2-4-24（a）所示；另一种是汽车的中间传动轴与变速器输出轴近似在一条直线上，则第一个万向节不起改变角速度的作用，此时相当于一节传动轴、两个万向节，因此，只要传动轴满足等速传动即可，即主传动轴两端的万向节叉在同一平面内，如图 2-4-24（b）所示。

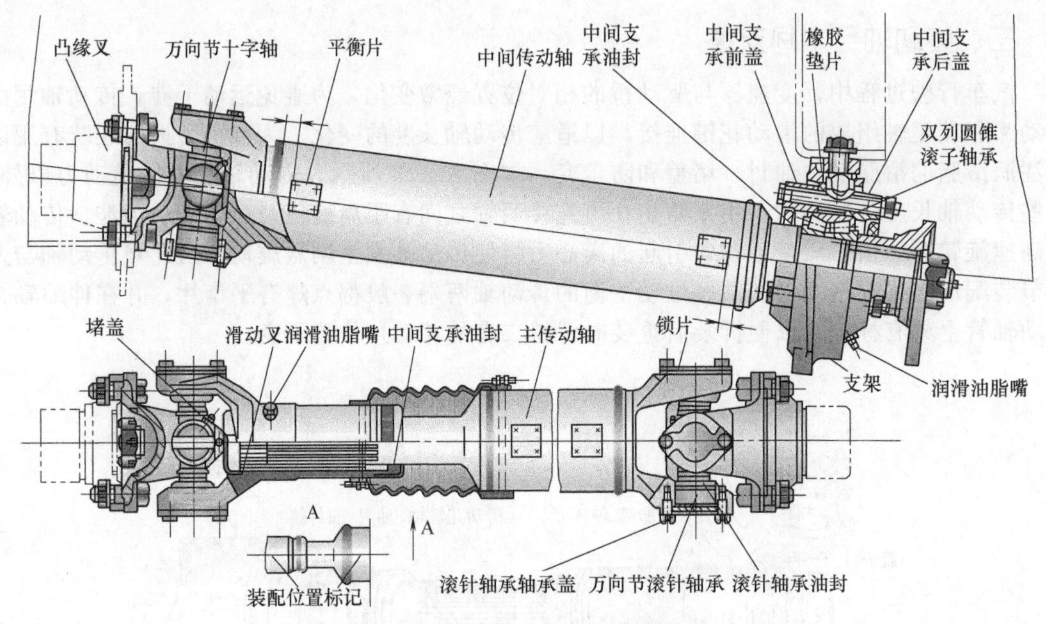

图 2-4-23　CA1091 型万向传动装置

（3）三节式传动轴　有些长轴距的汽车，将传动轴分为三节，前两节为中间传动轴，分别用中间支承支承于车架，后一节为主传动轴。装配时，每节传动轴两端的万向节叉都应装在同一平面内才能保证等速传动。

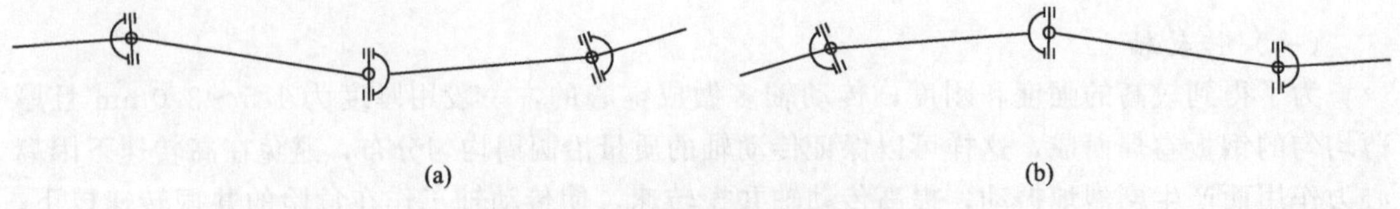

图 2-4-24　双节式传动轴布置形式

为了减少振动和噪声，一些厂商采用了新型的刚性万向传动装置。如：

① 将厚纸板制成的圆形衬套塞入传动轴管中，通过增加强度来减少轴的振动。

② 在传动轴钢管和硬纸板圆形衬套之间放置圆柱形橡胶块，在传动轴内降低噪声传递。

③ 用合成纤维取代无缝钢管，合成纤维线性刚性较强，和无缝钢管相比它重量轻，扭转强度高，疲劳抗力强，易于较好地平衡，降低扭矩变换和冲击负载产生的干涉。

（二）中间支承

中间支承是传动轴过长时需在中间断开，并将它们通过支承装置支持在车架（身）上的机构。中间支承安装在车架横梁或车身底架上，要求它具有能补偿传动轴的安装误差

功能，及适应行驶中由于发动机的弹性悬置引起的发动机窜动和车架变形引起的位移功能。同时其中橡胶弹性元件还有吸收传动轴振动、降低噪声及承受径向力的功能。中间支承由橡胶弹性元件、轴承等组成。由于蜂窝形橡胶垫有弹性，可满足补偿安装误差和行驶中发动机窜动、车架变形引起的位移作用。有的中间支承采用双列圆锥滚子轴承，如图 2-4-25 所示。

图 2-4-26 是东风 EQ140-1、EQ1090E 型汽车前传动轴及其中间支承。前传动轴后端支承在球轴承上，轴承座通过蜂窝形橡胶垫固定在 U 形支架上，轴承还可在轴承座内轴向移动。

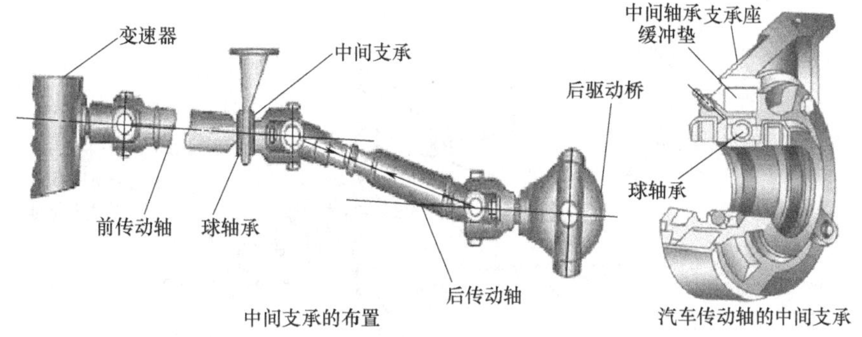

图 2-4-25　带中间支承式传动轴结构

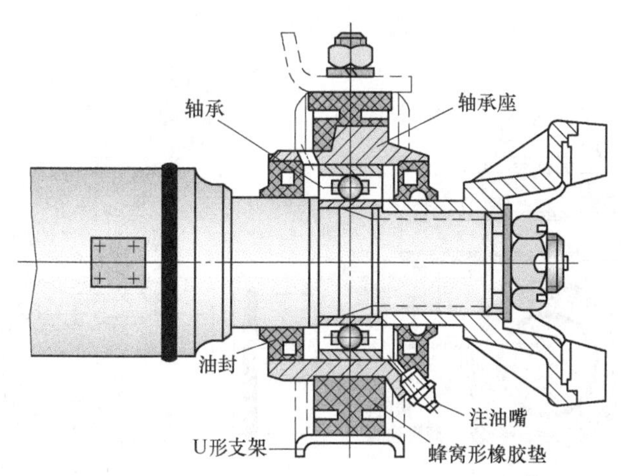

图 2-4-26　东风 EQ140-1、EQ1090E 型汽车前传动轴及其中间支承

解放 CA1091 型汽车传动轴如图 2-4-27 所示，传动轴分两段，由 3 个十字轴万向节相连接，中间传动轴用双列圆锥滚子轴承支承装在车架横梁下，主动轴带有滑动花键，可以伸缩，以改变传动轴的长度，如图 2-4-28 所示为传动轴构造图。

有的汽车采用摆动式中间支承，如图 2-4-29 所示。当发动机轴向窜动时，中间支承可绕支承轴摆动，改善了轴承的受力情况。此外两个橡胶衬套能适应传动轴线在横向平面内少量的位置变化。

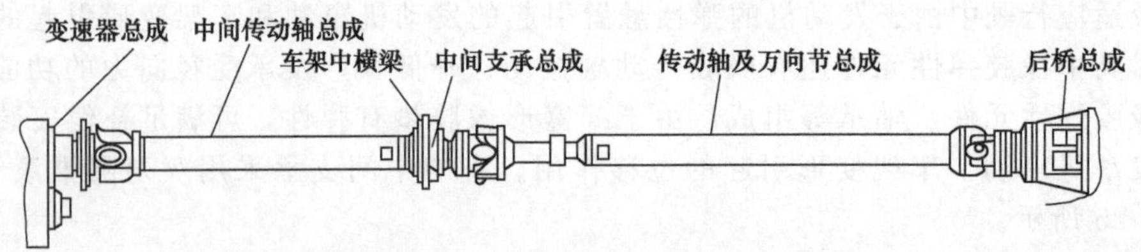

图 2-4-27　汽车传动轴装配关系

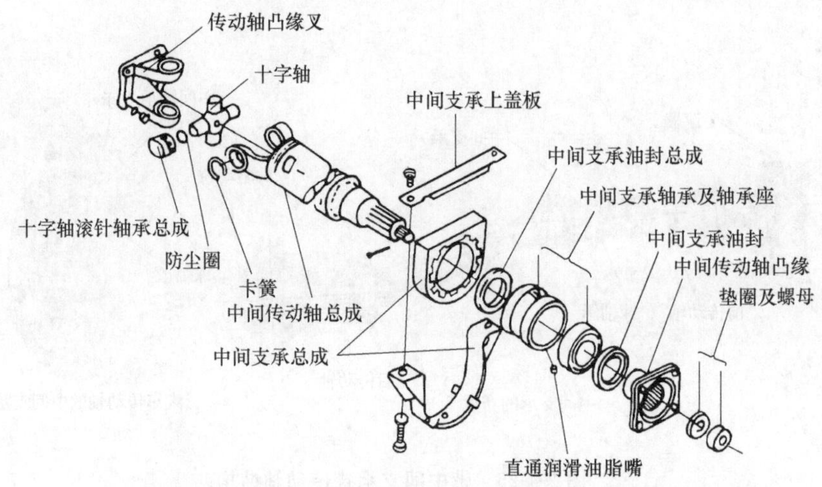

图 2-4-28　分解后的中间传动轴及支承总成

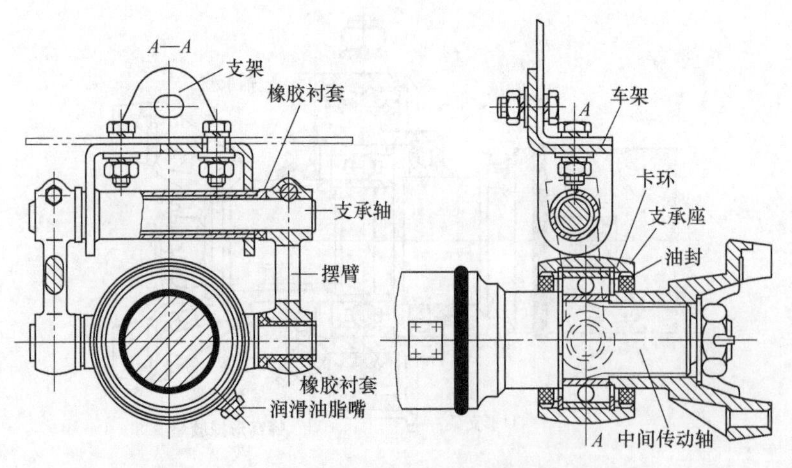

图 2-4-29　摆动式中间支承

四、万向传动装置的维护及维修要点

在使用过程中，汽车轴距长，传动轴制成多节，工作条件恶劣，润滑条件差，行驶在不良的道路上，冲击荷载的峰值往往会超过正常值的一倍以上，万向传动装置不仅要在高速下承受较大的转矩和冲击负荷，还要适应车辆在行驶中随着悬架的变形，传动轴与变速器输入轴及主减速器输出轴之间的夹角的不断变化；传动轴的长度也会随着悬架的变形而变形，使伸缩节不断滑磨。万向传动装置在汽车的底部，泥土、灰尘极易侵入各个机件，在这些情况

下，万向传动装置会出现各种耗损，造成传动轴的弯曲、扭转和磨损逾限，产生振动、异响等故障，破坏万向传动装置的动平衡特性、速度特性，传动效率较低，使万向传动装置技术状况变坏，从而影响汽车的动力性和经济型。

（一）万向传动装置的维护

万向传动装置的维护工作主要是：检查防尘罩、万向节、中间支承支架和轴承，润滑传动轴万向节十字轴和中间支承轴承，紧固各连接螺栓等。

对国产中型货车，一级维护时应进行润滑和紧固作业。对传动轴的十字轴、万向节滑动叉、中间支承轴承等加注润滑脂（通常为锂基 2 号润滑脂）；检查传动轴各部位螺栓和螺母的紧固情况，特别是万向节叉凸缘连接螺栓和中间支承支架的固定螺栓等，应按规定力矩紧固。

二级维护时，应按图 2-4-30 所示方法检查传动轴十字轴轴承的间隙。十字轴轴承的配合应用，手不能感觉出轴向移动量。对传动轴中间支承轴承，应检查其是否松旷及运转中有无异响，当其径向松旷超过规定或拆检轴承出现黏着磨损时，应更换中间支承轴承。

1. 拆卸传动轴

拆卸传动轴时，要防止汽车移动。同时按图 2-4-31 在每个万向节叉的凸缘上做好标记，以确保作业后原位装复，否则极易破坏万向传动装置的平衡性，造成运转噪声和强烈的振动。

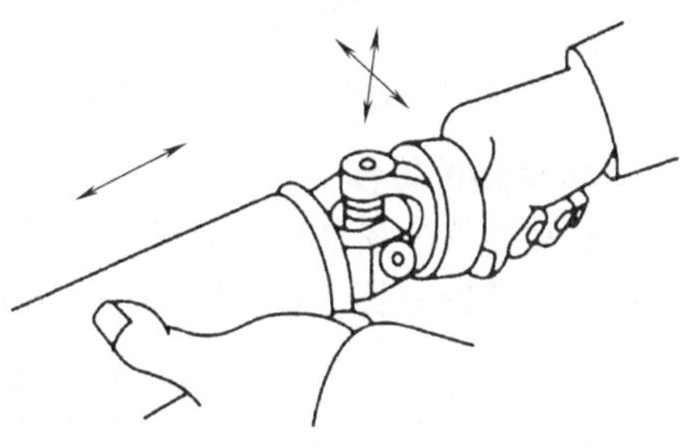

图 2-4-30 传动轴十字轴配合间隙的检查

拆卸传动轴时，应从传动轴后端与驱动桥连接处开始，先把与后桥凸缘连接的螺栓拧松取下，然后将中间传动轴凸缘连接的螺栓拧下，拆下传动轴总成。接着，松开中间支承支架与车架的连接螺栓，最后松下前端凸缘盘，拧下中间传动轴。

装于变速器、分动器和车桥上的凸缘叉以及传动轴十字轴有大小两种，装配时切勿装错。拆卸过程中，严禁用锤子敲打或用台虎钳夹传动轴管。

传动轴的不平衡使工作时产生振动，降低传动轴及相连各零部件的使用寿命。在工厂传动轴组装总成后均经动平衡（动平衡是用在轴管上焊接平衡片来达到），因此各传动轴总成拆解前，应先找到总成的装配标记，若装配标记不清楚或没有找到，应做好标记后再拆解。总成装配时，所有标记必须对准一条线，如图 2-4-31 所示。

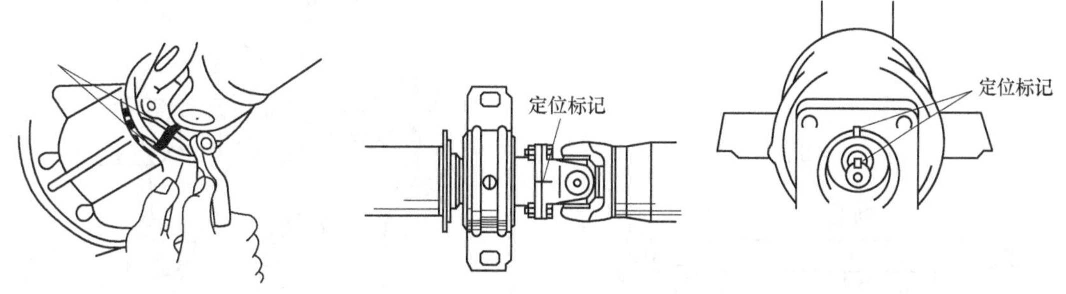

图 2-4-31 拆卸传动轴

当传动轴因磨损或损坏需要更换或修复个别零件时，必须在总成组装后重新进行动平衡。动平衡后允许的不平衡量不得超过 100g·cm。

打开滑动叉油封盖，把花键轴从滑动叉内拔出来，取下油封、油封垫片、油封盖。

用卡簧钳取出每个万向节耳孔内的弹性挡圈，左手把传动轴的一端抬起，右手拿手锤轻敲耳根部，将一个滚针轴承从耳孔中震出来，如图 2-4-32 所示，再将传动轴转 180°，用同样的方法将凸缘叉上另一个滚针轴承震出，取下凸缘叉。

左手抓住十字轴，将传动轴一端抬起，右手拿手锤轻敲万向节叉耳根部，将一个滚针轴承从耳孔中震出来，如图 2-4-33 所示，再将传动轴转 180°，用同样的方法将万向节叉上另一个滚针轴承震出，取下十字轴。

注意：黄油嘴应朝向开挡大的一侧，以免损坏油嘴。

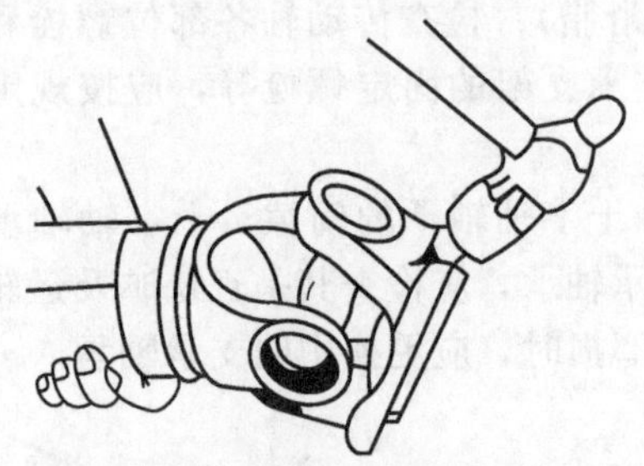

图 2-4-32　拆卸万向节滚针轴承

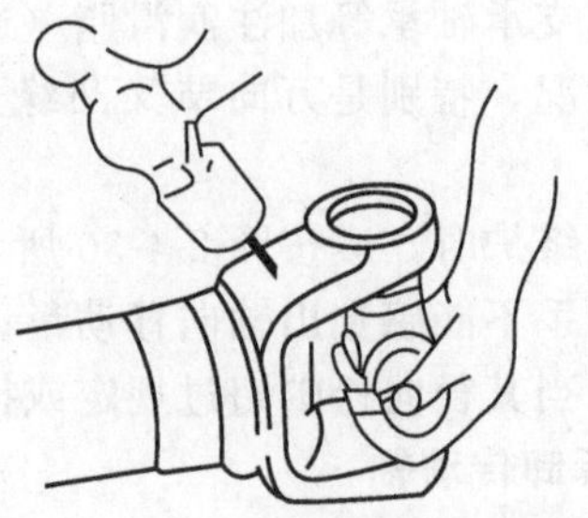

图 2-4-33　拆卸万向节十字轴

2. 传动轴的检修

传动轴轴管的损伤形式有裂纹、严重凹瘪。

传动轴轴管全长的径向圆跳动公式应符合表 2-4-1 的规定

表 2-4-1　传动轴轴管的径向圆跳动公差

轴长/mm	≤600	600～1000	>1000
径向圆跳动公差/mm	0.6	0.8	1.0

轿车传动轴径向圆跳动公差应比表 2-4-1 相应减小 0.2mm。中间传动轴支承轴颈的径向圆跳动公差为 0.10mm。当传动轴轴管的径向圆跳动误差超过表 2-4-1 的规定时，应对传动轴进行校正或更换。检测方法如图 2-4-34 所示。使用极限：1.5mm。

传动轴花键与滑动叉花键、凸缘叉与所配合花键的侧隙：轿车应不大于 0.15mm，其他类型的汽车应不大于 0.30mm，装配后应能滑动自如。

检查滑动花键齿隙，如图 2-4-35 所示，允许值：0.025～0.115mm。使用极限：0.4mm。

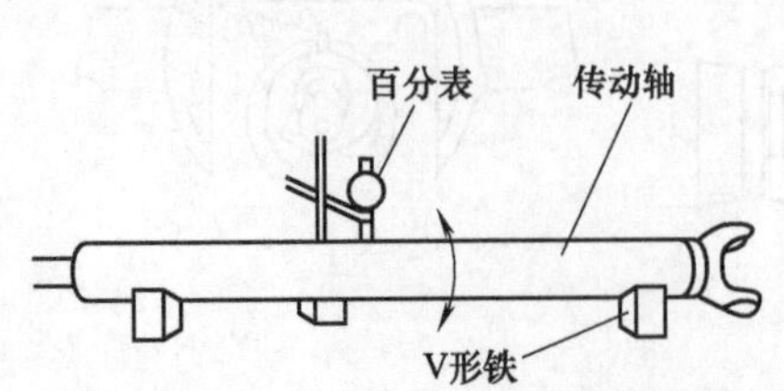

图 2-4-34　检查传动轴的摆动

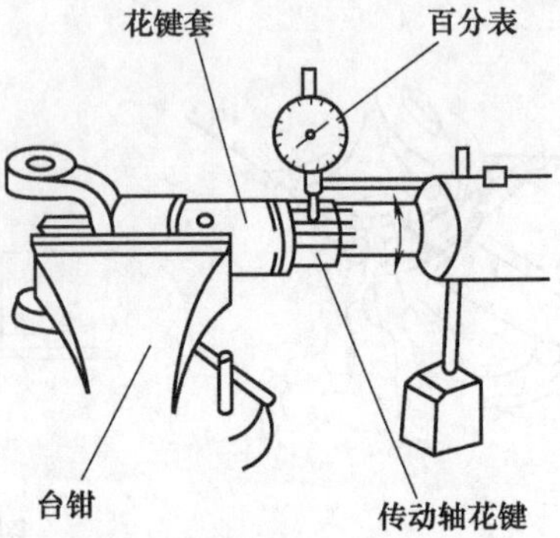

花键套
百分表
台钳
传动轴花键

图 2-4-35　检查滑动花键齿隙

3. 万向节叉、十字轴及轴承的检修

万向节叉和十字轴的损伤形式有裂纹、磨损等。

当十字轴轴颈表面有疲劳剥落、磨损沟槽或滚针压痕深度在0.10mm以上时，应更换。当滚针轴承的油封失效、滚针断裂、轴承内圈有疲劳剥落时，应更换。

十字轴与轴承的最小配合间隙应符合原厂规定，最大配合间隙应符合表2-4-2的规定。十字轴及轴承装入万向节叉后的轴向间隙：剖分式轴承承孔为0.10～0.50mm；整体式轴承承孔为0.02～0.25mm；轿车为0～0.05mm。如图2-4-36所示检查万向节和滚针轴承间隙，使用极限：0.25mm。

表2-4-2 十字轴轴承的配合间隙

十字轴轴颈直径/m	≤18	18～23	>23
最大配合间隙/m	符合原厂规定	0.10	0.14

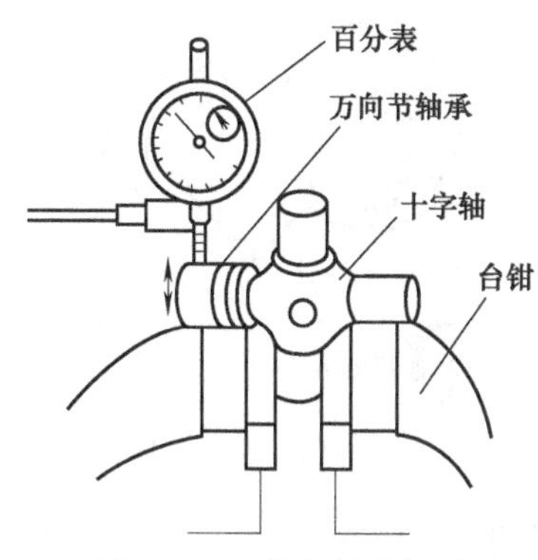

图2-4-36 检查轴承间隙

图2-4-37 检查十字轴轴颈表面

检查十字轴轴颈表面剥落或被滚针轴承压坏的情况。如图2-4-37所示，使用极限：压痕深度超过0.10mm，应更换新件。

（二）万向传动装置的安装

1. 传动轴的安装

① 用清洁的煤油清洗零件，并用压缩空气吹干，核对万向节两个传动叉之间和十字轴轴承与十字轴之间的装配标记。

② 将十字轴上的油嘴朝向滑动叉一方，并和滑动叉上的油嘴同相位，如图2-4-38所示，把十字轴插入滑动叉耳孔内，再把滚针轴承进入耳孔并装在十字轴轴颈上，用铜棒、手锤轻敲滚针轴承底面，使滚针轴承进入耳孔并到位，用卡簧钳把弹性挡圈装入耳孔内卡环槽内。

③ 对准安装标记，把凸缘叉套在十字轴的另一轴颈上，把滚针轴承放入凸缘叉耳孔并套在十字轴轴颈上，用铜棒、手锤轻敲滚针轴承外底面，使滚针轴承进入耳孔并到位，如图2-4-39所示，用卡簧钳把弹性挡圈装入耳孔的卡环槽里。

注意：弹性挡圈一定要整个厚度进入槽底，否则会在传动轴转动中弹出，发生轴承脱落事故。

2. 十字轴的安装

① 根据十字轴轴承型号选择合适的十字轴承。

② 在新的十字轴和轴承上涂抹润滑脂，如图2-4-40所示。

③ 将新的十字轴装入万向节叉内。

④ 使用专用工具将新的轴承装到十字轴上。

⑤ 安装两个厚度相等的弹簧卡环，如图2-4-41所示。

⑥ 使用锤子轻轻敲击万向节叉，直到轴承外圈和卡环之间没有间隙为止，如图2-4-42所示。

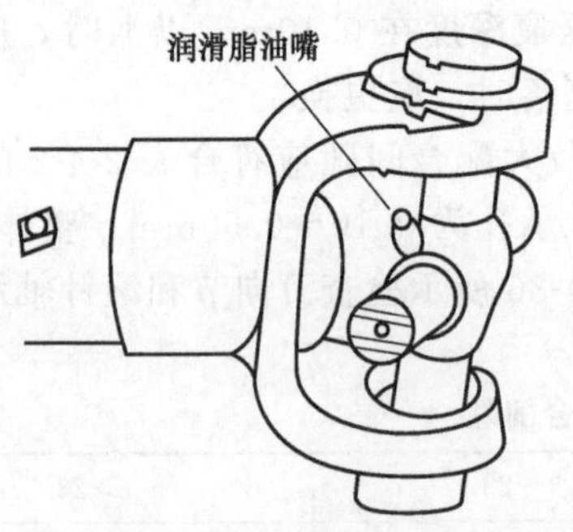

图 2-4-38　十字轴油嘴安装方向

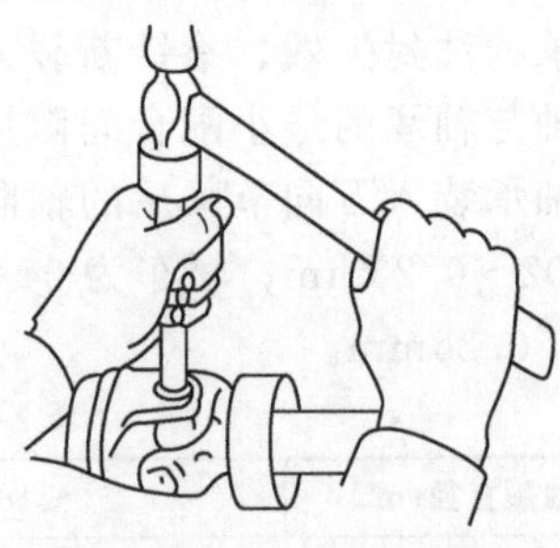
图 2-4-39　安装十字轴

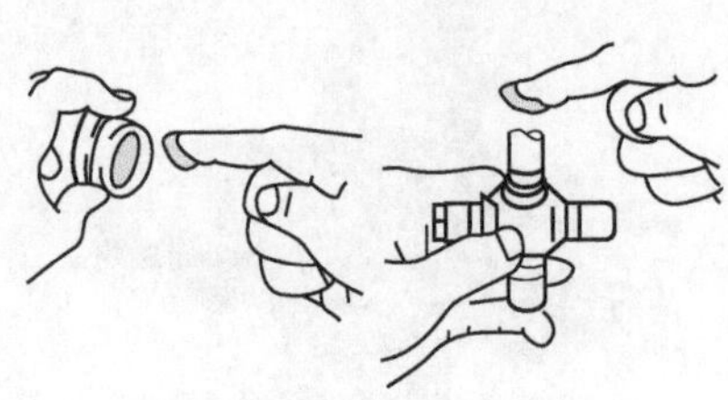
图 2-4-40　涂抹润滑脂

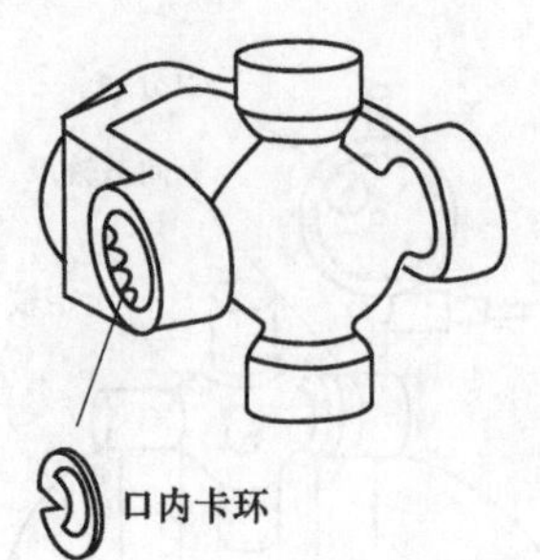

图 2-4-41　安装卡环

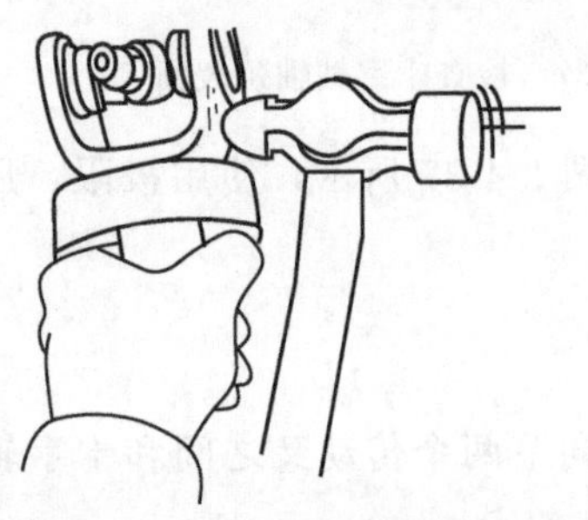
图 2-4-42　十字轴的安装

（三）中间支承的检修

中间支承的常见损伤形式是橡胶老化、轴承磨损所引起的振动和异响等。

中间支承的橡胶垫环开裂、油封磨损过甚而失效、轴承松旷或内孔磨损严重时，均应更换新的中间支承。

中间支承轴承经使用磨损后，需及时检查和调整，以恢复其良好的技术状况。以解放 CA1091 型汽车为例，其传动系中间支承为双列圆锥滚子轴承，有两个内圈和一个外圈，两内圈中间有一个隔套，供调整轴向间隙使用。

磨损使中间支承轴向间隙超过 0.30mm 时，将引起中间支承发响和传动轴严重振动，导致各传力部件早期损坏。

调整方法：拆下凸缘和中间轴承，将调整隔板适当磨薄，传动轴承在不受轴向力的自由状态下，轴向间隙在 0.15～0.25mm 之间，装配好后用 195～245N・m 的转矩拧紧凸缘螺母，保证轴承轴向间隙在 0.05mm 左右，即转动轴承外圈无明显的轴向间隙为宜，最后从黄油嘴注入足够的润滑脂，以减小磨损。

五、万向传动装置常见故障的诊断与排除

万向传动装置由于经常受汽车在复杂道路上行驶的影响，使传动轴在其角度和长度不断变化情况下传递转矩，常见的故障有传动轴振动、噪声，启动撞击及滑行异响等。产生这些故障的原因是零件的磨损、动平衡被破坏、材料质量不佳和加工缺陷等。

（一）传动轴与中间支承的故障诊断与排除

1. 传动轴动不平衡

（1）现象　在万向节和伸缩叉技术状况良好时，汽车行驶中发出周期性的响声；速度越

高响声越大，甚至伴随有车身振动，握转向盘的手有麻木感等现象。

（2）原因

① 传动轴上的平衡块脱落。

② 传动轴弯曲或传动轴管凹陷。

③ 传动轴管与万向节叉焊接不正或传动轴未进行过动平衡试验和校准。

④ 伸缩叉安装错位，造成传动轴两端的万向节叉不在同一平面内，不满足等速传动条件。

（3）故障诊断与排除方法

① 检查传动轴管是否凹陷：有凹陷，则故障由此引起；无凹陷，则继续检查。

② 检查传动轴管上的平衡片是否脱落，如脱落，则故障由此引起；否则继续检查。

③ 检查伸缩叉安装是否正确，不正确，则故障由此引起；否则继续检查。

④ 拆下传动轴进行动平衡试验，校准以消除故障。弯曲应校直。

2. 万向节松旷

（1）现象　在汽车起步或突然改变车速时，传动轴发出“抗”的响声；在汽车缓行时，发出“咣当、咣当”的响声。

（2）原因

① 凸缘盘连接螺栓松动。

② 万向节主、从动部分游动角度太大。

③ 万向节十字轴磨损严重。

（3）故障诊断与排除方法

① 用榔头轻轻敲击各万向节凸缘盘连接处，检查其松紧度。太松旷则故障由连接螺栓松动引起，否则继续检查。

② 用双手分别握住万向节主、从动部分转动，检查游动角度。游动角度太大，则故障由此引起。

3. 传动轴异响

（1）现象　汽车行驶中传动装置发出周期性的响声；车速越高响声越大，严重时伴随有车身振抖。

（2）原因　主要原因是传动轴动不平衡；由于传动轴变形或平衡块脱落等，其次是中间支承吊架固定螺栓松动或万向节凸缘盘连接螺栓松动，使传动轴偏斜。

（3）故障诊断与排除　除“传动轴动不平衡”诊断方法外，再检查中间支承吊架固定螺栓和万向节凸缘盘连接螺栓是否松动，若有松动，则异响由此引起。

4. 中间支承松旷

（1）现象　汽车运行中出现一种连续的“呜呜”响声，车速越高响声越大。

（2）原因

① 中间支承轴承缺油烧蚀或磨损严重。

② 中间支承安装方法不当，造成附加载荷而产生异常磨损。

③ 橡胶圆环损坏。

④ 车架变形，造成前后连接部分的轴线在水平面内的投影不同线而产生异常磨损。

（3）故障诊断与排除方法

① 给中间支承轴承加润滑脂，响声消失，则故障由缺油引起；否则继续检查。

② 松开夹紧橡胶圆环的所有螺钉，待传动轴转动数圈后再拧紧，若响声消失，则故障由中间支承安装方法不当引起。否则故障可能是：橡胶圆环损坏；或滚动轴承技术状况不

佳；或车架变形等引起。

（二）万向传动装置异响的排查方法

1. 故障现象

万向传动装置在汽车行驶过程中发出不同的响声。

2. 故障主要原因及处理方法

万向传动装置发出异响的根本原因是万向传动装置的连接处磨损松旷、装配不当或传动轴弯曲等原因，造成动平衡破坏，传递较大的转矩和受到剧烈的冲击时产生异响。具体原因主要如下。

① 万向节套筒与万向节叉孔磨损松旷，应予更换。

② 万向节叉凸缘盘连接螺栓松动，应予紧固或更换。

③ 传动轴伸缩节花键因磨损和冲击造成松旷，应予更换。

④ 传动轴弯曲，应予校正。

⑤ 传动轴上的平衡片失落或套管凹陷，应重新做动平衡。

⑥ 传动轴套管与万向节叉或伸缩节花键轴焊接时位置歪斜或焊接后传动轴未进行动平衡，应予更换或做动平衡。

⑦ 伸缩节未按标记安装，应按记号装配。

⑧ 中间支承固定螺栓松动，应予紧固或更换。

⑨ 中间支承固定位置不正确，应按正确位置固定。

⑩ 中间支承滚动轴承润滑不良，滚道表面有麻点、凹痕、退火变色等损伤，应予润滑或更换。

⑪ 中间支承橡胶圆环垫破损，应予更换等。

3. 故障诊断方法

在汽车起步或突然改变车速时，传动装置发出“抗”的一声；当汽车缓慢行驶时，传动装置发出“呱啦、呱啦”的响声，说明是万向节有异响。汽车行驶中发出周期性的响声，速度越快时响声越大，严重时车身发生抖振，甚至握转向盘的手有麻木感，说明是传动轴弯曲引起的响声。汽车行驶中产生一种连续的“呜呜”的响声，车速越快响声越大，说明是中间支承响。

万向传动装置还可能发生振动，引起的主要原因有：

① 车轮或轮胎动不平衡。

② 传动轴平衡片脱落。

③ 汽车超载。

④ 传动轴或万向节的运转角改变。

⑤ 发动机、变速器或传动轴橡胶支承件失效等。

4. 怎样诊断排除传动轴故障

当传动轴有故障时，车辆起步和行驶中会出现异响，或者在行驶中频繁引起振动。振动和异响与车辆速度有关，因为它们是由于传动轴转动产生的离心力传递到车身上所致。一般情况下，振动和异响是和行走系统的振动一起发生的（如驱动桥），这种故障发生在某一车速范围内。通常传动轴的振动是由差速器连接凸缘法兰安装不正确引起的，在检修过程中容易被忽视。在必要的时候，必须检查传动轴的弯曲情况和传动轴与凸缘法兰的连接情况。

（三）故障实例诊断与分析

1. 行驶中有异声，并伴随车身发抖

(1) 故障现象　在汽车行驶中超过 30km/h，出现一种周期性的响声，速度越快，响声

越大。车速超过 50km/h，稳住油门，车身会发抖，驾驶室振动；握住方向盘，手有麻木的感觉。当脱挡滑行时，现象加剧，车速下降 30km/h 以下，振动消失，但响声依然存在。

(2) 故障原因

① 传动轴弯曲超过要求（大于 0.5mm）。

② 传动轴平衡片脱落，或轴管凹陷（面积大于 $5cm^2$）。

③ 传动轴焊接叉与轴管焊接时位置歪斜。

④ 中间支承橡胶垫圈磨损松旷。

⑤ 万向节轴向定位安装不当，使十字轴回转中心线不与传动轴中心线重合。

⑥ 传动轴花键齿与键槽配合松旷。

(3) 故障判断

① 到车底检查平衡块是否脱落，装配标记是否对正，传动轴轴管是否凹陷等。

② 将手制动器拉紧，用力来回晃动观察传动轴有无松旷，或用撬棒扳转，从一极限位置转到另一个极限位置，检查传动轴轴管转动旷量是否超过 5°～6°，如解放 CA1091 型汽车传动轴轴管上摆的周长不得大于 3.4mm，即相当于 6°，以判断传动轴花键是否松旷。

③ 将汽车后桥架起，挂高速挡运转，察看传动轴摆振情况，若突然放松油门踏板，转速下降后摆振增大，则为传动轴弯曲或传动轴焊接叉与轴管位置歪斜所引起。可拆下传动轴在平板上检查弯曲度（用塞尺测量管身与平板的间隙量）。如果弯曲度在允许范围内，又无凹陷，则进一步检查十字轴安装孔中心线与传动轴中心线的垂直情况。

④ 拆下传动轴，将中间支承支架固定螺栓松开，使发动机在怠速状况下，挂入低挡运转，察看中间传动轴摆动情况，如果摆动严重，应拆下中间传动轴，检查其弯曲度。焊接叉与轴管的位置以及中间支承支架孔是否偏斜。

⑤ 发现传动轴轴管凹陷，大多是被坚硬物磕碰所致，是局部块状；另有一种因超载导致轴管的扭转变形，在离轴头 30～40cm 处的直径收缩，是环形。后者具有危险性，当轴的变形接近于无穷大时，轴将发生折断，应予以特别注意。

2. 汽车起步时有撞击声，行驶中始终有异响

(1) 故障现象　在汽车整个行驶过程中，无论是在车辆起步时，还是在行驶中车速变换时都有撞击声出现，尤其是在高速挡位上作低速行驶时响声更为明显。

(2) 故障原因

① 由于注油嘴、十字轴油道堵塞而注不进油；或没有按期保养加注润滑油；或十字轴油封损坏而漏油等，造成十字轴滚针轴承在缺油条件下长期工作，使十字轴轴颈、滚针和套筒内孔磨损松旷。

② 套筒与万向节叉孔配合松旷；或由于盖孔紧固螺栓松脱导致套筒转动，使万向节叉孔磨损松旷。

③ 变速箱输出轴花键齿与凸缘花键磨损过甚；各凸缘的连接螺栓松动。

④ 中间支承支架固定螺栓松动；中间支承与中间传动轴轴颈配合松旷；中间传动轴后端花键与凸缘槽配合松旷以及后端螺母松动。

(3) 故障诊断

① 车辆起步时，应注意传动部分有无声响。若出现“咣”一声响或响声杂乱，改在缓坡路上向后倒车时，发出“喀叭”的断续响声，一般是滚针折断或碎裂，应调换新件。

② 起步或行驶中，响声不断，且有振动感，多是中间支承支架固定螺栓严重松旷。

③ 起步或行驶中，变速做加速和减速滑行，如出现明显的撞击声，且在低速时比高速时的响声更为明显，多半是中间支承轴承松动或缺油之故。轴承松动有磨损松旷问题，有与

轴颈配合的问题，也有后端螺母松动的问题。

④ 行驶中突然改变车速时出现一种金属的敲击声，这是凸缘连接螺栓松动或十字滚针轴承松旷所引起。但若在制动液减速时传动轴出现一种“哽”的沉重的金属敲击声，这不是传动轴自身故障，而是后钢板弹簧U形螺栓松动所致，应加以区别。

⑤ 停车后松开手制动，用手上下推动万向节，如有松旷则是十字轴滚针轴承松旷，用手来回晃动手制动盘，如有松旷则是变速器输出轴花键齿松旷。将手制动拉紧，用手来回晃动中间轴后凸缘，如有松旷则是中间传动轴花键轴键齿松旷；用手前后拉动中间传动轴凸缘，如有松旷则是后端螺母松动。

3. 起步时无异响，行驶中有异响

(1) 故障现象　汽车启动后，万向传动装置处于旋转状态下，出现一种金属撞击声。

(2) 故障原因

① 在盖板式轴向定位的万向节中，套筒与万向节叉孔配合过紧（过盈量大于0.01mm）；在瓦盖式轴向定位的万向节中，紧固螺栓（或U形螺栓）拧得过紧等使套筒变形，滚针不易转动，使万向节不灵活，长期使用后，十字轴轴颈磨出沟槽。

② 在花键轴与花键套的装合中未对记号，导致传动轴两端的万向节不在同一平面内，使等速排列遭受破坏。

③ 当车辆处在高速行驶时，传动轴有异声，脱挡滑行也不消失，则是中间支承的轴承滚道有凹痕等缺陷，或中间支承的支架位置偏斜所致。

④ 如果行驶中出现浑浊、沉闷而连续的响声，脱挡滑行尤为明显，直到停车才消失，则是中间支承的轴承散架引起的。

⑤ 车辆行驶中响声杂乱无规则，时而出现金属撞击声，则是传动轴万向节等速排列受破坏。

万向传动装置常见故障及处理方法见表2-4-3～表2-4-5。

表2-4-3　车辆振动及排除

现　　象	故障原因	维　　修
在行驶中汽车振动	传动轴滑动叉装配不正确	拆卸，使滑动叉与固定叉处于同一平面上
	传动轴扭曲或弯曲	校正或更换传动轴
	万向节轴颈或滚针轴承磨损、损坏	更换万向节总成或轴承
	传动轴松旷	按规定力矩拧紧传动轴
	传动轴不平稳	调整或更换传动轴
	中间支撑轴承磨损或损伤	更换中间支承轴承
	中间支承轴承支架松动或橡胶减振块材料老化	校正或更换

表2-4-4　车辆的异响及排除

现　　象	故障原因	排除方法
在起步和行驶期间有异响	万向节磨损或损坏	更换万向节
	滑动叉磨损或损坏	更换滑动叉
	传动轴松旷	按规定力矩拧紧
	滚针轴承、滑动叉、中间支承轴承等缺乏润滑剂	进行润滑

表 2-4-5 使用中常见故障与排除方法

现象	故障原因	排除方法
行驶时不正常振动	传动轴连接螺栓松旷	拧紧螺栓或螺母
传动轴振动	传动轴装复不当	按标记装复
	传动轴轴管弯曲	校正或更换
	更换了主要零件未做动平衡	动平衡校正
传动轴噪声	万向节过度磨损，轴承间隙大	更换
	滑动花键过度磨损，间隙大	更换滑动叉
万向节或滑动叉磨损	油封失效	更换
	没有定期加注润滑脂或注油不充分	定期加注润滑脂并充分注油

第五节 驱动桥

一、驱动桥概述

商用车驱动桥位于传动系的末端。其基本功用首先是增扭、降速，改变转矩的传递方向，即增大由传动轴或直接从变速器传来的转矩，并将转矩合理地分配给左右驱动车轮；其次，驱动桥还要承受作用于路面或车身之间的垂直力、纵向力和横向力，以及制动力矩和反作用力矩等。除常见后轮驱动形式的驱动桥外，还有安装在越野商用车前轮的驱动桥可以同时完成转向功能，叫转向驱动桥。

车桥两端安装车轮，它通过悬架与车架相连。当商用车行驶时，车轮受到的滚动阻力、驱动力、制动力、侧向力、弯矩和扭矩均通过车桥传递给悬架和车架，同时，车架上的载荷也通过车桥传递给车轮。故驱动桥的作用是将万向传动装置传来的动力折过 90°角，改变力的传递方向，并由主减速器降低转速，增大转矩后，经差速器分配给左右半轴和驱动轮，如图 2-5-1 所示。

绝大多数的发动机在商用车上是纵置的，为了使扭矩传给车轮，驱动桥必须改变扭矩的方向，同时根据车辆的具体要求解决左右扭矩的分配。整体式驱动桥一方面需要承担商用车的载荷；另一方面车轮上的作用力以及传递扭矩所产生的作用力矩都要由驱动桥承担，所以驱动桥的零件必须具有足够的强度和刚度，以保证机件的可靠工作。驱动桥还必须满足通过性和平顺性的要求。

驱动桥一般由主减速器、差速器、车轮传动装置和驱动桥壳等组成。它们应具有足够的强度和寿命、良好的工艺、合适的材料和热处理等。

按照结构的不同，驱动桥可以分为非断开式驱动桥（又称为整体式驱动桥）、断开式驱动桥。

1. 非断开式驱动桥

非断开式驱动桥也称为整体式驱动桥，其半轴套管与主减速器壳均与轴壳刚性地相连，是一个整体梁形式，因而两侧的半轴和驱动轮部分的摆动，通过弹性元件与车架相连。它由驱动桥壳、主减速器、差速器和半轴组成，如图 2-5-2 所示。

图 2-5-1 驱动桥

普通非断开式驱动桥，由于结构简单、

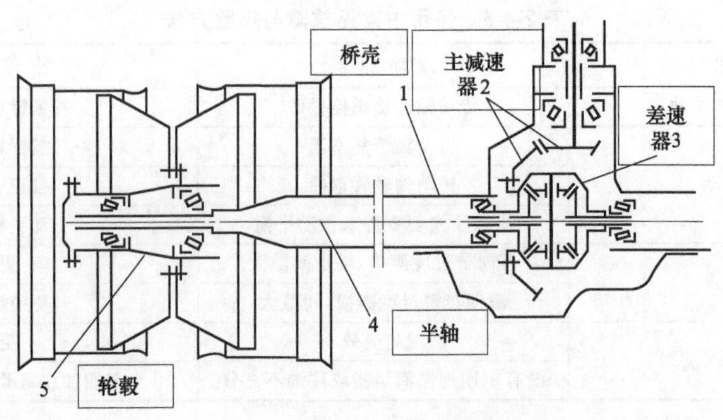

图 2-5-2 非断开式驱动桥示意图

图 2-5-3 整体式驱动桥实物

造价低廉、工作可靠，广泛用在各种载货商用车、客车和公共商用车上，在多数的越野商用车和部分轿车上也采用这种结构。它们的具体结构，特别是桥壳结构虽然各不相同，但是有一个共同特点，即桥壳是一根支承在左右驱动车轮上的刚性空心梁，齿轮及半轴等传动部件安装在其中，如图 2-5-3 所示。整个驱动桥、驱动车轮及部分传动轴均属于簧下质量，商用车簧下质量较大，这是它的一个缺点。

2. 断开式驱动桥

断开式驱动桥区别于非断开式驱动桥的明显特点在于前者没有一个连接左右驱动车轮的刚性整体外壳或梁。断开式驱动桥的桥壳是分段的，并且彼此之间可以做相对运动，所以这种桥称为断开式的，如图 2-5-4 所示。

另外，它又总是与独立悬架相匹配，故又称为独立悬挂驱动桥。这种桥的主减速器及差速器等是悬置在车架横梁或车厢底板上，或与脊梁式车架相连，如图 2-5-6 所示。主减速器、差速器与传动轴及一部分驱动车轮传动装置的质量均为簧上质量。两侧的驱动车轮由于采用独立悬挂则可以彼此独立地相对于车架或车厢作上下摆动，相应地就要求驱动车轮的传动装置及其外壳或套管，作相应摆动。所以断开式驱动桥也称为“带有摆动半轴的驱动桥”，如图 2-5-5 所示。

商用车悬挂总成的类型及其弹性元件与减振装置的工作特性是决定商用车行驶平顺性的主要因素；商用车簧下部分质量的大小对其平顺性也有显著的影响。断开式驱动的簧下质量较小，又与独立悬架相配合，致使驱动车轮与地面的接触情况及对各种地形的适应性比较好，由此可大大地减小商用车在不平路面上行驶时的振动和车厢倾斜，提高商用车的行驶平

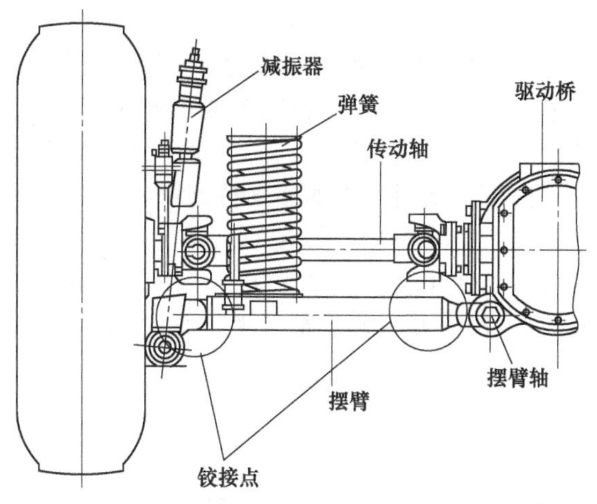

图 2-5-4 断开式驱动桥

顺性和平均行驶速度，减小车轮和车桥上的动载荷及零件的损坏，提高其可靠性及使用寿命。但是，由于断开式驱动桥及与其相配的独立悬挂的结构复杂，故这种结构主要见于对行驶平顺性要求较高的一些越野商用车上，且后者多属于轻型以下的越野商用车或多桥驱动的重型越野商用车。

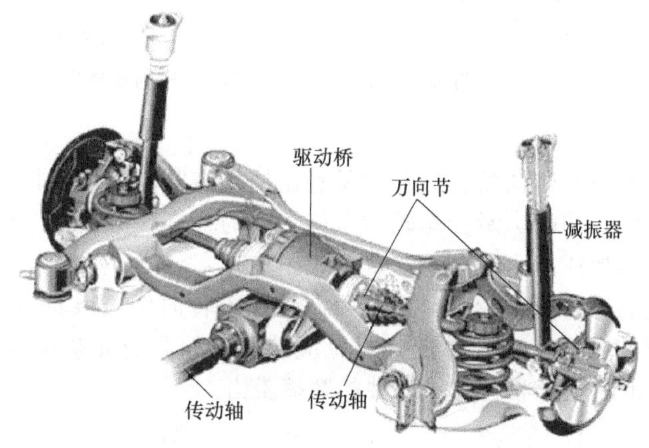

图 2-5-5 断开式驱动桥三维示意图

3. 多桥驱动布置

为了提高装载量和通过性，有些重型商用车及中型以上的越野商用车都是采用多桥驱动，常采用 4×4、6×6、8×8 等驱动形式。在多桥驱动的情况下，动力经分动器传给各驱动桥的方式有两种。相应这两种动力传递方式，多桥驱动商用车各驱动桥的布置形式分为非贯通式与贯通式。前者为了把动力经分动器传给各驱动桥，需分别由分动器经各驱动桥自己专用的传动轴传递动力，这样不仅使传动轴的数量增多，且造成各驱动桥的零件特别是桥壳、半轴等主要零件不能通用。而对 8×8 商用车来说，这种非贯通式驱动桥就更不适宜，也难于

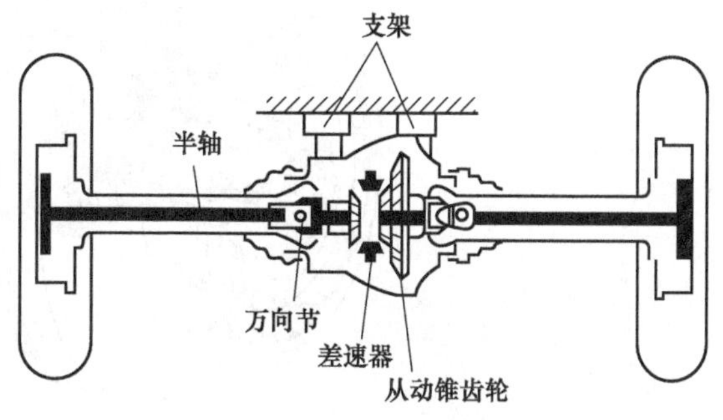

图 2-5-6 断开式驱动桥结构示意图

布置了。

为了解决上述问题，现代多桥驱动商用车都是采用贯通式驱动桥的布置形式，如图2-5-7所示。在贯通式驱动桥的布置中，各桥的传动轴布置在同一纵向铅垂平面内，并且各驱动桥分别用自己的传动轴与分动器直接连接，而且位于分动器前面的或后面的各相邻两桥的传动轴，是串联布置的。商用车前后两端的驱动桥（第一、第四桥）的动力，是经分动器并贯通中间桥（分别穿过第二、第三桥）而传递的。其优点是，不仅减少了传动轴的数量，而且提高了各驱动桥零件的相互通用性，并且简化了结构、减小了体积和质量。这对于商用车的设计（如商用车的变形）、制造和维修，都带来方便。

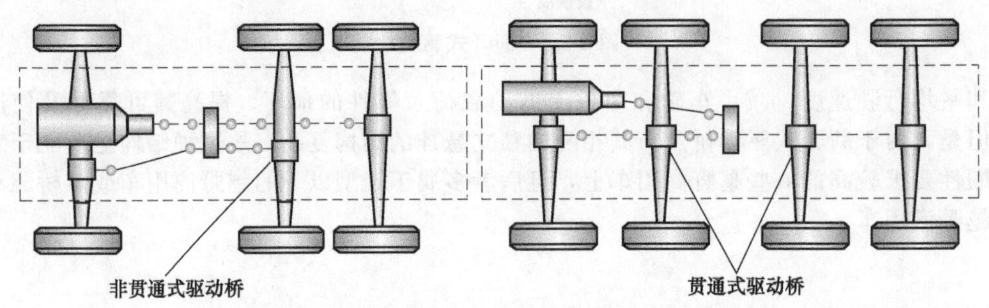

图 2-5-7　非贯通式驱动桥与贯通式驱动桥的布置图

4．转向桥

商用车的前桥一般都是转向桥，其作用是利用铰接装置，使装在其两端的车轮偏转一定角度来实现商用车转向，同时，承受车轮与车架之间的垂直载荷，纵向的道路阻力、制动力和侧向力以及这些力所形成的力矩。

由于商用车行驶的道路条件较为复杂，因此，要求转向桥应该具有足够的强度和刚度。为了使转向轻便和行驶稳定，减轻轮胎磨损，应使转向轮具有正确的定位角与合适的转向角。应尽量减小转向桥的质量和转向传动件的摩擦阻力。

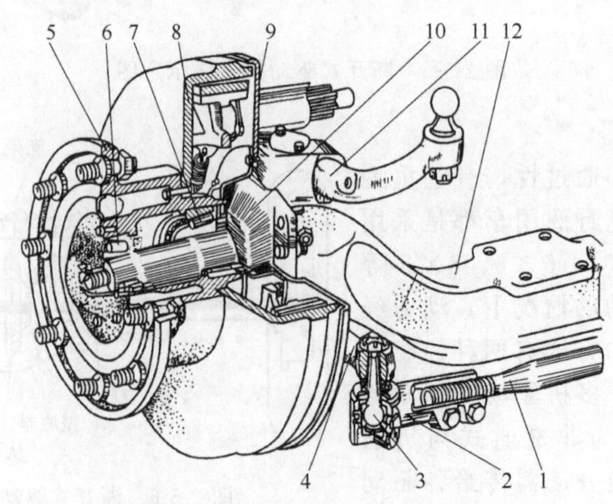

图 2-5-8　CA1092 型商用车转向桥结构

1—转向横拉杆；2—横拉杆接头；3—横拉杆球头销；4—梯形臂；5—轮毂；6—轮毂轴承；7—前轮毂内轴承；8—制动鼓；9—制动底板；10—转向节；11—转向节臂；12—前轴

（1）转向桥的组成　各种车型的转向桥，其结构基本相同，都是由前轴、转向节、主销和轮毂等四部分组成的，图 2-5-8 所示为 CA1092 型商用车转向桥的结构。

（2）转向桥的主要零部件

① 前轴　前轴由中碳钢锻造，采用抗弯性较好的工字形断面，其结构见图 2-5-9。为了提高抗扭强度，接近两端略呈方形。前轴中部下凹使发动机的位置得以降低，进而降低商用车重心，扩展驾驶员视野，减小传动轴与变速器输出轴之间的夹角。前轴两端向上翘起呈拳形，其中有通孔，主销插入孔内可将前轴与转向节铰接。在主销孔部位有锥形孔，以安装锥形锁销，防止主销转动。前轴上平面有两处用以支承钢板弹簧的加宽面，其上钻有安装 U 形螺栓用的 4 个通孔和 1 个位于中心的钢板弹簧定位槽。此外，在前轴两端还制有前轮最大转向角限位块（或限位螺钉）。

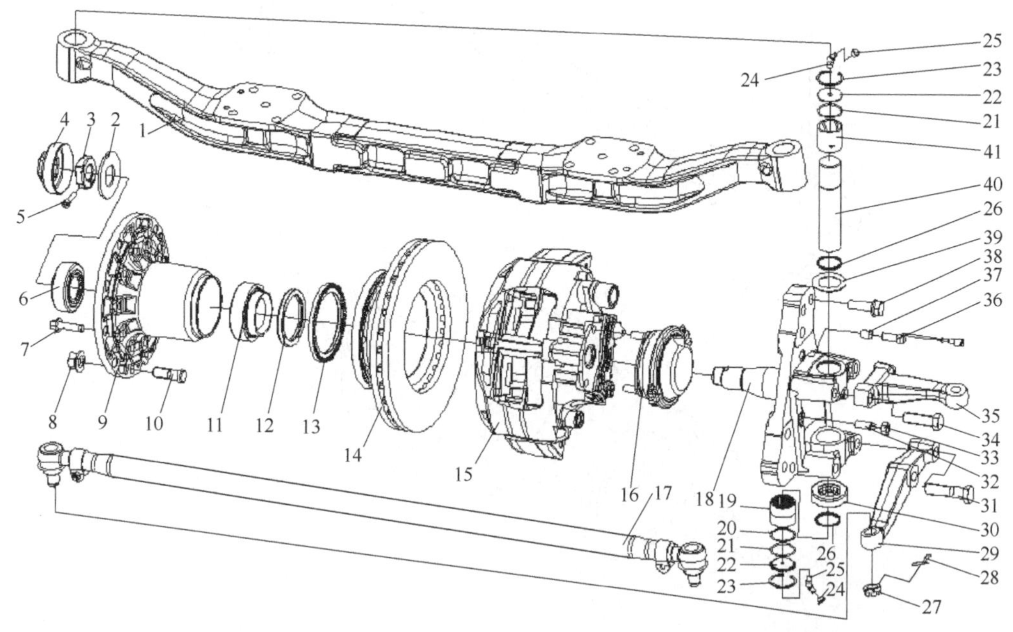

图 2-5-9　HDM75 盘式前轴拆分图

1—前轴；2—止推垫圈；3—锁紧螺母；4—轮毂帽；5—内六角圆柱头螺钉；6,11—圆锥滚子轴承；7—六角法兰面带齿螺栓；8—车轮螺母；9—轮毂；10—车轮螺栓；12,26—轴密封圈；13—ABS 脉冲齿圈；14—制动盘；15—制动钳总成；16—制动气室；17—转向横拉杆；18—盘式转向节；19—滚针轴承；20—垫圈；21—密封圈；22—密封盘总成；23—孔用弹性挡圈；24—保护罩；25—滑脂嘴；27—六角开槽螺母；28—开口销；29—转向梯形臂；30—推力圆锥滚子轴承；31,34—螺栓；32—紧定螺钉；33—六角螺母；35—转向节臂；36—ABS 传感器；37—传感器衬套；38—六角法兰面带齿螺栓；39—调整垫圈；40—转向节主销；41—上衬套

② 转向节　转向节是车轮转向的铰节，由上、下两叉和支承轮毂的轴构成。上、下两叉制有安装主销的同轴孔，孔内压入青铜套或尼龙衬套，在衬套上开有润滑油槽，向装在转向节上的油嘴注入润滑脂，润滑脂便通过转向节上的油道、衬套油槽进入主销与衬套之间进行润滑。为使转向灵活轻便，还在转向节下叉的上方与前轴之间装有推力轴承；在转向节上叉与前轴之间，装有调整垫片，用以调整轴向间隙。转向节轴上有两道轴颈，内大外小，用来安装内外轮毂轴承。靠近两叉根部有呈方形的凸缘，其上的通孔用来固定制动底板。一般在左、右转向节的下叉上各有一个带键槽的锥孔，分别安装左右梯形臂。在左转向节的上叉

上也有一个带键槽的锥孔，用以安装转向节臂。

③ 主销　主销的作用是插入前轴的主销孔内，铰接前轴与转向节，使转向节绕着主销摆动以实现车轮转向。由于各种车型前轴的结构不同，其主销形式也不相同，常见的有实心圆柱形、空心圆柱形、圆锥形和阶梯形四种。主销中部一般都切有凹槽，通过带螺纹的楔形销将主销固定在前轴拳部孔内，防止主销在孔内转动，如图 2-5-10 所示。

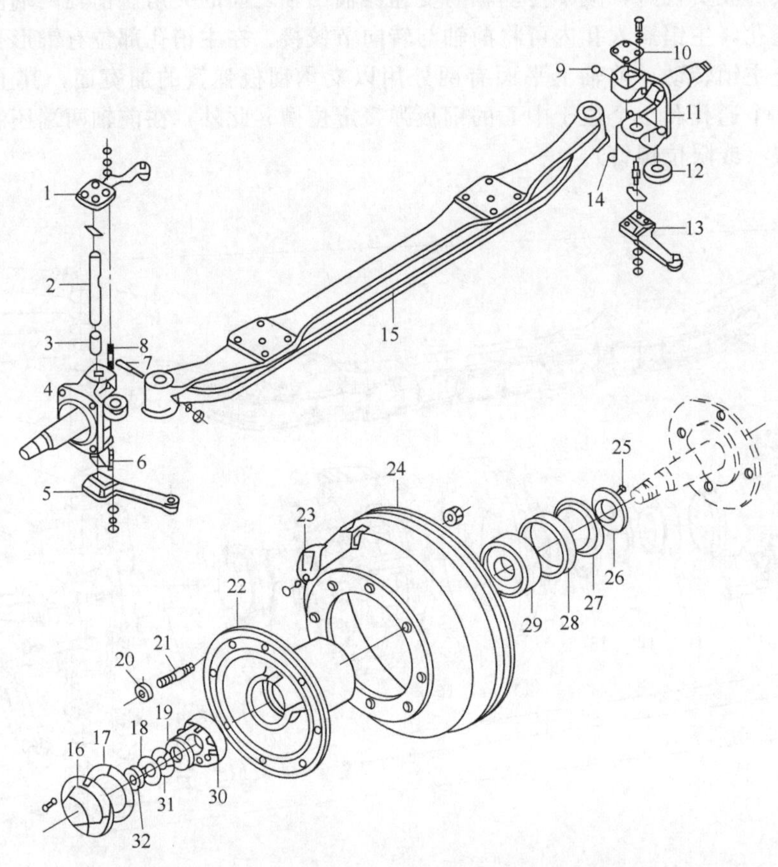

图 2-5-10　东风 EQ1092 型商用车转向桥分解图

1—左转向节上臂；2—主销；3—衬套；4—左转向节；5—左转向节臂；6,8—双头螺柱；7—锁销；9—滑脂嘴；10—右转向节上臂；11—右转向节；12—止推轴承；13—右转向节臂；14—限位螺钉；15—前桥；16—轮毂盖；17—衬垫；18—止推垫圈；19,20—螺母；21—螺栓；22—前轮毂；23—检查孔；24—制动毂；25—定位销；26—油封内圈；27—油封总成；28—油封外圈；29—前轮毂内轴承；30—前轮毂内轴承；31—垫圈；32—锁紧螺母

④ 轮毂　轮毂通过内外两个滚锥轴承套装在转向节轴颈上，用于连接制动鼓、轮盘和半轴凸缘。轮毂外端装有冲压的金属端盖，防止泥水或尘土浸入。轮毂内侧装有油封（有的油封装在转向节轴颈的根部），有的还装有挡油盘。一旦油封失效，则外面的挡油盘仍可防止润滑脂进入制动器内。轴承的松紧度可以由调整螺母调整，调好后的轮毂应能正、反方向自由转动而无明显的摆动。然后用锁紧垫圈锁紧。在锁紧垫圈外端还装有止推垫圈和锁紧螺母，拧紧后应把止推垫圈弯曲包住锁紧螺母或用开口销锁住，以防自行松动。

5. 转向驱动桥

能够实现车轮转向和驱动两种功能的车桥称为转向驱动桥，一般应用于全轮驱动的越野

商用车上。它具有一般驱动桥所具有的主减速器、差速器和半轴，也具有一般转向桥所具有的转向节、主销和轮毂等。它与单独的驱动桥和转向桥相比，不同之处是：由于转向的需要，半轴被分成两段，分别叫做内半轴（与差速器相连）和外半轴（与轮毂相连），二者用等角速万向节连接起来。同时主销也因此分成上、下两段，分别固定在万向节的球形支座上。转向节轴颈部分做成空心的，外半轴从中穿过，如图 2-5-11 所示。转向节的连接叉是球状壳体，既能满足转向的需要，又适应了转向节的传力需求。

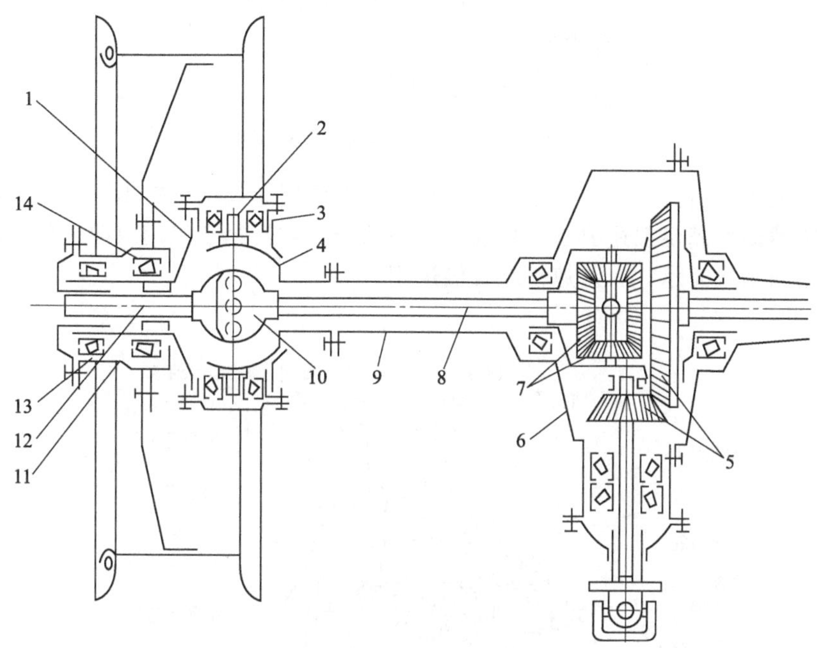

图 2-5-11 转向驱动桥示意图

1—转向节壳体；2—主销；3—主销轴承；4—球形支座；5—主减速器；6—主减速器壳；7—差速器；8—内半轴；9—半轴套管；10—万向节；11—转向节轴；12—外半轴；13—轮毂；14—轮毂轴承

二、主减速器

主减速器是商用车传动系统中减小转速、增大扭矩的主要部件。对于发动机纵置的商用车，主减速器还可以利用锥齿轮传动改变动力传递方向。由于商用车要在各种道路上行驶，那么其驱动轮上就要求必须具有一定的驱动力和转速。当在动力向左右驱动轮分流的差速器之前设置一个主减速器后，便可使主减速器前面传动部件如变速器、分动器、万向传动装置等传递的扭矩减小，从而可使其尺寸及质量减小、操作省力。

主减速器有单级式、双级式、贯通式、双速式几种。此外，有些重型商用车在驱动轮处装有一个减速器叫做轮边减速器。轮边减速器的作用与主减速器作用相同，只是装在驱动轮边上而已，因而每侧车轮处均需安装一个轮边减速器。

非断开式驱动桥按其主减速器不同可以分为以下三种：中央单级减速驱动桥、中央双级减速驱动桥、贯通式双级主传动器驱动桥。

（一）中央单级减速驱动桥

单级主减速器驱动桥是驱动桥结构中最为简单的一种，是驱动桥的基本形式，在重型卡车中占主导地位，如图 2-5-12 所示。一般在主传动比小于 6 的情况下，应尽量采用中央单级减速驱动桥。主减速器一般用以改变旋转轴线方向，同时降低转速、增大扭矩，以保证商

图 2-5-12 单级主减速器驱动桥实物

用车有足够的最小牵引力和合适的车速。一般中小型商用车仅用一对不同齿数的锥齿轮组成的单级主减速器即可满足上述要求。目前的中央单级减速器趋于采用双曲线螺旋锥齿轮，主动小齿轮采用骑马式支承，有差速锁装置供选用。

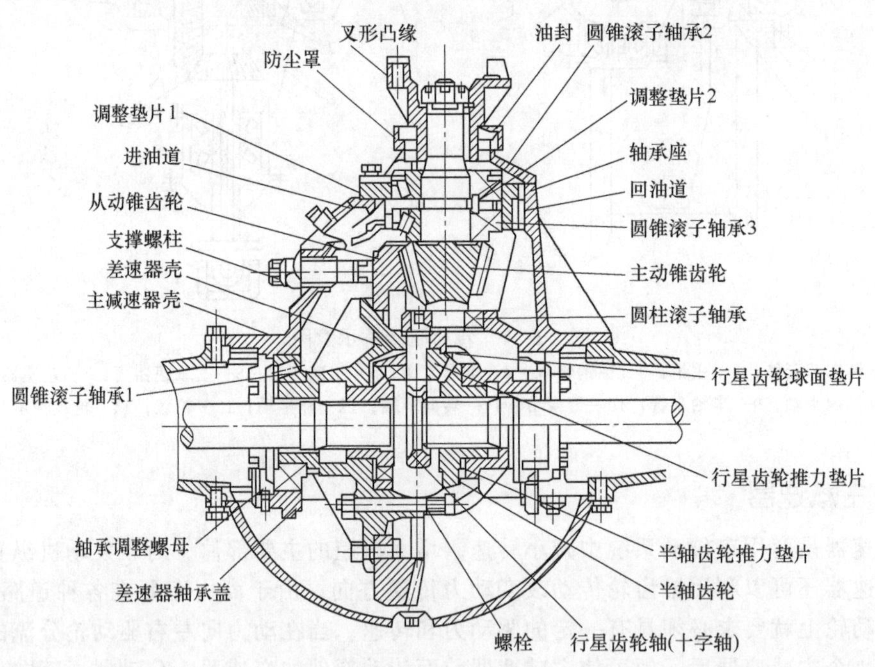

图 2-5-13 东风 EQ1090E 型商用车单级主减速器及差速器结构

如图 2-5-13 所示为单级主减速器结构。其动力传递路线是：万向传动装置传来的动力由叉形凸缘经花键传给主动锥齿轮，经从动锥齿轮减速变向后，通过螺栓传给差速器壳，由差速器传给两侧半轴驱动齿轮。如果主动锥齿轮有 6 个齿，从动锥齿轮有 38 个齿，则主减速器传动比 $i=38/6=6.33$。

主动锥齿轮与主动轴制成一体。为了保证主动锥齿轮有足够的支承刚度，改善啮合条件，其前端支承在两个距离较近的圆锥滚子轴承 2 和 3 上，后端支撑在圆柱滚子轴承上，形成跨置式支承。圆柱滚子轴承压装在主动轴的后端，靠座孔上的台阶限位。圆锥滚子轴承 2 和 3 以小端相对压入主动轴前端，之间有隔套和调整垫片 2，它们和叉形凸缘用螺母与主动

轴固装在一起，并支承在轴承座内。轴承座依靠凸缘定位，用螺钉固装在主减速器壳体的前端，两者之间有调整垫片 1。从动锥齿轮靠凸缘定位，用螺栓紧固在差速器壳上，而差速器壳则用两个圆锥滚子轴承 1 支承在主减速器壳的瓦盖式轴承座孔中。轴承盖与壳体是装配在一起加工的，不能互换，二者之间有装配记号。轴承座孔外侧装有环形轴承调整螺母。在从动锥齿轮啮合处背面的主减速器壳体上，装有支撑螺柱，用以限制大负荷下从动锥齿轮过度变形而影响正常啮合。装配时，应在支撑螺柱与从动锥齿轮背面之间预留一定间隙（0.3～0.5mm），转动支撑螺柱可以调整此间隙。

圆锥滚子轴承一般都是成对使用，装配时应使其具有一定的预紧度，以减小锥齿轮在传动过程中因轴向力而引起的轴向位移，提高轴的支撑刚度，保证锥齿轮副的正确啮合。但轴承预紧度又不能过大，否则摩擦和磨损增大，传动效率低。为此，设有轴承预紧度的调整装置。主动轴上两个圆锥滚子轴承 2 和 3 的预紧度由调整垫片 2 来调整。增加垫片 2 的厚度，轴承预紧度减小；反之，轴承预紧度增加。支撑差速器壳的一对圆锥滚子轴承 1 的预紧度则是通过拧动两侧的轴承调整螺母来调整的。拧入调整螺母，轴承预紧度增加；反之，轴承预

正确啮合

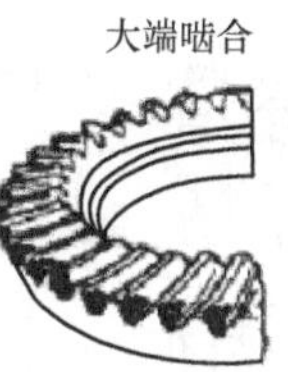

大端啮合

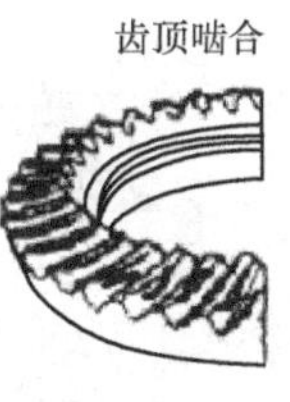

齿顶啮合

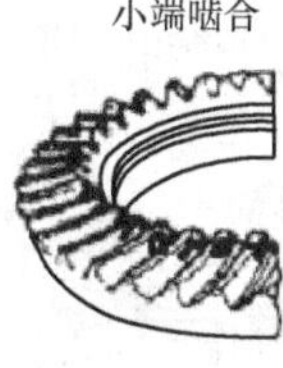

小端啮合

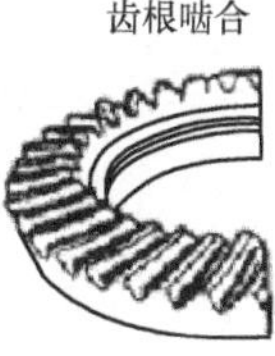

齿根啮合

(a)

向前行驶	向后行驶	矫正方法	
		将从动锥齿轮向主动锥齿轮移拢，若此时所得轮齿的齿隙过小，则将主动锥齿轮移开	
		将从动锥齿轮向主动锥齿轮移开，若此时所得轮齿间的齿隙过大，则将从动锥齿轮移拢	
		将主动锥齿轮向从动锥齿轮移拢，若此时所得轮齿间的齿隙过大，则将从动锥齿轮移开	
		将主动锥齿轮向从动锥齿轮移开，若此时所得轮齿间的齿隙过大，则将从动锥齿轮移拢	

(b)

图 2-5-14　从动锥齿轮啮合印记调整

紧度减小。

为了使齿轮传动工作正常、磨损均匀、延长其使用寿命，必须保证齿轮副正确的啮合。为此，需要对锥齿轮的啮合进行调整。锥齿轮啮合的调整是指齿面啮合印痕和齿侧啮合间隙的调整。正确的啮合印痕和啮合间隙是通过锥齿轮轴的轴向移动，从而改变主、从动锥齿轮的相对位置来得到的。所以，主减速器又设置了齿轮啮合的调整装置。从动锥齿轮的啮合印痕可通过增减调整垫片1的厚度来调整：增加垫片厚度，主动轴及主动锥齿轮前移，反之则后移。啮合间隙则通过拧动轴承螺母来调整：一端螺母拧入，另一端螺母拧出，即可使从动锥齿轮轴向移动，如图2-5-14所示。

应该说明的是：为了保证齿轮啮合调整的正确性，圆锥滚子轴承预紧度的调整必须在齿轮啮合调整之前进行，且当两者采用同一调整装置时，齿轮啮合的调整应保持原来已经调整好的轴承预紧度不变。如上述齿轮啮合间隙的调整，为保证已调整好的轴承预紧度不变，一端螺母的拧入圈数应等于另一端螺母的退出圈数。

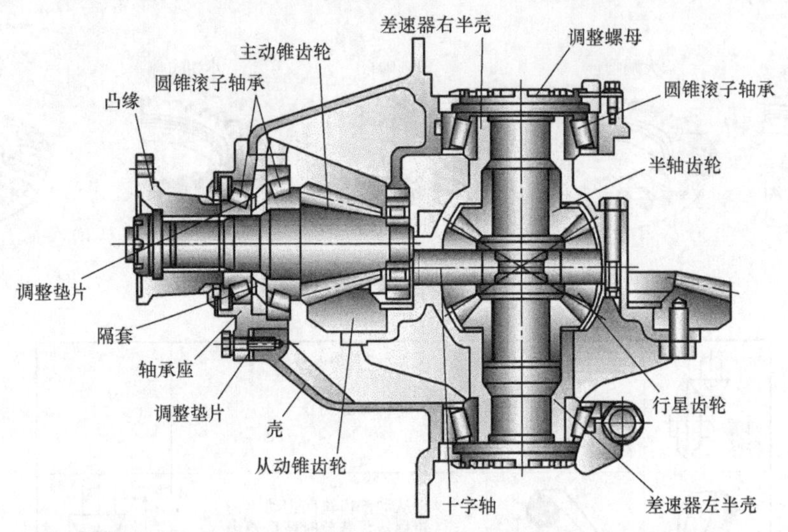

图 2-5-15　东风 EQ1090E 型商用车单级主减速器及差速器

如图2-5-15所示东风EQ1090E型商用车单级主减速器的主从动锥齿轮采用双曲面锥齿轮，有些车型的主从动锥齿轮采用螺旋锥齿轮，目前主减速器中基本不用直齿圆锥齿轮。双曲面锥齿轮的主从动齿轮轴线不相交，使主动锥齿轮轴线低于（也可高于）从动锥齿轮轴线，在保证一定离地间隙的情况下，与之相连的传动轴的位置也相应降低，从而使商用车重心降低，提高了行驶的稳定性，如图2-5-16所示。其次，双曲面锥齿轮发生根切的齿数较少，因此主动齿轮在满足传动比和强度要求的条件下尺寸可尽量小一些，相应从动锥齿轮的尺寸也可减少，从而减小了主减速器外形轮廓尺寸，有利于车身布置和提高最小离地间隙，如图2-5-17所示。此外，双曲面锥齿轮的啮合系数大，同时参加啮合的齿数多、传动平稳、噪声小、承载能力大。所以，双曲面锥齿轮不仅在轿车上得到广泛应用，而且在中、重型商用车的应用也日益增多。

双曲面锥齿轮的缺点是啮合面间相对滑动速度大，接触压力大，摩擦面的油膜易被破坏，因而对润滑油要求高，必须使用专门的双曲面齿轮油。另外，双曲面锥齿轮螺旋角较大，传动时轴向力大，易造成轴的支承点部件的损坏而引起轴向窜动。因此对这些机件的强度、刚度要求高，相应地调整精度要求也较高。

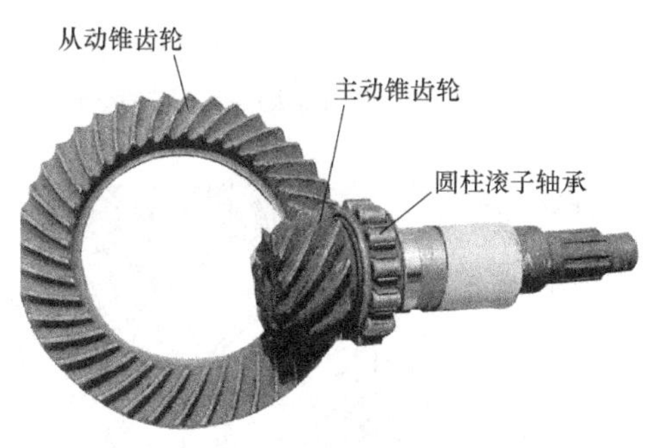

图 2-5-16 单级减速器示意图

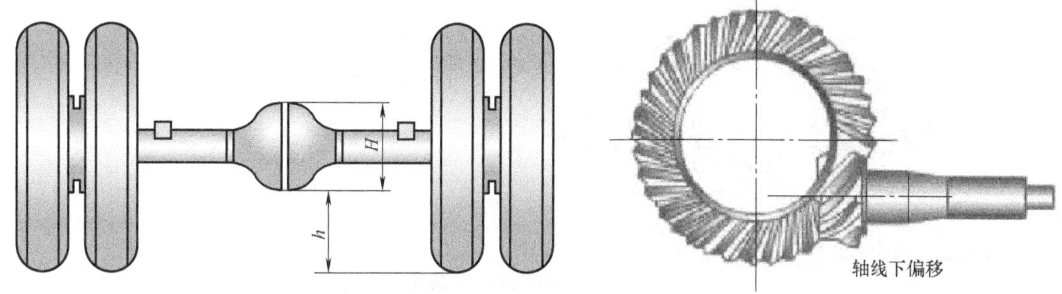

图 2-5-17 轴线下偏移示意图

主减速器圆锥滚子轴承有一定的装配预紧度，即在消除轴承间隙的基础上，再给予一定的压紧力，其目的是为了减小锥齿轮在传动过程中，因轴向力所引起的轴向位移以提高轴的支承刚度，保证锥齿轮副的正常啮合。为调整主动锥齿轮轴上的圆锥滚子轴承预紧度，在两轴承座内垫圈之间的隔离套的一端装有一组厚度不同的调整垫片，用来调整主动锥齿轮轴承的预紧度；从动锥齿轮轴承的预紧度则通过差速器壳两侧轴承的调整螺母来实现。

主减速器中的齿轮油，靠从动锥齿轮转动时甩溅到各齿轮、轴和轴承上进行润滑。为保证主动齿轮轴前端的圆锥滚子轴承得到可靠润滑，在主减速壳体上铸造一个进油道和一个回油道。齿轮转动时，飞溅起的润滑油从进油道通过轴承座的孔进入两圆锥轴承小端之间，在离心力的作用下，润滑油自轴承小端流向大端。流出圆锥滚子轴承大端的润滑油经回油道流回主减速器壳体内。在主减速器壳体上装有通气螺塞，防止壳体内气压过高使润滑油渗漏，如图 2-5-18 所示为主减速器内部结构。

（二）中央双级减速驱动桥

当商用车主减速器需要有较大的传动比时，若采用单级主减速器，由于主动锥齿轮受强度、最小齿数的限制，其尺寸不能太小，相应地从动锥齿轮直径将较大。这不仅使从动齿轮刚度降低了，而且会使主减速器壳及驱动桥壳外形轮廓尺寸增大，难以保证足够的离地间隙，这时需要采用双级减速器。

在国内目前的市场上，中央双级驱动桥主要有 2 种类型：一类是载重商用车后桥设计，如伊顿系列产品，事先就在单级减速器中预留好空间，当要求增大牵引力与速比时，可装入圆柱行星齿轮减速机构，将原中央单级改成中央双级驱动桥，这种改制“三化”（即系列化，通用化，标准化）程度高，桥壳、主减速器等均可通用，锥齿轮直径不变；另一类如洛克威尔系列产品，当要增大牵引力与速比时，需要改制第一级锥齿轮后，再装入第二级圆柱直齿

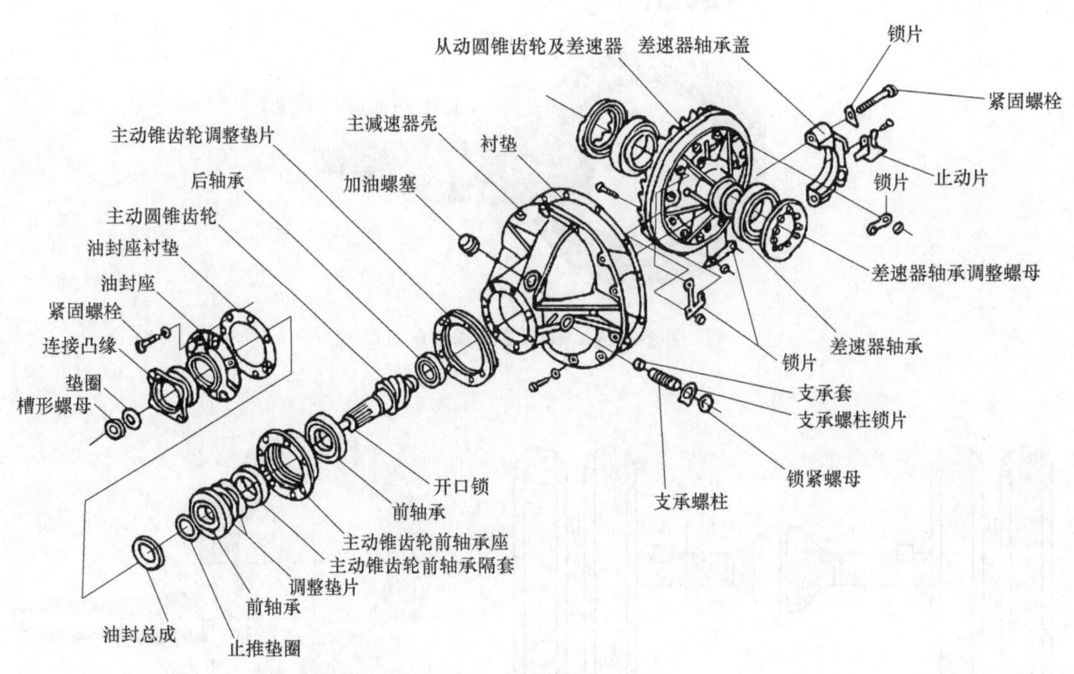

图 2-5-18　分解后的主减速器

轮或斜齿轮，变成要求的中央双级驱动桥，这时桥壳可通用，主减速器不通用，锥齿轮有 2 个规格。由于上述中央双级减速桥均是在中央单级桥的速比超出一定数值或牵引总质量较大时，作为系列产品而衍生出来的一种型号，它们很难变型为前驱动桥，使用受到一定限制；因此，综合来说，双级减速桥一般均不作为一种基本型驱动桥来发展，而是作为某一特殊考虑而衍生出来的驱动桥存在。

图 2-5-19 所示为解放 CA1092 型商用车双级减速器。第一级传动为第一级主动锥齿轮、第一级从动锥齿轮，第二级传动为第二级主动齿轮和第二级从动齿轮，主减速器的传动比等于两级齿轮传动比的乘积。即：

$$i_0=25/11\times47/14=7.63$$

该车有两种传动比的主减速器可供选装，第二种 i_0 为

$$i_0=25/12\times46/15=6.389$$

第一级主动锥齿轮和第一级主动齿轮轴制成一体，用两个圆锥滚子轴承（相距较远）支撑在轴承座的座孔中，因主动锥齿轮悬伸在两轴承之后，故称为悬臂式支撑。这种支撑形式结构简单，虽然支撑刚度不及跨置式支撑大，但由于传动比小，主动锥齿轮及主动轴的尺寸可以制得大一些，同时还可以尽量加大两轴承之间的距离，以提高支撑刚度，使其同样能满足承载的要求。第一级从动锥齿轮用铆钉铆接在中间轴的凸缘上。第二级主动齿轮与中间轴制成一体，用两个圆锥滚子轴承支承在两端轴承盖 4、15 的座孔中，轴承盖用螺钉与主减速器壳固定连接。第二级从动轮夹在左右两半差速器壳之间，并用螺栓将它们紧固在一起，其支撑形式与东风 EQ1090E 型商用车主减速器中差速器壳的支撑形式相同。

主动锥齿轮轴承的预紧度，可通过增减调整垫片 8 的厚度来调整。中间轴圆锥滚子轴承预紧度则是通过改变调整垫片 6、13 的厚度来调整。支承差速器壳的圆锥滚子轴承的预紧度靠拧动调整螺母来调整。同样，为了便于齿轮啮合的调整，第一级主动齿轮轴、中间轴的轴

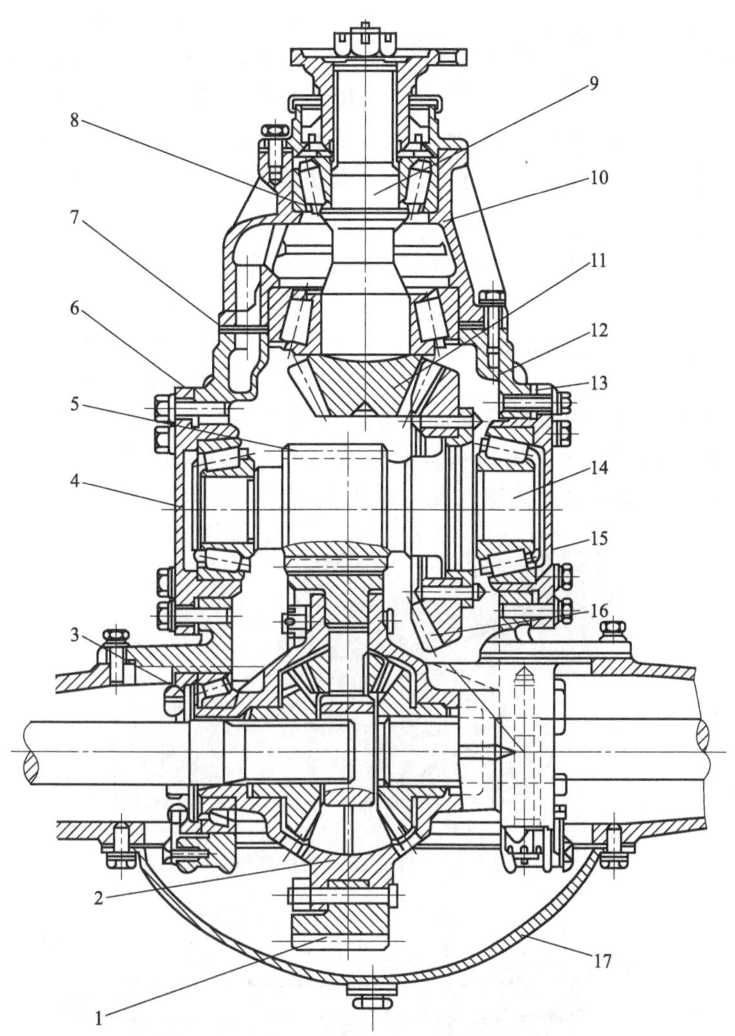

图 2-5-19 解放 CA1092 型商用车双级主减速器及差速器剖面示意图

1—第二级从动齿轮；2—差速器壳；3—调整螺母；4,15—轴承盖；5—第二级主动齿轮；6～8,13—调整垫片；9—第一级主动齿轮轴；10—轴承盖；11—第一级主动齿轮；12—主减速器；14—中间轴；16—第一级从动齿轮；17—后盖

向位置都可以略加移动。增加调整垫片 7 的厚度，第一级主动齿轮则沿轴向离开从动锥齿轮；反之靠近。减少左轴承盖 4 处的调整垫片 6，同时将这些卸下来的垫片加到右端的调整垫片 13 上，则第一级从动齿右移；反之左移。因两组调整垫片 6 和 13 的总厚度未变，不致破坏已调好的中间轴轴承的预紧度。第二级斜齿圆柱传动的啮合不可调，但可拧动调整螺母使第二级从动齿轮略作轴向移动，以保证与第二级主动齿轮的全齿宽啮合。同样，一端调整螺母的拧入圈数应等于另一端螺母的退出圈数，如图 2-5-20 所示为双级减速器实物解剖图。

图 2-5-20 双级减速器实物解剖图

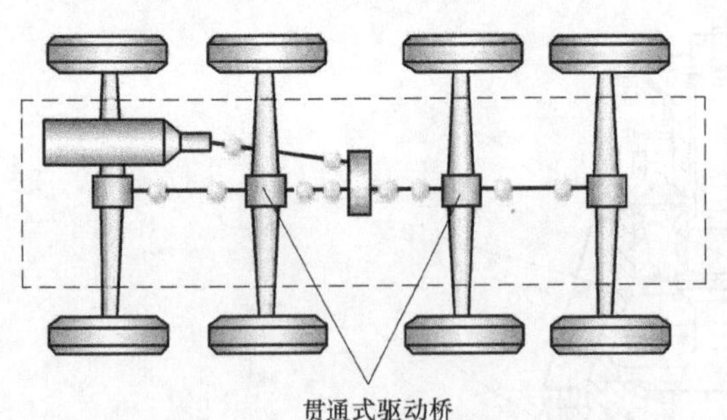

图 2-5-21 8×8 商用车驱动桥传动示意图

（三）贯通式双级主传动器驱动桥

在有些多轴驱动的商用车上，其各驱动桥不是各自用传动轴直接与分动器相连，而是如图 2-5-21 所示那样，前面（或后面）两驱动桥的传动轴是中联的，传动轴必须从分离分动器较近的驱动桥中穿过。这种驱动桥称为贯通式驱动桥，如图 2-5-22 所示。

图 2-5-23 所示为一种贯通式驱动桥的主传动器。其第一级是斜齿圆柱齿轮副，主动斜齿轮用花键套装在贯通轴上。贯通轴穿过桥壳通向后一驱动桥。第二级是准双曲面齿轮副。差速器壳与从动准双曲面齿轮相铆接，如图 2-5-24 所示。由于准双曲面齿轮副啮合时轴线可相对偏移的特点，使从动齿轮相对上移一段距离，既保证了足够的离地间隙，又使结构紧凑。

图 2-5-22 贯通式驱动桥三维图

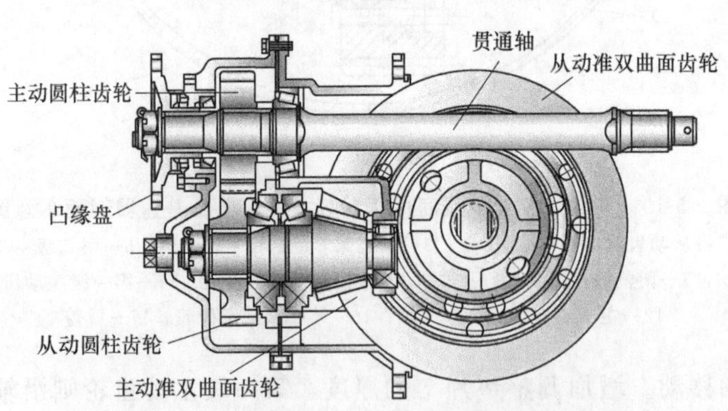

图 2-5-23 延安 SX2150 型商用车贯通式中驱动桥

三、差速器

商用车在拐弯时车轮的轨线是圆弧，如果商用车向左转弯，圆弧的中心点在左侧，在相同的时间里，右侧轮子走的弧线比左侧轮子长，为了平衡这个差异，就要左边轮子慢一点，右边轮子快一点，用不同的转速来弥补距离的差异。

图 2-5-24 贯通式减速器实物布置图

如果后轮轴做成一个整体，就无法做到两

侧轮子的转速差异，也就是做不到自动调整。为了解决这个问题，早在一百年前，法国雷诺商用车公司的创始人路易斯·雷诺就设计出了差速器。

商用车行驶过程中，车轮与地面存在着两种相对运动状态，即车轮沿路面的滚动和滑动。滑动将加速轮胎的磨损，增加转向阻力，增加商用车的动力消耗。因此需要在商用车行驶过程中，尽量使车轮沿路面滚动而不得滑动，以减少车轮和路面之间的滑磨现象。

商用车差速器是一个差速传动机构，用来保证各驱动轮在各种运动条件下的动力传递，避免轮胎与地面打滑。

商用车在直线行驶时，左右车轮转速几乎相同，而在转弯时，左右车轮转速不同，差速器能实现左右车轮转速的自动调节，即允许左右车轮以不同的转速旋转，如图 2-5-25 所示。

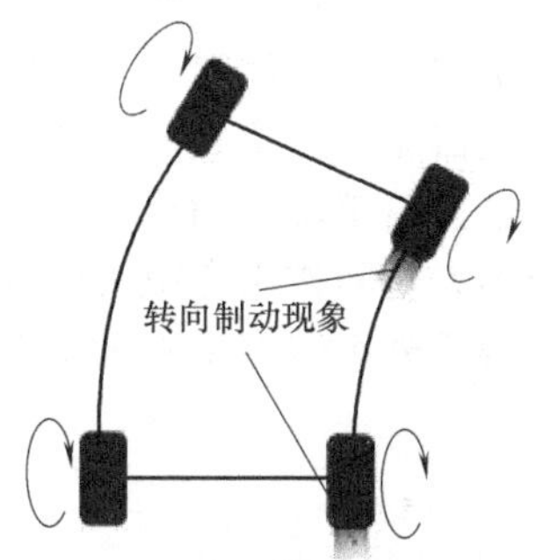

在汽车转弯时，内侧轮和外侧轮存在转速差(外侧轮转速比内侧轮高)，如驱动轮没差速器，会导致内侧轮发生“制动”的现象。

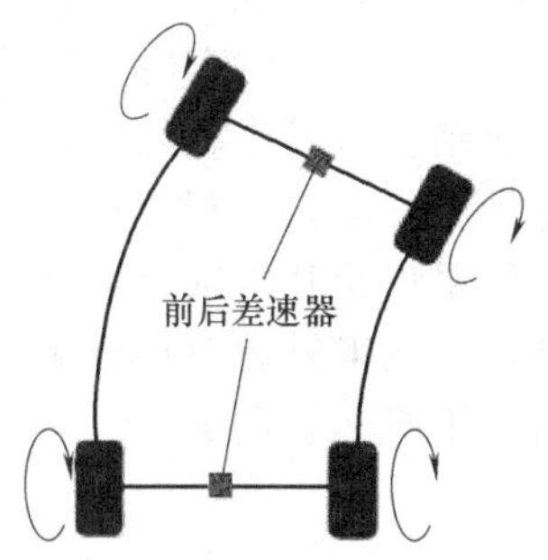

如在传动轴上安装差速器，驱动轮内外侧的转速差可以有差速器来均衡，从而避免了转弯“制动”的现象。

图 2-5-25 差速器作用示意图

外侧车轮比内侧车轮所走过的路程长；商用车在不平路面上直线行驶时，两侧车轮走过的曲线长短也不相等；即使路面非常平直，但由于轮胎制造尺寸误差，磨损程度不同，承受的载荷不同或充气压力不等，各个轮胎的滚动半径实际上不可能相等，若两侧车轮都固定在同一刚性转轴上，两轮角速度相等，则车轮必然出现边滚动边滑动的现象。车轮对路面的滑动不仅会加速轮胎磨损，增加商用车的动力消耗，而且可能导致转向和制动性能的恶化。

在同一驱动桥两侧的驱动轮之间，装有轮间差速器后，使两侧驱动轮转速相同或不同时都能得到动力。很明显，在商用车转向时，内、外侧驱动轮转速不同，而且其转速差的大小应该随转向轮偏转角即转向半径大小而变。因此，在主减速器后，都装有一个差速器，将动力经左右两根半轴传给两侧驱动轮。

在多轴驱动的越野商用车上，各驱动桥间由传动轴彼此相联，各桥的驱动轮均以相同转速转动。同样也会发生上述无轮间差速器时类似的现象。并且除上述由于车轮与路面滑磨引起的动力消耗增加、轮胎磨损加速外，还在传动系统中增加了附加载荷，因此有些越野车和重型商用车在前后桥或各驱动桥之间装有差速器，使各桥驱动轮间有以不同转速旋转的可能。

差速器使左右车轮能以不同的转速，进行纯滚动转向或直线行驶，称为差速特性（即 N 特性）。把主减速器传来的扭矩平分给两半轴，使两侧车轮驱动力尽量相等，此称为扭矩等分特性（即 M 特性）。

差速器按其用途分为轮间差速器（装在驱动桥内）和轴间差速器（装在各个驱动桥之间）。按工作特性分为普通差速器和防滑差速器。

（一）普通差速器

锥齿轮式差速器构造如图 2-5-26 所示。主要由行星齿轮、行星齿轮轴、两个半轴齿轮和差速器壳等组成。

动力传递：主减速器—从动齿轮—差速器壳—行星齿轮轴—行星齿轮—半轴齿轮—半轴—驱动轮。

（从前向后看）左半差速器壳 2 和右半差速器壳 8 用螺栓固紧在一起。主减速器的从动齿轮 7 用螺栓（或铆钉）固定在差速器壳右半部 8 的凸缘上。十字形行星齿轮轴 9 安装在差速器壳接合面处的圆孔内，每个轴颈上套有一个带有滑动轴承（衬套）的直齿圆锥行星齿轮 6，四个行星齿轮的左右两侧各与一个直齿圆锥半轴齿轮 4 相啮合。半轴齿轮的轴颈支承在差速器壳左右相应的孔中，其内花键与半轴相连。与差速器壳一起转动（公转）的行星齿轮拨动两侧的半轴齿轮转动，当两侧车轮所受阻力不同时，行星齿轮还要绕自身轴线转动，实现对两侧车轮的差速驱动。行星齿轮的背面和差速器壳相应位置的内表面，均做成球面，这样做能增加行星齿轮轴孔长度，有利于和两个半轴齿轮正确地啮合。

在传力过程中，行星齿轮和半轴齿轮这两个锥齿轮间作用有很大的轴向力，为减少齿轮和差速器壳之间的磨损，在半轴齿轮和行星齿轮背面分别装有平垫片 3 和球面垫片 5。垫片通常用软钢、铜或者聚甲醛塑料制成。

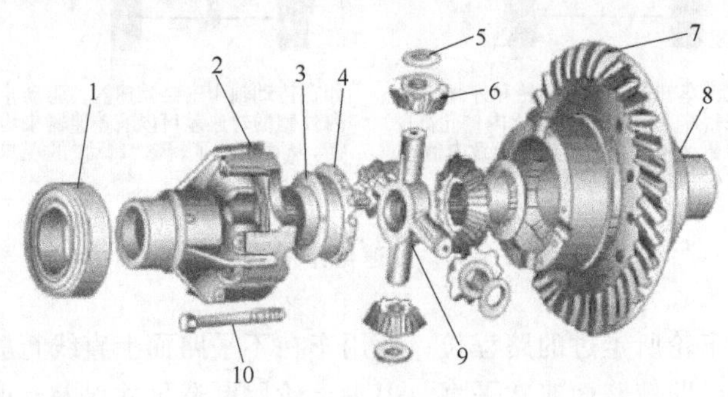

图 2-5-26 差速器结构

1—差速器壳轴承；2,8—差速器壳体；3,5—调整垫片；4—半轴齿轮（两个）；6—行星齿轮（两个或四个）；7—主减速器从动锥齿轮；9—行星齿轮轴

差速器的润滑是和主减速器一起进行的。为了使润滑油进入差速器内，往往在差速器壳体上开有窗口。为保证润滑油能顺利到达行星齿轮和行星齿轮轴轴颈之间，在行星齿轮轴轴颈上铣出一平面，并在行星齿轮的齿间钻出径向油孔。

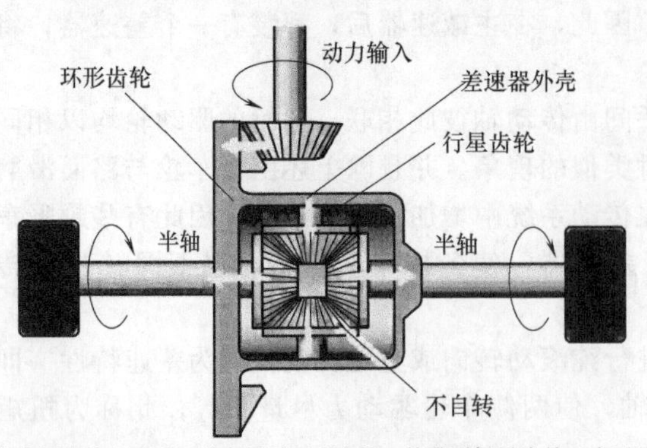

图 2-5-27 直行时差速器工作状态

（1）差速器的速度特性（商用车直线行驶，如图 2-5-27 所示）

① 行星齿轮只随行星架绕差速器旋转轴线公转时，差速器不起作用，半轴角速度等于差速器壳的角速度。

② 行星齿轮除公转外，还绕行星齿轮轴自转，左右两半轴齿轮转速之和等于差速器壳转速的两倍，与行星齿轮转速无关。即

$$n_1 = n_2 = n_0$$

$$n_1+n_2=2n_0$$

称为对称式锥齿轮差速器中的运动特性关系式。如图 2-5-28 所示为普通对称式锥齿轮差速器简图。差速器壳 3 作为差速器中的主动件，与主减速器的从动齿轮 6 和行星齿轮轴 5 连成一体。半轴齿轮 1 和 2 为差速器中的从动件。行星齿轮既可随行星齿轮轴一起绕差速器旋转轴线公转，又可以绕行星齿轮轴轴线自转。

设在一段时间内，差速器壳转了 n_0 圈，半轴齿轮 1 和 2 分别转了 n_1 圈和 n_2 圈（n_0、n_1 和 n_2 不一定是整数），则当行星齿轮只绕差速器旋转轴线公转而不自转时，行星齿轮拨动半轴齿轮 1 和 2 同步转动，则有：$n_1=n_2=n_0$。当行星齿轮在公转的同时，又绕行星齿轮轴轴线自转时，由于行星齿轮自转所引起一侧半轴齿轮 1 比差速器壳多转的圈数（n_4）必然等于另一侧半轴齿轮 2 比差速器壳少转的圈数。

于是有：

$$n_1=n_0+n_4 \text{ 和 } n_2=n_0-n_4$$

以上两种情况，n_1、n_2 与 n_0 之间都有以下关系式：

$$n_1+n_2=2n_0$$

若用角速度表示，应有：

$$\omega_1+\omega_2=2\omega_0$$

其中，ω_1、ω_2 和 ω_0 分别为左、右半轴和差速器壳的转动角速度。

上式表明，左右两侧半轴齿轮的转速之和等于差速器壳转速的两倍，这就是两半轴齿轮直径相等的对称式锥齿轮差速器的运动特性关系式。

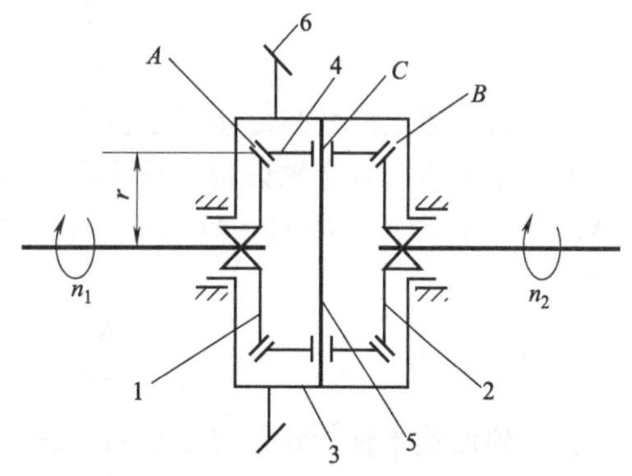

图 2-5-28 差速器运动原理示意图

1,2—半轴齿轮；3—差速器壳；4—行星齿轮；5—行星齿轮轴；6—主减速器从动齿轮

(2) 差速器的转矩特性（商用车转弯行驶，如图 2-5-29 所示）

① 行星齿轮没有自转时，将传来的扭矩 M_0 平均分配给左右两半轴齿轮：$M_1=M_2=M_0/2$。

② 当两半轴齿轮转速不同时，产生自转，摩擦力矩方向与自转方向相反，附加在两半轴齿轮上：

$$M_1=1/2M_0-1/2M_r$$
$$M_2=1/2M_0+1/2M_r$$

称为对称式锥齿轮差速器中的转矩分配关系式。在以上差速器中，设输入差速器壳的转

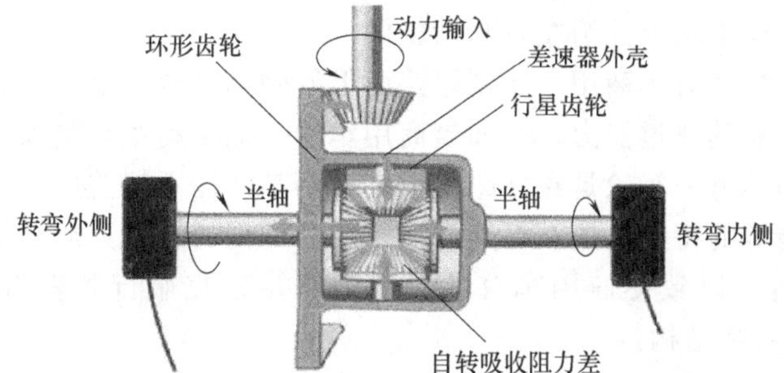

当车辆转弯时，左右车轮受到的阻力不一样。这时行星齿轮绕着半轴公转同时自转，从而吸收阻力差，使车轮能够与不同的速度旋转。

图 2-5-29 转弯时差速器工作状态

矩为 M_0，输出给左、右两半轴齿轮的转矩为 M_1 和 M_2。当与差速器壳连在一起的行星齿轮轴带动行星齿轮转动时，行星齿轮相当于一根横向杆，其中啮合点被行星齿轮轴推动，左右两端带动半轴齿轮转动，作用在行星齿轮上的推动力必然平均分配到两个半轴齿轮之上。又因为两个半轴齿轮半径也是相等的，所以当行星齿轮没有自转趋势时，差速器总是将转矩 M_0 平均分配给左、右两半轴齿轮，即 $M_1=M_2=0.5M_0$。

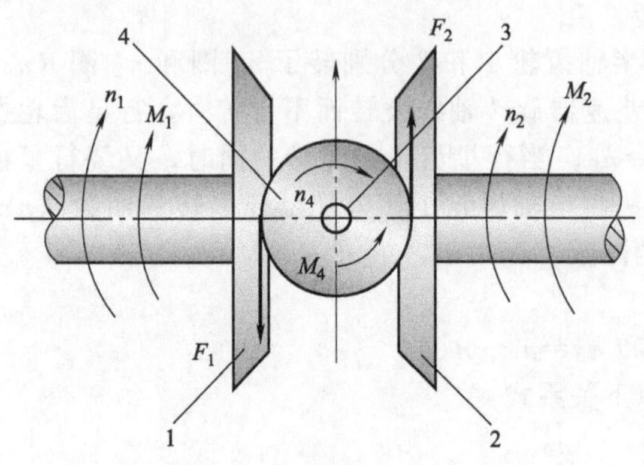

图 2-5-30　差速器扭矩分配示意图

1,2—半轴齿轮；3—行星齿轮轴；4—行星齿轮

当两半轴齿轮以不同转速朝相同方向转动时，设左半轴转速 n_1 大于右半轴转速 n_2，则行星齿轮将按图 2-5-30 上实线箭头 n_4 的方向绕行星齿轮轴轴颈自转，此时行星齿轮孔与行星齿轮轴轴颈间以及行星齿轮背部与差速器壳之间都产生摩擦，半轴齿轮背部与差速器壳之间也产生摩擦。这几项摩擦综合作用的结果，使转得快的左半轴齿轮得到的转矩 M_1 减小，设减小量为 $0.5M_f$；而转得慢的右半轴齿轮得到的转矩 M_1 增大，增大量也为 $0.5M_f$。

因此，当左右驱动车轮存在转速差时

$$M_1=0.5(M_0-M_f)$$

$$M_2=0.5(M_0+M_f)$$

左、右车轮上的转矩之差等于折合到半轴齿轮上总的内摩擦力矩 M_f。

差速器中折合到半轴齿轮上总的内摩擦力矩 M_f 与输入差速器壳的转矩 M_0 之比称为差速器的锁紧系数 K，即 $K=M_f/M_0$。输出给转得快慢不同的左右两侧半轴齿轮的转矩可以写成

$$M_1=0.5M_0(1-K)$$

$$M_2=0.5M_0(1+K)$$

输出到低速半轴的转矩与输出到高速半轴的转矩之比 K_b 可以表示为

$$K_b=M_2/M_1=(1+K)/(1-K)$$

锁紧系数 K 可以用来衡量差速器内摩擦力矩的大小及转矩分配特性，目前广泛使用的对称式锥齿轮差速器，其内摩擦力矩很小，锁紧系数 K 为 0.05～0.15，输出到两半轴的最大转矩之比 $K_b=1.11\sim1.35$。因此可以认为无论左右驱动轮转速是否相等，对称式锥齿轮差速器总是将转矩近似平均分配给左右驱动轮的。

这样的转矩分配特性对于商用车在良好路面上行驶是完全可以的，但当商用车在坏路面行驶时，却会严重影响其通过能力。例如当商用车的一侧驱动车轮驶入泥泞路面，由于附着力很小而打滑时，即使另一车轮是在好路面上，商用车往往不能前进。这是因为对称式锥齿轮差速器平均分配转矩的特点，使在好路面上车轮分配到的转矩只能与传到另一侧打滑驱动轮上很小的转矩相等，以致使商用车总的牵引力不足以克服行驶阻力而不能前进，如图 2-5-31所示为差速器实物结构。

为了提高商用车在坏路上的通过能力，可采用各种形式的抗滑差速器。抗滑差速器的共同特点是在一侧驱动轮打滑时，能使大部分甚至全部转矩传给不打滑的驱动轮，充分利用另一侧不打滑驱动轮的附着力而产生足够的牵引力，使商用车继续行驶。

（二）防滑差速器

图 2-5-31 差速器实物结构

防滑差速器，Limited Slip Differential 的缩写，简称 LSD。顾名思义就是限制车轮滑动的一种改进型差速器，指两侧驱动轮转速差值被允许在一定范围内，以保证正常的转弯等行驶性能的类差速器。事实上 LSD 依构造的不同可以分为好几种形式，而每一种 LSD 亦都有其特别之处。

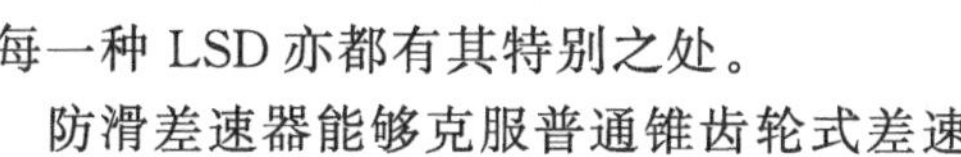

防滑差速器能够克服普通锥齿轮式差速器因转矩平均分配给左、右轮而带来的在坏路面（泥泞、冰雪路面等）上行驶时，因一侧驱动轮接触泥泞、冰雪路面而在原地打滑（滑转），另一侧在好路面上的驱动轮却处在不动状态使商用车通过能力降低的缺点。这是因为与泥泞、冰雪路面接触的驱动轮与路面的附着力减少，路面对半轴作用有很小的反作用转矩，结合对称式锥齿轮差速器具有转矩平均分配的特点，这使处在好路面上的驱动轮所得到的转矩只能与处于坏路面上的驱动轮转矩相等，于是两者的合力不足以克服行驶阻力，商用车便停止不动。

普通差速器的弊端，如上所述，那就是由于车轮悬空而导致空转，一旦发生类似的情况，差速器将动力源源不断地传给没有阻力的空转车轮，车辆不但不能向前运动，大量的动力也会流失。这时候就需要一种差速器来解决这样的情况，也就是下面我们将要介绍的防滑差速器（也叫限滑差速器）。

1. 强制锁止式差速器

强制锁止式差速器就是在行星锥齿轮差速器上装设了差速锁。差速锁由接合器及其操纵机构两大部分组成。

当商用车在好的路面上行驶不需要锁止式差速器时，接合器的固定结合套与滑动结合套不嵌合，即处于分离状态，此时为普通行星锥齿轮差速器。

当商用车通过坏路面需要锁止时，通过驾驶员的操纵，将半轴与差速器壳连成一个整体，则左右两个半轴被联锁成一体随壳体转动，即差速器被锁止，不起差速作用。这样，转矩可全部分配给好路面上的车轮。与此同时，差速锁指示灯开关接通，驾驶室内指示灯亮，以提醒驾驶员差速器处于锁止状态，商用车驶出复杂路面后应及时摘下差速器锁。

强制锁止式差速器结构简单，易于制造；但操纵不便，一般要在停车时进行。

根据锁止的部位不同差速锁又分为两种：轴间差速锁和轮间差速锁。

（1）轴间差速锁　当商用车需要通过泥沙或不良路面时，为提高其通过能力，在车停止或相当于步行的情况下，踩下离合器踏板，打开轴间差速锁开关，使储气筒内的压缩空气经气管进入轴间差速锁，推动差速锁气缸内活塞移动，带动拨叉轴，使拨叉将轴间差速锁滑动接合套挂入主动圆柱齿轮中，锁住轴间差速器，两驱动桥变为刚性连接，这样动力就能大部分甚至全部传递到附着条件较好的一个驱动桥上，使商用车顺利通过，如图 2-5-32 所示。

当商用车通过复杂路面后，应及时将轴间差速锁开关关闭，切断进入差速锁的压缩空气，差速锁内的活塞在回位弹簧作用下回位，带动拨叉将轴间差速锁滑动接合套从主动圆柱齿轮上拨出，使轴间差速器恢复正常工作。

（2）轮间差速锁　当商用车碰到恶劣路面如泥沙地时，只要一个车轮陷入打滑状态，差速器另一端的车轮会完全丧失动力。此时在车停止或相当于步行的情况下，踩下离合器踏板，打开轮间差速锁开关，使储气筒内的压缩空气经气管进入轮间差速锁，推动差速锁气缸内活塞移动，带动拨叉轴，使拨叉将轮间差速锁滑动接合套挂入固定接合套中，将差速器锁

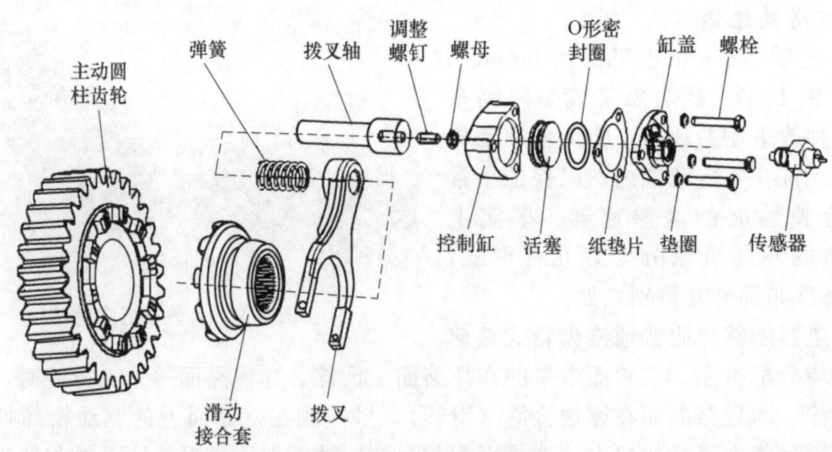

图 2-5-32　轴间差速锁

止，使两侧车轮之间不存在转速差，这时左右两侧车轮相当于被固连在一根刚性轴上，转矩能大部分甚至全部传递到附着条件较好的一侧车轮上，使商用车顺利通过，如图 2-5-33 所示为差速锁结构。

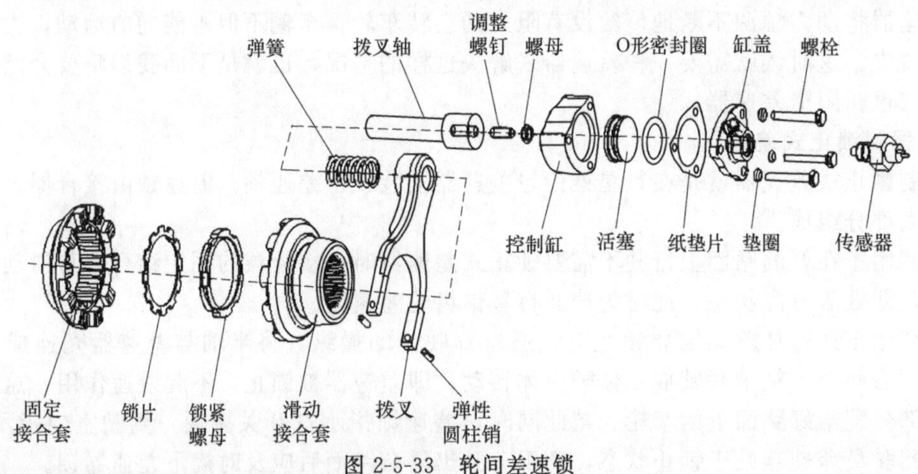

图 2-5-33　轮间差速锁

图 2-5-34　汉德桥轮间差速器锁止装置

当商用车通过后，应及时将轮间差速锁开关关闭，切断进入差速锁的压缩空气，差速锁内的活塞在回位弹簧作用下回位，带动拨叉将轮间差速锁滑动接合套从固定接合套中拨出，使轮间差速器恢复正常工作，如图 2-5-34 所示。

基本工作原理如下。

① 当商用车需要通过泥泞或不良路面时，在车速相当于步行或处于停止状态时，差速锁开关拉出，此时电路由蓄电池正极→易熔线→点火锁→保险丝→差速锁开关，其中一路到差速锁电磁阀→回蓄电池负极。另一路到差速锁指示灯开关和差速锁仪表指示

灯→回蓄电池负极。

② 当差速锁电磁阀阀门打开后，储气筒内的压缩空气经气管进入轴间差速锁，推动差速锁气缸内活塞移动带动拨叉轴，使拨叉将轴间差速锁齿套挂入主动圆柱齿轮，将轴间差速器锁住，差速锁仪表指示灯亮使商用车通过性能提高。

③ 当商用车通过泥泞或不良路面后，应及时将差速锁开关关闭，此时电路切断，差速锁电磁阀阀门关闭，切断进入差速锁的压缩空气，差速锁内的活塞在回位弹簧作用下回位，带动拔叉将轴间差速锁齿套从主动圆柱齿轮上拨出，轴间差速器恢复工作。差速锁仪表指示灯熄灭。

注：车轮正常行驶时，禁止按下差速锁开关。

严禁长时间使用差速锁，否则会损坏差速器。

2. 托森差速器

托森差速器采用了蜗轮-蜗杆传动的基本原理。在整车的传动系中的位置如图 2-5-35 所示。托森差速器是一种中央轴间差速器，适用于四轮驱动商用车，其结构如图 2-5-36 所示。托森差速器主要由空心轴 2、差速器外壳 3、前轴蜗杆 9、蜗轮轴 7 和蜗轮 8 等组成。当商用车驱动时，来自发动机的驱动力通过空心轴 2 传至差速器外壳 3，差速器外壳 3 通过蜗轮轴 7 传到蜗轮 8，再传到蜗杆，前轴蜗杆 9 通过差速器齿轮轴 1 将驱动力传至前桥，后轴蜗杆 5 通过驱动轴凸缘盘 4 将驱动力传至后桥，从而实现前后驱动桥的驱动牵引作用。当商用车转向时，前、后驱动轴出现转速差，通过啮合的直齿圆柱齿轮相对转动，使一轴转速加快，另一轴转速下降，实现差速作用。差速器可使转速低的轴比转速高的轴分配得到的驱动转矩大，即附着力大的轴比附着力小的轴得到的驱动扭矩大。

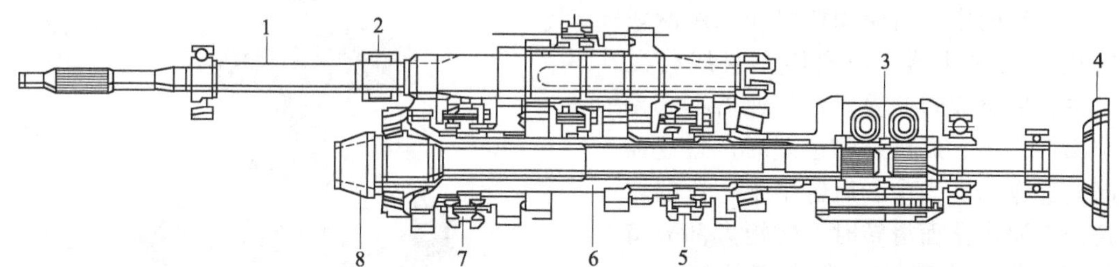

图 2-5-35 奥迪全轮驱动轿车变速器和托森差速器传动位置

1—输入轴；2—三、四挡传动齿轮副；3—托森差速器；4—驱动轴凸缘盘；
5—五挡和倒挡传动齿轮副；6—空心轴；7—一、二挡传动齿轮副；8—差速器齿轮轴

当商用车转向时，左、右半轴蜗杆出现转速差时，通过成对蜗杆两端相互啮合的直齿圆柱齿轮相对转动，使一侧半轴蜗杆转速加快，另一侧半轴蜗杆转速下降，实现差速作用。转速比差速器壳快的半轴蜗杆受到三个蜗杆给予的与转动方向相反的附加转矩，转速比差速器壳慢的半轴蜗杆受到另外三个蜗杆给予的与转动方向相同的附加转矩，从而使转速低的半轴蜗杆比转速高的半轴蜗杆得到的驱动转矩大，即当一侧打滑时，附着力大的驱动轮比附着力小的驱动轮得到的驱动转矩大。

3. 摩擦片式自锁差速器

摩擦片式自锁差速器是在普通行星锥齿轮差速器的基础上发展而来的。两半轴齿轮背面与差速器壳之间各安装了一套摩擦式离合器，用以增大差速器的内部摩擦阻力矩。摩擦式离合器由推力压盘，主、从动摩擦片组成。

当商用车直线行驶、两半轴无转速差时，转矩平均分配给两半轴。此时，转矩经两条路线传给半轴：一路经行星齿轮轴、行星齿轮和半轴齿将大部分转矩传给半轴；另一路则由差

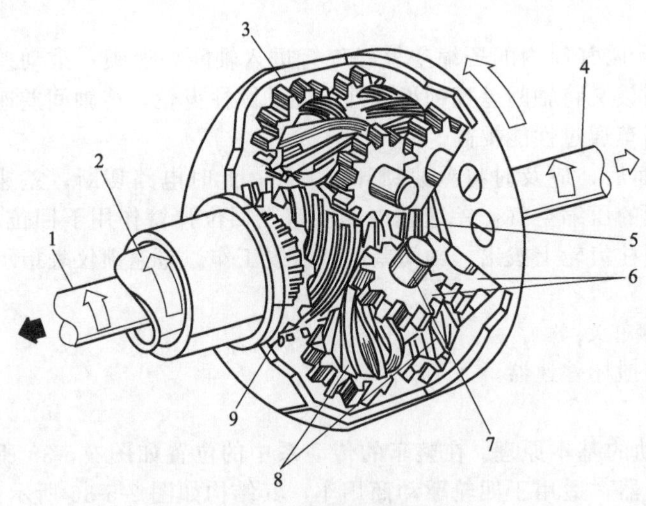

图 2-5-36　托森差速器的结构

1—差速器齿轮轴；2—空心轴；3—差速器外壳；4—驱动轴凸缘盘；5—后轴蜗杆；6—直齿圆柱齿轮；7—蜗轮轴；8—蜗轮；9—前轴蜗杆

速器壳，主、从动摩擦片，推力压盘传给半轴。

当一侧车轮在坏路面上滑转或转弯时，差速器起差速作用，使两半轴转速不相等，即一侧半轴的转速高于差速器壳的转速，另一侧低于差速器壳的转速。这样，由于转速差及轴向力的存在，主、从动摩擦片间将产生摩擦力矩，另一侧低于差速器壳的转速。这样，由于转速差及轴向力的存在，主、从动摩擦片间将产生摩擦力矩，且经从动摩擦片及推力压盘传给两半轴的摩擦力矩方向相反；与快转半轴的转向相反，而与慢转半轴的转向相同。因而使得慢转半轴所分配到的转矩大于快转半轴所分配到的转矩。摩擦作用越强，两半轴的转矩差就越大，最大可达 4～7 倍。如图 2-5-37 所示。

摩擦片式自锁差速器结构简单，工作平稳，多用于轿车或轻型货车。

4. 滑块凸轮式自锁差速器

商用车的中、后驱动桥之间采用滑块凸轮式自锁差速器。当商用车直线行驶时，中、后桥无转速差时，差速器不起差速作用。当中、后桥有转速差时，差速器即起差速作用。当中、后桥中某一桥的驱动轮处于泥泞路面滑转时，转矩大部分将因摩擦力作用分配给附着力好的驱动桥(即慢转的驱动桥)，转矩差可达 3～6 倍。这种差速器能很大地提高商用车通过复杂路面的能力，且结构紧凑，因此既可用作轴间差速器，也可用作轮间差速器；但结构复杂，加工要求高，摩擦件的磨损较大，磨损后防滑能力下降，如图 2-5-38 所示。

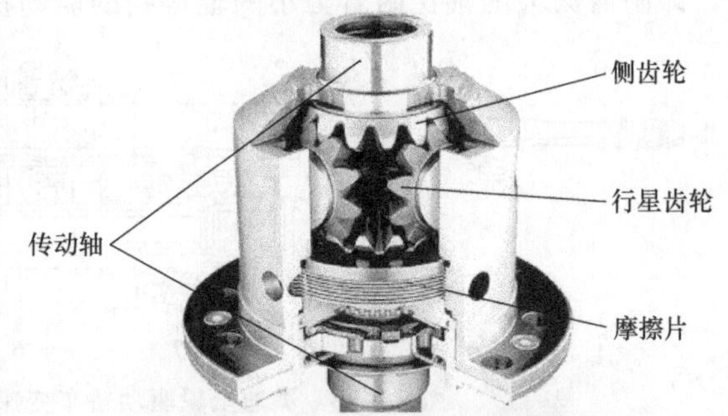

图 2-5-37　摩擦片式自锁差速器剖视图

（三）轴间差速器

重型载货商用车上广泛使用了贯通式双驱动桥，使商用车的通过性有了更进一步提高。由于不同车型贯通式双驱动桥轴间差速锁操纵结构也有些不同，使用中产生故障现象虽相同，但排除故障的方法应根据不同车型略有区别。

安装于商用车驱动桥内的差速器分为轮间差速器和轴间差速器两种，它们的功能是根据地面摩擦力大小或者转速差异实现不同驱动力矩的分配。

轮间差速器的功能是对车桥两端轮子实现不同转速驱动。例如，商用车一侧轮子打滑或者转弯时左右侧轮子的转速不同，是通过轮间差速器来实现的。

轴间差速器是安装在于双联重型车桥的中桥内，功能是实现中后桥车轮不同的转速。当商用车某一个桥或桥的一侧车轮悬空或打滑时，要同时锁住轮间和轴间差速器，使传递力矩均匀分配，防止车轮打滑，以获得足够大的牵引力使商用车继续行驶。轮间差速器和轴间差

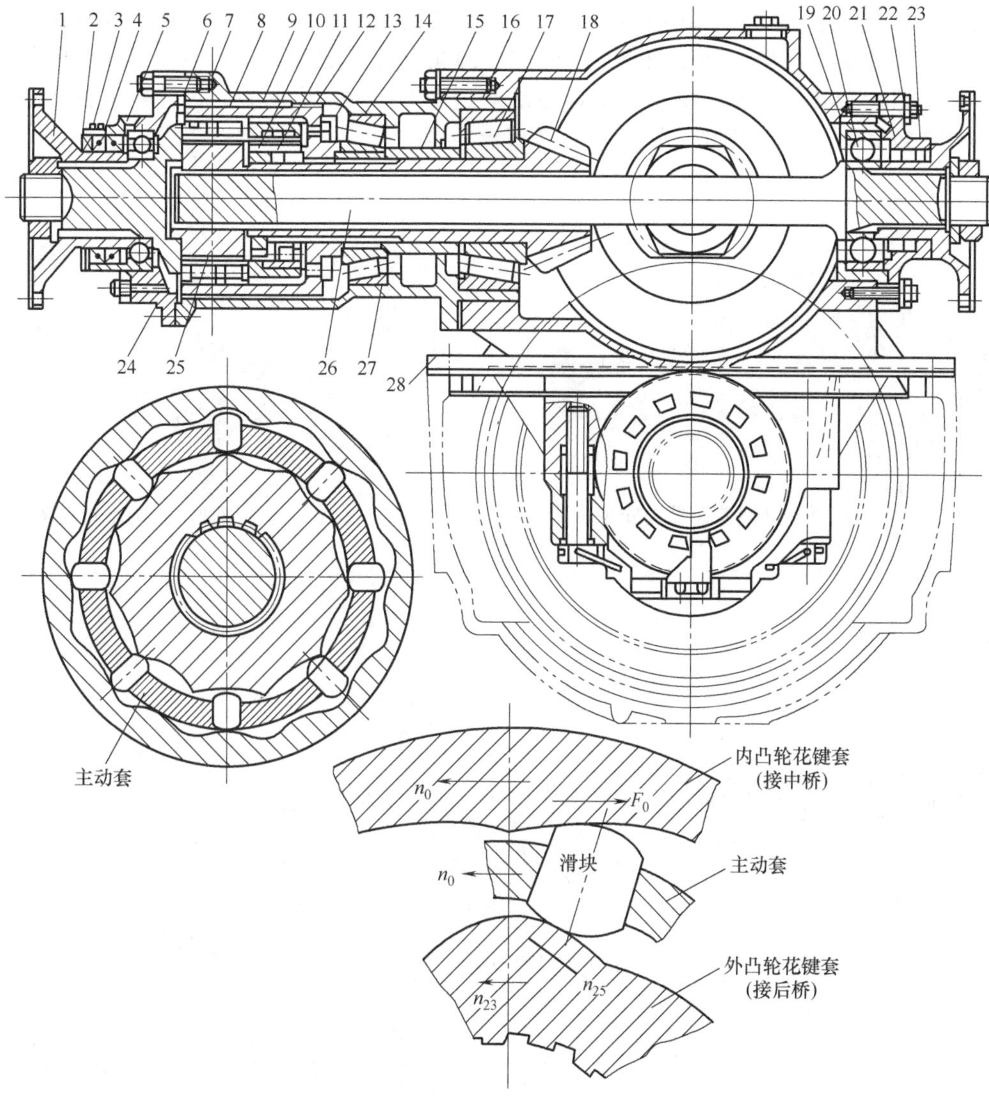

图 2-5-38 滑块凸轮式轴间差速器

1—凸缘盘；2—防尘罩；3—密封垫；4,22—油封；5—油封壳；6—主动套；7—短滑块；8—长滑块；9—接中桥内凸轮花键套；10—螺母；11—垫圈；12—滚子轴承；13—中桥花键套护罩；14,17—圆锥滚子轴承；15—挡圈；16—调整垫圈；18—中桥主动螺旋锥齿轮；19—轴承座；20—球轴承；21—轴承盖；23—防尘毡；24—轴间差速器盖；25—接后桥外凸轮花键套；26—后桥传动轴；27—轴间差速器壳；28—主减速器壳

速器安装位置如图 2-5-39 所示。

轴间差速器安装在中桥主减速器内，轴间差速器的十字轴内花键部分连接中桥输入轴，接受输入方向传来的扭矩，在得到旋转力矩时差速器十字轴产生转动，通过十字轴上的四个行星轮传递给后半轴齿轮，然后传递给贯通轴，再到输出法兰，最后再通过后桥传动轴传递到后桥输入端连接法兰，如图 2-5-40 所示。

轴间差速器十字轴位置结构如图 2-5-41 所示。轴间差速器十字轴在运行工况下，内花键接受转矩使十字轴转动。从理论上说，在中后桥没有速度差的时候，四个行星轮不会自转，只由啮合齿部位传递力矩，后半轴齿轮在得到旋转力时产生转动，输出扭矩力向后传递。在理论静载荷工况下，各部件是不容易发生问题的。但在实际重载工况时，整个传动系统的使用条件非常恶劣，由于路面的不平，以及车轮高速转动，会产生成倍于静载荷的瞬间冲击力，这种冲击力产生一种作用与十字轴的旋向相反的剪切力。若十字轴的根部内部组织已经存在金属疲劳裂纹，反向剪切力则容易使差速器十字轴发生断裂。因此要求轴间差速器各个部件有较好的强度和硬度，如图 2-5-42 所示。

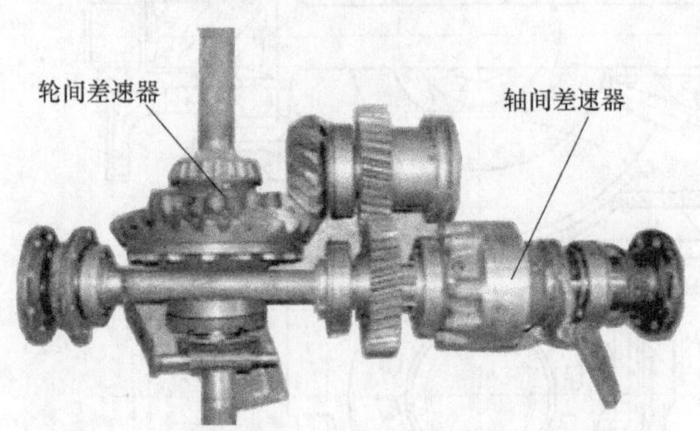

图 2-5-39　轮间差速器和轴间差速器的安装位置

图 2-5-40　汉德桥轴间差速器布局图

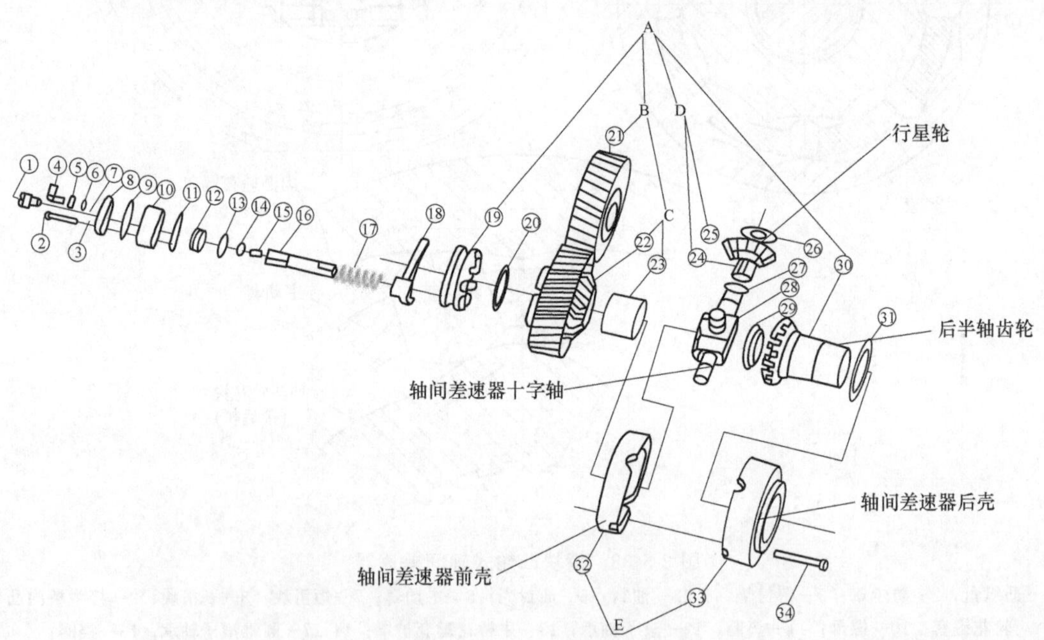

图 2-5-41　轴间差速器的结构

四、半轴和桥壳

（一）半轴的支承形式

半轴是在差速器与驱动轮之间传递动力的实心轴，其内端与差速器内的半轴齿轮连接，而外端则与驱动轮的轮毂相连。

半轴用来将差速器半轴齿轮输出的动力传给驱动轮或轮边减速器。半轴与驱动的轮毂在桥壳上的支承形式，决定了半轴的受力情况。现代商用车上所采用的半轴支承形式常见的有以下两种。

图 2-5-42　轴间差速器结构

对于采用非独立式悬架的驱动桥，半轴一般是一根实心轴。对于转向驱动桥，一根半轴必须分为内半轴与外半轴两根，用等速万向节或准等速万向节将内、外半轴连接起来。对于采用独立式悬架的驱动来说，往往采用万向传动装置为半轴传递动力。

对于采用非独立式悬架的驱动桥，根据其半轴内端与外端的受力状况，一般又分为全浮式半轴、四分之三浮式半轴与半浮式半轴三种。半轴内端以花键连接着半轴齿轮。半轴齿轮在工作时只将扭矩传给半轴。几个行星齿轮对半轴齿轮施加的径向力是互相平衡的，因而并不传给半轴内端。主减速器从动齿轮所受径向力则由差速器壳的两轴承直接传给主减速器壳。显然，半轴内端只受扭矩而不受弯曲力矩。与驱动轮相连接的半轴外端受力状况可有如下几种。

1. 全浮式半轴支承

全浮式半轴支承，载重商用车广泛采用这种支承形式。图 2-5-43 所示为东风 EQ140 载重商用车半轴外端与轮毂及桥壳的连接情况。半轴外端锻出凸缘，借螺钉和轮毂连接。轮毂通过两个相距较远的圆锥滚子轴承 1 和 2 支承在半轴套管上。半轴套管与驱动桥壳压配合成一体，组成驱动桥壳。用这样的支承形式，半轴与桥壳没有直接联系。

图 2-5-44 所示为半轴做全浮式支承的驱动桥的示意图。图上标出了路面对驱动轮的作用力：垂直反力 Z、切向反力 X 和侧向反力 Y。垂直反力 Z 和侧向反力 Y 将造成力图使驱动桥在横向平面（垂直于商用车纵轴线的平面）内弯曲的力矩（弯矩）；切向反力 X，一方面造成对半轴的反扭矩，另一方面也造成对驱动桥在水平面内弯曲的弯矩。反扭矩直接由半轴承受。而 X、Y、Z 三个反力以及由它们形成的弯矩，便由轮毂通过两个轴承直接传给桥壳，而完全不经半轴传递。在内端，作用在主传动器从动齿轮上的力及弯矩全部由差速器壳直接承受，而与半轴无关。总之这样的半轴支承形式，使半轴只承受扭矩，而两端均不承受任何反力和弯矩。这种支承形式称为全浮式。所谓“浮”即指卸除半轴的弯曲载荷而言。

为防止轮毂连同半轴在侧向力作用下发生横向窜动，轮毂内的两个轴承的安装方向必须

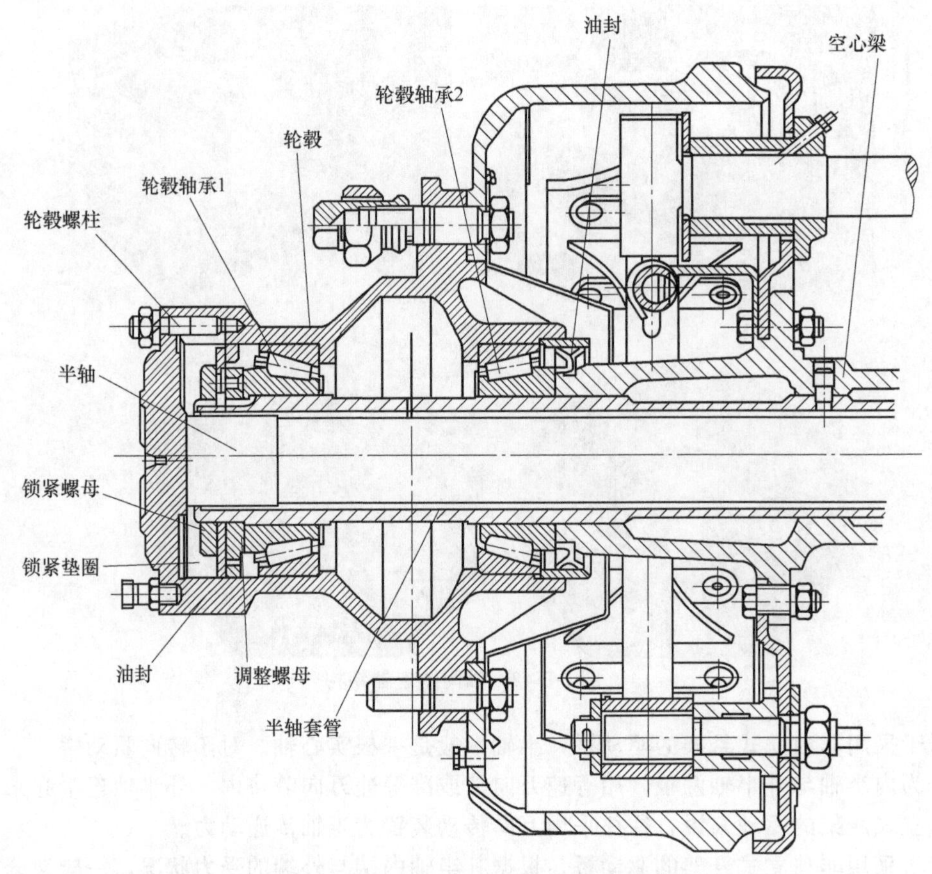

图 2-5-43　东风 EQ140 全浮式半轴支承形式

使它们能分别承受向内和向外的轴向力。

这种全浮式支承的半轴易于拆装，只需拧下半轴凸缘上的螺钉，即可将半轴从半轴套管中抽出。而车轮与桥壳照样能支撑住商用车。

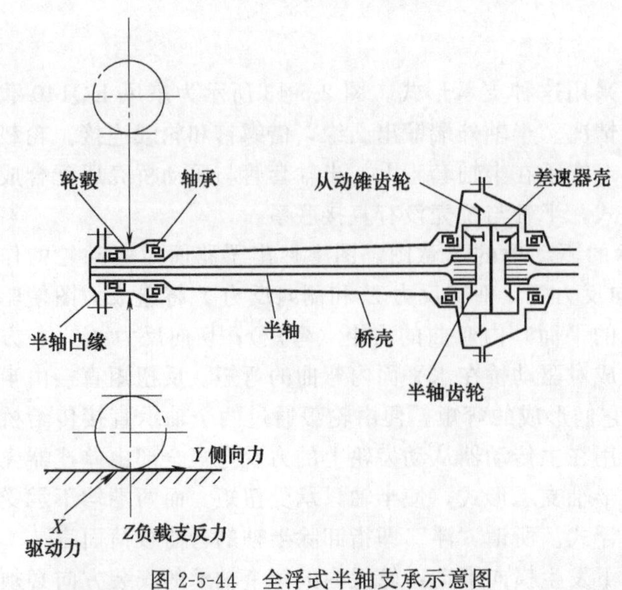

图 2-5-44　全浮式半轴支承示意图

2. 半浮式半轴支承

半轴外端不仅要承受转矩，而且还要承受各种反力及其形成的弯矩。半轴内端通过花键与半轴齿轮连接，不承受弯矩。故称这种支承形式为半浮式半轴支承。

半浮式半轴的内端与全浮式的一样，不承受弯扭。其外端通过一个轴承直接支承在半轴外壳的内侧。这种支承方式将使半轴外端承受弯矩。因此，这种半轴除传递扭矩外，还局部地承受弯矩，故称为半浮式半轴。图 2-5-45 所示为红旗牌高级轿车的驱动桥半轴支承图。半轴外端的锥形部分切有键槽，通过键与驱动桥，整个车

轮就支承在半轴外端，轮毂的锥形孔与半轴外端的锥面配合可保证二者同心。车轮轴向用锁紧螺母固定。半轴外端则通过一个圆锥滚子轴承支承在桥壳凸缘内。该轴承除受径向力外只能承受车轮向外的轴向力，向内的轴向力则由半轴经止推块传给另一侧半轴上的圆锥滚子轴承承受。止推块浮套在行星齿轮轴上，横向可以略微移动。这种半轴支承方式使半轴外端要承受由车轮传来的各种力及力矩，半轴内端则除扭矩外，各种载荷均不承受，所以称为半浮式半轴。它广泛用于轿车等轻型车辆上。

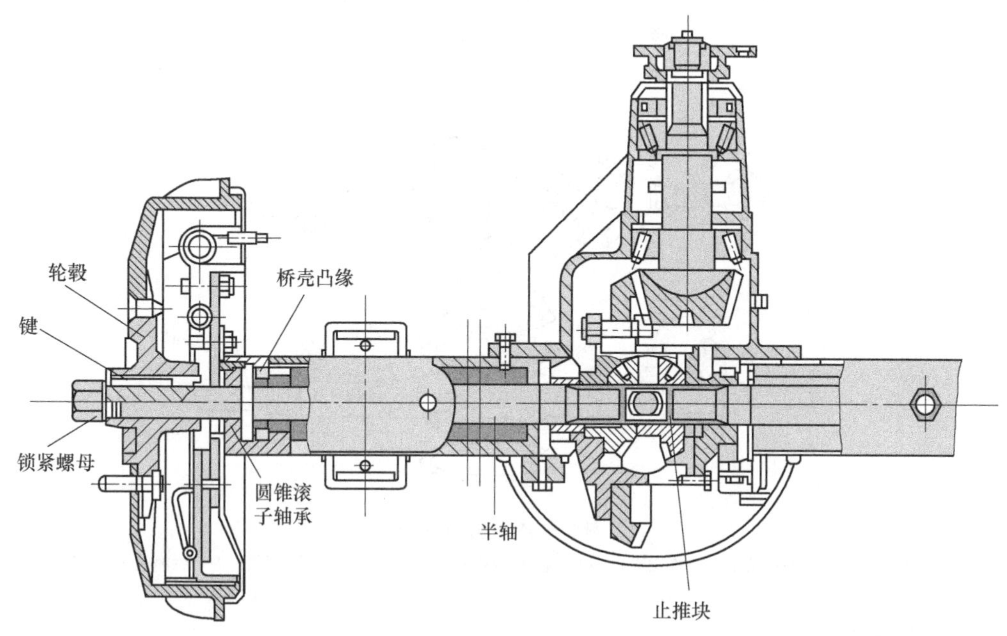

图 2-5-45　半浮式半轴支承图

半浮式半轴支承结构简单，如图 2-5-46 所示，但半轴受力情况复杂且拆装不便，多用于反力、弯矩较小的各类轿车上。

图 2-5-47 所示为半浮式与全浮式对比。

（二）桥壳

驱动桥壳既是传动系的组成部分，同时也是行驶系的组成部分。作为传动系的组成部分，其功用是安装并保护主减速器、差速器和半轴。作为行驶系的组成部分，其功用是安装悬架和轮毂，和从动桥一起支承商用车悬架以上的各部分质量，承受驱动轮传来的反力和力矩，并在驱动轮与悬架之间传力。由于桥壳承受较复杂的载荷，因此要求桥壳应具有足够的强度和刚度，质量小，还要便于主减速器的拆装和调整，如图 2-5-48 所示。

驱动桥壳从结构上可分为整体式桥壳和分段式桥壳两类。

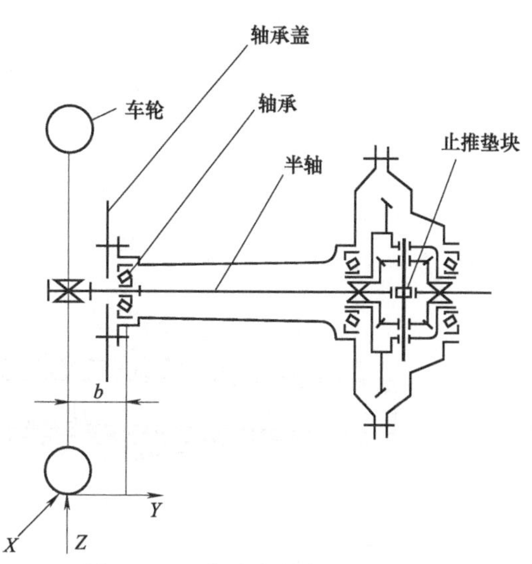

图 2-5-46　半浮式半轴支承示意图

形式 项目	半浮式半轴	全浮式半轴
结构特点	半轴外端支承轴承位于半轴套管外端的内孔，车轮装在半轴上	半轴外端的凸缘用螺钉与轮毂相连，而轮毂又借两圆锥滚子轴承支承在半轴套管上
受力情况	扭矩，由路面对车轮的反力所引起的全部力和力矩	扭矩
应用	轿车，轻型货车、客车	轻型以上各类汽车

图 2-5-47　半浮式与全浮式对比

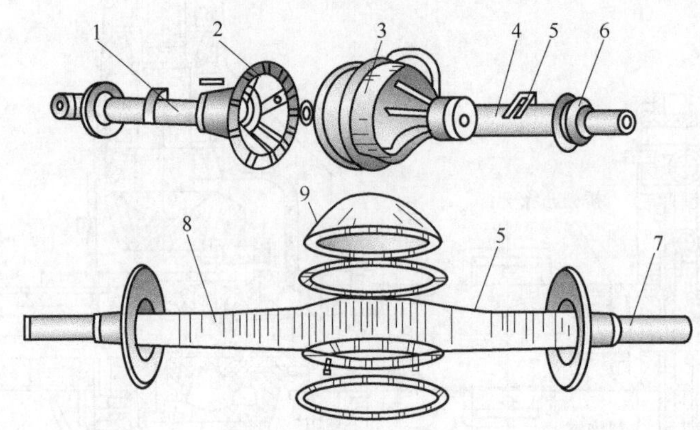

图 2-5-48　驱动桥壳

1,4—半轴壳；2—左桥壳；3—右桥壳；5—钢板弹簧座；6—突缘；7—半轴套管；8—后桥壳；9—壳盖

1. 整体式桥壳

铸造的整体式桥壳刚度和强度较大，但质量也大，目前仍广泛应用。图 2-5-49 所示为 CA1091 型商用车铸造的整体式驱动桥壳。其中间部分为一环形空心的桥壳体 7，用球墨铸铁铸成。两端压入半轴套管 8，并用螺钉 2 止动。半轴套管露出部分安装轮毂轴承，端部制

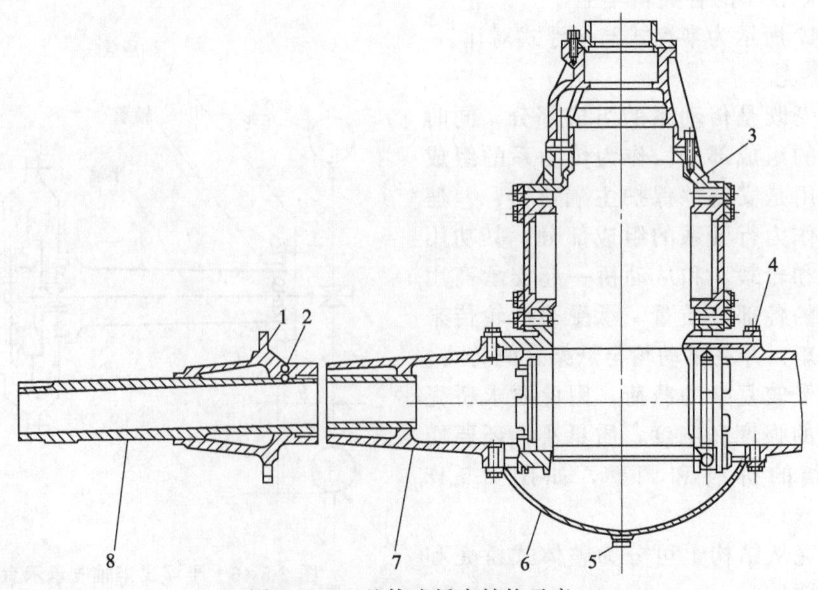

图 2-5-49　整体式桥壳结构示意

1—凸缘盘；2—止动螺钉；3—主减速器壳；4—固定螺钉；5—螺塞；6—后盖；7—桥壳体；8—半轴套管

有螺纹，用于安装轮毂轴承调整螺母和锁紧螺母。凸缘盘1用来固定制动底板，桥壳体7的端部加工有油封颈，和轮毂油封配合，以密封轮毂空腔，防止润滑脂外溢。

主减速器壳前后端面与中间轴支承孔轴线定位，保证主减速器、差速器和半轴之间的正确位置关系。桥壳后端面的大孔可用来检查主减速器的技术状况，平时用后盖6封住。后盖6上有螺塞5，用以检查油面高度。

整体式桥壳的优点是强度、刚度较大，且检查、拆装和调整主减速器、差速器方便，不必把整个桥从商用车上拆下来。整体式桥壳因制造方法不同，可分为整体铸造式、中段铸造压入钢管式和钢板冲压焊接式等。整体式桥壳的缺点是质量大，铸造质量不易保证。因此，适用于中型以上货车。

钢板冲压焊接式桥壳具有质量小、工艺比较简单、成本低等优点。目前，在轿车和轻型货车上采用较多。

2. 分段式桥壳

分段式桥壳一般由两段组成，也有三段甚至多段组成的，各段之间用螺栓连接。图2-5-50为一两段组成的桥壳，用螺栓1连成一体。它主要由铸造的主减速器壳10、盖14、两段钢制半轴套管4组成。有的分段式桥壳各段之间可相对运动，应用于独立悬架。

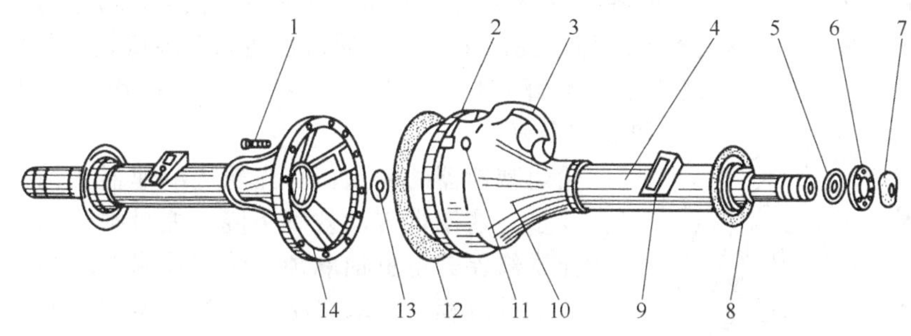

图2-5-50 分段式桥壳

1—螺栓；2—注油孔；3—主减速器壳颈部；4—半轴套管；5—调整螺母；6—止动垫片；7—锁紧螺母；8—凸缘盘；9—钢板弹簧座；10—主减速器壳；11—放油孔；12—垫片；13—油封；14—盖

驱动桥为防止主减速器内的润滑油经半轴与桥壳间的环形空间流至桥壳两端，都有密封装置。有的在桥壳外端，在轴承外侧有油封用锁紧螺母挤紧在半轴套管上，与轮毂内表面间形成密封。有的在半轴套管内端处有压紧油封，与半轴相应的油封颈处形成密封。这种油封的刃口应朝向主减速器，装半轴时应使半轴居中通过油封，否则易顶出油封。还有的在桥壳内装有挡油盘。

缺点：分段式桥壳上的主减速器、差速器维修不方便。

桥壳的材料及密封：桥壳经常承受冲击性载荷，应允许有少量变形，防止断裂，因此，铸造式桥壳多用可锻铸铁或球墨铸铁。商用车桥壳有的也采用铝合金制造。

五、轮边减速器

（一）轮边减速器的概述

进入21世纪以来，我国经济形势发生了很大的变化。公路运输得到了很快的发展，为了降低运输成本，缓解铁路压力，促使了商用车的运输能力和载货量逐渐加大。因此，重型商用车轮边减速器在我国的应用前景十分广阔。国外发达国家在商用车轮边减速器方面的研究开展得比较早，如针对其结构和传动比的优化，结构的轻量化，以及在机构上能妥善处理制动器、轮毂等总成与轮边减速器的布置关系，目前已达到产品成熟化阶段。轮边减速器属于商用车减速零部件的关键总成，是为了提高商用车的驱动力，以满足或修正整个传动系统力的匹配。

在重型货车上，工程和军事上用的重型牵引商用车及大型公共商用车等，要求有较高的动力性，而车速相对较低，因此其传动系的低挡总传动比较大。为了使变速器、分动器、传动轴等总成不致因承受过大的尺寸及质量，应将传动系的传动比以尽可能大的比率分配给驱动桥，这就导致了一些重型商用车、大型商用车的主减速比必须很大。越野商用车要求在坏路和无路地区具有良好的通过性，即要求商用车在满载情况下能以平均车速通过各种坏路及无路地带时有足够离地间隙，因此在设计上述重型商用车、大型公共商用车、越野商用车时，需要在车轮旁附加轮边减速器。

在这些车型中，当要求有较大的主传动比和较大的离地间隙，往往将双级主减速器中的第二级减速齿轮机构制成同样的2套，分别安装在两侧驱动车轮的近旁，称为轮边减速器。轮边减速器常用形式为圆锥行星齿轮式轮边减速器和圆柱行星齿轮式轮边减速器等。

轮边减速器是重型商用车传动系中最后一级减速增扭装置，轮边减速器与普通圆柱齿轮减速器相比，具有重量轻、体积小和传动比大的优点。轮边减速器设置在车轮的轮毂内，使得整个驱动桥结构更加紧凑，同时降低主减速器、半轴、差速器的负荷，减小传动部件的结构尺寸，保证后桥具有足够的离地间隙，提高了车辆的通过性能以及降低整车装备质量。它被广泛应用于载重货车、大型客车、越野商用车及其他一些大型工矿用车。其原理如图2-5-51所示。

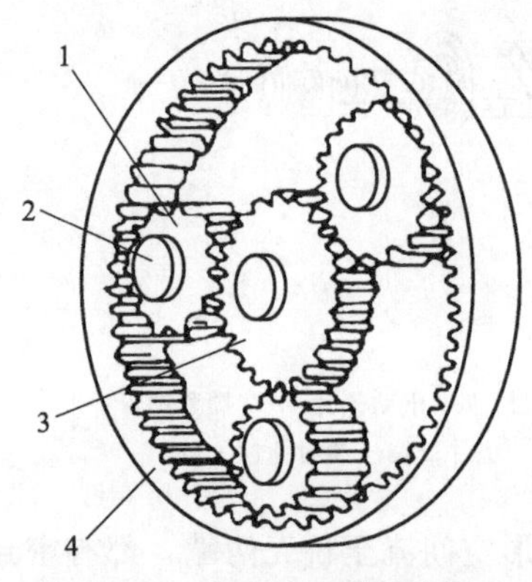

图 2-5-51　轮边减速器基本原理

1—行星齿轮；2—行星齿轮轴；3—太阳轮；4—齿圈

轮边减速器的缺点：首先轮边减速器的结构复杂，传导件较多，这使得传动效率下降，能量损失加大；复杂的结构让维修保养也更加麻烦；装配技术要求高，轮边减速器在装配的过程中要求严格，假如各零部件的配合尺寸有较大偏差，易导致轮边减速器的可靠性下降，同时因为国产制动鼓的材料及技术限制，国产车中轮边减速器散热效果不是很理想。

（二）轮边减速器工作原理

轮边减速器主要由太阳轮、行星轮、齿圈和行星轮架组成，一般其主动件太阳轮与半轴相连；被动件行星轮架与车轮相连、齿圈与桥壳相接，采用轮边减速器是为了提高商用车的驱动力，以满足或修正整个传动系统力的匹配。目前采用的轮边减速器，就是为满足整个传动系统匹配的需要，而增加的一套降速增扭的齿轮传动装置。从发动机经离合器、变速器和分动器把动力传递到前、后桥的主减速器，再从主减速器的输出端传递到轮边减速器及车轮，以驱动商用车行驶。在这一过程中，轮边减速器的工作原理就是把主减速器传递的转速和扭矩经过其降速增扭后，再传递到车轮，以便使车轮在地面附着力的反作用下，产生较大驱动力，从而减少了轮边减速器前面各零件的受力。

如图 2-5-52 所示，轮边减速器中中心齿轮 7 通过花键与半轴 12 相连接，随半轴转动。齿圈 3 与齿圈座 2 用螺钉 10 连接，而齿圈座 2 被锁紧螺母 8 固定在半轴套管 1 上不能转动。在中心齿轮 7 和齿圈 3 之间装有三个行星齿轮 4，行星齿轮通过圆锥滚子轴承和行星齿轮轴 6 支承在行星架 5 上。行星架 5 用螺栓 9 与轮毂 11 相连。差速器的动力从半轴 12 经中心齿轮 7、行星齿轮 4、行星架 5 转给轮毂而驱动车轮旋转。

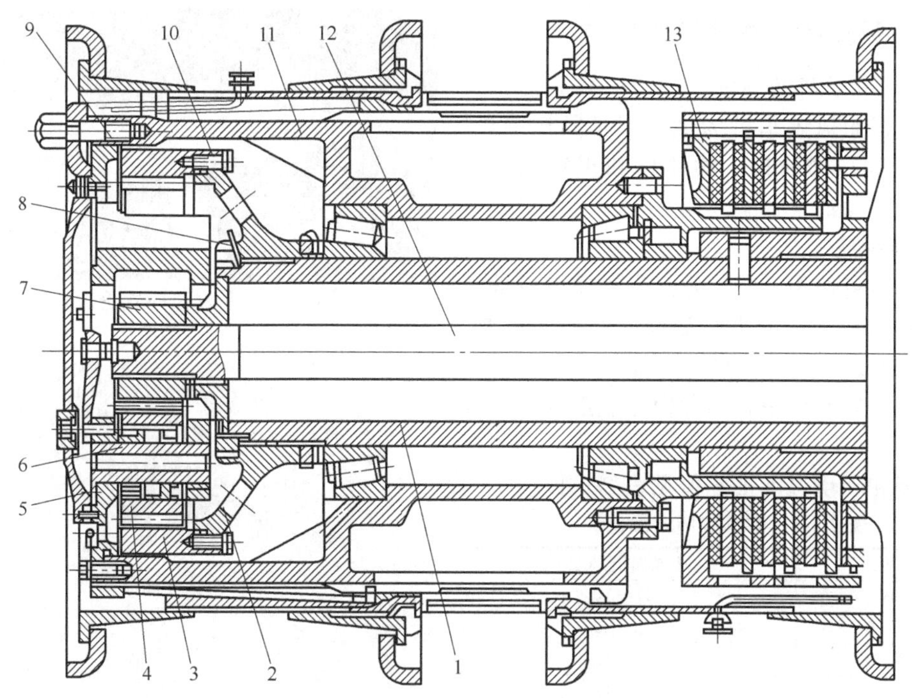

图 2-5-52 商用车轮边减速器结构示意

1—半轴套管；2—齿圈座；3—内齿圈；4—行星齿轮；5—行星架；6—行星齿轮轴；7—中心齿轮；8—锁紧螺母；9—螺栓；10—螺钉；11—轮毂；12—半轴；13—制动器

1. 圆锥行星齿轮轮边减速器

由圆锥行星齿轮式传动构成的轮边减速器，叫圆锥行星齿轮轮边减速器，如图 2-5-53 所示。轮边减速比为固定值 2，它一般与中央单级桥组成为一系列。在该系列中，中央单级桥仍具有独立性，可单独使用，需要增大桥的输出转矩，使牵引力增大或速比增大时，可不改变中央主减速器而在两轴端加上圆锥行星齿轮式减速器即可变成双级桥。这类桥与中央双级减速桥的区别在于：降低半轴传递的转矩，把增大的转矩直接增加到两轴端的轮边减速器上，其“三化”（即系列化、通用化、标准化）程度较高。但这类桥因轮边减速比为固定值 2，因此，中央主减速器的尺寸仍较大，一般用于公路、非公路军用车，如图 2-5-54 所示。

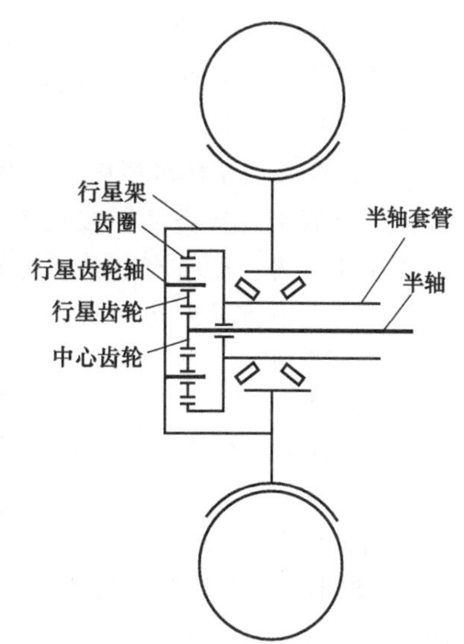

图 2-5-53 圆锥行星齿轮轮边减速器

2. 圆柱行星齿轮式轮边减速器

单排、齿圈固定式圆柱行星齿轮减速桥，一般减速比在 3～4.2 之间。由于轮边减速比大，因此，中央主减速器的速比一般均小于 3，这样从动扇形齿轮就可取较小的直径，以保证重型商用车对离地间隙的要求。这类桥比单级减速器的质量大，价格也要贵些，而且轮毂内具有齿轮传动，长时间在公路上行驶会产生大量的热量而引起过热；因此，作为公路车用驱动桥，它不如中央单级减速桥，如图 2-5-55 所示。

六、驱动桥的维护及维修要点

图 2-5-54　圆锥行星齿轮式轮边减速器实物

图 2-5-55　圆柱行星齿轮式轮边减速器实物

（一）驱动桥的维护

此次以东风牌车桥为例，因不同厂家设计理念不同，加油口、放油口和观察油口、保养里程、加油量各有不同。

1. 润滑油

中、后桥使用 GL-5 重负荷车辆齿轮油，用户可根据本地区的大气温度，选择不同黏度级别的 GL-5 级以上的齿轮油。

通常工作环境中，推荐使用黏度级别为：85W-90。

黏度和环境温度推荐值见表 2-5-1。

表 2-5-1　黏度和环境温度

黏度等级	环境温度/℃
75W	−57～10
80W-90	−25～49
85W-90	−15～49
90	−12～49
85W-140	−15～49
140	−7～49

润滑油的更换时间：新车桥在使用 1000～2500km 以后，必须进行首次更换润滑油。以后用户可结合工作环境及不同使用情况，参照保养手册的定期保养项目表所列里程进行更换润滑油

放油：在常规工作环境中，将润滑油排放到合适的容器中。检查油面塞和放油塞，看是否有过多金属微粒的堆积，清洁或更换油塞。

放油孔位置：后桥有 3 处，分别在桥壳正下方及两边轮端；中桥有 4 处，分别在主减正下方、桥壳正下方及两边轮端。

注：轮端放油时，可事先转动轮毂，将放油孔位置置于正下方。

润滑油排放干净后，放油塞要重新旋紧到指定力矩。

放油孔位置（以中桥为例，后桥少一个主减放油孔，其余与中桥位置相同），如图 2-5-56 所示。

注油：取下中央注油塞和两端油面塞及放油塞，先从中央注油孔处加注润滑油，中桥 20L，后桥 15L，再从两边轮端各加注 2L。润滑油加注完后，所有油塞要重新旋紧到指定力矩。

① 中桥总的油量为 24L，后桥总的油量为 19L；

② 车桥在维修放油时，未必能够将总成内腔原来的齿轮油全部放尽，若按照上述定量方法再次加油时，请务必在加完油后再次检查油面（内腔的油面平衡需要一定时间，气温低时时间稍长，大约 4h），正确的油面高度应该是润滑油刚好到达油面孔底部。

③ 因桥的品牌、桥的种类、大小不同，所加注油量也会不同，具体加注量以本车保养手册规定加油量为准。

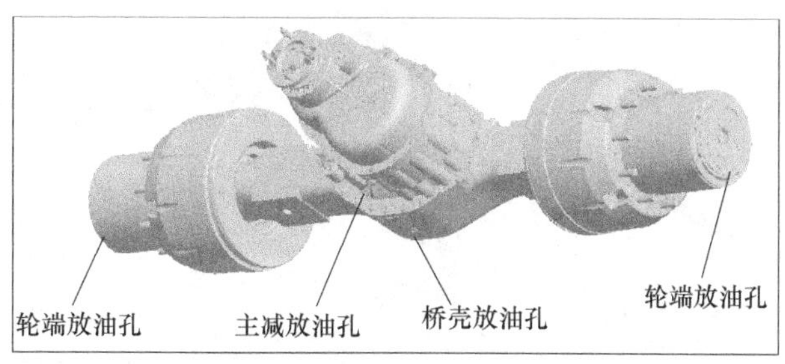

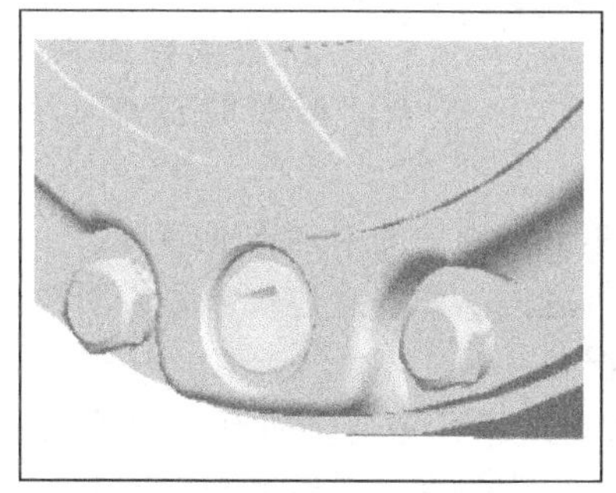

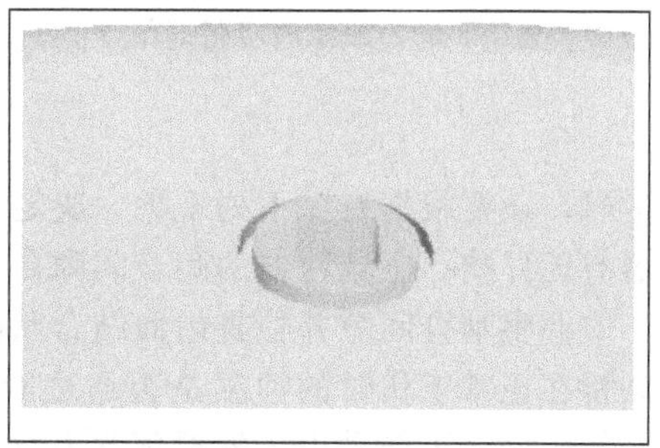

图 2-5-56 驱动桥放油口

润滑油加注部位，如图 2-5-57 所示。

2. 润滑脂

每根车桥中有六处滑脂嘴（左右两侧制动器各 3 处），在车桥使用前以及后续保养过程中，都需加注足量 2＃锂基润滑脂。

加注润滑脂部位如图 2-5-58 所示。

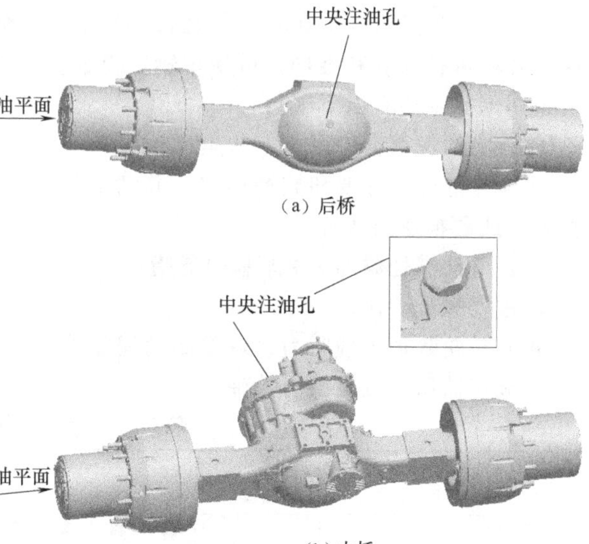

图 2-5-57 中、后桥加油口

3. 首次保养

为了确保车辆安全运行，使车辆有较长的使用寿命，新出厂车桥在初驶里程 1000～2500km 后，必须强制进行首次保养。

首次保养所需注意事项如下：

① 更换齿轮油；

② 拆检制动鼓、轮毂总成，检查是否有异常磨损；

③ 重新调整轮毂轴承预紧；

④ 重新调整刹车间隙；

⑤ 检查各部位紧固件。

4. 二级维护

二级维护除进行一级维护所有项目外，还应进行以下内容。

① 检查半轴。半轴应无弯曲、裂纹，键槽无过度磨损。如有可视的键槽磨损时，应进行左右半轴的换位或更换。

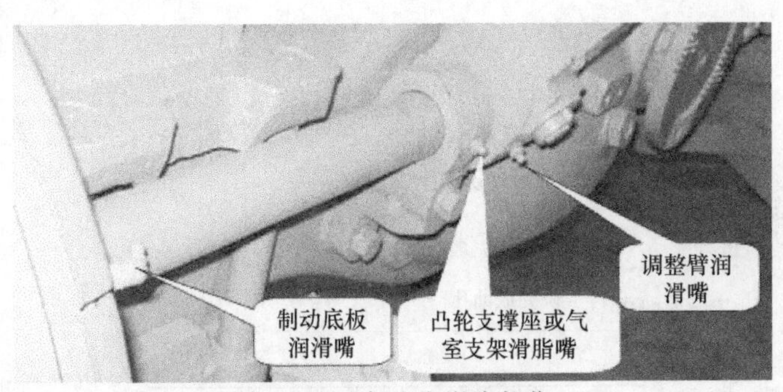

图 2-5-58　加注润滑脂部位

② 拆下轮毂，检查半轴套管是否有配合松旷和裂纹，各螺纹的损伤不得超过 2 牙。

③ 检查桥壳是否有裂纹。

④ 放油后，拆下驱动桥壳盖，清除油污并检视齿轮、轴承各部位螺栓紧固情况，必要时可以更换齿轮和轴承。

⑤ 检视轮毂轴承的紧固情况，必要时按技术条件的要求校紧。

二级维护时，还要根据有无下列现象，决定驱动桥维护的附加作业项目：

主减速器有无异响，主减速器的啮合间隙是否过大。如有上述现象，说明轮齿磨损或啮合间隙过大，应调整啮合间隙并检查齿面结合状况。

检查驱动桥在正常工作时的油温是否超过 60℃并伴有异响。如有此现象说明齿轮啮合不当或轮齿有折齿，也可能是由于轴承预紧力过大，应检查主减速器和差速器。

上述作业结束后，装复驱动桥壳盖及放油螺栓，按规定加注符合厂家规定的齿轮油至规油面。

5. 定期保养

定期对车桥进行维护保养，是延长车桥使用寿命、保证车桥安全工作的必要手段，严格按保养规程进行保养和维护，可使车辆获得最佳的经济效益。具体保养项目详见表 2-5-2。

定期保养主要有以下项目：

① 清除通气塞上的泥土、灰尘；

② 检查加油孔螺塞和放油螺塞，并清洁螺塞黏附的金属微粒；如发现渗漏油现象应及时拧紧，或更换密封垫片；

③ 各黄油嘴处添加 2＃锂基润滑脂；

④ 重要螺母防松；

⑤ 调整轮毂轴承预紧力、调整制动间隙等；

⑥ 减速器添加或更换齿轮油。

表 2-5-2　定期保养项目

保养项目	保养间隔里程(×1000km)												
	首次保养	4	8	12	16	20	24	28	32	36	40	44	48	80
清洁桥总成		●	●	●	●	●	●	●	●	●	●	●	●	
检查主减速器是否漏油	●	●	●	●	●	●	●	●	●	●	●	●	●	
更换主减速器润滑油	●						●						●	
检查主减速器润滑油面，清洁通气塞				●			●			●			●	
调整主被动锥齿轮齿侧间隙				●			●			●			●	
检查差速器齿轮齿侧间隙				●			●			●			●	
检查车轮螺栓紧固情况	●	●	●	●	●	●	●	●	●					
检查其他重要螺栓的紧固情况	●			●			●			●			●	
清洗并调整轮毂轴承	●			●			●			●			●	

续表

保养项目	保养间隙里程(×1000km)													
	首次保养	4	8	12	16	20	24	28	32	36	40	44	48	80
对半轴套管进行磁力探伤														●
检查行车制动及驻车制动效能	●	●	●	●	●	●	●	●	●	●	●	●	●	
检查制动底板的紧固情况	●			●			●			●				
清洗制动气室													●	
检查制动管路是否漏气	●	●	●	●	●	●	●	●	●	●	●	●	●	

每日行车前对车辆进行检查，是保证行车安全与车桥正常工作的必要手段。

日常检查主要内容如下：

① 各油塞及连接处是否有渗漏油；

② 检查空气管路、各阀是否漏气；

③ 检查制动间隙和推杆行程，测量方式如图 2-5-59 所示。

④ 检查摩擦片的磨损情况，如图 2-5-60 所示。

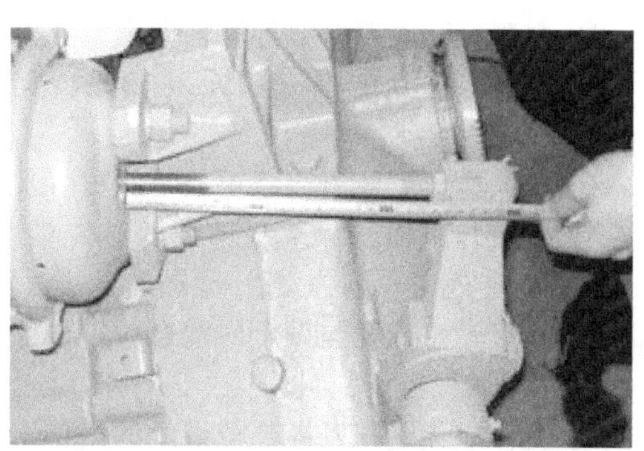

图 2-5-59 检查制动间隙和推杆行程

（二）驱动桥的主要零件的检修

国产商用车驱动桥的检修内容如下。

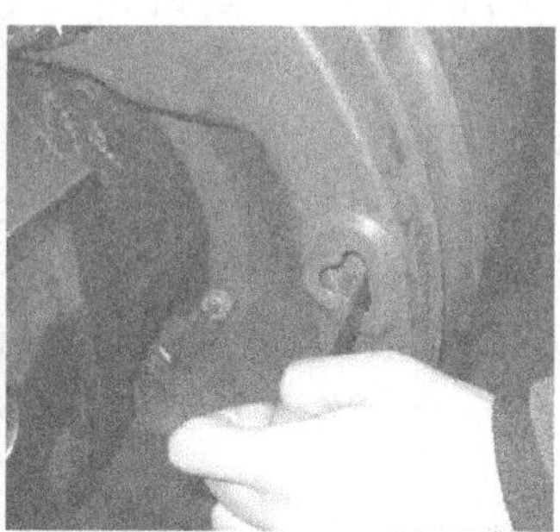

图 2-5-60 检查摩擦片的磨损

(1) 驱动桥壳和半轴套管

① 驱动桥壳和半轴套管不允许有裂纹存在，半轴套管应进行探伤处理。各部螺纹损伤不得超过 2 牙。

② 钢板弹簧座定位孔的磨损不得大于 1.5mm，超限时先进行补焊，然后按原位置重新钻孔。

③ 整体式桥壳以半轴套管的两内端轴颈的公共轴线为基准，两外轴颈的径向圆跳动误差超过 0.30mm 时应进行校正，校正之后的径向圆跳动误差不得大于 0.08mm。

④ 分段式桥壳以桥壳的结合圆柱面、结合平面及另一端内锥面为基准，轮毂的内外轴颈的径向圆跳动误差超过 0.25mm 时应进行校正，校正后的径向圆跳动误差不得大于 0.08mm。

⑤ 桥壳承孔与半轴套管的配合及伸出的长度应符合原厂规定，如半轴套管承孔磨损严重，可将承孔镗至修理尺寸，或更换相应的修理尺寸半轴套管。

（2）半轴

① 半轴应进行探伤检查，不得有任何形式的裂纹存在。

② 半轴花键应无明显的扭转变形。

③ 以半轴轴线为基准，半轴中段未加工圆柱体径向圆跳动误差不得大于 1.3mm；花键外圆柱面的径向圆跳动误差不得大于 0.25mm；半轴凸缘内侧端面圆跳动误差不得大于 0.15mm。径向圆跳动超限，应进行冷压校正；端面圆跳动超限，可车削端面进行修正。

④ 半轴花键的侧隙增大量较原厂规定不得大于 0.15mm。

⑤ 对前轮驱动的商用车的半轴总成（带两侧等角速万向节）还应进行以下作业内容：

a. 外端球笼万向节用手感检查应无径向间隙，否则应予更换。

b. 内侧三叉式万向节可沿轴向滑动，但应无明显的径向间隙感，否则换新。

c. 防尘套是否有老化破裂，卡箍是否有效可靠。如失效，换新。

（3）轮毂

① 轮毂应无裂纹，否则更换。轮毂各部位螺纹的损伤不得多于 2 牙。

② 轮毂与半轴凸缘及制动鼓的结合端面对轴承承孔公共轴线的端面圆跳动公差均为 0.15mm，超值可车削修复。

③ 轮毂轴承承孔与轴承的配合应符合原厂规定。承孔磨损逾限可用刷镀或喷焊修理。

（4）主减速器

① 壳体应无裂损，各部位螺纹的损伤不得多于 2 牙。

② 差速器左、右轴承承孔同轴度公差为 0.10mm。

③ 圆柱主动齿轮轴承（或侧盖）承孔轴线及差速器轴承承孔轴线对减速器壳前端面的平行度公差：当轴线长度在 200mm 以上，其值为 0.12mm；当轴线长度小于或等于 200mm，其值为 0.10mm。

④ 主减速器壳纵轴线对横轴线的垂直公差：当纵轴线长度在 300mm 以上，其值为 0.16mm；纵轴线长度小于或等于 200mm 时需要进行检查调整；必要时进行更换；纵、横轴线应位于同一平面（对曲线齿轮结构除外），其位置度公差为 0.08mm。

⑤ 减速器壳与侧盖的配合及圆柱主动齿轮轴承与减速器壳（或侧盖）的配合应符合原厂规定。

（5）主减速器锥齿轮副

① 齿轮工作表面不得有明显的斑点、剥落、缺损和阶梯形磨损。

② 主动圆锥齿轮轮齿锥面的径向圆跳动公差为 0.05mm；前后轴承与轴颈、承孔的配合应符合原厂规定。从动圆锥齿轮的铆钉连接牢固可靠；用螺栓连接的紧度应符合原厂规定，紧固螺栓锁止可靠。

③ 齿轮必须成对更换。

（6）差速器

① 差速器壳产生裂纹，应给予更换。

② 差速器壳与行星齿轮、半轴齿轮垫片的接触面应光滑、无沟槽。如有小的沟槽可用砂纸打磨，并更换新半轴齿轮垫片。

③ 行星齿轮、半轴齿轮不得有裂纹，工作表面不得有明显斑点、脱落、缺陷。

④ 差速器壳体与轴承、差速器壳与行星齿轮轴的配合应符合原厂规定。

（7）滚动轴承

① 轴承的钢珠（或柱）和滚道上不得有伤痕、剥落、严重黑斑或烧损变色等缺陷，否则应更换。

② 轴承架不得有缺口、裂纹、铆钉松动或钢珠（或柱）脱出等现象，否则应更换。

（三）差速器的装配与调整

差速器装配时，应按下述顺序进行，并注意各步骤的注意事项。

1. 安装差速器轴承

安装差速器轴承内圈时，应用压力机平稳地压入，不得用手锤敲击，以免损伤轴承的工作表面或刮伤轴颈表面，破坏配合性质。

2. 安装齿轮

在与行星齿轮和半轴齿轮配合的工作表面上涂以润滑油，先装入垫片和半轴齿轮，然后装入已装好行星齿轮及垫片的十字轴，并使行星齿轮与半轴齿轮啮合。

在行星齿轮上装入一侧半轴齿轮及垫片，扣上另一侧的差速器壳，装入另一侧壳体时，应使两侧壳体上的位置标记对正，以免破坏齿轮副的正常啮合。

3. 从动齿轮的安装和差速器的装合

将主减速器从动齿轮安装在差速器壳体上，将固定螺栓按规定方向穿过壳体，套入垫片，用规定力矩交替拧紧螺母，锁死锁片。

七、驱动桥常见故障的诊断与排除

（一）清洗

驱动桥解体后，将所有零件放置好，进行彻底的清洗与检查是必要的。常用的清洗方法有蒸气清洗、汽油清洗、酸性或碱性清洗液清洗、中性剂清洗、三氯乙烯和磁力清洗等。在清洗过程中，零件能露出损伤，因此需密切注意检查，这些都将有助于决定零件是否能再继续使用，在很多情况下也能找到零件早期磨损或失效的原因。

1. 金属件

(1) 汽油　与某些其他溶液不同，汽油几乎对油泥没有渗透或溶解能力。因此除精加工表面外，用金属丝刷子或其他工具除去污泥，并刷洗两遍。

注意：汽油具有极强的可燃性，使用过程中一定要注意安全。

(2) 碱性溶液　如果部件为合金制品，请不要使用碱性溶液清洗。碱性溶液清洗钢和铸铁零件效果比较好。

注意：如果使用碱性溶液清洗，应准备好中和介质，如硼酸溶液。如果皮肤或眼睛与碱性溶液相接触，应立即用中和介质清洗掉碱性溶液。

2. 橡胶部件

不要用矿物油清洗，可用酒精或干净的擦布抹掉油泥。

3. 油道

将一根金属丝穿过油道，并确保油道畅通，用喷嘴将清洗溶液喷进油道加以清洗。

4. 防腐蚀

在零件的表面除掉旧的油脂之后，应涂上一层清洁的油脂以防止锈蚀。

（二）检查

应使用专门的测量仪器或工具来检查零件，根据指定的维修标准表来断定零件是否能继续使用，损坏零件按要求进行修理和更换。如果在配对零件中有一个被磨损，使间隙超出了规定的间隙，按有关要求更换此零件以及其他配对零件。有的从预防保养的观点出发，某些仍在修理或磨损极限内的零件，在超出极限之前就应更换。通过肉眼或红色颜料渗透等指定的方法，仔细检查所有零件的外观。如果零件的外表面有异常现象，有关零件应按要求进行修理或更换。所有橡胶件，如O形圈、油封、垫密片等在拆下之后应抛弃，不准再使用。

1. 主从动锥齿轮齿侧间隙

如果在分解之前测量的间隙超过修理极限，就要检查齿轮的接触印迹和轴承的磨损情况。维修标准：0.25～0.40mm。修理极限：0.60mm。

注意：主、从动锥齿轮需要更换时，必须成对更换。

2. 轮间差速器齿轮齿侧间隙

如果在分解之前测量的间隙超过修理极限，就要检查齿轮的接触印迹和轴承的磨损情况。维修标准：0.20～0.35mm。修理极限：0.50mm。

3. 轮间差速器行星齿轮与十字轴之间的配合间隙

测量行星齿轮的内径和行星十字轴的轴颈外径，计算其配合间隙。

维修标准：0.07～0.14mm。磨损极限：0.3mm。

4. 半轴齿轮与差速器壳之间的配合间隙

测量半轴齿轮花键鼓的外径和差速器壳的内径，计算两者的配合间隙。

维修标准：0.06～0.18mm。磨损极限：0.6mm。

注：在给齿轮面和其他摩擦副上涂上齿轮润滑油后，再装配齿轮和其他附件。

5. 轴间差速器齿轮齿侧间隙

如果在分解之前测量的间隙超过修理极限，就要检查齿轮的接触印迹和轴承的磨损情况。

维修标准：0.20～0.35mm。修理极限：0.80mm

更换低成本零件，如锁片、密封件等，可使桥的维修获得最大的价值。这些零件可防止其他重要零件的早期磨损或润滑油损失，而更换这些零件不会显著增加维修成本。其他显现出严重磨损迹象的零件，即使未出现裂纹或断裂，也要被替换掉。这些零件的使用寿命已损耗了大半，应及时换掉，以防止其早期失效引起其他的破坏。

齿轮组、差速器零件和轴承等是不可修复的，一旦出现磨损或损坏应该报废。有些情况下还要报废与之配合的零件，如齿轮组，必须成对更换。

注：更换备件时，建议采用原厂备件；同一组齿轮副（如主被动圆柱齿轮副、主被动锥齿轮副、差速器齿轮副、轮端的齿圈与行星太阳轮副等）必须是同一个生产厂家的；同一锥轴承内外圈也必须是同一个轴承厂家的。

6. 主、从动锥齿轮啮合印迹的调整

① 主、从动锥齿轮啮合印迹的调整靠增减圆柱齿轮壳与主减速器壳之间调整垫片的厚度和移动差速器轴承的调整螺母来实现。

（调整垫片共分4种规格，厚度分别为0.1mm、0.15mm、0.5mm、1.0mm）

注：调整调整螺母时，一边的调整螺母拧出多少，则另一边的调整螺母必须相应地拧紧同一数值，以便保证已经调整好的差速器轴承的预紧负荷不受破坏。

② 调整齿轮齿侧间隙：首先，松动右侧调整螺母，拧紧左侧调整螺母，使齿侧间隙为零，然后，松动左侧调整螺母，拧紧右侧调整螺母，调整齿侧间隙为0.25～0.40mm。

注：在从动轮上沿圆周大致等距分布的不少于4个齿上测量，百分表触头应垂直抵住大端的齿面。

③ 用红色涂料涂在被动齿轮的两个或三个啮合齿上，检查齿轮的啮合接触区，如果接

触区不合适，增加或减小主动锥齿轮轴承座与减壳之间的调整垫片或者调整左右调整螺母，直到接触区合适为止。接触区示意图及调整方法见表 2-5-3。

表 2-5-3 啮合间隙调整

大轮接触区		调整方法	
		调整垫片	调整螺母
	理想接触区	不需调整	不需调整
	大端接触	减小厚度	松左侧，紧右侧
	小端接触	增加厚度	松右侧，紧左侧
	齿根接触	增加厚度	松右侧，紧左侧
	齿顶接触	减小厚度	松左侧，紧右侧

（三）驱动桥故障诊断与排查

1. 驱动桥的常见故障为漏油、过热和异响

（1）漏油

① 现象　从驱动桥加油口螺塞、放油口螺塞、油封处或各接合面处可见到明显的漏油痕迹。

② 原因

a. 加油口或放油口螺塞松动。

d. 油封与轴颈不同轴、油封装反、油封本身磨损或硬化。

c. 油封轴颈磨损成沟槽。

d. 结合平面变形或加工粗糙。

e. 结合平面处密封垫片太薄、硬化或损坏。

f. 两接合平面的紧固螺钉松动或螺钉上紧方法不符合要求。

g. 通气孔堵塞。

h. 桥壳有铸造缺陷或裂纹。

③ 诊断方法　驱动桥漏油的诊断方法基本上同于变速器漏油的诊断方法。

（2）过热

① 现象　商用车行驶一定里程后，用手触试驱动桥壳中部，有无法忍受的烫手感觉。

② 原因

a. 齿轮油不足、变质或牌号不符合要求。

b. 锥形滚动轴承调整过紧。

c. 主传动器一对锥形齿轮啮合间隙调整过小。

d. 差速器行星齿轮与半轴齿轮啮合间隙太小。

e. 油封过紧。

f. 止推垫片与主传动器从动齿轮背面间隙太小。

(3) 异响

① 现象　商用车挂挡行驶时驱动桥发出较大响声，而当滑行或低速行驶时响声减弱或消失；商用车行驶、滑行时驱动桥均发出较大响声；商用车转弯行驶时驱动桥发出较大响声，而直线行驶时响声减弱或消失；商用车起步或突然改变车速时，驱动桥发出“抗”的一声；商用车缓车时驱动桥发出“格啦、格啦”的撞击声。

② 原因

a. 滚动轴承损伤、严重磨损或过于松旷。

b. 主传动器一对锥形齿轮严重磨损、轮齿变形、轮齿断裂、齿面损伤、啮合面调整不当、啮合间隙太大或太小、啮合间隙不匀或未成对更换齿轮等。

c. 主传动器从动齿轮变形或连接松动。

d. 主传动器主动齿轮凸缘盘紧固螺母松动。

e. 主传动器壳体或差速器壳体变形。

f. 差速器壳与十字轴配合松旷。

g. 行星齿轮孔与十字轴配合松旷。

h. 行星齿轮与半轴齿轮啮合间隙太大或太小。

i. 半轴齿轮与半轴花键配合松旷；齿轮油不足、黏度太小或牌号不符合要求。

j. 行星齿轮与半轴齿轮的齿面严重磨损、损伤、轮齿变形或断裂；齿轮油中有杂物或较大金属颗粒。

2. 贯通式双驱动桥轴间差速锁操纵结构常见故障排除

(1) 现象　打开差速锁开关，差速锁不工作。

① 故事原因分析

a. 保险丝烧断。

b. 差速锁开关损坏。

c. 差速锁电磁阀损坏。

d. 输气管路堵塞。

② 故障排除方法

a. 当打开差速锁开关后，保险丝马上被烧断时，说明差速锁开关至差速锁电磁阀一段导线中存在搭铁现象。可将差速锁电磁阀上的正极导线插头断开，再观察保险丝变化，如果保险丝仍然烧断，那么故障发生在车架线束，应注意车架线束磨破现象。如果保险丝不烧断，那么故障发生在差速锁电磁阀，应排除造成差速锁电磁阀搭铁的原因。

b. 将差速锁开关上的导线取下，用一电灯泡在差速锁电磁阀正极导线端测量，灯泡亮，说明差速锁开关正常；灯泡不亮，说明差速锁开关至差速锁电磁阀一段导线中有断路故障存在。应首先排除开关至车架线束插头一段，再排除插头至差速锁电磁阀一段。

c. 将差速锁电磁阀的压缩空气输入接头拧松，此时如果有漏气声但无压缩空气漏出，说明输气管路中有堵塞现象，应排除堵塞的原因。将差速锁电磁阀输出气管接头拧松应有压缩空气漏气声，当无压缩空气漏出时，说明差速锁电磁阀阀门打不开，需维修或更换差速锁电磁阀。

（2）现象　打开差速锁开关，差速锁工作，但指示灯不亮。

① 故障原因分析

a. 导线断路。

b. 差速锁指示灯开关损坏。

c. 差速锁指示灯泡损坏或接触不良。

d. 差速锁挂不到位。

② 故障排除方法

a. 当差速锁工作而差速锁指示灯不亮时，应认真检查导线插头连接情况，因为差速锁指示灯开关装配在中桥上，很容易被杂物将导线碰断或使导线插头脱落。

b. 将差速锁指示灯开关上的两条导线对接，如果此时差速锁指示灯亮，说明差速锁指示灯开关损坏，需更换差速锁指示灯开关。如果差速锁指示灯仍然不亮，应检查指示灯灯泡是否损坏，插接接触是否良好。

c. 当车辆处在停止状态时，由于差速锁没有完全挂到位的特殊情况下，造成的差速锁指示灯不亮，可将车辆稍微移动故障会自动消失。

（3）现象　关闭差速锁开关，差速锁不能解除。

① 故障原因分析

a. 差速锁电磁阀阀门卡住。

b. 差速锁电磁阀排气孔堵塞。

② 故障排除方法　每当打开关闭差速锁开关时，应能听到差速锁电磁阀排气孔的排气声，当差速锁不能解除时，可将差速锁电磁阀的压缩空气管路输出接头拧下，观察差速锁电磁阀是否仍然有压缩空气输出，如果有，说明差速锁电磁阀阀门卡住。如果没有压缩空气输出，说明差速锁电磁阀排气孔堵塞，应更换或维修差速锁电磁阀。

第三章 商用车行驶系

商用车行驶系统接受发动机经传动系统传来的转矩，并通过驱动轮与路面间附着作用，产生商用车牵引力，保证商用车正常行驶；尽可能缓和不平路面对车身造成的冲击和振动，保证商用车行驶的平顺性；并且与商用车转向系统配合，保证商用车的操纵稳定性。商用车的行驶系和乘用车的行驶系从组成和功用上看没有本质的区别。

第一节 商用车行驶系概述

一、商用车行驶系的功用

商用车都设有行驶系统，以确保车辆在路面上正常行驶。行驶系的功用是：

① 接受传动系统传来的发动机转矩，通过驱动轮与地面间附着作用产生驱动力；

② 承受商用车的总重量，传递并承受路面作用于车轮上的各个方向的反力及其转矩；

③ 缓和不平路面对车身造成的冲击和振动，保证商用车平顺行驶；

④ 与转向系统协调配合工作，控制商用车的行驶方向。

二、商用车行驶系的类型

商用车行驶系根据其结构形式的不同，可以分为如下几种。

1. 轮式行驶系

行驶系中直接和地面接触的是车轮，称这种行驶系为轮式行驶系，如图 3-1-1 所示，这

图 3-1-1 轮式行驶系

种商用车被称为轮式商用车。

2. 半履带式行驶系

前桥装有滑橇或车轮，用来实现转向，后桥上装有履带，以减少对地面的单位压力（比压），控制商用车下陷，同时履带上履刺也加强了附着作用，具有很强的通过能力，主要用于雪地或沼泽地带行驶。这样的行驶系被称为半履带式行驶系；这种车称为半履带式商用车，如图 3-1-2 所示。

图 3-1-2 半履带式行驶系

图 3-1-3 全履带式行驶系

3. 全履带式行驶系

如果商用车前后桥上都装有履带，则称为全履带式行驶系。这种车被称为全履带式商用车，如图 3-1-3 所示。

4. 车轮-履带式行驶系

行驶系中直接与路面接触部分有车轮和履带，则称为车轮-履带式行驶系。这种车被称为车轮-履带式商用车，如图 3-1-4 所示。

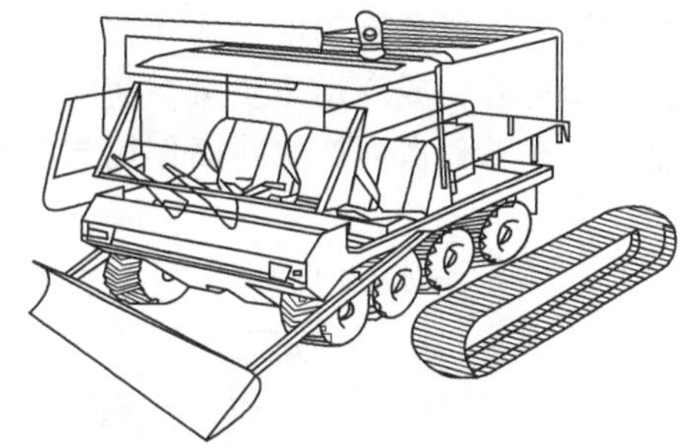

图 3-1-4 车轮-履带式行驶系

三、商用车行驶系的组成

商用车行驶系的基本组成主要取决于商用车经常行驶路面的性质，绝大多数商用车都行驶在比较坚实的路面上，采用通过车轮与地面接触的轮式行驶系。本章只讲述轮式行驶系的组成结构。轮式商用车行驶系一般由车架、车桥、车轮和悬架组成，如图 3-1-5 所示。

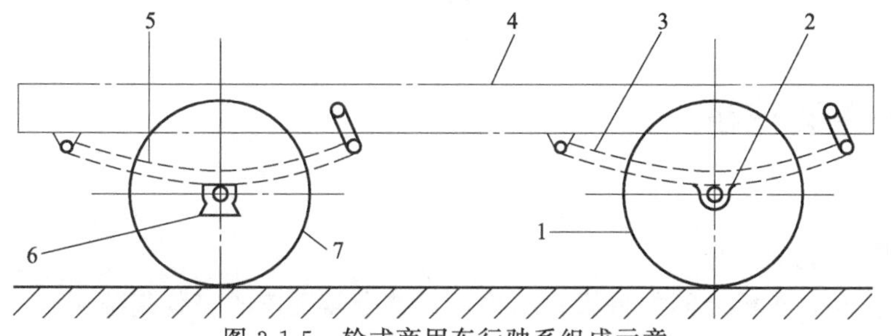

图 3-1-5 轮式商用车行驶系组成示意

1—驱动轮；2—驱动桥；3—后悬架；4—车架；5—前悬架；6—从动桥；7—从动轮

车架是全车装配与支撑的基础，它将商用车的各相关总成连接成一个整体并与行驶系的其他部分共同支撑整车的质量，车轮分别装在前桥和后桥上，组成支撑整车的车桥和商用车。车桥与车架之间通过弹性系统悬架进行连接，以便减少商用车在行驶中受到的各种冲击和振动。

四、商用车行驶系的受力分析

商用车行驶系的受力情况，如图 3-1-6 所示。商用车的总重量 G，通过前、后车轮传到地面，引起地面作用于前轮和后轮上的垂直反力 Z_1 和 Z_2。当驱动桥中半轴将驱动转矩 M 传到驱动轮上时，产生路面作用于驱动轮边缘上的向前的纵向反力，称为驱动力，图中用 F 表示，驱动力用以克服驱动轮本身的滚动阻力，其余大部分则依次通过驱动桥壳、后悬架传到车架，用来克服作用于商用车上的空气阻力和坡道阻力；还有一部分驱动力由车架经过前悬架传至从动桥，作用于自由支撑在从动桥两端转向节上的从动轮中心，使得前轮克服滚动阻力向前滚动。于是，整个商用车便向前行驶了。

由图 3-1-6 还可看出，驱动力 F 是作用于驱动轮缘上的，因而对车轮中心造成了一个反力矩。此反力矩力图使驱动桥壳中部（主减速器壳）的前端向上抬起，当采用非断开式驱动桥时，反力矩则由主减速器壳经半轴套管传给后悬架，再由后悬架传给车架。当采用断开式驱动桥时，主减速器是直接固定在车架上的，而此反力矩也就直接由主减速器壳传给车架。反力矩传到车架上的结果，使得车架连同整个商用车前部都有向上抬起的趋势，具体表现为前轮上的垂直载荷减少而后轮上的垂直载荷增加。商用车在制动时，同样产生一个与转矩相反的制动转矩，作用于车轮上产生一个与商用车行驶方向相反的制动力，迫使商用车减速或停车，使商用车有后部向上抬起、前部下沉的趋势，从而使后轮上垂直载荷减小，前轮上垂直载荷增大；紧急制动时，作用尤其明显。商用车在弯道上或路面拱度较大的道路上行驶时，由于离心力或商用车质量在横向坡道上的分力作用，使商用车具有侧向滑动的趋势，路面会阻止车轮侧滑而产生路面作用与车轮的侧向力，此力也是由行驶系来传递和承受。

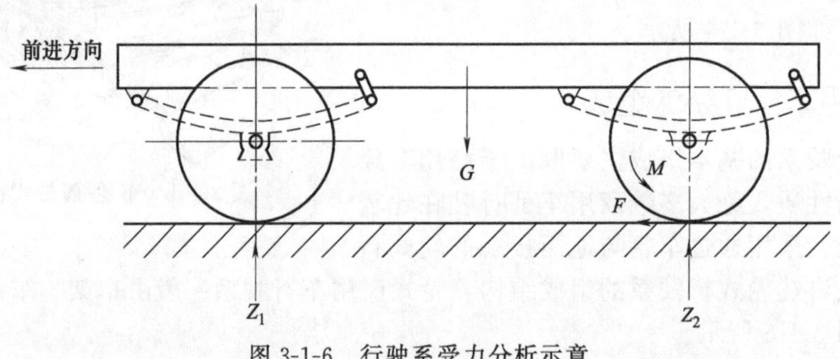

图 3-1-6　行驶系受力分析示意

第二节　车架和车桥

一、车架

车架是跨接在各车桥之间的桥梁式结构，是整个商用车的安装基础。

（一）车架的功用与要求

1. 车架的功用

① 支承连接发动机、变速器、传动轴、前后桥、车身等各总成和部件。

② 保持各总成相对正确的位置，并承受商用车内外的各种载荷。

2. 车架的结构形式应满足的要求

① 应具有足够的强度和适合的刚度，质量应尽可能小。

② 对轿车和客车的车架来讲，结构应尽量简单。

③ 有利于降低商用车的质量和获得较大的转向角，以提高商用车行驶的稳定性和机动性。

④ 降低商用车重心位置，有利于提高商用车的行驶稳定性。

（二）车架的类型与构造

车架的类型主要有边梁式车架、中梁式车架（也称脊骨式车架）和综合式车架3种。

1. 边梁式车架

车架由两根位于两边的纵梁和若干根横梁组成，用铆接法或焊接法将纵梁与横梁连接成坚固的刚性构架。

车架纵梁通常用低合金钢钢板冲压而成，断面一般为槽形。也有的作成Z字形或箱形断面。根据商用车形式不同和结构布置的要求，纵梁可以在水平面内或纵向平面内做成弯曲的，以及等断面或非等断面的。横梁不仅用来保证车架的扭转刚度和承受纵向载荷，而且还用以支撑商用车上主要部件。通常货车约有5根至6根横梁。边梁式车架的结构特点是便于安装车身（包括驾驶室、车厢及一些特种装备等）和布置其他总成，有利于改装变型车和发展多品种商用车。因此被广泛采用在货车和大多数的特种商用车上。

东风EQ1090E型商用车车架，它由2根纵梁和8根横梁铆接而成，如图3-2-1所示。

车架纵梁为槽形不等高断面梁，由于纵梁中部受到的弯曲力矩最大，故中部断面高度最大，由此向两端断面高度则逐渐减小。这样，可使应力分布较均匀，同时又减小了质量。在左右纵梁上各有100多个装置用孔，用以安装转向器、钢板弹簧、油箱、储气罐、蓄电池等的支架。横梁一般也用钢板冲压成槽形，为增强车架的抗扭强度，有时采用管形或箱形断面的横梁。

图3-2-1 东风EQ1090E边梁式车架

东风EQ1090E型商用车的前横梁上装置冷却水散热器，横梁作为发动机的前悬置支座。由于该车是长头商用车，因此横梁制成下凹形，使发动机位置应尽可能低些，以改善驾驶员的视野。在横梁的上面装有驾驶室的后悬置，在其下面装有传动轴中间轴承支架。由于传动轴安装位置的需要，横梁做成拱形，其余横梁都做成简单的直槽形。后横梁上装有拖带挂车用的拖钩部件，后横梁要承受拖钩传来的很大的作用力，因此用角横梁增加强度。

边梁式车架也可以用于高级轿车和越野车，为了降低重心高度和提高车架的扭转刚度，车架短而宽并通常制成前窄后宽而后部向上弯曲的车架结构，两根横梁制成X形或梯形，如图3-2-2所示。

2. 中梁式车架

中梁式车架由一根位于中央贯穿前后的纵梁和若干根横向悬伸托架组成，因此也称为脊骨式车架，如图3-2-3所示。

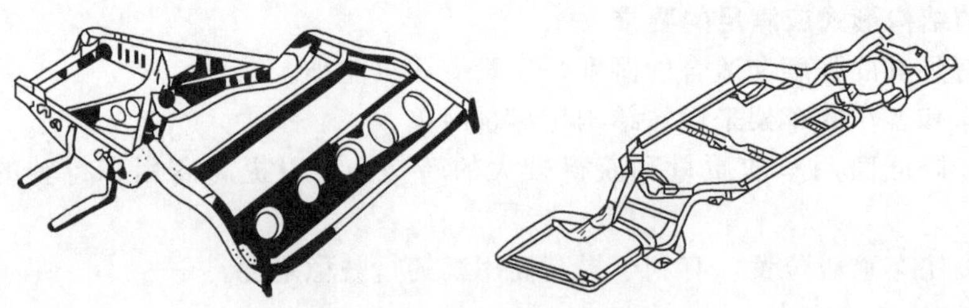

图 3-2-2　X形或梯形轿车车架

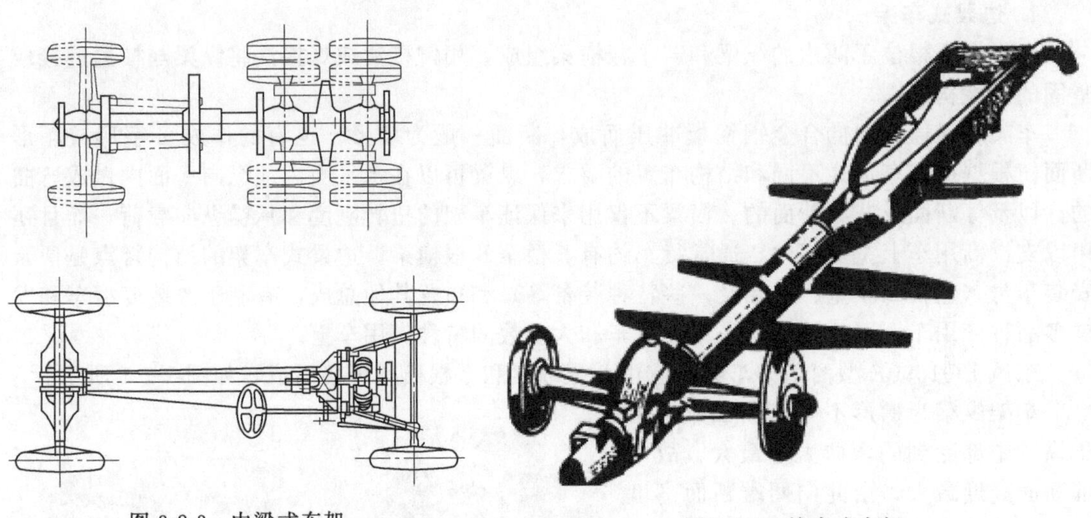

图 3-2-3　中梁式车架

图 3-2-4　综合式车架

中梁的断面可做成管形或箱形，传动轴从中梁内穿过，主减速器通常固定在其尾端。中梁前端悬伸托架用以安装发动机，中梁中后端悬伸托架（图中未画出）则用来布置车身及其他总成。中梁式车架有较大的扭转刚度，并使车轮有较大的运动空间，便于采用独立悬架和获得大的转向角。但其制造工艺复杂，精度要求高，维修不方便。因此，只是在某些货车上被采用。

3. 综合式车架

车架前部是边梁式，而后部是中梁式，这种车架称为综合式车架（也称复合式车架）。它同时具有中梁式和边梁式车架的特点，如图 3-2-4 所示。

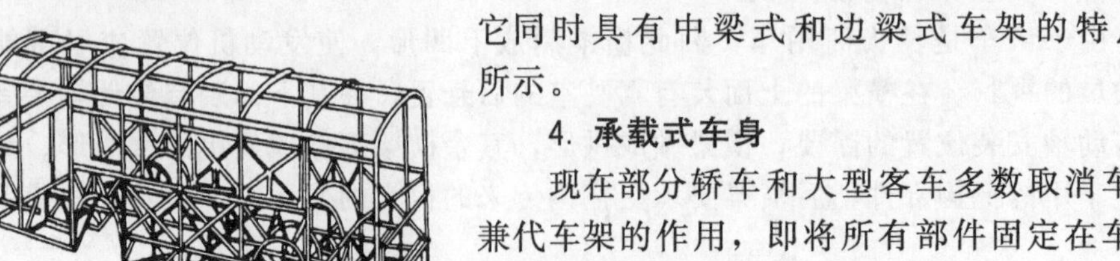

图 3-2-5　承载式车身

4. 承载式车身

现在部分轿车和大型客车多数取消车架，而以车身兼代车架的作用，即将所有部件固定在车身上，所有的力也由车身来承受，这种车架称为无梁式车架，也称为承载式车身，承载式车身结构如图 3-2-5 所示。

公共商用车及长途大客车，多数采用全金属承载式车身，其中大部分是有骨架式，而无骨架承载式车身在一部分大客车采用。承载式车身由于无车架，整车质量减轻，地板高度降低，乘客上、下车更加方便，因此应用非常广泛。

二、车桥

（一）车桥的功用与类型

1. 车桥的功用

车桥通过悬架与车架（或承载式车身）相连，两端安装车轮。车桥的功用是传递车架（或承载式车身）与车轮之间各方向的作用力及其产生的力矩。

2. 车桥的类型

根据车辆悬架类型以及车轿的作用不同，车桥的类型如下。

(1) 按悬架结构的不同可分为整体式和断开式两种。断开式车桥为活动关节式结构，它与独立悬架配合使用；整体式车桥的中部是刚性实心或空心梁。它多配用非独立悬架。

(2) 按车轮所起作用的不同可分为转向桥、驱动桥、转向驱动桥和支持桥。在后轮驱动的商用车中，前桥不仅用于承载，还起到转向作用，称为转向桥；后桥不仅用于承载，还起到驱动作用，称为驱动桥。越野车和前轮驱动商用车的前桥，除了承载和转向的作用外，还兼起驱动的作用，称为转向驱动桥。只起支撑作用的车桥称为支持桥，支持桥除了不能转向外，其他功能和结构与转向桥相同。转向桥和支持桥均属于从动桥。

（二）车桥构造

1. 转向桥

转向桥承受车轮与车架之间的垂直载荷、纵向的道路阻力、制动力和侧向力以及这些力所形成的力矩，并通过转向节的摆动带动车轮偏转一定的角度以实现商用车的转向。商用车转向桥的结构大致相同，主要由前轴、转向节、主销和轮毂等部分组成，如图3-2-6所示。

转向桥可以与独立悬架匹配，也可以与非独立悬架匹配。东风 EQ1090E 型商用车为非独立悬架商用车转向桥，如图 3-2-7 所示。

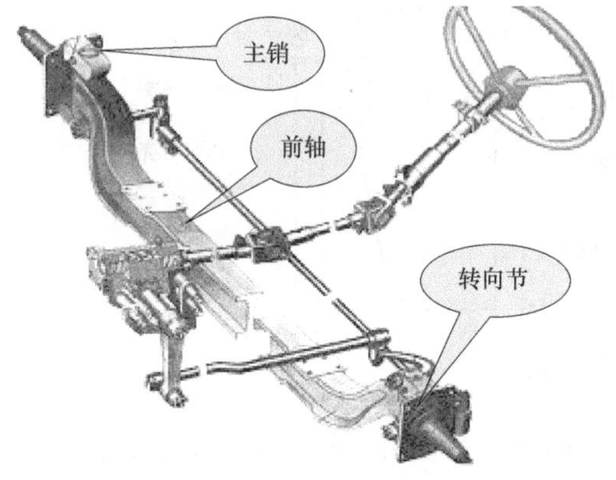

图 3-2-6 转向桥的组成

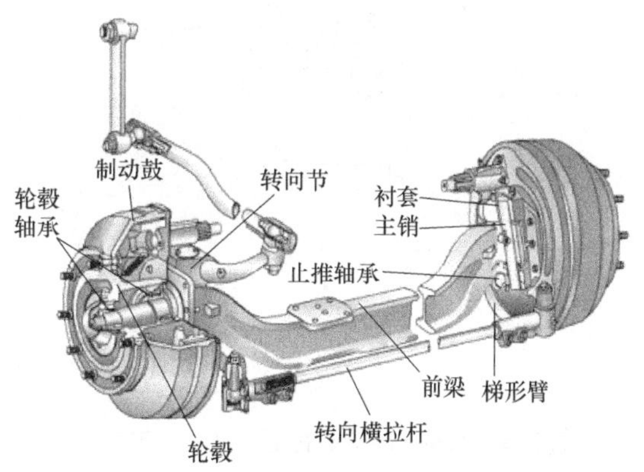

图 3-2-7 东风 EQ1090E 型商用车转向桥

前轴的工字梁在两端加粗的拳部有通孔，通过主销和转向节连接。转向节前端用内外两个推力滚子轴承，与轮毂和制动毂连接，并通过锁止螺母、前轮毂轴承调整螺母与转向节安装成一体。轮毂与车轮用螺栓连接，其内端轮毂轴承采用润滑脂润滑。为防止润滑脂侵入制动鼓，影响制动功能，在内端轴承内侧装有油封和油封垫圈，外轴承外端用轮毂盖加以防尘。内外轮毂轴承的预紧度是需要调整的，方法是将调整螺母拧紧使轮毂转动困难，再将调整螺母退回 1/6～1/4 圈，感到轮毂转动灵活即可。调好后用锁止垫圈、锁圈和锁紧螺母锁紧即可，前轴工作时主要承受垂直弯矩，因而前轴采用工字形断面以提高前轴的抗弯强度，

同时减轻自重，另外在车辆制动时，前轴还要承受转矩和弯矩，因此从弹簧处逐渐由工字形断面过渡到方形（或圆形）断面，以提高扭转刚度，同时保持断面的等强度。在前轴上平面加工有钢板弹簧座，其平面略高于前轴平面，并通过U形螺栓将钢板弹簧固定，左右两端安装转向节，转向节两耳部有通孔，通过主销与前轴两端相接。主销的中部切有凹槽，安装时用主销固定螺栓与它上面的凹槽配合，将主销固定在前轴的拳形孔中。主销与转向节上的销孔是动配合，以便转向节绕着主销摆动以实现车轮的转向。转向节内端两耳部通孔内压入减摩青铜衬套，销孔端部用盖板封住，并通过转向节上的滑脂嘴注入润滑脂。下耳与前轴拳部之间装有止推轴承，减少转向阻力，使转向轻便；上耳与前轴拳部之间装有调整垫片，用来调整转向节叉的轴向间隙。靠转向节根部有一方形凸缘，用以固定制动底板。左转向节两耳上端的锥形孔用来安装转向节上臂，下端的锥形孔分别用以安装左右转向梯形臂。

2. **转向驱动桥**

转向驱动桥具有转向和驱动两种功能。结构既包括一般驱动桥具有的主减速器、差速器及半轴等基本部件，也包括一般转向桥所具有的前轴、转向节、主销和轮毂等部件，如图3-2-8所示。

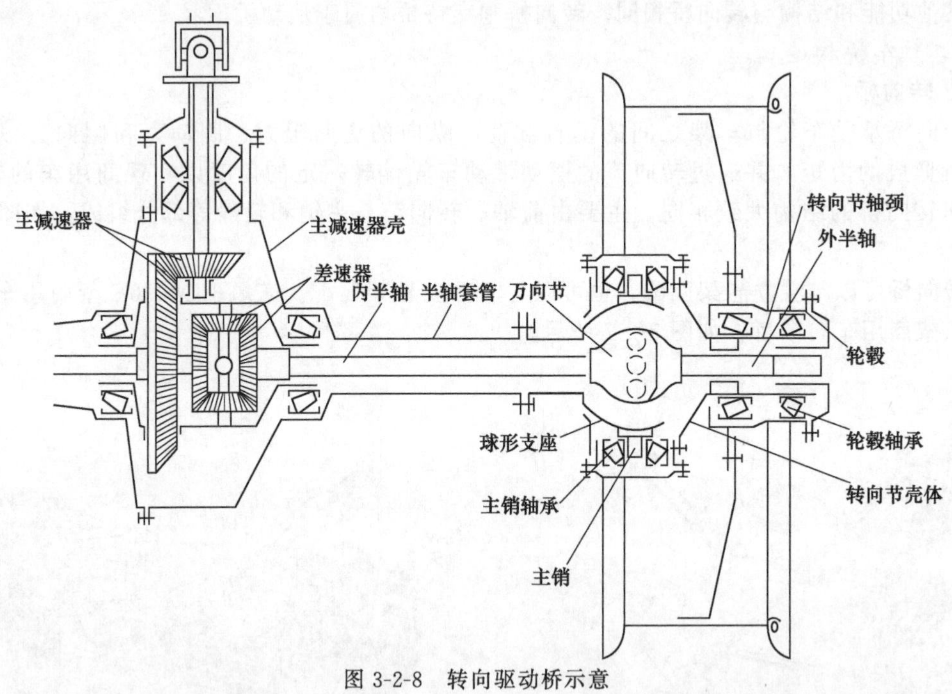

图 3-2-8　转向驱动桥示意

转向驱动桥与单纯的驱动桥、转向桥相比，其不同之处是，由于转向所需要半轴被分为两段，分别叫内半轴（与差速器相连接）和外半轴（与轮毂连接），二者用等角速万向节连接起来。同时，主销也因此分成上下两段，分别固定在万向节的球形支座上。转向节轴颈做成空心，以便外半轴从中穿过。转向节的连接叉是球状转向节壳体，既满足了转向的需要，又适应了转向节的传力。转向驱动桥广泛地应用到全轮驱动的商车上。

3. **支持桥**

支持桥通常只起支承作用，属于从动桥。前轮驱动商用车的后桥和三轴商用车的中桥通常都设计成支持桥，挂车上的车桥也是支持桥。商用车支持桥的结构简单，主要由车轴和轮毂等部分组成，如图 3-2-9 所示。

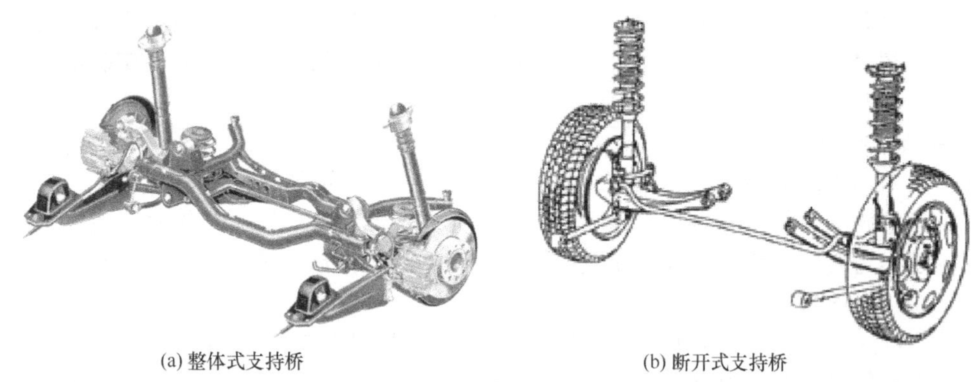

(a) 整体式支持桥　　(b) 断开式支持桥

图 3-2-9　断开式支持桥

三、车轮定位

（一）车轮定位的定义

为了保证商用车直线行驶的稳定性和操纵的轻便性，减少轮胎和其他机件的磨损，转向车轮、转向节、前轴三者与车架的安装应保持一定的相对位置关系，这种安装位置称为转向车轮定位，也称前轮定位。

（二）前轮定位参数

1. 主销后倾角 γ

主销后倾角是转向轴线向后倾斜的角度。主销后倾角是从商用车纵向平面观察时，测量转向轴线至垂直线之间的角度而得，用 γ 表示。如图 3-2-10 所示。

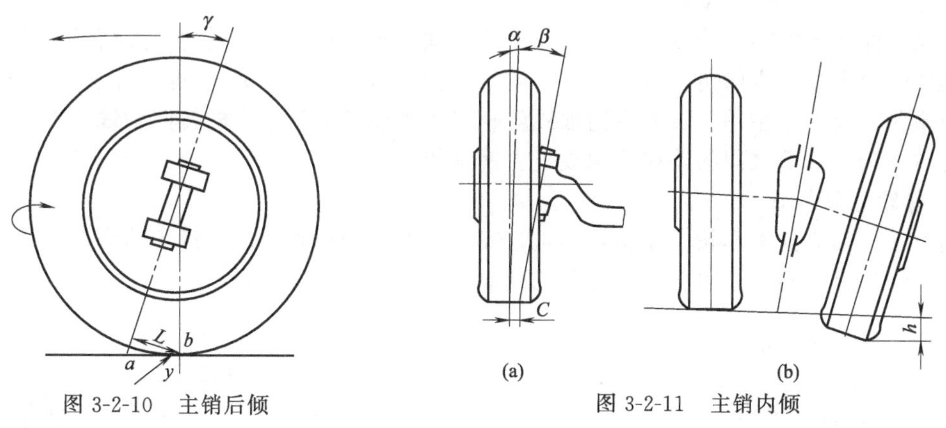

图 3-2-10　主销后倾　　图 3-2-11　主销内倾

从垂直线向后倾斜，称为正主销后倾角；向前倾斜则称为负主销后倾角。转向轴线的中心线与地面有一个交点，轮胎与路面接触面有一个中心点，该点到转向轴中心线之间的距离 L 称为主销后倾移距。

主销后倾角 γ 能形成回正的稳定力矩：如果车辆具有正主销后倾角，当商用车直线行驶时，若转向轮偶然受到外力作用而稍有偏转（例如向右偏转，如图中箭头所示），将使商用车行驶方向向右偏离。这时，由于商用车本身离心力的作用，侧向推力就会对车轮形成绕主销轴线作用的力矩 M（$M=yL$），其方向正好与车轮偏转方向相反。在此力矩作用下，将使车轮恢复到原来中间的位置，从而保证了商用车稳定的直线行驶。但此力矩不宜过大，否则在转向时为了克服此稳定力矩，驾驶员须在转向盘上施加较大的力（即所谓转向盘沉重）。

主销后倾角 γ 愈大，车速愈高，力矩 M 愈大，转向轮偏转后自动回正的能力也愈强。一般 γ 角不超过 2°～3°。主销后倾角一般是将前轴连同悬架安装在车架上，使前轴向后倾斜而形成的。

2. 主销内倾角 β

在商用车的横向平面内（商用车的前后方向），主销上部向内倾斜一个角度，这个主销轴线与垂线之间的夹角 β 称为主销内倾角，车辆向左或向右转向时，车轮会围绕主销轴线转动，该轴线称为转向轴线。在减振器上支撑轴承和下悬架臂球节之间，画一条假想直线，也是转向轴线，如图 3-2-11（a）所示。

主销内倾角有使车轮自动回正的作用，如图 3-2-11（b）所示。当转向车轮在外力作用下由中间位置偏离左右一个角度时，车轮的最低点将陷入路面以下 h 处，但实际上车轮边缘不可能陷入路面以下，而是将转向轮连同整个商用车前部向上抬起一个相应的高度 h，这样商用车本身的重力有使转向轮恢复到原来中间位置的效应，即能自动回正，主销内倾角愈大或转向轮偏转角愈大，商用车前部就被抬起得愈高，转向轮自动回正的作用就愈大。

主销内倾角的另一个作用是使转向轻便，见图 3-2-11（a），由于主销的内倾使得主销轴线与路面的交点到车轮中心平面与地面交线的距离 C 减小，转向时路面作用在转向轮上的阻力矩减小（因为臂 C 减小），从而可降低转向时驾驶员加在转向盘上的力使转向操作轻便，同时也可以减小因路面不平而从转向轮传到转向盘上的冲击力。但 C 值也不宜过小，即内倾角不宜过大，否则在转向时，车轮绕主销偏转的过程中，轮胎与路面间将产生较大的滑动，因而增加了轮胎与路面的摩擦阻力，这不仅使转向变得很沉重，而且加速了轮胎的磨损。故一般内倾角大于 8°，距离 C 一般为 40～60mm。但在一些发动机前置、前轮驱动的轿车上，为了使汽车具有良好的行驶稳定性，其主销内倾角均较大，如奥迪 100 型轿车为 14.2°；天津夏利 TJ7100 型轿车为 12°±30′。

主销内倾角通过前梁的设计来保证，由机械加工来实现。加工时将前梁两端的主销轴线上端内倾斜就形成了内倾角。悬架类型不同，转向轴线结构有可能不同。对于非独立悬架，车桥每端都装有一个主销。转向主销轴线就相当于其他类型悬架中的转向轴线：在独立悬架中，上球节与下球节之间的连线便构成了主销轴线。

3. 前轮外倾角 α

由汽车前后方向看车轮，轮胎并非垂直安装，而是稍微倾斜。在汽车的横向平面内，前轮中心平面向外倾斜一个角度 α 称为前轮外倾角，如图 3-2-12 所示。

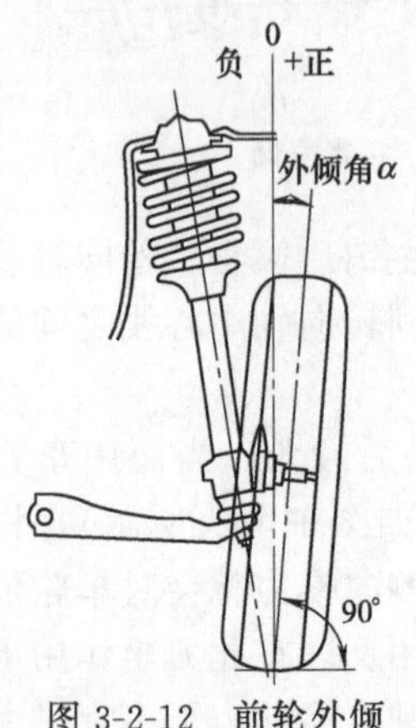

图 3-2-12　前轮外倾

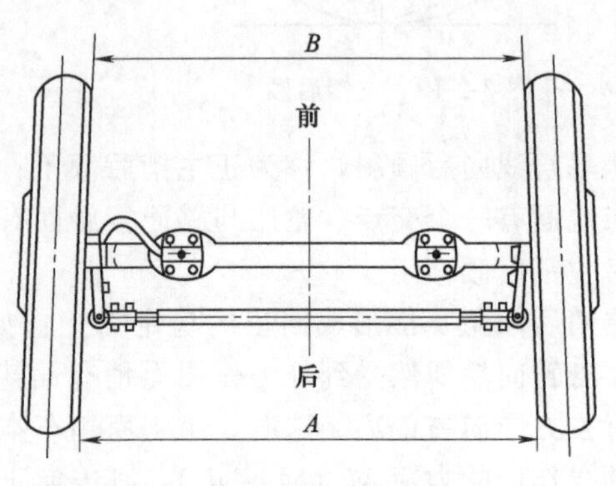

图 3-2-13　车轮前束

轮胎呈现“八”字形张开时称为负外倾，而呈现“V”字形张开时称正外倾。前轮外倾角具有提高转向操纵轻便性和车轮工作安全性的作用。为了使轮胎磨损均匀和减轻轮毂外轴承的负荷，安装车轮时预先使其有一定的外倾角，以防止车轮内倾。如果空车时车轮的安装正好垂直于路面，则满载时车桥将因承载变形而可能出现车轮内倾，这样将加速商用车轮胎的偏磨损。另外，路面对车轮的垂直反作用力沿轮毂的轴向分力将使轮毂压向轮毂外端轴承，加重了外端轴承及轮毂紧固螺母的负荷，降低它们的使用寿命，严重时会损坏外端的锁紧螺母而使车轮松脱，造成交通事故。

外倾角也不宜过大，否则也会使轮胎产生偏磨损。前轮的外倾角是在转向节的设计中确定的。设计时使转向节轴颈的轴线与水平面成一角度，该角度即为前轮外倾角。在使用不同斜交轮胎的时期，由于使轮胎倾斜触地便于转向盘的操作，所以外倾角设计得比较大。随着商用车装用的扁平子午线不断普及，并由于子午线轮胎的特性（轮胎花纹刚性大，胎体比较软，外胎面宽），若设定较大外倾角，会使轮胎偏磨，缩短轮胎的使用寿命。现在的商用车一般都将外倾角设定为10°左右。为改善前桥的稳定性，早期商用车的车轮采用正外倾角，使轮胎与地面成直角，防止在中间高于两边的路面上行驶时，轮胎不均匀磨损。在现代商用车中，由于悬架和车桥比过去的坚固，加之路面平坦，在车轮调整上，倾向于采用接近零度的外倾角，某些车辆甚至采用负外倾角，以改善转向性能。

4. 车轮前束

俯视车轮，汽车的两个前轮的旋转平面并不完全平行，而是稍微带一些角度，这种现象称为前轮前束。在通过两前轮中心的水平面内，两前轮的前边缘距离 B 小于两前轮后边缘距离 A，A-B 之差称为前轮前束，如图 3-2-13 所示。像内八字一样前端小后端大的称为前束，而像外八字一样后端小前端大的称为后束或负前束。

前轮前束的作用是为了消除由车轮外倾而引起的前轮“滚锥效应”。即车轮有了外倾角后，在滚动时，就类似于圆锥滚动，从而导致两侧车轮向外滚开。由于转向横拉杆和车桥的约束使车轮不可能向外滚开，车轮将在地面上出现边滚边向内滑移的现象，从而增加了轮胎的磨损。为了消除车轮外倾带来的这种不良后果，在安装车轮时，使商用车两前轮的中心平面不平行，两轮前边缘距离 B 小于后边缘距离 A。这样可使车轮在每一瞬时滚动方向接近于向着正前方，从而在很大程度上减轻和消除了由于前轮外倾而产生的不良后果。

（三）后轮定位参数

1. 后轮外倾角

像前轮外倾角一样，后轮外倾角也对轮胎磨损和操纵性有影响。后轮的负外倾角可增加车轮接地点的跨度，增加汽车的横向稳定性。

后轮外倾角不是静态的，它随悬架的上下移动而变化。车辆加载后悬架下沉就会引起车轮外倾角改变。为了对载荷进行补偿，采用独立后悬架的大多数车辆常有一个较小的正后轮外倾角。滑柱筒破坏或错位、滑柱弯曲、上控制臂衬套破坏、上控制臂弯曲、弹簧压缩或悬架过载都会使后轮外倾角产生变成负外倾角的趋势；转向节弯曲、下控制臂弯曲会使后轮外倾角过大。

2. 后轮前束

后轮前束也是后轮定位的非常重要项目，后轮前束可抵消汽车高速行驶且驱动力较大时，车轮出现的负前束（前张），减少轮胎的磨损。

像后轮外倾角一样，后轮前束也不是一个静态量。悬架摇动和反弹时它就要起变化。滚动阻力和发动机转矩对它也有影响。对于前驱动车辆，前驱动轮宜前束，后从动轮宜负前束。后驱动车辆则相反，前轮宜负前束，独立悬架的后驱动轮应尽可能为前束。当汽车在路面上行驶时，最理想的状态是所有车轮的运动前束量均为零。如果后轮前束不符合技术要求，就要影响轮胎磨损和转向稳定性。

四、车架和车桥的维护及维修要点

车架和车桥的技术状况会直接影响商用车的各项性能，因此，对于商用车车桥要按规定的维护里程进行维护，并对故障及时诊断、排除。

（一）车桥的维护

车桥的维护主要包括三个方面的内容。

1. 检查车桥漏油

主要是检查驱动桥、转向驱动桥的相关部位是否有漏油的地方，检查方法和内容同手动变速驱动桥的漏油检查。

2. 检查车桥部位的螺栓、螺母是否松动

用扭力扳手按规定力矩将螺栓、螺母重新紧固。

3. 前轮定位的检查和调整

一般是采用四轮定位仪检查车轮外倾角、主销内倾角、主销后倾角、前束值，并调整到符合标准值。

（二）车架和车桥的维修要点

车架纵梁直线度允许误差为1000mm长度上不大于3mm。车架扭转通常采用对角线法进行测量。如图3-2-14所示，分段测量车架各段对角线1-1、2-2、3-3、4-4长度差，不应超过5mm。车架弯曲的检查可以通过拉线、直尺等来测量、检查。

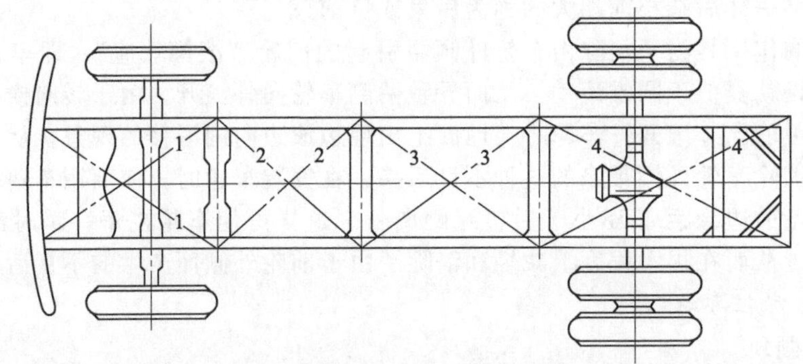

图3-2-14　车架扭曲变形的检查

五、车架和车桥常见故障的诊断与排除

（一）车架常见故障的诊断与排除

车架常见的损伤形式有变形、裂纹、腐蚀、连接松旷。

1. 车架的变形

由于车架是商用车的装配基体，并承受各种载荷的作用，在某些情况下有可能出现车架的弯曲和扭转变形。车架的变形会导致商用车各总成之间的装配、连接位置发生变化，使得各系统出现故障。车架的变形通常是由于车辆受到撞击而产生的。而承载式车身由于没有车架，车身壳体由薄板类构件焊装起来，直接承受各方向的作用力。与车架相比刚性较低，因此，碰撞事故发生时，对整体变形的影响都比较大。碰撞冲击波作用于各构件，并在传递过程中被不断地吸收、衰减，最终在各部位以变形体现出来，一般要检查车架上平面和侧平面

的直线度误差。如果车架的各项形位误差超过标准值，则应进行校正。

2. **车架的裂纹**

为了商用车整体布局、安装的需要，车架常要制成各种形状，在形状急剧变化的地方往往会由于应力集中而导致裂纹、断裂，所以早期发现车架的裂纹对于商用车的安全非常重要。车架使用过程中，由于受到交变载荷的影响，容易产生裂纹。

当车架出现裂纹时，应根据裂纹的长短及所在部位的不同，采取不同的修复方法：微小的裂纹采用焊修的方法，裂纹较长但未扩展至整个断面，且受力不大的部位，应先进行焊修，再用三角形腹板进行加强，如图 3-2-15 所示。采用焊修法时，焊修前应清洁除锈，彻底清除接头两侧的旧漆层；在裂纹两端开坡口；选用碱性的低氢焊条。

如果裂纹已扩展到整个断面，或虽未扩展到整个断面但在受力较大的部位时，应先对裂纹进行焊修，然后用角形或槽形腹板进行加强，如图 3-2-16 所示。加强腹板在车架上的固定以铆接、焊接或铆焊结合。采用铆接方法时，铆钉孔应上下交错排列。采用铆焊结合的方法时，应先铆后焊，以免降低铆接质量。采用焊接方法时，应尽量减少焊接部位的应力集中。

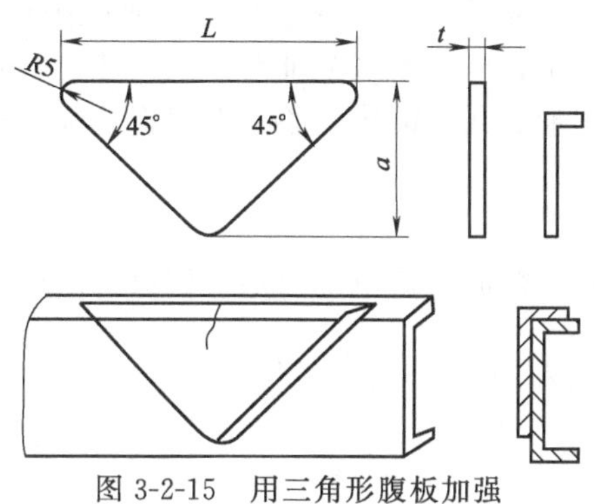

图 3-2-15 用三角形腹板加强

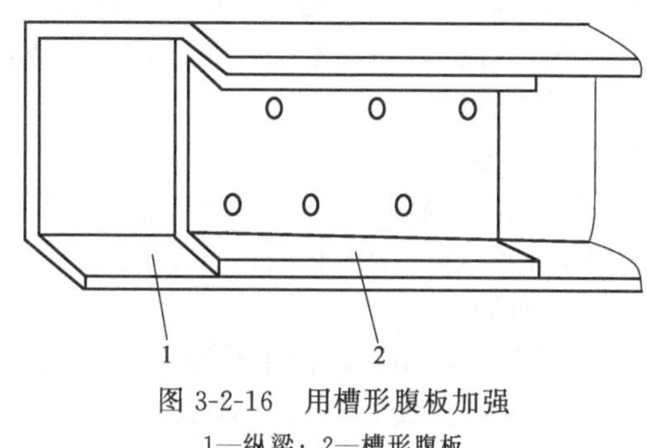

图 3-2-16 用槽形腹板加强

1—纵梁；2—槽形腹板

3. **车架腐蚀**

恶劣的工作环境往往会使商用车车架锈蚀，路面不平产生的冲击振动会使螺栓、铆钉等连接松动。车架腐蚀应涂上漆层，严重时应更换。

4. **连接松旷**

车架纵、横梁连接铆钉松动后，将影响车架的刚度和弹性。修理时应取掉松动的铆钉，重新铆铆钉。

（二）车桥常见故障的诊断与排除

1. **转向沉重**

（1）现象　商用车转向时，转动转向盘感到沉重费力，并且没有回正感。

（2）原因

① 转向节臂变形。

② 转向节止推轴承缺油或损坏。

③ 转向节主销与衬套间隙过小或缺油。

④ 前轴或车架变形引起前轮定位失准。

⑤ 轮胎气压不足。

（3）诊断　诊断时先支起前桥，用手转动转向盘，若感到转向很容易，不再有转动困难的感觉，这说明故障部位在前桥与车轮。因为支起前桥后，转向时已不存在车轮与路面的摩擦阻力，而只是取决于转向器等的工作状况。此时应仔细检查前轮胎气压是否过低，前轴有无变形；同时也要考虑检查前钢板弹簧是否良好，车架有无变形。必要时，检查车轮定位角度是否正确。

2. 低速摆头

(1) 现象　商用车低速直线行驶时前轮摇摆，感到方向不稳。转弯时大幅度转动转向盘，才能控制商用车的行驶方向。

(2) 原因

① 转向节臂装置松动。

② 转向节主销与衬套磨损松旷。

③ 轮毂轴承间隙过大。

④ 前束过大。

⑤ 轮毂螺栓松动或数量不全。

(3) 诊断　前轮低速摆头和转向盘自由空程大，一般是各部分间隙过大或有连接松动现象，诊断时应采用分段区分的方法进行检查。可支起前桥，并用手沿转向节轴轴向推拉前轮，凭感觉判断是否松旷。若松旷，说明转向节主销与衬套的配合间隙过大或前轴主销孔与主销配合间隙过大。若此处不松旷，说明前轮毂轴承松旷，应重新调整轴承的预紧度。若非上述原因，应检查前轮定位是否正确，检查前轴是否变形。如果前轮轮胎异常磨损，则应检查前束是否正确。

3. 高速摆振

(1) 现象　随着车速的提高，摆振逐渐增大；在某一较高车速范围内出现摆振，出现行驶不稳，甚至还会造成转向盘抖动。

(2) 原因

① 轮毂轴承松旷，使车轮歪斜，在运行时摇摆。

② 轮盘不正或制动鼓磨损过度失圆，歪斜失正。

③ 使用翻新轮胎。

④ 转向节主销或止推轴承磨损松旷。

⑤ 横、直拉杆弯曲。

⑥ 前轮定位值调整不当。前束失调，两前轮主销后倾角或内倾角不一致等，商用车向前行驶时，前轮摇摆晃动。

⑦ 车轮不平衡。

⑧ 转向节弯曲。

⑨ 前钢板弹簧刚度不一致。

(3) 诊断

① 在进行高速摆振故障的诊断时，应先检查前桥、转向器以及转向传动机构连接是否松动，悬架弹簧是否固定可靠。

② 支起驱动桥，用楔块固定非驱动轮，启动发动机并逐步换入高速挡，使驱动轮达到产生摆振的转速。若这时转向盘出现抖动，说明是传动轴不平衡引起的，应拆下传动轴进行检查；若此时不出现明显抖动，则说明摆振原因在商用车转向桥部分。

③ 怀疑摆振的原因在前桥部分时，应支起前桥试转车轮，检查车轮是否晃动，车轮静平衡是否良好以及车轮轮辋是否偏摆过大。

④ 检查车架是否变形，铆钉有无松动以及前轴是否变形。另外还需检查前钢板弹簧的刚度。

⑤ 检查前轮定位是否正确。

⑥ 检查高速摆振的故障，有时还需借助一定的测试仪具。当缺少必要的测试仪具时，也可以采用替换法。例如在怀疑某车轮有动不平衡时，可以另换一车轮试验，或者将可能引起的高速摆振的车轮拆装到不发生摆振的车辆上进行对比试验。

4. 行驶跑偏

（1）现象　商用车在直线行驶时必须紧握转向盘，方能保持直线行驶。若稍放松转向盘，商用车会自动偏向一边行驶。

（2）原因

① 前轮定位值不正确，前束调整不当，过大或过小。

② 左、右前轮主销后倾角或车轮外倾角不相等。

③ 制动鼓与制动蹄摩擦片间隙调整不均匀，一边过紧，一边过松。

④ 钢板弹簧一边折断，造成两边弹力不等。

⑤ 转向节或转向节臂弯曲变形。

⑥ 前轴或车架弯曲或扭转。

⑦ 左右两边轮胎气压不相等。

⑧ 前轮毂轴承调整不当，左、右轮毂轴承松紧度不一致。

（3）诊断

① 检查左、右前轮轮胎气压是否一致；如果是在换上新轮胎后出现跑偏现象，则应检查左、右轮胎规格以及轮胎花纹是否一致。

② 用手触摸一下跑偏一侧的制动鼓和轮毂轴承部位是否发热。若发热，说明制动拖滞或是车轮轮毂轴承调整过紧，造成一边紧一边松的现象。

③ 测量左右轴距是否相等。

④ 检查前钢板弹簧有无折断，前轴是否变形。

⑤ 若以上均属正常，应对前轮定位进行检查调整。

第三节　车轮与轮胎

车轮与轮胎又称车轮总成，商用车车轮总成如图 3-3-1 所示，位于车桥与路面之间，是行驶系的重要部件。几乎所有的商用车行驶性能都与轮胎有关。

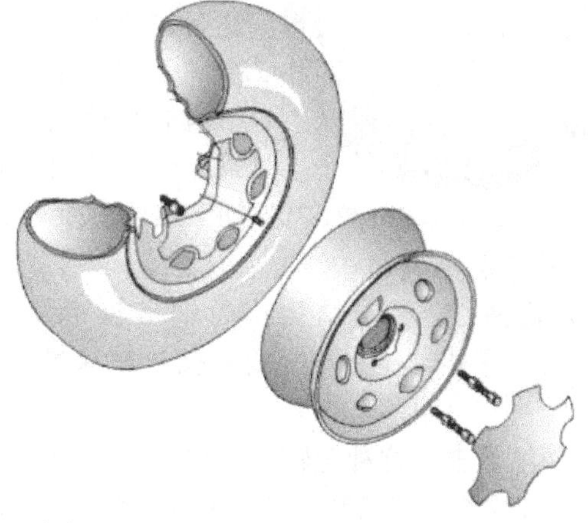

图 3-3-1　车轮总成

一、车轮

（一）车轮的组成及分类

车轮是介于轮胎和和车轴之间所承受负荷的旋转组件，通常由两个主要部件轮辋和轮辐组成（GB/T 2933—2009）。轮辋是在车轮上安装和支承轮胎的部件，轮辐是在车轮上介于车轴和轮辋之间的支承部件。车轮除上述部件外，有时还包含轮毂。

车轮的结构分类如下。

① 按轮辐的构造，车轮可分为辐板式车轮和辐条式车轮。

② 按车轮材质，可分为钢制、铝合金、镁合金等车轮。

③ 按车轴一端安装一个或两个轮胎：可分为单式车轮和双式车轮。

1. 辐板式车轮

辐板式车轮由挡圈、轮辋、辐板和气门嘴伸出口组成，如图 3-3-2 所示。车轮中用以连接轮毂和轮辋的钢质圆盘称为辐板，轿车的辐板所用板料较薄，常冲压成起伏多变的形状，以提高其刚度。货车辐板式车轮如图 3-3-3 所示。辐板上的孔可以减轻质量，有利于制动鼓的散热，方便于接近气门嘴，同时可作为安装时的把手处。6 个孔加工成锥形，以便在用螺栓把辐板固定在轮毂上时对正中心。少数重型商用车辐板和轮毂采用铸成一体。

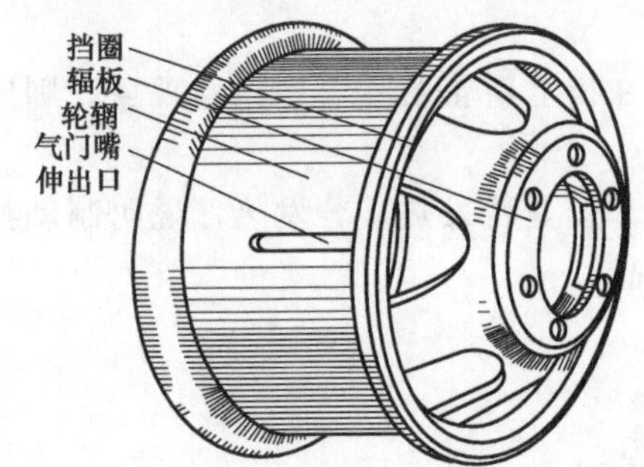

图 3-3-2　辐板式车轮的组成

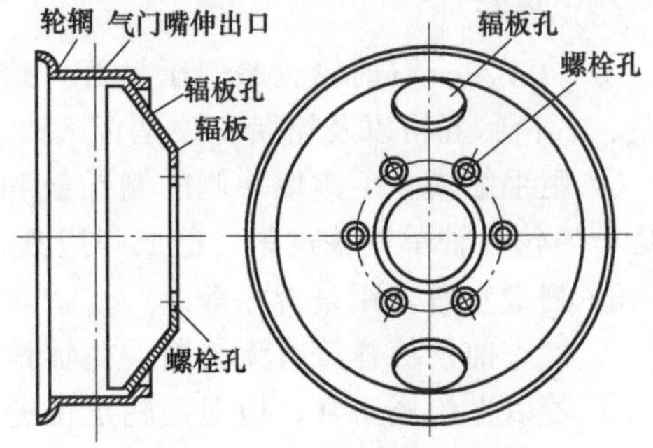

图 3-3-3　货车辐板式车轮

2. 辐条式车轮

图 3-3-4　辐条式车轮

辐条式车轮（如图 3-3-4 所示）的轮辐是钢丝辐条或者是和轮毂铸成一体的铸造辐条。商用车上并不常用。现代商用车的轮辐多种多样，与商用车造型融为一个整体，对整车起到了很好的装饰作用，也有利于制动器的散热。铸造辐条式车轮用于装载质量较大的重型商用车上。在这种结构的车轮上，轮辋是用螺栓和特殊形状的衬块固定在辐条上，为了使轮辋和辐条很好的对中，在轮辋和辐条上都加工出配合锥面。

（二）车轮的构造

（1）轮辋的分类与结构　轮辋常见形式主要有两种：深槽轮辋和平底轮辋，如图 3-3-5所示。此外，还有对开式轮辋、半深槽轮辋、深槽宽轮辋、平底宽轮辋、全斜底轮辋等。

① 深槽轮辋　这种轮辋主要用于轿车及轻型越野车，商用车用得不多。它有带肩的凸缘，用以安放外胎的胎圈，其肩部通常略向中间倾斜，其倾斜角一般是 5°±1°，倾斜部分的最大直径即称为轮胎胎圈与轮辋的着合直径。为便利外胎的拆装，断面的中部制成深凹槽。

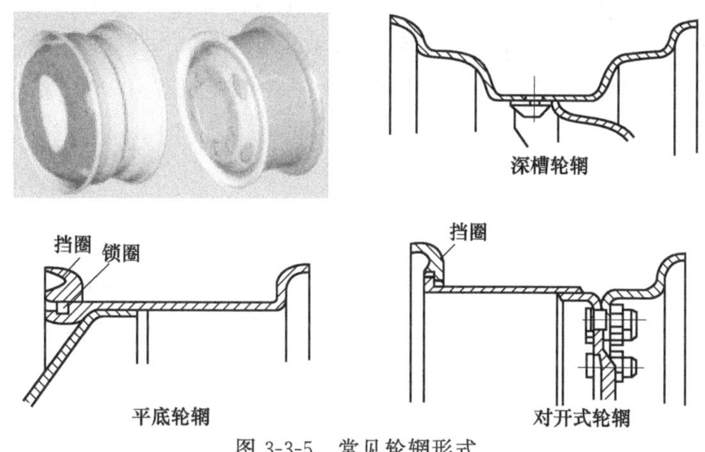

图 3-3-5 常见轮辋形式

深槽轮辋的结构简单，刚度大，质量较小，对于小尺寸弹性较大的轮胎最适宜，但是尺寸较大、较硬的轮胎则很难装进这样的整体轮辋内。

② 平底轮辋 这种轮辋的结构形式很多，是我国货车常用的一种形式。挡圈是整体的，而用一个开口锁圈来防止挡圈脱出，在安装轮胎时，先将轮胎套在轮辋上，而后套上一挡圈，并将它向内推，直至越过轮辋上的环形槽，再将开口的弹性锁圈嵌入环越过轮辋上的环形槽，再将开口的弹性锁圈嵌入环形槽中。东风 EQ1090E 和解放 CA1091 型商用车均采用这种形式的轮辋。

③ 对开式轮辋 这种轮辋由内外两部分组成，其内外轮辋的宽度可以相等，也可以不相等，二者用螺栓连成一体。拆装轮胎时拆卸螺栓上的螺母即可。挡圈是可拆的。有的无挡圈，而由与内轮辋制成一体的轮缘代替挡圈的作用，内轮辋与辐板焊接在一起。东风 EQ2080 商用车即采用这种形式的轮辋。

除了深槽轮辋和平底轮辋以外，还有半深槽轮辋，一般用于轻型货车上。由于轮辋是轮胎的装配和固定基础，当轮胎装入不同轮辋时，其变形位置与大小也发生变化。因此，每种规格的轮胎，最好配用规定的标准轮辋，必要时也可配用规格与标准轮胎相近的轮辋（容许轮辋）。如果轮辋使用不当，会造成轮胎早期损坏，特别是使用于过窄的轮辋近几年来，为了适应提高轮胎负荷能力的需要，开始采用宽轮胎，实验表明，采用宽轮辋可以提高轮胎的使用寿命，并可改善商用车的通过性和行驶稳定性。

(2) 国产轮辋规格的表示方法

① 国产轮辋轮廓类型及其代号 目前，轮辋轮廓类型有 7 种；深槽轮辋；代号 DC；深槽宽轮辋；代号 WDC；半深槽轮辋；代号 SDC；平底轮辋；代号 FB；平底宽轮辋；代号 WPB；全斜底轮辋；代号 TB；对开式轮辋；代号 DT，如图 3-3-6 所示。

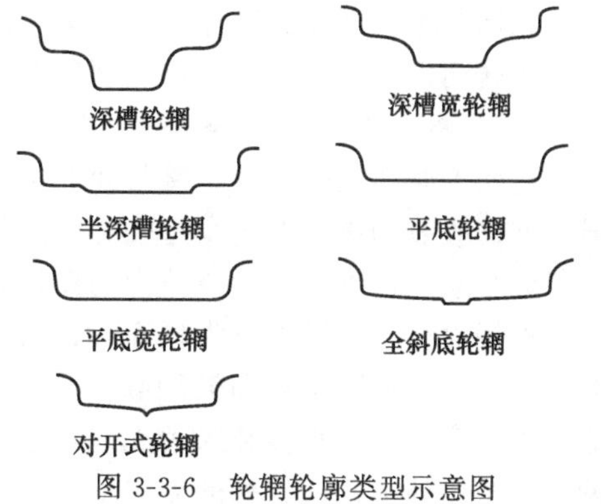

图 3-3-6 轮辋轮廓类型示意图

② 国产轮辋的规格代号 轮辋规格用轮辋名义宽度、轮辋名义直径、轮辋高度、轮辋轮廓类型及轮辋结构形式代号来表示。轮辋名义宽度和轮辋名义直径一般以英寸数表示（当新设计轮胎以 mm 表示直径时，轮辋直径用 mm 表示）。轮辋名义直径数字前面的符号表示轮辋结构形式代号。符号

“×”表示该轮辋为一件式轮辋，符号“－”表示该轮辋为两件或两件以上的多件式轮辋。在轮辋名义宽度代号之后的拉丁字母表示轮缘轮廓（如 E、F、JJ、KB、L、V 等）。有些类型的轮辋（如平底宽轮辋），其名义宽度代号代表了轮缘轮廓，不再用字母表示。最后面的代号表示轮辋轮廓类型代号。

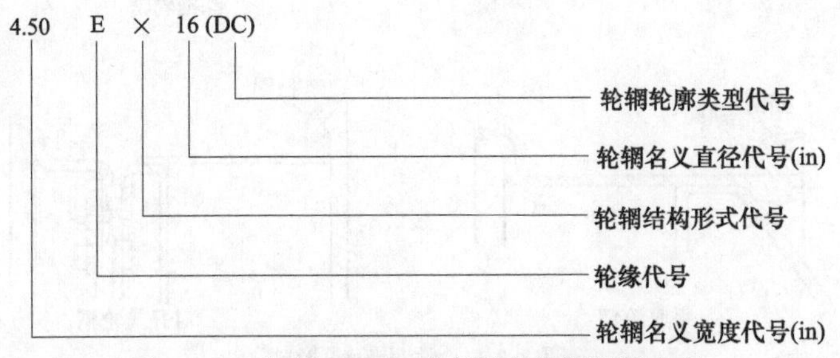

图 3-3-7　北京 BJ2020 型商用车轮辋规格含义

例如，北京 BJ2020 型商用车轮辋为 4.50E×16。表明该轮辋名义宽度为 4.5 英寸，名义直径为 16 英寸，“×”为一件式，轮缘轮廓代号为 E 为深槽轮辋（如图 3-3-7 所示）。对于平底式宽轮辋只有表示轮辋名义宽度和名义直径尺寸的数字，没有表示轮缘轮廓的拉丁字母代号。例如，东风 EQ1090 型商用车轮辋规格为 7.0-20；解放 CA1091 型商用车轮辋规格为 6.5-20。

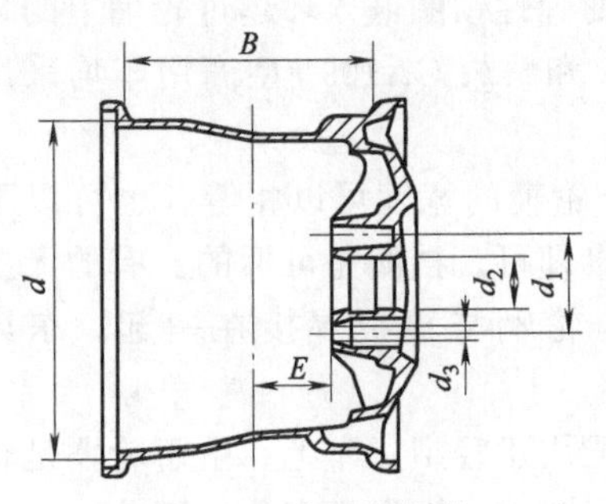

图 3-3-8　车轮的规格

d—轮辋直径；B—轮辋宽度；E—偏置量（距）；d_1—螺栓孔分布圆直径；d_2—轮毂直径；d_3—螺栓孔直径

（三）车轮的规格

车轮的规格表示如图 3-3-8 所示。除了轮辋宽度 B 和轮辋直径 d 外，还有螺栓孔的节圆直径 d_1（分布圆直径），即车轮通常用若干个螺栓安装在轮毂上，各螺栓孔中心分布圆形成直径为节圆直径，用毫米表示。车轮的另一个重要规格是偏置距 E，它表示了轮辋中心和车轮安装面之间水平距离，这是选择车轮的重要尺寸。对于发动机前置前轮驱动的商用车（FF）和发动机前置后轮驱动的商用车（FR）的车轮偏置距是不一样的，必须装用符合原车轮偏置距的车轮。此外，还有轮毂直径 d_2，螺栓孔直径 d_3。轮辋规格只表示轮胎与轮辋的匹配，而不明确是否与车身相匹配，选用时注意车身的运动校核。

二、轮胎

轮胎与地面之间的摩擦力决定了商用车的操纵性。轮胎的组成、结构和使用条件是影响商用车转向、悬架、车轮定位和制动系统的最重要的方面。

（一）轮胎的功用和类型

轮胎安装在轮辋上，直接与地面接触。轮胎其作用是：支承商用车的总质量；与商用车悬架共同吸收和缓和商用车行驶时所受到的冲击和振动，以保证商用车具有良好乘坐舒适性和行驶平顺性；保证车轮与路面的良好附着而不致打滑，使商用车行驶平稳。

按用途分，轮胎可分为轿车轮胎和载货商用车轮胎及特种用途轮胎。而载货商用车轮胎，又分为重型、中型和轻型载货商用车轮胎；按胎体结构不同可分为充气轮胎和实心轮胎。现代商用车绝大多数采用充气轮胎；按组成结构不同，又分为有内胎轮胎和无内胎轮胎两种。按胎体中帘线排列的方向不同，还可分为普通斜交轮胎和子午线轮胎。

（二）轮胎的结构

1. 有内胎轮胎

有内胎轮胎由外胎、内胎和垫带组成，通常安装在车轮可拆卸轮辋上，如图 3-3-9 所示。

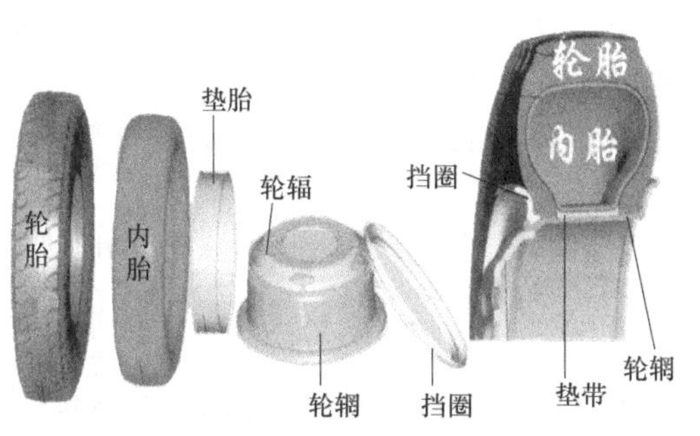

图 3-3-9　充气轮胎结构

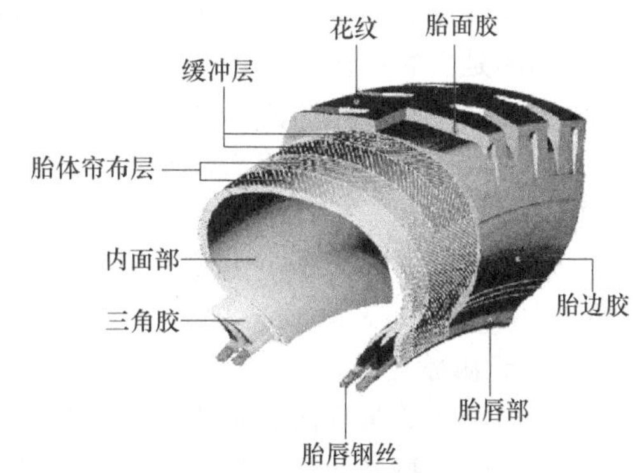

图 3-3-10　外胎结构

（1）外胎　外胎是轮胎的框架，由许多层与橡胶粘接在一起的轮胎帘线（多股平行的高强度材料层）构成。它具有足够的刚性，阻止高压空气外泄，又具有足够的弹性，以吸收载荷的变化和冲击。外胎由胎面、帘布层、缓冲层、胎圈四部分组成，如图 3-3-10 所示。胎面的外部是橡胶层，用来保护胎体免受路面造成的磨损，并与路面直接接触，产生摩擦阻力、驱动力和制动力。胎面由胎冠、胎侧、胎肩组成。

为增加轮胎的附着力，避免轮胎纵、横向打滑，保持良好的排水性能，胎冠制有各种花纹，如图 3-3-11 所示。轮胎花纹按方向可分为横向花纹和纵向花纹。横向花纹耐磨性高，防纵向滑移性能好，不易夹石，但散热性能和防横向移动性能较差，滚动阻力较大。纵向花纹散热性能好，滚动阻力小，防横向滑移性能好，而且操纵性能好、噪声小，但防纵向滑移动性能差，在泥泞路面和雨天行驶时，排水性能差，并且容易夹石，适用于高速行驶的车辆。

图 3-3-11　轮胎胎面花纹

胎肩是较厚的胎冠与较薄的胎侧间的过渡部分，一般也制有花纹，以提高该部位的散热性能。胎侧是贴在胎体帘布侧壁上的薄橡胶层。胎侧是轮胎上面积最大、弹性最强的部分，主要作用是保护胎体侧面帘布层免受损伤。在行驶过程中，胎侧在载荷作用下会不断地弯曲变形。胎侧上标有厂家名称、轮胎尺寸及其他资料。帘布层是外胎的骨架，主要材料有棉线、人造丝、尼龙、聚酯纤维和钢丝等。为了保持外胎的形状和尺寸，使其具有足够的强度，帘布层由成双数的多层帘布用橡胶贴合而成，相邻的帘线交叉排列。帘布层数越多，轮胎强度越大，而弹性越低。在帘布层与胎面之间，还有用上述材料制成的缓冲层。

缓冲层是夹在胎体与胎面之间的纤维层，它用来增强胎体与胎面的附着力，同时减弱路面传至胎体的振动。缓冲层广泛用于斜交轮胎中。大客车、货车及轻型卡车所有的轮胎都采用尼龙缓冲层；小客车所有的轮胎则采用聚酯缓冲层。

胎圈是由轮胎固定边缘上各层侧面缠绕的坚固钢丝组成，主要防止施加在轮胎上的各种作用力扯开轮辋。轮胎内的加压空气迫使轮胎边缘胀紧在轮辋边沿，使其牢固定位。

(2) 内胎　内胎是装入外胎内部的一个环形橡胶管，外表面很光滑，上面装有气门嘴，以便充气。

(3) 垫带　垫带是一个环形橡胶带，它垫在内胎和轮辋之间，保护内胎不被轮辋和胎圈磨损。

2. 无内胎轮胎

无内胎轮胎没有内胎和垫带，又称为真空胎，气体直接压入无内胎的轮胎中，要求轮胎与轮辋之间有良好的密封性，其结构如图 3-3-12 所示。

无内胎轮胎为了保证密封性，在其内壁上加了一层约为 2～3mm 的橡胶层，它是用硫化的方法黏附上去的。在橡胶密封层正对着胎面下面还贴有一层自粘层，轮胎被刺破时压力不会急剧下降，车辆仍然能继续安全行驶，但轮胎爆破时，途中修理比较困难。无内胎轮胎没有内胎，不存在内外胎的摩擦而引起损坏；它可以直接通过轮辋散热，轮胎工作温度低，使用寿命长；无内胎轮胎结构简单，质量较小。近年来无内胎轮胎应用非常广泛。

3. 轮胎规格表示方法

(1) 轮胎的规格　轮胎的规格可用外胎直径 D、轮辋直径 d、断面宽 B 和断面高 H 的名义尺寸代号表示，如图 3-3-13 所示。

我国采用国际标准，斜交轮胎的规格用 B-d 表示，斜交轮胎的尺寸 B 和 d 均用英制单位，B 是轮胎名义断面宽度代号，d 是轮辋名义直径代号。

国产子午线轮胎规格用 B-d 表示，其中 R 代表子午线轮胎（即“Radial”的第一个字母）。国产轿车子午线轮胎断面宽 B 已全部改用公制单位 mm；载货商用车轮胎断面宽面有英制单位 in 和公制单位 mm 两种。而轮辋直径 d 的单位仍用 in。

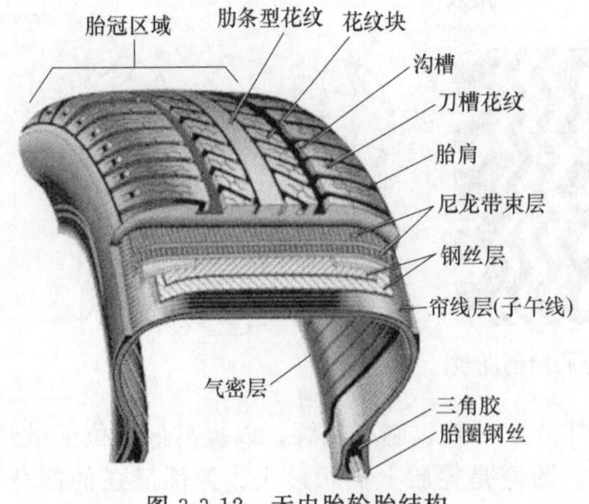

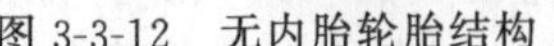
图 3-3-12　无内胎轮胎结构

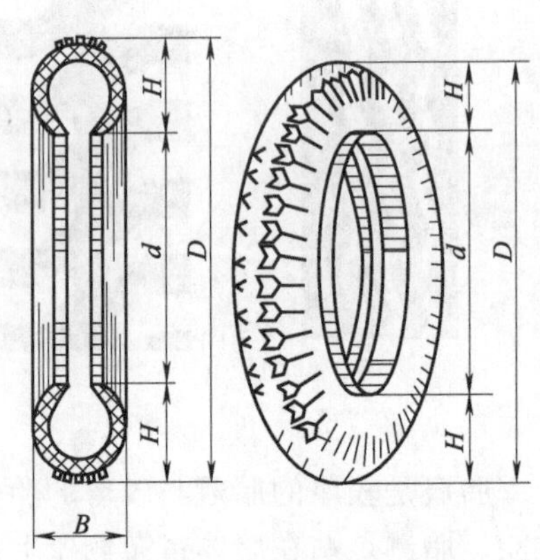

图 3-3-13　轮胎的规格代号

随着轮胎的扁平化，仅用断面宽 B 和轮辋直径 d 已不能完全表示轮胎的规格。即在断面宽 B 相同的情况下，断面高 H 随不同扁平率而变化。轮胎按其扁平率（高宽比）划分系

列，目前国产轿车子午线轮胎有 80、75、70、65、60 五个系列，数字分别表示断面高 H 是断面宽 B 的 80%、75%、70%、65%和 60%。显然，数字越小，胎越矮，即轮胎越扁平。例如：轮胎的型号为 185/60R14，表示轮胎宽度 185mm，符号“/”后面的数字 60 表示扁平率为 60%，即 $H/B \times 100=60$，字母“R”表示该轮胎为子午线轮胎，轮辋的直径为 14in (356mm)。

根据国标 GB 2977—89 规定，载货商用车普通子午线无内胎轮胎规格用 BRd 表示。有些子午线轮胎，在规格中加“TL”标志。例如：轮胎 195/70SR14TL 表示轮胎的断面宽度为 195mm，扁平率为 70%，即 $H/B \times 100=70$，轮胎速度等级为 S 级，子午线轮胎，轮辋直径为 14in（英寸），最后“TL”表示无内胎轮胎。

（2）轮胎的速度等级　商用车及轮胎性能的提高，要求轮胎的速度性能和商用车的最高速度相匹配。为此，轮胎需要表明其速度等级。一些国家采用国际标准化组织（ISO）制定的速度标号，对各种速度给定代号。该表规定的速度等级代号既适用于轿车轮胎，也适用于货车轮胎，但是含义不完全相同。对于轿车轮胎（P 到 S 级），是指不许超过的最高速度；对于货车轮胎（F 到 N 级），是指随负荷降低可以超过的参考速度，见表 3-3-1 所示。

根据国标 GB 2978—89 规定，我国轿车轮胎采用表 3-3-1 中速度标志符号及对应的最高行驶速度。同时还要求对于不同轮辋直径的轮胎，最高行驶速度应符合表中的规定。例如轿车子午线轮胎 185/70SR13 规格中的 S 即表示速度等级为 S，允许的最高行驶速度为 180km/h。

表 3-3-1　速度标志表

速度标志	速度/(km/h)	速度标志	速度/(km/h)	速度标志	速度/(km/h)
A1	5	C	60	N	140
A2	10	D	65	P	150
A3	15	E	70	Q	160
A4	20	F	80	R	170
A5	25	G	90	S	180
A6	30	J	100	T	190
A7	35	K	110	U	200
A8	40	L	120	H	210
B	50	M	130	V	240

（3）负荷能力　轮胎的负荷能力是指在一定行驶速度和相应充气压力时的最大载质量，可以采用“层级”(PR)、“负荷指数”、“负荷级别”等表示。

“层级”(PR) 是最早的表示方法。轮胎上表示的层级并不代表实际的帘线层数，只代表近似于棉帘线载质量的层数。例如：9.00-20-14 层级全钢丝子午线轮胎，实际胎体钢丝帘线只有一层，但它的载质量却相当于 14 层棉帘线 9.00-20 斜交轮胎。负荷级别与层数的对应关系如表 3-3-2 所示。

表 3-3-2　负荷级别与层数的对应关系

负荷级别	对应层数	负荷级别	对应层数	负荷级别	对应层数
A	2	E	10	J	18
B	4	F	12	L	20
C	6	G	14	M	22
D	8	H	16	N	24

目前国际上子午线轮胎普遍采用"负荷指数"表示方法，以阿拉伯数字标记在轮胎侧面。例如9.00R20原来14层级的子午线轮胎，如今在轮胎胎侧上标为900R20140137，表示单胎负荷指数为140，相当于载质量2500kg，双胎负荷指数为137，相当于载质量为2300kg。"负荷指数"直接代表载质量，可以在轮胎上同时标明单胎和双胎的"负荷指数"，对使用者来讲是最方便的。"负荷级别"通常以拉丁字母表示，可避免"层级"同实际层数混淆。例如："G"表示相当于同规格轮胎14层级的载质量。"层数"和"负荷级别"需要查询每个轮胎规格的代表的标准载质量，比较麻烦。我国国家标准规定以"层级"表示负荷能力。而引进技术生产以及有的国内生产的子午线轮胎，还同时标明"负荷指数"或"负荷级别"。

图3-3-14　轮胎胎侧标志

(4) 胎侧标志

根据国际上有关规定，为方便使用者维修与购置，在每条外胎两侧上必须标有规格、制造厂商和厂名（或地点）、标准轮辋、生产编号、骨架材料及结构代号；轿车轮胎还须标有速度级别代号和胎面磨耗标志位置的符号；载重商用车轮胎还须标有层级；胎面花纹有行驶方向的，还须有行驶方向标志。胎面磨损指示标志或称防滑标记，是稍微高出轮胎花纹沟槽底部的凸台，如图3-3-14所示。

随着轮胎行驶里程增加、轮胎磨损、花纹沟槽变浅。露出凸台说明轮胎花纹即将磨尽，可能造成行驶中轮胎打滑，引发交通事故。

通常在磨耗标志对应的胎肩处标记出"△"或"TWI"等符号，以便于检查轮胎的磨损。

三、车轮与轮胎的维护及维修要点

车轮和轮胎的维护应结合车辆的维护强制执行。因为车轮和轮胎的维护侧重于轮护，所以将详述轮胎的维护。车辆分日常维护、一级维护和二级维护。轮胎维护的分级和周期与车辆维护相同。

(一) 一级维护轮胎作业项目

① 紧固轮胎螺母，检查气门嘴是否漏气、气门帽是否齐全，如发现损坏或缺少应立即补齐。

② 挖出轮胎夹石和花纹中的石子、杂物，如有较深伤洞应用生胶填塞。特别是子午线轮胎，刺伤后若不及时修补，水汽进入胎体会锈蚀钢丝帘线，造成早期损坏。

③ 查轮胎磨损情况，如有不正常磨损或起鼓、变形等现象，应查找原因，予以排除。

④ 如需检查外胎内部，应拆卸解体，如有损伤应及时修补。

⑤ 检查轮胎搭配和轮辋、挡圈、锁圈是否正常。

⑥ 检查轮胎（包括备胎）气压，并按标准补足。备胎气压应高于使用中轮胎的气压。厂家一般推荐至少每月或每次长途旅行前检查一次胎压，包括备胎。

⑦ 检查轮胎有无与其他机件刮碰现象，备胎架是否完好、紧固，如不符合要求，应予排除，

⑧ 必要时（如单边偏磨严重）应进行一次轮胎换位，以保持胎面花纹磨耗均匀。

（二）二级维护轮胎作业项目

除执行一级维护的各项作业外，还应进行下列项目：

1. 拆卸轮胎

拆卸轮胎，按轮胎标准测量胎面花纹磨耗、周长及断面宽的变化，作为换位和搭配的依据。

2. 轮胎解体检查

① 胎冠、胎肩、胎侧及胎内有无内伤、脱层、起鼓和变形等现象。

② 内胎、垫带有无咬伤、折皱现象，气门嘴、气门芯是否完好。

③ 轮辋、挡圈和锁圈有无变形、锈蚀，并视情涂漆。

④ 轮辋螺栓承孔有无过度磨损或损裂现象。

⑤ 排除解体检查所发现的故障后，进行装合和充气。高速车应进行轮胎的动平衡试验。

⑥ 按规定进行轮胎换位。

⑦ 发现轮胎有不正常的磨损或损坏，应查明原因，予以排除。

3. 轮胎维护操作要点

（1）充气

① 轮胎充气应按照该型商用车使用说明书上规定的标准气压执行，并在冷态时用气压表测量。若在热态时测量，应略高于标准气压，取适当的修正值。气压表应定期校准，以保证读数准确。

② 轮胎装好后，先充入少量空气，待内胎充气伸展后再继续充至要求气压。

③ 充气前应检查气门芯与气门嘴是否配合平整，并擦净灰尘。充气后应检查是否漏气，并将气门帽装紧。

④ 充入的空气不得含有水分和油雾。

⑤ 充气时应注意安全防护，充气开始时用手锤轻击锁圈，使其平稳嵌入轮辋圈槽内，以防锁圈弹出。

（2）轮胎换位

① 按时换位可使轮胎磨损均匀，约可延长20%，的使用寿命，应结合车辆二级维护定期换位。在路面拱度较大的地区或夏季，轮胎磨损差别较大，可适当增加换位次数。厂家一般推荐8000～10000km应将轮胎换位一次。

② 轮胎换位方法常用的有交叉换位法、循环换位法和单边换位法，如图3-3-15和图3-3-16所示。

装用普通斜交轮胎的六轮二桥商用车，常用图3-3-15（b）所示的交叉换位法，具体做法是：左右两轮交叉，主胎（后内）换前胎，前胎换帮胎（后外）、帮胎换主胎。这样，通过三次换位每只轮胎就可轮到一次担负内档（主力）胎。

四轮二桥商用车，斜交轮胎也可采用交叉换位法，如图3-3-16（a）所示。子午线轮胎宜用单边换位法，如图3-3-16（b）所示。

子午线轮胎的旋转方向应始终不变。若反向旋转，会因钢丝帘线反向变形产生振动，商用车平顺性变差。

③ 轮胎换位后，应按所换的胎位要求，重新调整气压。

④ 轮胎换位后须做好记录，下次换位仍要按上次选定的换位方法换位。

4. 检测车轮动平衡

（1）车轮不平衡的危害及原因

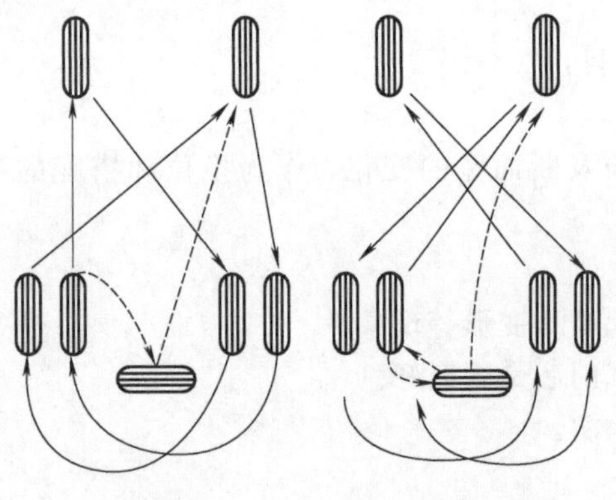

图 3-3-15　六轮二桥商用车轮胎换位法

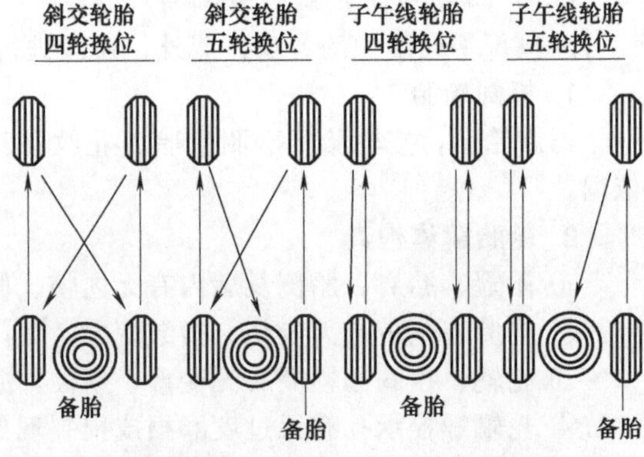

图 3-3-16　四轮二桥商用车轮胎换位法

① 车轮不平衡的危害　商用车车轮是旋转构件。如果车轮不平衡，在高速行驶时会引起车轮上下跳动和横向摇摆，不仅影响商用车乘坐舒适性，而且使驾驶员难以控制行驶方向以及商用车制动性能变差，影响行车安全。车轮不平衡还会大大增加各部件所受的力，加大轮胎的磨损和行驶噪声等。因此，商用车在使用和维修中必须进行车轮平衡试验和校准。

② 车轮不平衡的原因

a. 质量分布不均匀，如轮胎产品质量欠佳，翻新胎、补胎、胎面磨损不均匀及在外胎与内胎之间垫带等。

b. 轮辋、制动鼓变形。

c. 轮毂与轮辋加工质量不佳，如中心不准、轮胎螺栓孔分布不均、螺栓质量不佳等。

当车轮动不平衡时，使用车轮动平衡机检测车轮动不平衡，并加装平衡块以校准。下面以 SBD-96 轮胎平衡仪介绍车轮动平衡操作步骤。

电脑显示与控制装置多为电脑式，具有自动诊断和自动调校系统，能将传感器送来的电信号通过电脑运算、分析、判断后显示出不平衡量及其位置。为使显示的不平衡量恰是轮辋边缘所加平衡块的质量，还必须测量轮毂的直径 d、轮胎宽度 b 和轮辋边缘至平衡机机箱的距离 d，然后通过键盘或旋钮将其输入电脑，a、b、d 三尺寸如图 3-3-17 所示。

操作步骤如下。

a. 清除被测车轮上的泥土、石子和旧平衡块。

b. 检查轮胎气压，必须符合原厂的规定。

c. 根据轮辋中心孔的大小选择好锥体，如图 3-3-18 所示装好车轮，上紧螺母。

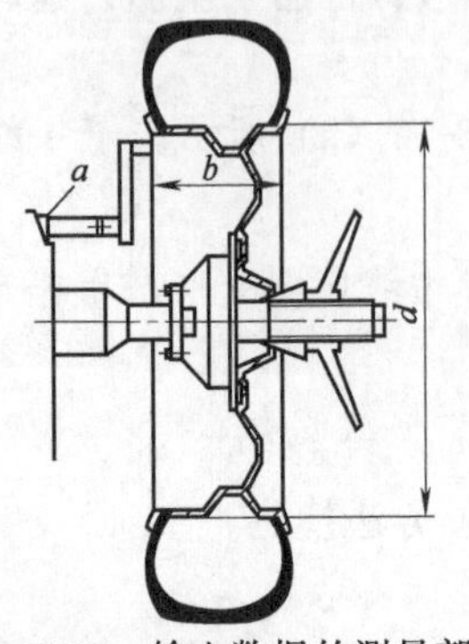

图 3-3-17　输入数据的测量部位

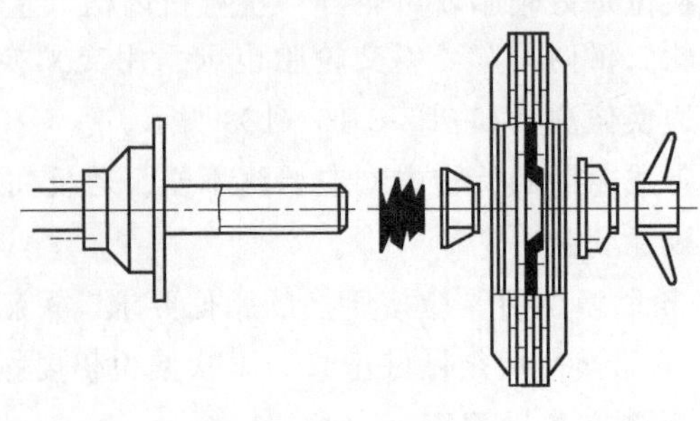
图 3-3-18　安装车轮

d. 打开电源开关，检查指示与控制装置的面板指示是否指示正确；根据轮辋结构选择相适应的轮辋，轮辋结构选择如图 3-3-19 所示。

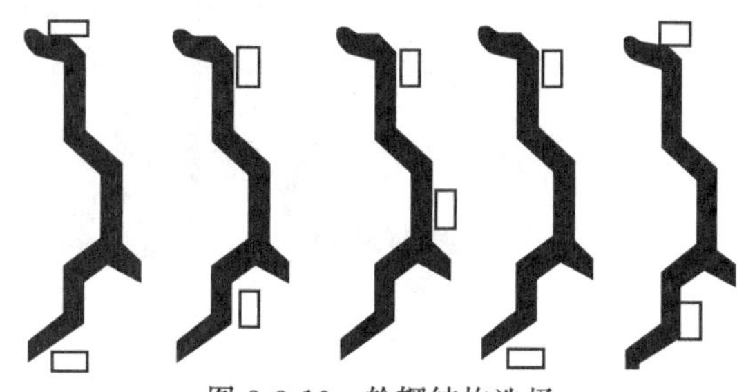

图 3-3-19 轮辋结构选择

e. 用游标卡尺测量轮辋宽度 b、轮辋直径 d，用平衡机上的标尺测量轮辋边缘至机箱距离 a，再用键入或选择器旋钮对准测量值的方法将 a、b、d 值输入到指示与控制装置中去。

f. 放下车轮防护罩，按下启动键，车轮旋转，平衡测试开始，自动采集数据。

g. 车轮自动停转或听到“嘀”声按下停止键，并操作制动装置使车轮停转后从指示装置里读取车轮内外侧不平衡量和不平衡位置。

h. 抬起车轮防护罩，用手慢慢转动车轮，当指示装置发出指示（音响、指示灯亮、制动显示点或显示检测数据等）时停止转动。在轮辋的内侧或外侧的上部加装指示装置显示该侧的平衡块质量。内、外侧要分别进行，平衡块装夹要牢固。

i. 安装平衡块后有可能产生新的不平衡，应重新进行平衡试验，直至不平衡量小于 5g（0.3 盎司）指示装置显示“OO”或“OK”时为止。

j. 测试结束，关闭电源开关。

注意：

① 操作时一定要注意保护“匹配器”及轴部。

② 装卸车轮时，一定要轻拿轻放，安装要可靠、牢固，安装不正会引起严重的不平衡。

③ 每次重新开启电源进行操作时，切记要重新输入直径、宽度和距机箱距离值。

④ 本测试中所有测量的数值均以英寸为单位。

⑤ 仪器连接好电源后，一定注意接地线，并且应接触良好。

（2）安装车轮

① 套上车轮，将螺母初步拧在螺柱上。

② 放下车轮并在车轮前后用三角木掩住，用扭力扳手或车轮螺母拆装机，按对角线顺序分 2～3 次拧紧车轮螺母，最后一次要按规定力矩拧紧。

四、车轮与轮胎常见故障的诊断与排除

轮胎的常见故障是轮胎的异常磨损。

（一）胎肩或胎面中间磨损

1. 现象

如图 3-3-20 所示，轮胎的胎肩和胎面出现了磨损。

2. 故障原因

集中在胎肩上或胎面中间的磨损，主要是由于未能正确保持充气压力所致。如果轮胎充气压力过低，轮胎的中间便会凹入，将载荷转移到胎肩上，使胎肩磨损快于胎面中间。另一方面，如果充气压力过高，轮胎中间便会凸出，承受了较大的载荷，使轮胎中间磨损快于胎肩。

3. 故障排除步骤

① 检查是否超载。

② 检查充气压力。如果充气过量或充气不足，应调整充气压力。

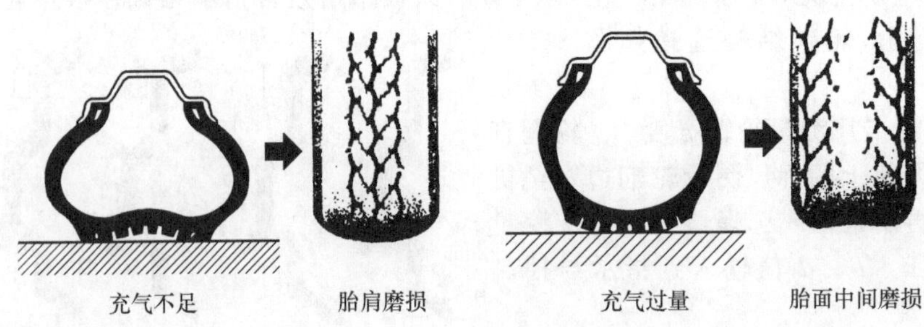

图 3-3-20 胎间或胎面中间磨损

③ 调换轮胎位置。

(二) 内侧或外侧磨损

1. 现象

如图 3-3-21 所示为轮胎的内侧或外侧磨损。

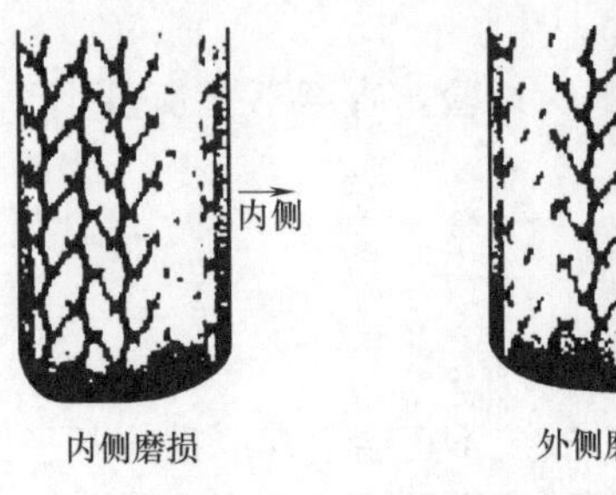

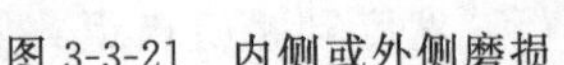
图 3-3-21 内侧或外侧磨损

2. 原因

① 在过高的车速下转弯会造成转弯磨损。转弯时轮胎滑动，便产生了斜形磨损。这是较常见的轮胎磨损原因之一。驾驶员所能采取的唯一补救措施，就是在转弯时降低车速。

② 悬架部件变形或间隙过大，会影响前轮定位，造成不正常的轮胎磨损。

③ 如果轮胎面某一侧的磨损快于另一侧的磨损，其主要原因可能是外倾角不正确。由于轮胎与路面接触面积大小因载荷而异，对具有正外倾角的轮胎而言，其外侧直径要小于其内侧直径。因此胎面必须在路面上滑动，以便其转动距离与胎面的内侧相等。这种滑动便造成了外侧胎面的过量磨损。反之，具有负外倾角的轮胎，其内侧胎面磨损较快。

3. 故障排除步骤

① 询问驾驶员是否高速转弯，如果是则要避免。

② 检查悬架部件。如松动则将其紧固；如变形和磨损，应修理或更换。

③ 检查外倾角。如不正常，应校正。

④ 调换轮胎位置。

(三) 前束与后束磨损（羽状磨损）

1. 现象

如图 3-3-22 所示，车轮出现了前束和后束磨损。

2. 故障原因

胎面的羽状磨损，主要是由于前束调节不当所致，过量的前束会迫使轮胎向外滑动，并使胎面的接触面在路面上朝内拖动，造成前束磨损。如图 3-3-22（a）所示，胎面呈明显的羽毛形。用手指从轮胎的内侧至外侧划过胎面，便可加以辨别。另一方面，过量的后束，会将轮胎向内拉动，并使胎面的接触面在路面上朝外拖动，造成如图 3-3-22（b）所示的后束磨损。

3. 故障排除步骤

① 检查前束和后束。如果前束过量或后束过量，应该加以调整。

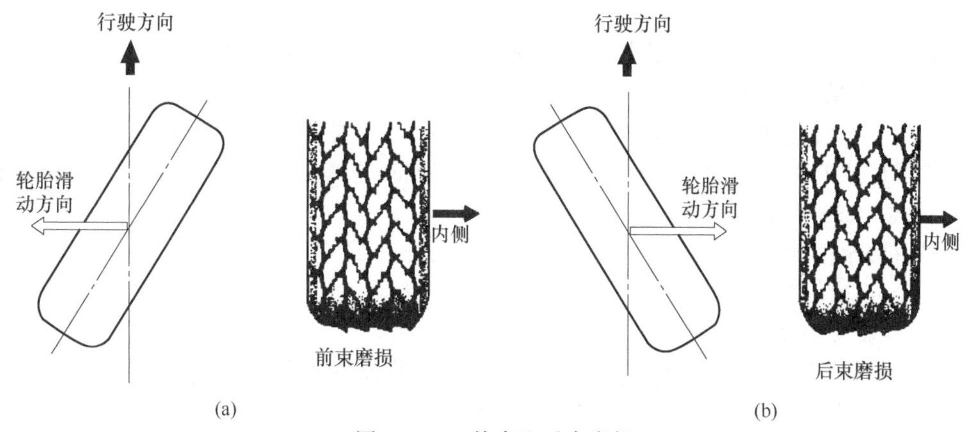

图 3-3-22 前束和后束磨损

② 调换轮胎位置。

（四）前端和后端磨损

1. 现象

如图 3-3-23 所示为前端和后端磨损。

2. 故障原因

① 前端和后端磨损是一种局部磨损，常常出现在具有横向花纹和区间花纹的轮胎上，胎面上的区间发生斜向磨损（与鞋跟的磨损方式相同），最终变成锯齿状。

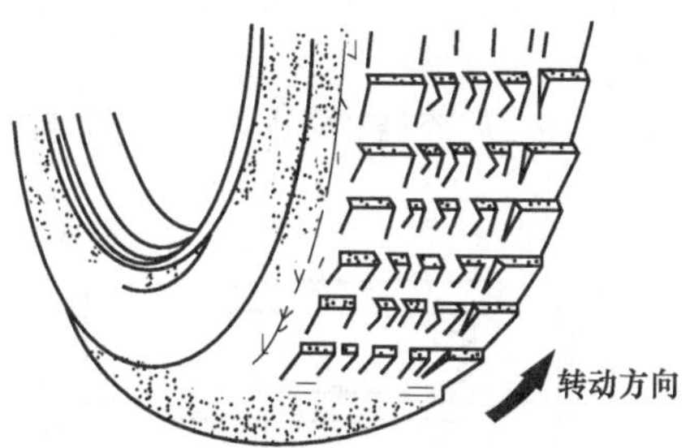

图 3-3-23 前端和后端磨损

② 具有纵向折线花纹的胎面，磨损时会产生波状花纹。

③ 非驱动轮的轮胎只受制动力的影响，而不受驱动力影响，因此往往会有前后端形式的磨损，如反复使用和放开制动器，便会使轮胎每次发生短距离滑动而磨损，前后端磨损的形式便与这种磨损相似。

④ 另一方面，如果是驱动轮的轮胎，则驱动力所造成的磨损，会在制动力所造成的磨损的相反的方向上出现，所以驱动轮轮胎极少出现前后端磨损。客车和大货车由于制动时产生了大得多的摩擦力，故具有横向花纹的轮胎，便会出现与非驱动轮相似的前后端磨损。

3. 故障排除步骤

① 检查充气压力。如果充气不足，就将其充至规定值。

② 检查车轮轴承。如果磨损或松动，应更换或调整。

③ 检查外倾角和前束。如果不正确，应加以调整。

④ 检查轴颈或悬架部件。如果损坏，应修理或更换。

⑤ 调换轮胎位置。

第四节 悬架

一、悬架概述

（一）悬架的功用

悬架是车架（或承载式车身）与车桥（或车轮）之间的所有传力连接装置的总称。悬架的功用如下。

① 把路面与车轮之间的摩擦所产生的驱动力和制动力，传递到车架（或承载式车身）上，保证商用车的正常行驶。

② 利用弹性元件和减振器吸收各种摇摆和振动，保障乘客和货物的安全。

③ 利用悬架的某些传力杆件使车轮按一定轨迹相对于车架或车身跳动，即起导向作用，保证各部件适当的几何位置。

④ 利用悬架中的辅助弹性元件横向稳定器，防止车身在转向等行驶情况下发生过大的侧向倾斜。

（二）悬架的类型

悬架的结构，特别是导向机构的结构，随所采用的弹性元件的不同而有较大差异。采用螺旋弹簧、气体弹簧时需要有较复杂的导向机构。而采用钢板弹簧时，由于钢板弹簧本身可兼起导向机构的作用，并有一定的减振作用，使得悬架结构大为简化。悬架系统需要快速通过凹凸不平的路面时，车轮能够上下运动而尽量不影响整车质量。由悬架系统支承的商用车重量称为簧载质量，不由弹簧支承的那些部件的重量称为非簧载质量。车身、车架、发动机、变速器等属于簧载质量，车下部件如转向节、后桥总成（通常不含变速器）等为非簧载质量。

按悬架系统结构不同，分为非独立悬架和独立悬架，如图 3-4-1 所示。

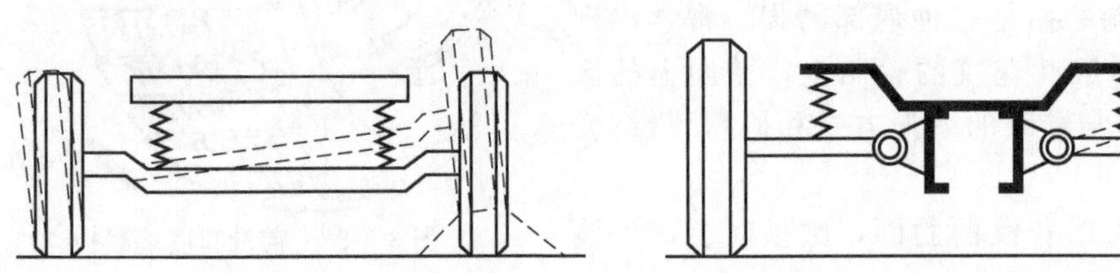

(a) 非独立悬架　　(b) 独立悬架

图 3-4-1　非独立悬架与独立悬架

非独立悬架（整体桥悬架或刚性悬架）因其结构简单，工作可靠，而被广泛应用于货车的前、后悬架；在轿车中，非独立悬架大多用于后桥。非独立悬架的特点是两侧车轮安装于同一整体式车桥上，车轮与车桥一起通过弹性元件悬挂在车架或车身上，当一侧车轮受到冲击时会直接影响到另一侧车轮，左右两轮都会运动（如图中虚线位置）。非独立悬架由于簧载质量比较大，特别是商用车高速行驶，悬架受到较大的冲击载荷时，易造成平顺性较差，如图 3-4-1（a）所示。

独立悬架的特点是两侧车轮分别独立地与车架或车身弹性地连接，当一侧车轮受到冲击时，其运动不会直接影响到另一侧车轮。独立悬架所采用的车桥是断开式的，这样可使发动机降低安装位置，有利于降低商用车重心，并使结构紧凑。独立悬架允许前轮有较大的跳动空间，这样便于选择较软的弹性元件使平顺性得到改善。同时，独立悬架簧载质量小，可提高商用车车轮的附着性能，如图 3-4-1（b）所示。

独立悬架的轮距和前轮定位随车轮的上、下运动而改变，非悬挂重量低，结构相对复杂。由于左、右车轮之间没有车轴连接，地板和发动机的安装位置可以降低，这意味着车辆的重心降低，乘客车厢和行李舱增大，乘坐舒适性和操作稳定性高；在独立悬架系统中，弹簧只支撑车身作用，不用帮助使车轮定位（这由联动装置完成），这样就可以使用较软的弹簧；车轮的方向稳定性良好。

按照控制形式不同，悬架可分为被动式悬架和主动式悬架两大类。目前多数商用车上采用被动式悬架。被动式悬架特点是商用车姿态（状态）只能被动取决于路面、行驶状况和商用车的弹性元件、导向装置以及减振器这些机械零件。20 世纪 80 年代，主动悬架开始在一部分汽车上应用，随着电子技术的快速发展，主动悬架越来越多应用在高级商汽上。主动悬架可以根据路面和行驶工况自动调整悬架的刚度和阻尼，从而使车辆能主动地控制垂直振动及其车身或车架的状态。该系统通常由传感器、控制单元、执行机构组成。

（三）悬架的组成

悬架一般由弹性元件、导向装置和减振器等组成，如图 3-4-2 所示。有些车辆上还有横向稳定杆，防止车身在转向等情况下发生过大的横向倾斜。

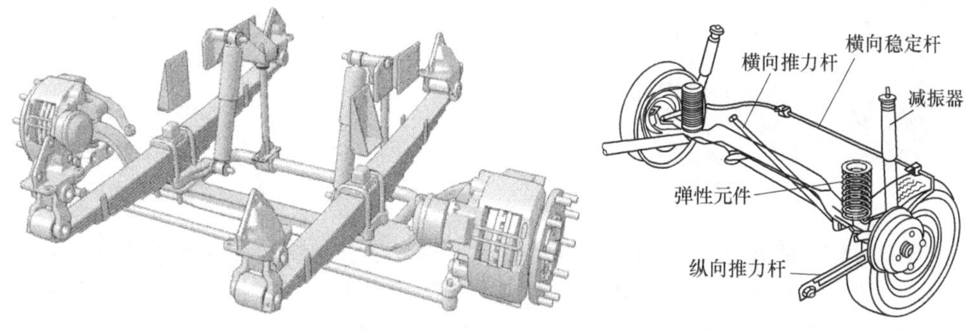

图 3-4-2　悬架组成示意图

悬架各组成部件的作用为：弹性元件的作用是承受和传递垂直载荷，缓冲并抑制不平路面所引起的冲击；减振器用以加快振动的衰减，使车身和车轮的振动得以控制；导向装置用来传递纵向力、侧向力及其力矩，并保证车轮有正确的运动关系；横向稳定杆用以阻止车身在不平路面上行驶或转向时发生过大的横向倾斜。

悬架系统各部件包括弹簧、减振器、推力杆、稳定杆、控制臂和垫片、转向节及轮轴等零部件。这些零部件装配起来组成完整的悬架，保证驾驶的安全性和舒适性。

1. 弹性元件

弹性元件主要是指弹簧。弹簧是吸收冲击力的元件。

多数弹簧是由回火合金钢制成，通常是铬硅合金、铬钒合金钢。回火是在控制条件下加热或冷却金属的过程，合金钢回火处理可以增强金属弹性。悬架使用的弹簧都符合虎克定律描述特性，即：弹簧的变形量与施加的作用力成正比。弹性系数也叫变形率，表示弹簧被压缩一定量所施加力的大小。例如：螺旋弹簧被压缩 1cm，需要 400N，再压缩 1cm，力又增加 400N，则此弹簧弹性系数为 400N/cm。通常用 K 表示。弹性系数 K 越大，弹簧的刚度越大。弹簧振动频率指在压缩或伸张后，弹簧振荡或反弹的速度。通常用每秒钟的振动次数表示。弹性系数越大，弹簧振动频率越高。

各种弹簧用于悬架系统中，如螺旋弹簧、扭力弹簧、钢板弹簧和空气弹簧等，弹簧吸收由路面引起的冲击的基本方法是不同的。钢板弹簧依靠弯曲变形吸收振动，螺旋弹簧和空气弹簧依靠压缩变形，扭杆弹簧是靠扭曲变形吸收能量的。所有弹簧都会在恢复到原始状态的反弹过程中释放出作用力。如果弹簧磨损或损坏，其他悬架元件就会偏离其正确位置而增加磨损。增加的冲击力将破坏商用车操纵性。

（1）螺旋弹簧　螺旋弹簧是用圆形弹簧钢缠绕而做成的螺旋状的弹簧，如图 3-4-3 所示。

螺旋弹簧的强度和使用特性取决于螺旋直径、螺旋数目、弹簧的高度、弹簧钢丝的直径等。弹簧都喷涂了环氧树脂漆以防断裂，由于腐蚀引起的刮伤、划痕及麻点可能引起应力增加而使弹簧失效，所以维修时应注意保护弹簧外部涂的保护漆。螺旋弹簧通常被装在弹簧座圈上，在螺旋弹簧和弹簧座之间采用硬橡胶或塑料垫等隔绝材料，来隔绝和减少道路噪声和车身产生的振动。

图 3-4-3 螺旋弹簧

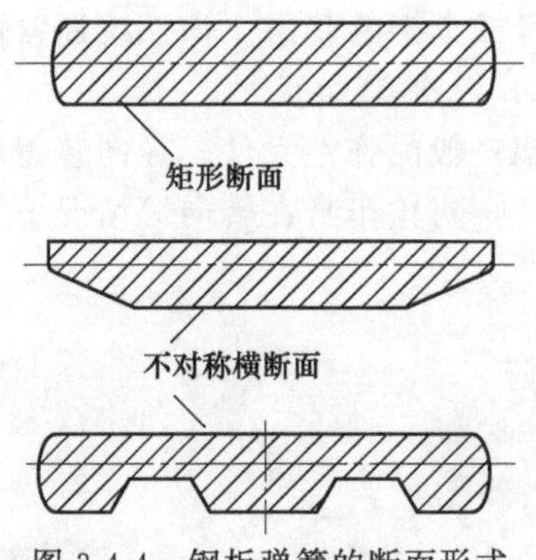

图 3-4-4 钢板弹簧的断面形式

(2) 钢板弹簧 钢板弹簧是由若干片等宽但不等长的合金弹簧钢片组合而成的一根近似等强度的弹性梁，多数情况下由多片弹簧组成。为了改善钢板弹簧的受力状况，钢板弹簧可采用不同形状的断面形式，如图 3-4-4 所示。矩形断面钢板弹簧结构简单，但受拉应力一面的棱角处易产生疲劳裂纹。采用上下不对称的横断面，由于断面抗弯的中性轴线上移，不但可减小拉应力，而且节省了材料。

钢板弹簧的第一片也是最长的一片为主片，其两端弯成卷耳，内装橡胶衬套，以便用弹簧销与固定在车架上的支架或吊耳作铰链连接，同时起到隔音和防振作用。中心螺栓用以连接各弹簧片，并保证装配时各片的相对位置。除中心螺栓以外，还有若干个 U 形弹簧夹(亦称回弹夹）将各片弹簧连接在一起，以保证当钢板弹簧反向变形（反跳）时，各片不致互相分开，以免主片单独承载，此外，还可防止各片横向错动。中心螺栓距两端卷耳中心的距离相等时，称为对称式钢板弹簧；不相等时，称为非对称式钢板弹簧，如图 3-4-5 所示。

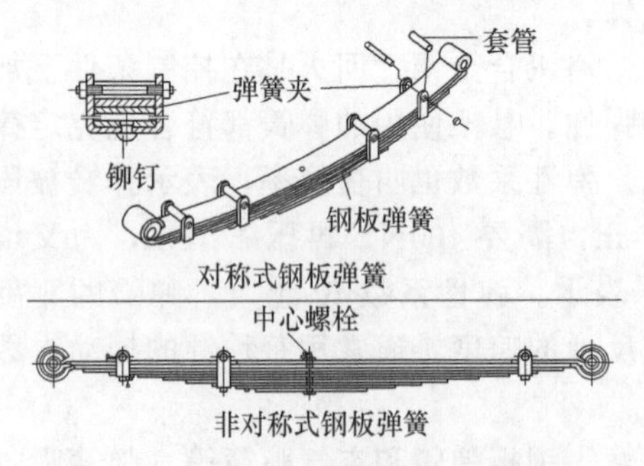

图 3-4-5 对称式与非对称式钢板弹簧

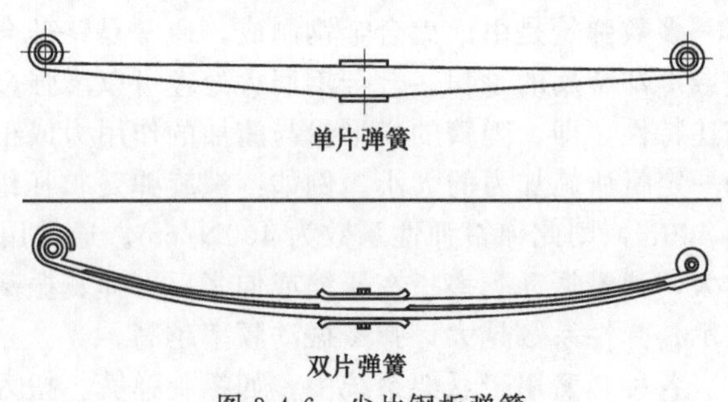

图 3-4-6 少片钢板弹簧

一般来说，钢板弹簧越长就越软。此外，钢板弹簧中钢板数目越多，其承载能力越强。但从另一角度来看，弹簧会变硬而有损乘坐舒适。多片式钢板弹簧可以同时起到缓冲、减振、导向和传力的作用，用于货车后悬架可以不装减振器。一些轻型货车和客车采用由单片或 2～3 片变厚度断面的弹簧片构成的少片变截面钢板弹簧，其弹簧片的断面尺寸沿长度方向是变化的，片宽保持不变，它可以实现商用车的轻量化，如图 3-4-6 所示。

在载荷变化很大的货车及许多其他车辆中，都使用了副钢板弹簧，副钢板弹簧安装在主

钢板弹簧上面。在轻载荷时，只有主弹簧工作，当载荷超过一定数量时，主、副弹簧一起工作，如图 3-4-7 所示。

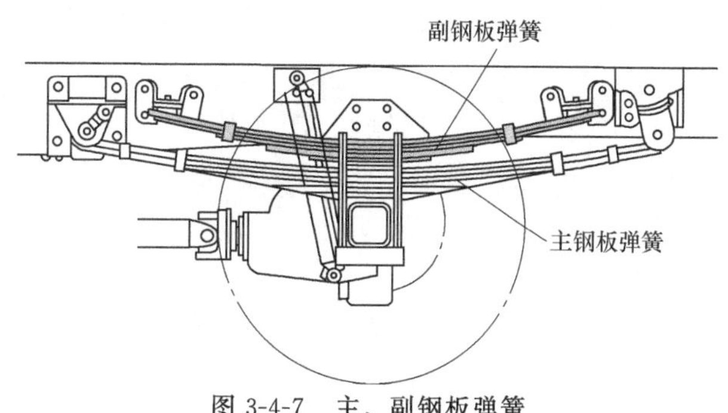

图 3-4-7 主、副钢板弹簧

(3) 扭杆弹簧 扭杆弹簧是一根具有扭转弹性的直线金属杆件，除了它是直杆外，其余和螺旋弹簧相似。扭杆是用铬钒合金弹簧钢制成，表面通常涂以沥青和防锈油漆或者包裹一层玻璃纤维布，以防碰撞、刮伤和腐蚀。断面一般为圆形，少数为矩形或管形。它的两端可以做成花键、方形、六角形等形状，以便将一端固定在车架上，另一端通过摆臂固定在车轮上。当车轮跳动时，摆臂便绕着扭杆轴线而摆动使扭杆产生扭转弹性变形，借以保证车轮与车架的弹性联系，如图 3-4-8 所示。

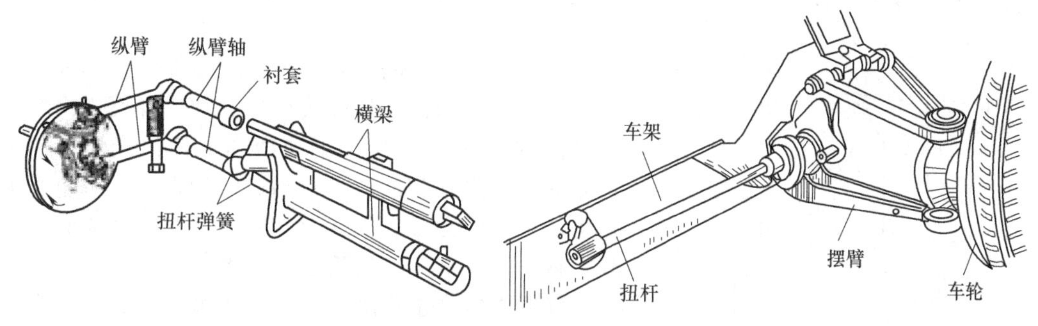

图 3-4-8 扭杆弹簧

有的扭杆由一些矩形断面的薄扭片组合而成，更为柔软。扭杆具有预扭应力，安装时左右扭杆预加扭转的方向都与扭杆安装在车上后承受工作载荷时扭转的方向相同，不能互换，为此，在左右扭杆上刻有不同标记。扭杆弹簧与钢板弹簧相比较，具有质量小、不需润滑的优点。

(4) 橡胶弹簧 橡胶弹簧本身有弹性，受外力而变形以缓和冲击、吸收振动。橡胶弹簧可以承受压缩载荷与扭转载荷，但不适于支撑重载荷。橡胶弹簧可以制成任何形状，使用时无噪声，不需要润滑。所以，橡胶弹簧主要用作辅助弹簧，或用作悬架部件的衬套、垫片、垫块、挡块及其他支撑件，如图 3-4-9 所示。

(5) 气体弹簧 气体弹簧是在一个密封的容器中充入压缩气体，利用气体的可压缩性实现其弹簧作用的。这种弹簧的刚度是可变的，因为作用在弹簧上的载荷增加时，容器内的定量气体气压升高，弹簧的刚度增大。反之，当载荷减小时，弹簧内的气压下降，刚度减小，故它具有较理想的弹性特性。气体弹簧有空气弹簧和油气弹簧两种。

空气弹簧是利用压缩空气作弹簧的。根据压缩空气所用容器的不同，又有囊式和膜式两种形式，如图 3-4-10 所示。

囊式空气弹簧是由夹有帘线的橡胶气囊和密闭在其中压缩空气所组成。气囊内层用气密性好的橡胶制成，而外层则用耐油橡胶制成。气囊一般做成两节，节与节之间围有钢质的腰环，使中间部分不致有径向扩张，并防止两节之间相互摩擦。气囊的上下盖板将气囊密封。膜式空气弹簧的密闭气囊由橡胶膜片和金属压制件组成。它比气囊空气弹簧的弹性曲线更为理想，固有频率更低些，尺寸小，便于布置，因而多用于轿车上。但其造价较贵，寿命较短。

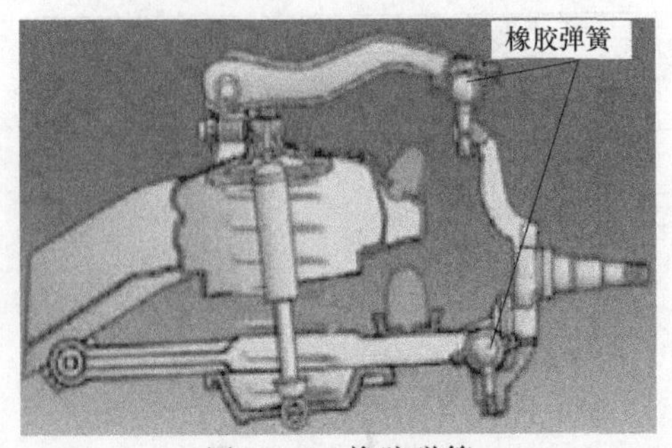

图 3-4-9 橡胶弹簧

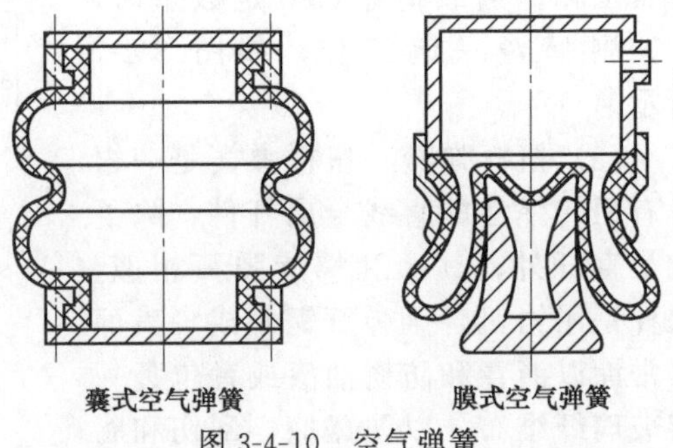

图 3-4-10 空气弹簧

气体弹簧通常用在电子控制的悬架系统中，可以取代传统的螺旋弹簧，比传统的悬架软三分之一。电子空气悬架系统的悬架刚度可变，有助于吸收冲击，对车身在悬架上的上下运动起到很好的保护作用，保证商用车能够提供舒适的道路行驶。

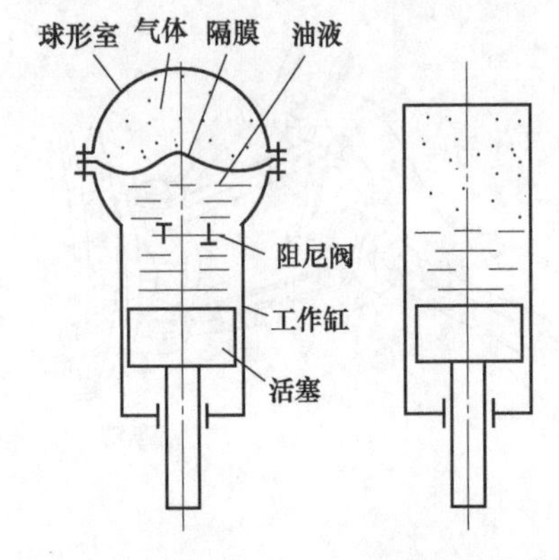

图 3-4-11 油气弹簧

油气弹簧在密闭的容器中充入压缩气体和油液，利用气体的可压缩性实现弹簧作用。油气弹簧以惰性气体（氮气）作为弹性介质，用油液作为传力介质。油气弹簧分油气分隔式和油气不分隔式两种，前者可防止油液乳化，且便于充气。油气弹簧一般由气体弹簧和相当于液力减振器的液压缸所组成，如图 3-4-11 所示。

气室固定在工作缸上，室内用橡胶隔膜将油与气隔开，充入高压氮气的一侧为气室，与工作缸相通而充满油液的一侧为油室。工作缸内装有活塞和阻尼阀及阀座。

当商用车受到载荷增加变化时，活塞向上移动，工作缸内油压升高并打开阻尼阀进入气室下部，推动橡胶隔膜向气室方向移动，气室受到压缩而压力升高，使油气弹簧刚度增加。当载荷减小时，气室内的压缩气体膨胀，使橡胶隔膜向下（油室）移动，油液通过阻尼阀流回工作缸，活塞下移使油压降低。随着商用车行驶状态的变化，工作缸内的油压与气室内的气体压力也随之变化，活塞便相应地处于工作缸中的不同位置。因此，油气弹簧有可变刚度的特性。

油气弹簧具有良好的行驶平顺性，而且体积小，质量轻。但是对密封性要求很高，维护相对麻烦。由于空气和油气弹簧只能承受垂直载荷，因此采用这种弹簧的悬架也必须加设导向装置，目前这种弹簧多用于重型商用车和部分小型客车上。

2. 减振器

当道路表面有一个凸起时，车轮及车桥被迅速抬高。此时，螺旋弹簧被压缩并推动汽车车身升高。作用在汽车上的冲击被弹簧吸收，弹簧被压缩后试图复原，这样整个过程引起振动发生。汽车如果没有减振器，在受到冲击之后，弹簧不断振动，直止全部能量都被吸收为止。在连续冲击之后，会导致行驶不稳定，而且会对悬架和转向系统造成重大磨损。减振器安装在车桥和车架（或车身）之间。减振器使其能够减少撞击地面凸起后引起的振动次数，实现减振并控制汽车弹簧运动。比较在汽车车身和车桥之间安装和没有安装减振器产生的振动波形，如图 3-4-12 所示。

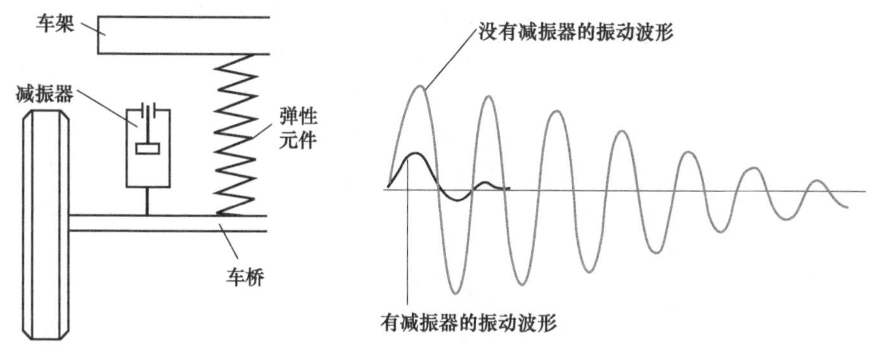

图 3-4-12 减振器的作用

悬架中广泛采用液力减振器，原理是利用迫使不可压缩的液体流过一些小孔产生阻力来消耗振动的能量。在压缩和伸张两行程内均能起减振作用的减振器称为双向作用式减振器；另有一种减振器仅在伸张行程内起作用，称为单向作用式减振器。

目前商用车上广泛采用液体双向作用筒式减振器，结构如图 3-4-13 所示。

外面钢筒是防尘罩，上部通过圈环与车身（车架）连接。中间钢筒是储油缸，内部装有一定量的减振器油液，下部通过圈环与车桥连接。里面钢筒是工作缸，内部装满减振器油液。在工作缸的内部，有与防尘罩和上部圆环制成一体的活塞杆，其下端固定着活塞。活塞上装有伸张阀和流通阀，在工作缸的下部底座上装有压缩阀和补偿阀。为了满足减振器的工作要求，流通阀和补偿阀的弹簧比较软，较小的油压便可以打开或关闭。而压缩阀和伸张阀的弹簧比较硬，只有当油压增大到一定的程度时，才能打开；而只要油压稍有下降，阀门立刻关闭。伸张阀弹簧的刚度和预紧力大于压缩阀弹簧，在同样力的作用下，伸张阀及相应的常通缝隙通道的截面积总和小于压缩阀及相应常通缝隙通道的截面积总和，使得减振器伸张行程产生的阻尼力大于压缩行程时产生的阻尼力，从而达到迅速减振的要求。

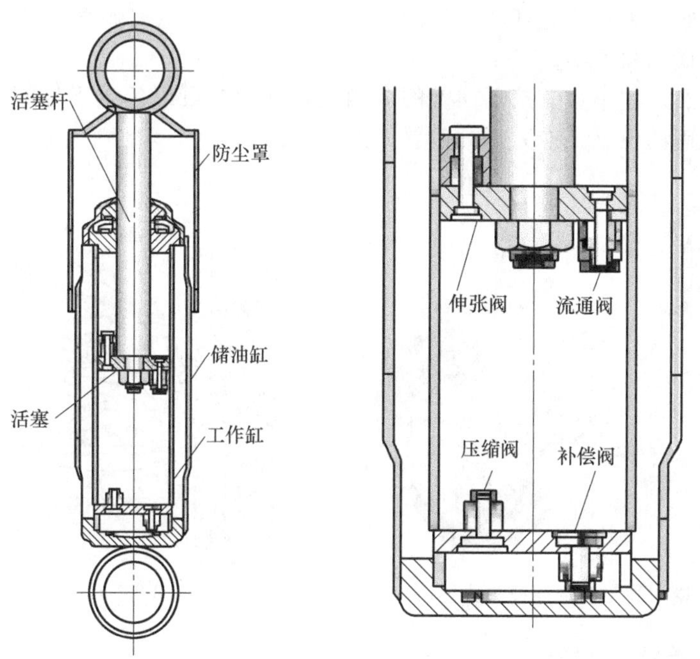

图 3-4-13 减振器结构

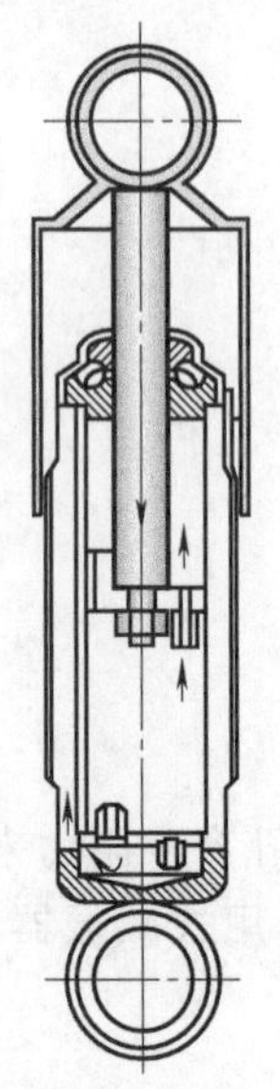

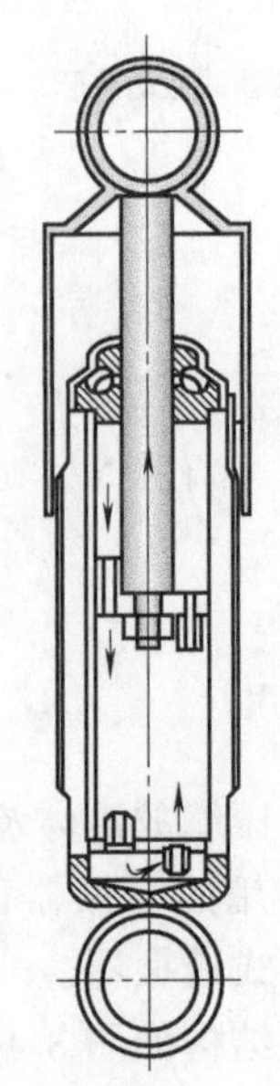

图 3-4-14 减振器的工作原理

双向作用筒式减振器工作过程分为压缩行程和伸张行程，如图 3-4-14 所示。

在压缩行程时，商用车车轮靠近车身（车架），减振器受压缩，减振器的活塞在工作缸内向下移动，活塞下腔的容积减小，油压升高，下腔内的油液压开流通阀流入活塞上腔，由于上腔被活塞杆占去了一部分空间，因而上腔增加的容积小于下腔减小的容积，于是另一部分油液就推开压缩阀，流回到储油缸内。油液通过阀孔时，这些阀的节流产生对悬架压缩行程的阻尼作用。

在伸张行程时，商用车车轮远离车身（车架），减振器受拉伸，减振器的活塞在工作缸内向上移动，活塞上腔的容积减小，油压升高，流通阀被关闭，上腔内的油液压开伸张阀流入活塞下腔。由于活塞杆的存在，自上腔流来的油液不能完全充满下腔增加的容积，使得下腔产生一定的真空度，这时储油缸中的油液推开补偿阀流进活塞下腔进行补充。油液通过阀孔时，这些阀的节流产生了对悬架伸张行程的阻尼作用。

3. 横向稳定杆及连接杆、推力杆

横向稳定杆及连接杆可以防止车身侧倾，稳定杆连杆将下摆臂连接到防止车身侧倾的横向稳定杆上，横向稳定杆及连杆位置如图 3-4-15 所示。

U 形横向稳定杆通过支座固定在车身上，两端通过连接杆与下摆臂相连。当车身只作垂直移动而两侧悬架变形相等时，横向稳定杆在支座的套筒内自由转动，横向稳定杆不起作用。当两侧悬架变形不等而车身相对于路面横向倾斜时，稳定杆一端向上运动，另一端向下运动，从而被扭转。弹性稳定杆所产生的扭转内力矩妨碍了悬架弹簧的变形，因而减小了车身的横向倾斜和横向角振动。

推力杆被用在采用单点铰接下摆臂的车辆上，椎力杆可以位于下控制臂的前方或后方，保持控制臂在正确的位置。推力杆的位置如图 3-4-16 所示。

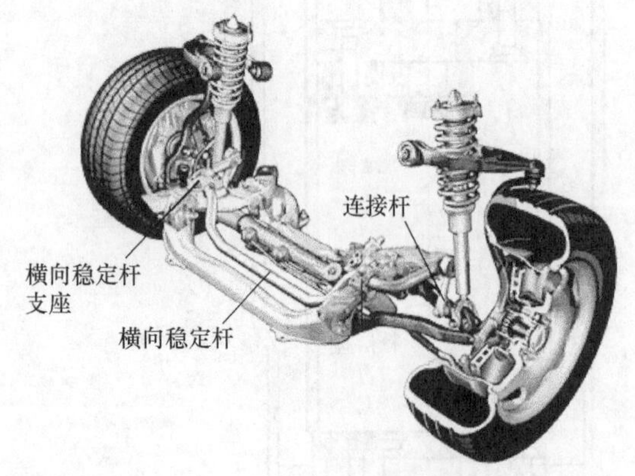

图 3-4-15 横向稳定杆及连杆的位置

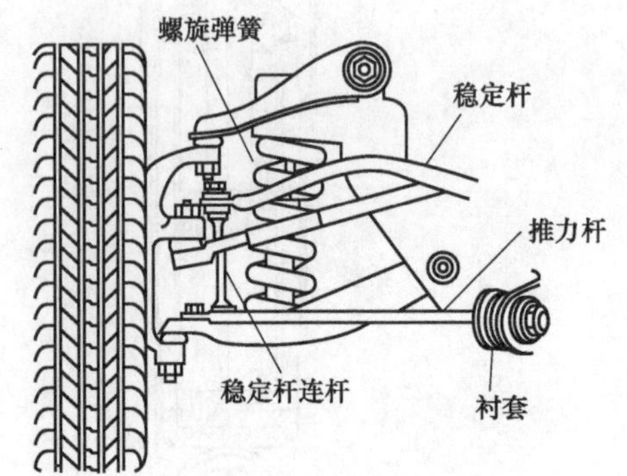

图 3-4-16 推力杆的位置

4. 转向节、摆臂及球铰接

转向节及轴承常用在悬架系统中，轮轴支撑着车轮轴承，并且轮轴安装在转向节上。转向节支承轮毂和轴承总成，通过球铰接分别固定在上下摆臂上，承受着车轮的所有负荷，通过轴承减少车轮和轮轴之间的摩擦。球铰接承受车辆的重量并为车轮转动提供支点；当商用车通过不平路面时，还允许控制臂垂直运动。转向节、摆臂及球铰接的连接位置如图 3-4-17 所示。

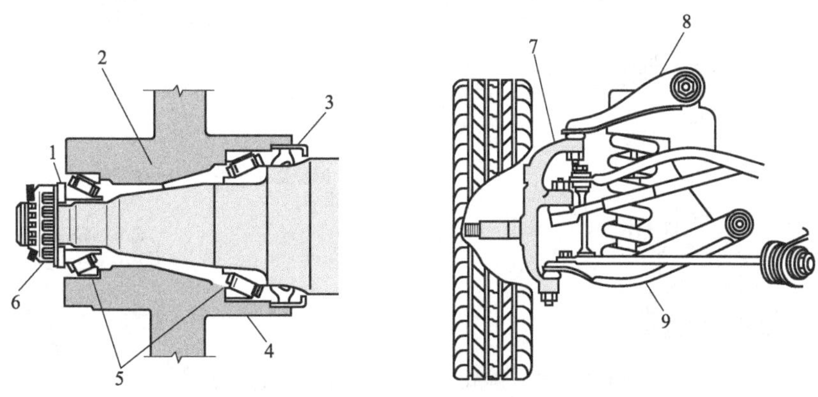

图 3-4-17 转向节、摆臂及球铰接的连接位置

1—垫圈；2—轮轴；3—油封；4—轮毂；5—圆锥滚子轴承；6—螺母和垫片；7—转向节；8—上控制臂；9—下控制臂

每个前轮有两个轴承支承着车轮，轴承一般采用圆锥滚子轴承，也可使用球轴承。轴承内圈固定在转向节轴上，轴承外圈稍稍压入车轮轮毂内。轮毂内轴承通常比外轴承大，因为车轮要尽可能地靠近转向节，所以内轴承吸收了最大的载荷。

球铰链通常用螺栓连接、铆接或者压入控制臂内，将转向节轴连接到摆臂上，转向节安装在锥形部分并用螺母固定，在总成附近安装橡胶防护罩以便润滑脂不会泄漏出来并且外界灰尘不会进入。转向节等相关内容将在后面转向系统中详细叙述。

二、商用车典型悬架

（一）非独立悬架

非独立悬架广泛用于货车的前、后悬架。按照弹性元件的不同，非独立悬架分为钢板弹簧式非独立悬架、螺旋弹簧式非独立悬架、空气弹簧式非独立悬架和油气弹簧式非独立悬架。

1. 钢板弹簧式非独立悬架

钢板弹簧式非独立悬架主要由钢板弹簧和减振器组成，如图 3-4-18 所示，其主要用于货车。

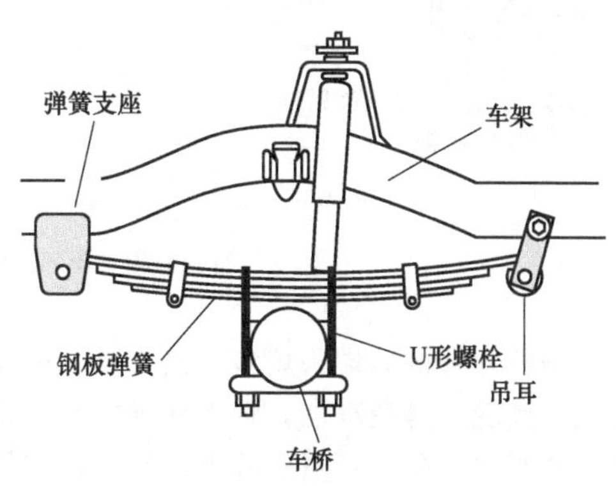

图 3-4-18 钢板弹簧式非独立悬架

钢板弹簧的中部用两个 U 形螺栓固定在车桥上。弹簧前端卷耳用钢板弹簧销与前支架相连，形成固定铰链支点；后端卷耳通过钢板弹簧吊耳销与吊耳相连接。由于吊耳可以前后摆动，保证了弹簧变形时两卷耳中心线间的距离可以改变。

解放 CA1091 型商用车前悬架如图 3-4-19 所示；东风 EQ1091 型商用车前悬架如图 3-4-20 所示。

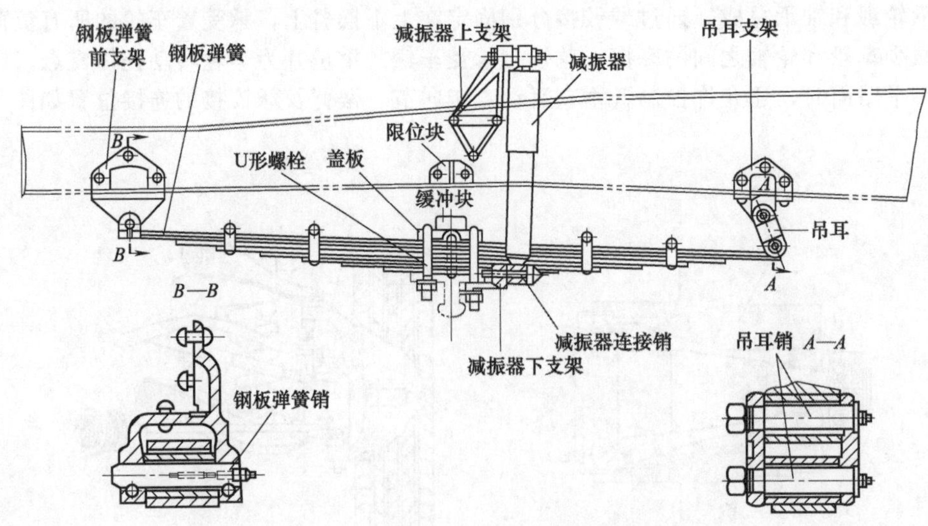

图 3-4-19 解放 CA1091 型商用车前悬架

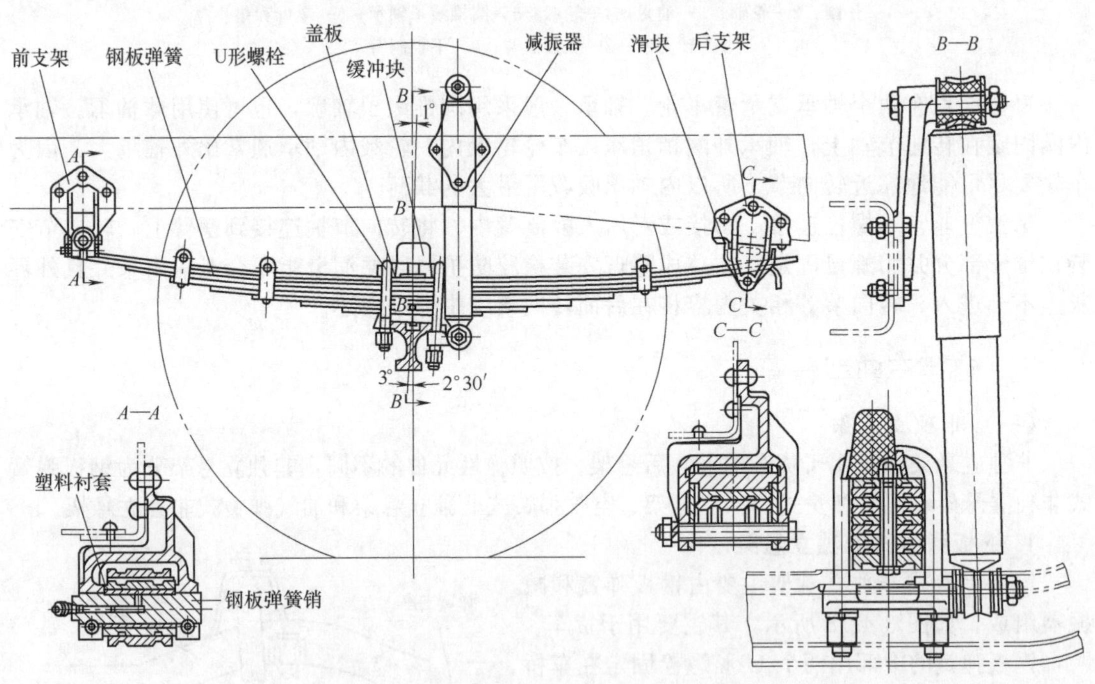

图 3-4-20 东风 EQ1090E 型商用车的前悬架

钢板弹簧的后端采用滑板式支承，前端为固定铰链连接。钢板弹簧变形时，主片与弧形滑块的接触点是变动的，从而使弹簧工作长度发生变化，刚度略有变化。第二片弹簧后端带有直角弯边，防止弹簧中部下落时钢板弹簧从支架中脱出。

为提高商用车行驶平顺性，有的轻型货车后悬架采用将副簧置于主簧之下的渐变钢板弹簧非独立悬架，如图 3-4-21 所示。载荷小时，主簧起作用，当载荷增加到一定值时，副簧开始与主簧接触，悬架刚度随之相应提高，弹簧特性变为非线性。当副簧全部接触后，弹簧特性又变为线性。

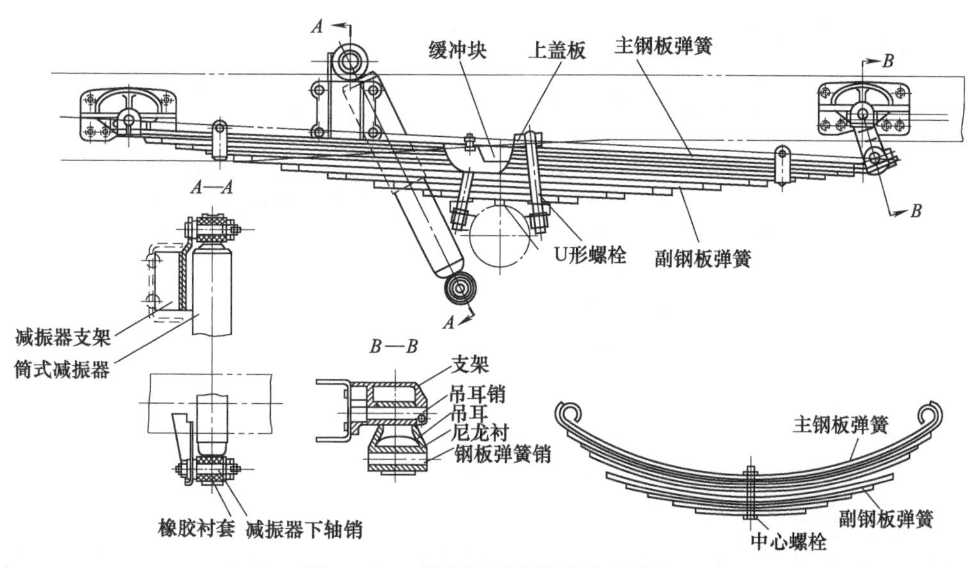

图 3-4-21 渐变钢板弹簧非独立悬架

2. 螺旋弹簧式非独立悬架

螺旋弹簧式非独立悬架由螺旋弹簧、减振器、纵向推力杆和横向推力杆组成。螺旋弹簧式非独立悬架常用于轻型客车，如图 3-4-22 所示。

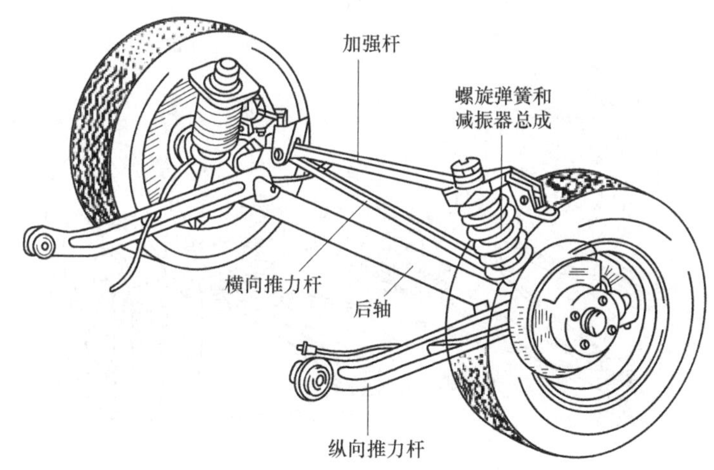

图 3-4-22 螺旋弹簧式非独立悬架

3. 空气弹簧式非独立悬架

空气弹簧式非独立悬架主要由囊式空气弹簧、压气机、车身高度调节控制阀、控制杆等组成，如图 3-4-23 所示，主要用于客车。采用空气弹簧悬架容易实现车身高度的自动调节。

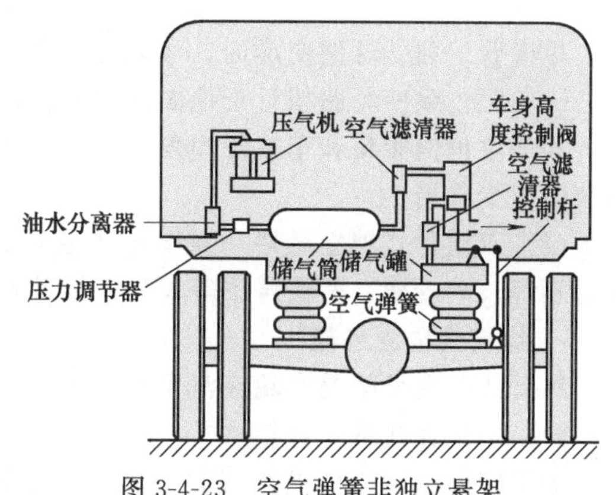

图 3-4-23 空气弹簧非独立悬架

4. 油气弹簧式非独立悬架

油气弹簧式非独立悬架主要由油气弹簧(兼起减振器作用)、横向推力杆、纵向推力杆等组成，推力杆起导向和传力的作用，如

图 3-4-24 所示。油气弹簧式非独立悬架主要用于轻型客车。

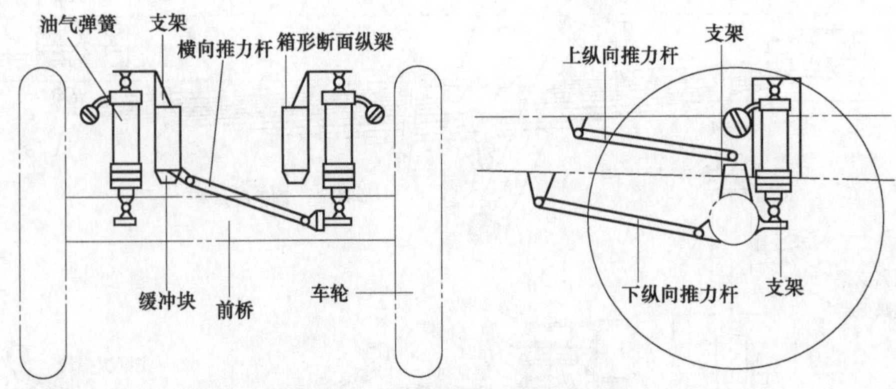

图 3-4-24 油气弹簧式非独立悬架

（二）独立悬架

商用车很少采用独立悬架，只有一些对舒适性要求比较高的高级小客车采用独立悬架。

1. **横臂式独立悬架**

横臂式独立悬架是车轮在汽车横向平面内摆动的悬架。

（1）单横臂式独立悬架　单横臂式独立悬架的构造，如图 3-4-25 所示。

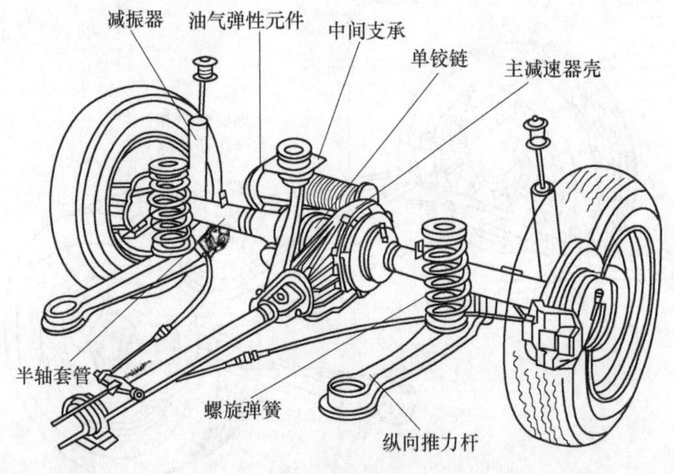

图 3-4-25 单横臂式独立悬架

单横臂式独立悬架变形时，车轮平面将产生倾斜而改变两侧车轮与路面接触点间的距离——轮距，致使轮胎相对于地面侧向滑移，破坏轮胎和地面的附着。这种悬架用于转向轮时，会使主销内倾角和车轮外倾角发生较大的变化，对于转向操纵有一定影响，故目前在前悬架中很少采用。

（2）双横臂式独立悬架　双横臂式独立悬架（如图 3-4-26 所示）包括两摆臂等长和两摆臂不等长的悬架。两摆臂不等长的双横臂独立悬架广泛应用于中高级客车和轿车。

2. **纵臂式独立悬架**

纵臂式独立悬架是车轮在汽车纵向平面内摆动的悬架。

（1）单纵臂式独立悬架

如果转向轮采用单纵臂式独立悬架，车轮上下跳动将使主销后倾角产生很大变化。因

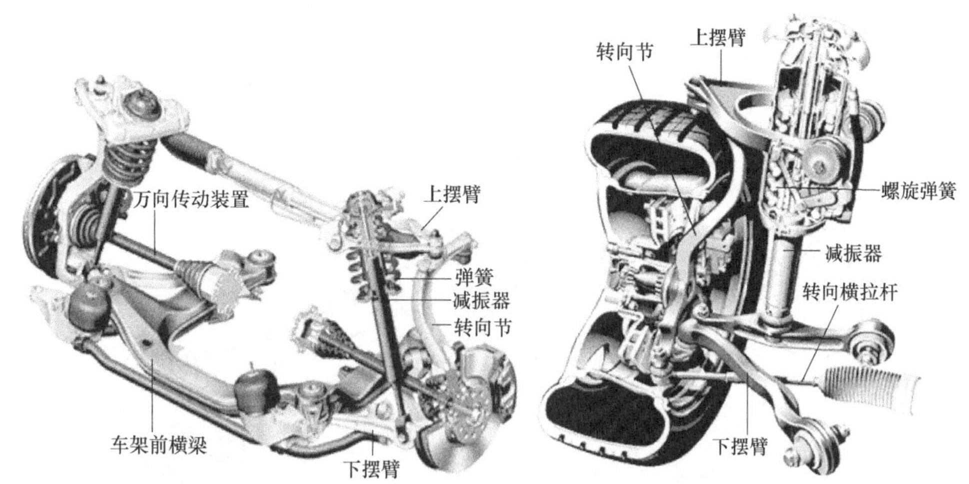

图 3-4-26 不等长的双横臂式独立悬架

此，单纵臂式独立悬架一般用于不转向的后轮，如图 3-4-27 所示。

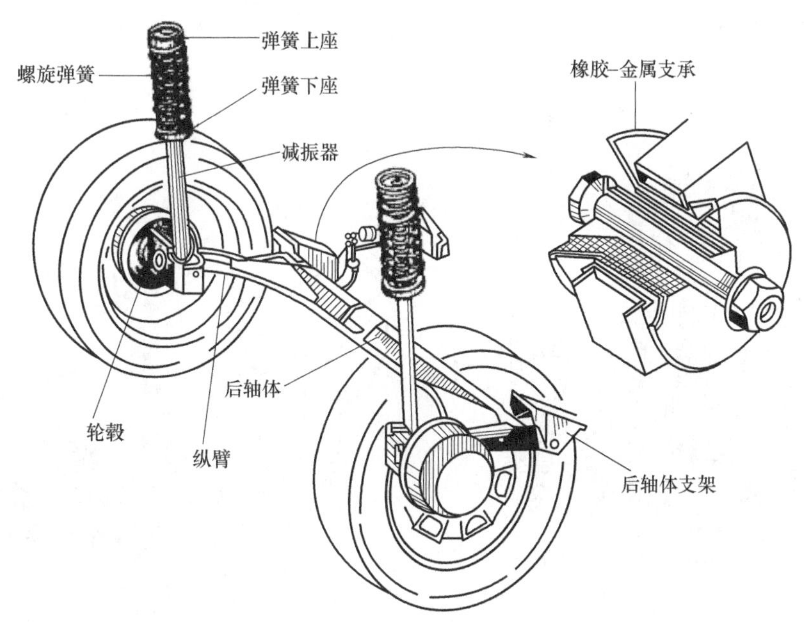

图 3-4-27 某车的后悬架

悬架有一根整体的 V 形断面横梁，在其两端焊接着变截面的管状纵臂，从而形成了一个整体构架——后轴体。纵臂前端通过橡胶-金属支承与车身作铰接式连接。纵臂后端与轮毂、减振器相连。商用车行驶时，车轮连同后轴体相对车身以橡胶-金属支承为支点作上下摆动，相当于单纵臂式独立悬架。当两侧悬架变形不等时，后轴体的 V 形断面横梁发生扭转变形，由于该横梁有较大的弹性，可起横向稳定器的作用。它不像普通带有整体轴的非独立悬架那样，一侧车轮的跳动会直接影响另一侧车轮。因此，该悬架又称纵臂扭转梁式独立悬架。

(2) 双纵臂式独立悬架 双纵臂式独立悬架（如图 3-4-28 所示）的两个纵臂长度一般

做成相等，形成平行四连杆机构。车轮上下跳动时，主销的后倾角保持不变，这种形式的悬架适用于转向轮。

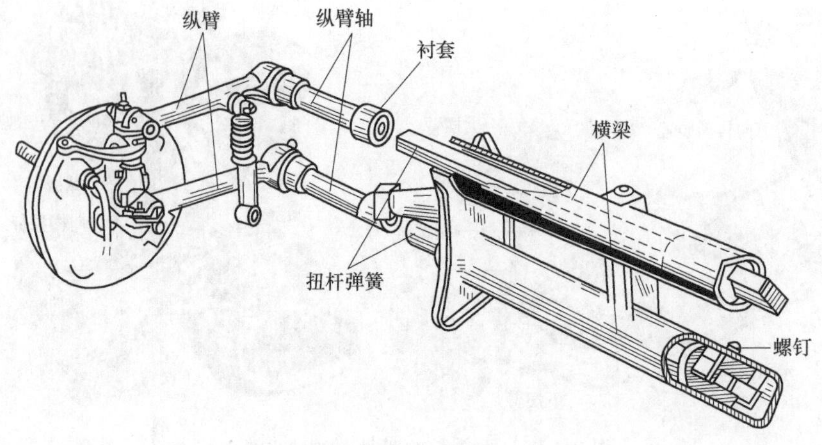

图 3-4-28　双纵臂式独立悬架

3. 烛式悬架和麦弗逊式悬架（也称滑柱连杆式悬架）

烛式悬架和麦弗逊式悬架是车轮沿主销移动的悬架，如图 3-4-29 和图 3-4-30 所示。

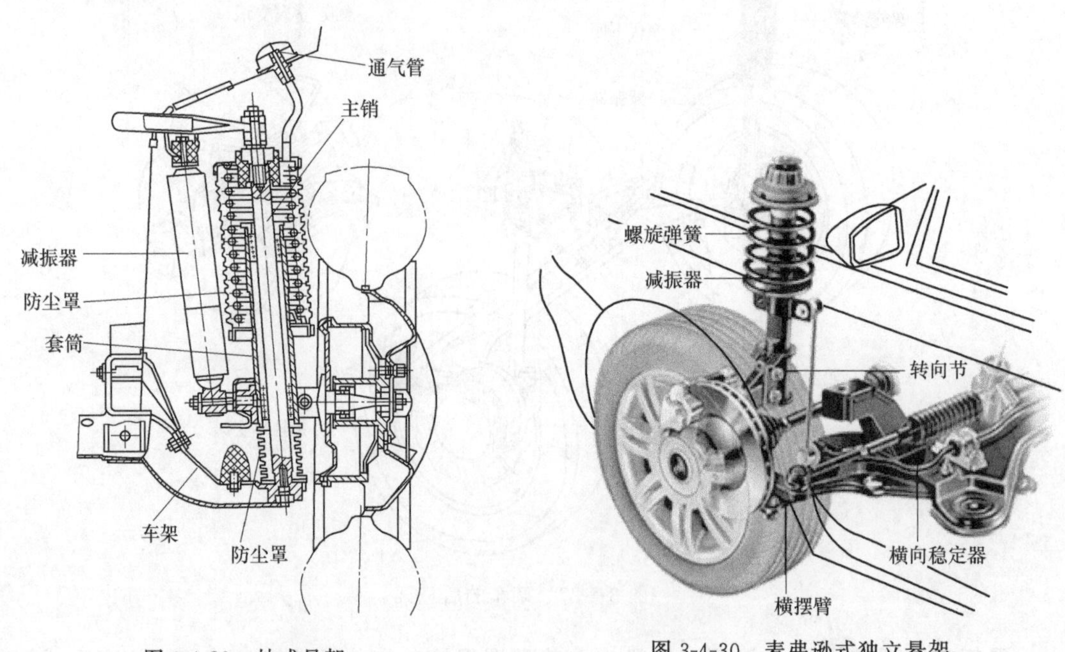

图 3-4-29　烛式悬架

图 3-4-30　麦弗逊式独立悬架

(1) 烛式悬架　烛式悬架变形时，主销的定位角不会发生变化，仅轮距、轴距稍有改变；有利于商用车的转向操纵性和行驶稳定性。缺点是侧向力全部由套筒和主销承受，二者间的摩擦阻力大，磨损严重。因此，这种结构形式目前很少采用。

(2) 麦弗逊式悬架　麦弗逊式悬架是目前前置前驱动车应用比较普遍的悬架结构形式。筒式减振器为滑动立柱，横摆臂的内端通过铰链与车身相连，外端通过球铰链与转向节相连。减振器的上端与车身相连，减振器的下端与转向节相连，车轮所受的侧向力大部分由横摆臂承受，其余部分由减振器活塞和活塞杆承受。筒式减振器上铰链的中心与横摆臂外端球

铰链中心的连线为主销轴线，此结构也无实体主销。

4. **多轴商用车的平衡悬架**

如果多轴商用车的全部车轮都是单独地刚性悬挂在车架上，在不平道路上行驶时将不能保证所有车轮同时接触地面。当道路不平时，可能出现车轮悬空现象，使各个车轮间垂直载荷的分配比例会有很大改变，造成其他车桥及车轮有超载的危险。当车轮垂直载荷变小甚至为零时，车轮对地面的附着力随之变小甚至为零。在此情况下，转向车轮将使商用车操纵能力大大降低以致失去操纵；驱动车轮将不能产生足够的驱动力。

如果将两个车桥（如三轴商用车的中桥与后桥）装在平衡杆的两端，而将平衡杆的中部与车架作铰接，一个车桥抬高将使另一车桥下降。由于平衡杆两臂等长，使两个车桥上的垂直载荷在任何情况下都相等，这种能保证中后桥车轮垂直载荷相等的悬架称为平衡悬架。

（1）等臂式平衡悬架　等臂式平衡悬架是越野商用车上普遍采用的一种平衡悬架结构形式，如图 3-4-31 所示。

钢板弹簧的两端自由地支承在中、后桥半轴套管上的滑板式支架内。钢板弹簧便相当于一根等臂平衡杆，它以悬架心轴为支点转动，从而可保证商用车在不平道路上行驶时，各轮都能着地，且使中、后桥车轮的垂直载荷平均分配。

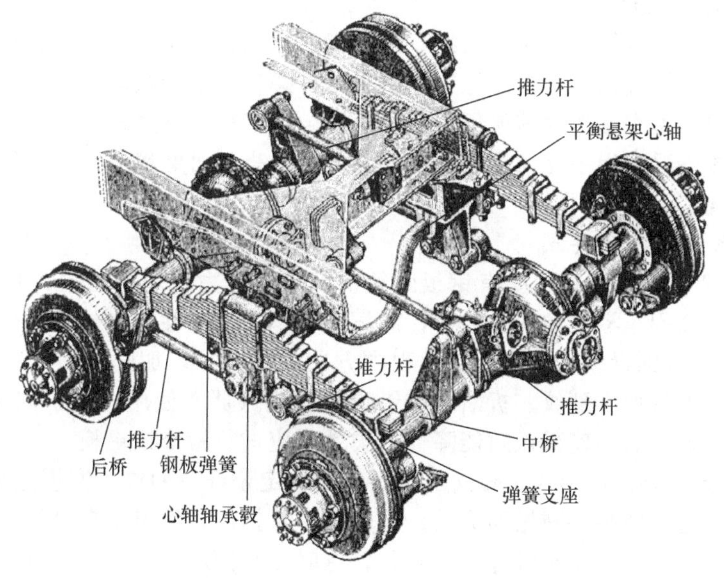

图 3-4-31　等臂式平衡悬架

（2）摆臂式平衡悬架　摆臂式平衡悬架主要用于 6×2 的货车上，如图 3-4-32 所示。

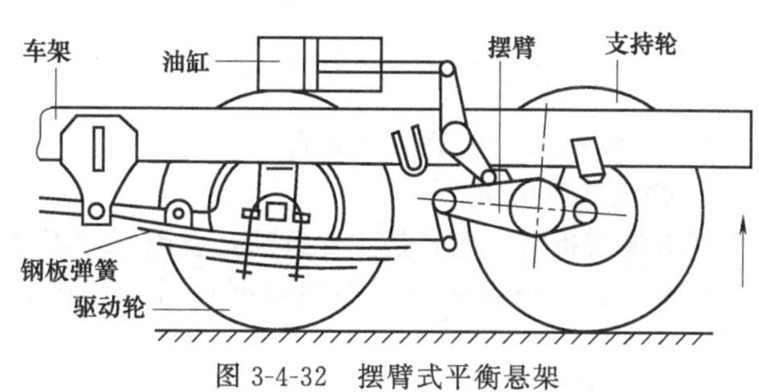

图 3-4-32　摆臂式平衡悬架

这种货车的结构特点是前桥为转向桥，中桥为驱动桥，后桥是可以升降的支持桥。当商用车在轻载或空载行驶时，可操纵举升油缸，通过杠杆机构将后轮（支持轮）举起，使 6×2 商用车变为 4×2 商用车。这不仅可减少轮胎的磨损和降低油耗，同时还可以增加空车行驶时驱动轮上的附着力。为适应这种商用车总体布置的需要，中（驱动）桥和后（支持）桥就有必要采用摆臂式平衡悬架。中桥的悬架采用普通纵置半椭圆钢板弹簧，后吊耳不与车架相连接，而是与摆臂的前端相连。摆臂轴支架固定在车架上。摆臂的后端与商用车的后桥（支持桥）相连。左、右后支持轮之间没有完整车轴连接。

三、悬架的维护及修理要点

悬架技术状况变差，首先影响商用车的减振性，增加商用车的冲击载荷，加剧商用车零部件的损坏，也增加了运输中的货损货耗。更重要的是破坏了车轮正常的运动状态，造成商用车的操纵性能、制动性能变差，对交通安全构成潜在威胁。

（一）悬架系统的维护

1. 车辆升起前的检查

（1）减振器减振力检查　在车前、车后通过上下晃动车身确定减振器的减振力大小，并且检查车身停止晃动的时间长短。

（2）车辆倾斜检查　目视观察车辆是否倾斜。如果车辆倾斜还需检查轮胎气压、左右车轮的尺寸及车辆承载是否均匀。

2. 车辆升起后的检查

（1）减振器　检查减振器是否有凹痕、是否漏油，检查防尘套是否有裂纹或损坏。

（2）弹性元件　检查钢板弹簧或螺旋弹簧、扭杆弹簧等是否损坏。

（3）其他部位　检查悬架的其他部位，如摆臂、稳定杆、推力杆等是否损坏。

（4）检查连接情况　用手晃动悬架的主要元件，检查是否磨损或松动。最后用扭力扳手将螺母或螺栓按规定力矩紧固。

（二）悬架系统的修理要点

① 非独立悬架的损坏形式主要有钢板弹簧的断裂、弹力减弱及磨损；减震器的油液渗漏或失效。除增加商用车零件的冲击载荷，破坏商用车的减振性能之外，还会产生“前轮定位效应”，影响商用车的操纵性能、制动过程中方向的稳定性，加剧轮胎的磨耗。修理时通常用直观检视法，弹簧如有裂纹、折断等应予更换。减振器在使用过程中如出现油液渗漏、阀门关闭不严或不能开启等使减振效能降低或失效，应进行检修或更换。

② 独立悬架的主要损坏形式是转向节及其支撑、定位杆系的铰销磨损过大；杆系变形、裂纹；弹簧弹力衰退、断裂；减振器失效；橡胶消音垫损坏；润滑不良等等。会引起前轮摆动，车轮反向垂直跳动，商用车舒适性变差，转弯时车身倾斜严重，噪声过大等故障。检修独立悬架时，应检查各零件有无裂纹、变形和损坏，减振器是否有失效和漏油，螺旋弹簧弹力是否符合要求和有无裂纹等。如发现损坏，应予以更换。

四、悬架常见故障的诊断与排除

（一）非独立悬架的常见故障

1. 钢板弹簧折断

钢板弹簧折断，尤其是主片折断，会因弹力不足等原因，使车身歪斜。前钢板弹簧一侧主片折断时，车身在横向平面内倾斜；后钢板弹簧一侧主片折断时，车身在纵向平面内倾斜。

2. 钢板弹簧弹力过小或刚度不一致

当某一侧的钢板弹簧由于疲劳导致弹力下降，或者更换的钢板弹簧与原弹簧刚度不一致时，会使车身倾斜。

3. 钢板弹簧销、衬套和吊耳磨损过量

此时，会出现以下故障现象：车身倾斜（不严重）；行驶跑偏；商用车行驶摆振；异响。

4. U 形螺栓松动或折断

此时，会由于车辆移位倾斜，导致商用车跑偏。

（二）独立悬架和减振器的常见故障

1. 独立悬架总成常见故障

独立悬架总成主要由螺旋弹簧、上下摆臂、横向稳定杆及减振器等组成，总成铰接点多，总成常见的故障有如下几项。

（1）现象

① 异响，尤其在不平路面上转弯时。

② 车身倾斜，商用车在转弯时车身过度倾斜等。

③ 前轮定位参数改变。

④ 轮胎异常磨损。

⑤ 车辆摆振及行驶不稳。

（2）原因

① 螺旋弹簧弹力不足。

② 稳定杆变形。

③ 上、下摆臂变形。

④ 各铰接点磨损、松旷。

当商用车产生上述现象时，应对悬架系统进行仔细检查，即可发现故障部位及原因。

2. 减振器的常见故障

减振器的常见故障为衬套磨损和泄漏。衬套磨损后，因松旷易产生响声。减振器轻微的油液泄漏是允许的，但泄漏过多会使减振器失去减振作用。

第四章 商用车转向系

第一节 商用车转向系概述

商用车在行驶或作业中，根据需要改变其行驶方向，称为转向。控制车辆转向的一整套机构称为商用车转向系。

一、转向系的功能

转向系的功用是按照驾驶员的意愿准确灵活地改变车辆的行驶方向和保持车辆稳定的直线行驶。其转向是通过驾驶员操纵转向机构使转向轮偏转一定的角度或使铰接车架相对偏转或使左右驱动轮差速来实现的。

转向系性能的优劣对于保障商用车的行驶安全、减轻驾驶员的劳动强度和提高作业效率具有重要的意义。

二、转向系的使用要求

1. 转向轮运动规律

商用车在转向行驶时，要求车轮相对于地面作纯滚动，否则如果有滑动的成分，车轮边滚边滑会导致转向行驶阻力增大，动力损耗，油耗增加，也会导致轮胎磨损增加。

图 4-1-1 转向时理想的两侧转向轮偏转角的关系

转向时，内侧车轮和外侧车轮滚过的距离是不等的。一般而言，后桥左右两侧的驱动轮由于差速器的作用，能够以不同的转速滚过不同的距离。但前桥左右两侧的转向轮要滚过不同的距离，保证车轮作纯滚动就要求所有车轮的轴线都交于一点方能实现。此交点 O 称为车辆的瞬时转向中心，如图 4-1-1 所示。车辆转向时内侧转向轮偏转角 α 大于外侧转向轮偏转角 β。α 与 β 的关系是：

$$\cot\beta - \cot\alpha = \frac{B}{L}$$

式中 B——两侧主销中心距（可近似认为是转向轮轮距）；

L——前后轴距。

这一关系是由转向梯形保证的。所有转向梯形的设计实际上都只能保证在一定的车轮偏转角范围内，使两侧车轮偏转角大体上接近以上关系式。

从转向中心 O 到外侧转向轮与地面接触点的距离 R 称为转弯半径。转弯半径 R 愈小，则转向所需要场地就愈小，车辆的机动性也愈好。当外侧转向轮偏转角达到最大值 α_{max} 时，

转弯半径 R 最小。

2. 转向系基本要求

(1) 工作可靠　转向系对机械行驶的安全性和整机性能的充分发挥起到很大作用，因此对其各组成的各部件、零件的强度、刚度和使用寿命，结构连接的可靠性有较高要求。

(2) 具有较小转弯半径　为提高商用车的机动性和整机通过性，应该在满足车辆稳定性的前提下尽可能增大内侧转向轮的最大偏转角，获得最小的转弯半径。

(3) 操纵轻便　商用车往往体积庞大，自身重量很大，但转向时要求操纵力要小，且转向盘应反馈给驾驶员一定的路感，同时要求路面对车轮的冲击力尽可能小得传到转向盘上，这样有利于降低驾驶员的疲劳强度、提高行车安全。

(4) 转向灵敏　转向轮偏转某一角度时，转向盘相应转过的角度越小，则转向机构越灵敏，反之灵敏性较低。高灵敏性会降低操纵的轻便性，但灵敏性过高也会造成转向过大情况，为整机操纵带来危险，所以转向系统要选择传动比合适的转向器。另外，转向轮转向后要有一定的自动回正能力，进一步降低驾驶员的劳动强度。

(5) 便于保养和调整　转向系的设计应科学合理、考虑周全，为后期的保养和调整预留相应的空间，提高维修的便捷性，增加车辆在售后服务方面的竞争力。

三、商用车的转向方式及特点

1. 根据转向方式分类

(1) 偏转前轮转向　前轮转向是通过前轮在路面上转一定角度来实现的，如图 4-1-2 (a) 所示。偏转前轮转向，由于前外轮的转弯半径最大，在弯道行驶时，驾驶员易于用前外轮的位置来判断车辆是否通过障碍和把握整机的行驶路线，有利于保证安全。目前这种转向方式是商用车采用的主流转向方式。如图 4-1-3 所示为陕汽重型牵引车，采用的就是前轮转向设计。

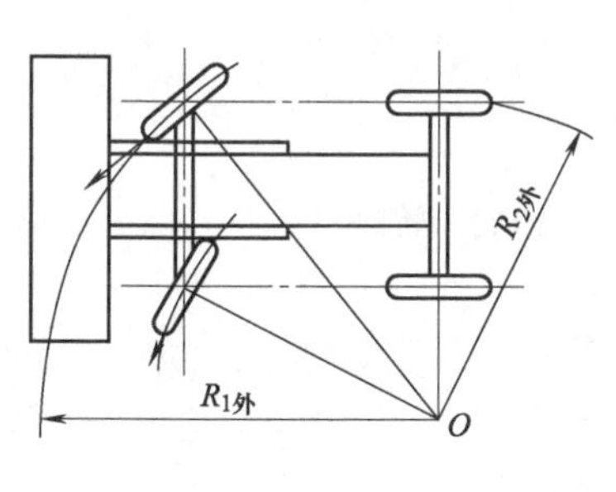

(a) 偏转前轮转向

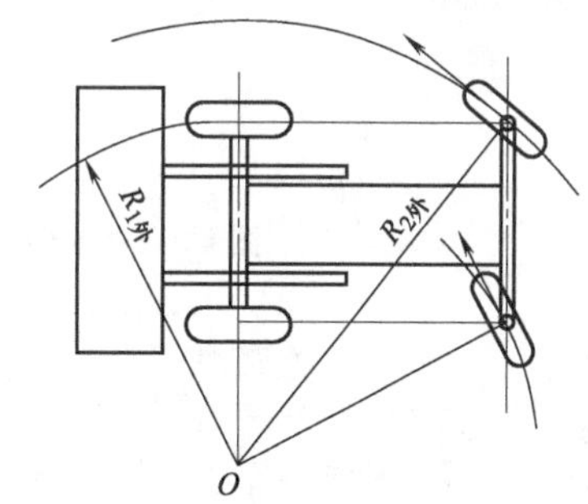

(b) 偏转后轮转向

图 4-1-2　偏转前轮、后轮转向

(2) 偏转后轮转向　后轮转向在不少整体式车架的特种车辆上采用，如图 4-1-4 所示为一辆后轮处于偏转状态的叉车。偏转后轮转向的缺点是转向时后轮转向半径大于前轮转弯半径，驾驶员不能按照前轮转向那样判断整机的通过性能。要求驾驶员对此种机械操作熟练，判断准确。目前后轮转向方式主要应用于叉车、小型翻斗车等各种车辆上。

图 4-1-3　陕汽重型牵引车

图 4-1-4 偏转后轮转向应用

（3）偏转前后轮转向（全轮转向） 当今大型商用车为了提高操纵稳定性、机动性和灵活性来满足复杂环境的要求，全轮转向技术已经成为一个商用车的发展趋势。全轮转向方式可以使机械实现单独的前轮转向、后轮转向、前后轮同时转向之外，还可实现蟹行转向，即使前后轮偏转方向一致且平行，整机保持蟹行（斜行），这样能够使机械缩短转向路程及时间，易于迅速靠近或驶离作业面，如图 4-1-5（b）所示。在低速工况下，前后轮反向转动，可以减小商用车的转弯半径，提高机动性能，尤其是对于作业空间相对比较狭窄、机架比较长的车辆，采用全轮转向方式显得尤为必要，如图 4-1-6 所示的大型起重机及大吨位运输设备；在高速情况下，前后轮同向转动，可以改善商用车的操纵稳定性。

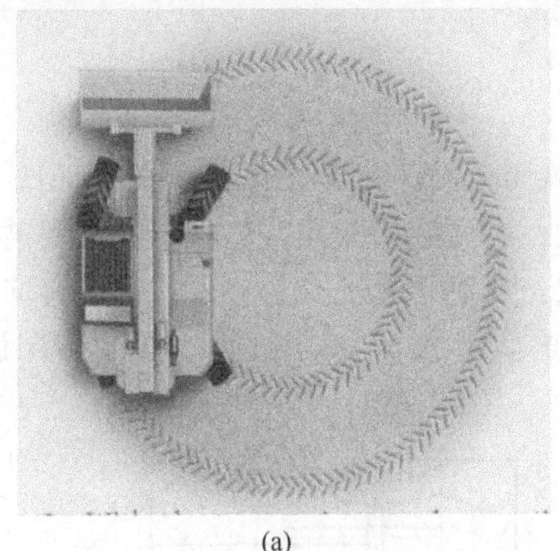
(a)

(b)

图 4-1-5 偏转前后轮（全轮）转向

图 4-1-6 偏转全轮转向车辆

（4）铰接式转向 为增加整机的牵引力，提高其通过性及作业效率，在许多越野运输车上均采用全轮驱动的方式，在此驱动方式下，若采用偏转车轮转向，则其结构将变得复杂。基于此，很多越野运输车的车架不是采用整体式车架，而是通过用垂直销轴将前后两个独立的的车架铰接组合在一起，利用两个转向油缸推动前后车架绕铰接销轴偏转一定角度来实现转向，故称为铰接转向或折腰转向，如图 4-1-7 所示。

采用铰接式转向的的商用车主要有铰接式卡车、铰接式公交车等，如图 4-1-8 所示。

因为由前后两个或多个车架组成，铰接式转向车辆一般轴距较长，尽管如此，但由于前

后车架相对偏转角度较大（可达 40°），所以仍可获得较小的转弯半径，整机机动性能好，通过性能高。

从理论上讲，将铰销布置在前后驱动桥的中间位置最为理想，这样前后轮的转弯半径相同，行走轨迹重合，一则可使车辆避让障碍更容易，二则使前轮为后轮压实地面，降低行驶阻力，节省功率消耗。

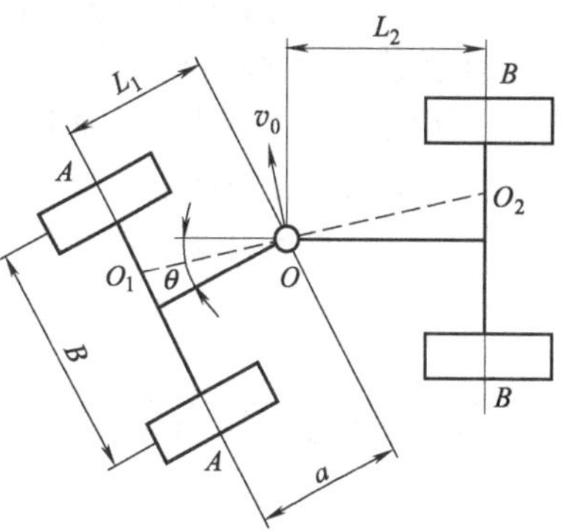

图 4-1-7　铰接式转向示意图

2. 根据转向操纵方式分类

根据转向操纵方式的不同，转向系统分为三类。

（1）机械式转向（人力转向）　机械式转向系统主要应用于小型偏转车轮式机型，转向轮的偏转完全是借助于驾驶员在转向盘上施加的力，通过一系列传动机构后，使转向轮克服转向阻力而实现的，如农用拖拉机、三轮运输车等机械均采用机械式转向，转向时，阻力越大，则所需施加的操纵力也越大。其优点是结构简单，制造方便，工作可靠，成本低廉，缺点是转向操纵较费力，驾驶舒适性差。

图 4-1-8　铰接式转向应用

（2）液压助力转向　液压助力转向系是在机械式转向系的基础上升级而来的，其增设了一套液压助力系统，在转向时，转动方向盘的操纵力不直接作为促使转向轮偏转的驱动力，而仅仅是操纵助力系统中液压控制阀动作的力，液压控制阀的动作使高压大流量液压油通向转向油缸等转向机构实现转向，在转向过程中还需借助特定的机械连接机构进行不停的反馈，因此该转向系统称为液压助力转向，但还不能称为全液压转向。商用车广泛采用液压助力转向。

（3）全液压转向系统　全液压转向系统分为全液压恒流转向系统、流量放大液压转向系统和动（静）态负荷传感液压转向系统，同液压助力转向系统相比，全液压转向系统没有螺杆、摇臂和随动杆等机械机构，其反馈装置和控制阀集成为一个元件——全液压转向器，因此大大简化了转向机构，使其不再存在机械磨损和间隙调整带来的问题，可靠性和稳定性都得到了大大提高。大型工程机械上如挖掘机常采用全液压转向。

全液压转向系统的优点有：

① 操纵轻便，驾驶员劳动强度低；

② 转向灵敏，空程和滞后时间段；

③ 结构紧凑，布局方便；

④ 吸收震动，安全可靠。

由于油液有阻力作用，可以吸收路面冲击，当遇到较大的冲击时，可使油缸瞬时互通，避免由于巨大外力造成的机械式破坏发生。

全液压转向系统的缺点是：

① 液压元件加工精度、密封性能要求高，成本昂贵；

② 液压系统容易泄漏，排除故障麻烦；

③ 转向后不能自动回正，驾驶员无路感；

④ 发动机因故障熄火后手动转向费力。

第二节 机械转向系

一、机械转向系概述

（一）机械式转向系的基本组成

机械转向系由转向操纵机构、机械转向器和转向传动机构三大部分组成，其具体组成如图 4-2-1 所示。转向操纵机构包括转向盘、转向轴、万向节、转向传动轴；机械转向器有多种类型，常见的有齿轮齿条转向器、球面蜗杆滚轮转向器、蜗杆曲柄销转向器和循环球式转向器；转向传动机构包括转向摇（垂）臂、转向直（纵）拉杆、转向节臂、转向梯形臂、转向横拉杆等。

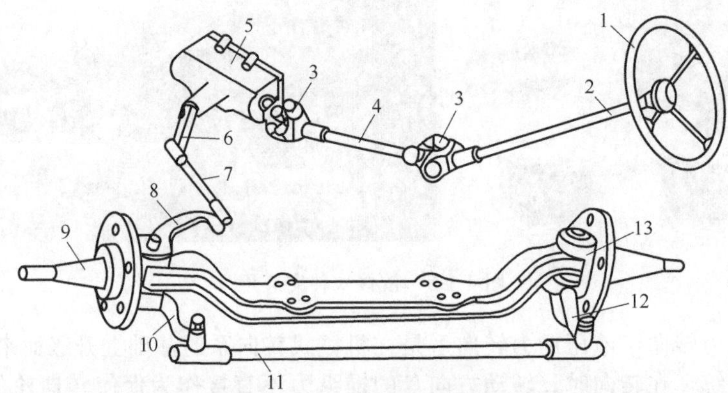

图 4-2-1 机械转向系示意图

1—转向盘；2—转向轴；3—转向万向节；4—转向传动轴；5—转向器；6—转向摇臂；7—转向直拉杆；8—转向节臂；9—左转向节；10—左转向梯形臂；11—转向横拉杆；12—右转向梯形臂；13—右转向节

（二）机械式转向系的工作原理

如图 4-2-1 所示，车辆转向时，驾驶员转动转向盘，通过转向轴、转向节和转向传动轴，将转向力矩输入转向器。转向器中有 1～2 级啮合传动副，具有降速增矩的作用。转向器输出的转矩经转向摇臂，再通过转向直拉杆传给固定在左转向节上的转向节臂，使左转向节及装于其上的左转向轮绕主销偏转。左、右转向梯形臂的一端分别固定在左、右转向节上，另一端则与转向横拉杆作球铰链连接。当左转向节偏转时经左转向梯形臂、转向横拉杆和右转向梯形臂的传递，右转向节及装于其上的右转向轮随之绕主销同向偏转一定的角度。左、右转向梯形臂和转向横拉杆构成转向梯形，其作用是在车辆转向时，使左、右转向轮按转向轮运动规律进行偏转。

（三）机械式转向系的工作参数

1. 转向系角传动比

转向系角传动比是指转向盘的转角与转向盘同侧的转向轮偏转角的比值，一般用 i_w 表

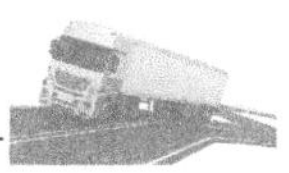

示。转向系角传动比是转向器角传动比 i_1 和转向传动机构角传动比 i_2 的乘积。转向器角传动比是转向盘转角和转向摇臂摆角之比。转向传动机构角传动比是转向摇臂摆角与同侧转向轮偏转角之比。

转向系角传动比越大，增矩作用加大，转向操纵越轻便，但由于转向盘转的圈数过多，导致操纵灵敏性变差，所以转向系角传动比不能过大。而转向系角传动比太小又会导致转向沉重，所以转向系角传动比既要保证转向轻便，又要保证转向灵敏。但机械转向系很难做到这点，所以越来越多的车辆采用动力转向系。

2. 转向盘的自由行程

转向盘的自由行程是指转向盘在空转阶段的角行程，这主要是由于转向系各传动件之间的装配间隙和弹性变形所引起的。由于转向系各传动件之间都存在着装配间隙，而且这些间隙将随零件的磨损而增大，因此在一定的范围内转动转向盘时，转向节并不马上同步转动，而是在消除这些间隙并克服机件的弹性变形后，才作相应的转动，即转向盘有一空转过程。

转向盘自由行程对于缓和路面冲击及避免驾驶员过于紧张是有利的，但过大的自由行程会影响转向灵敏性。所以车辆维护中应定期检查转向盘自由行程。一般车辆转向盘的自由行程应不超过 10°～15°，否则应进行调整。

二、转向器

转向器是转向系中的降速增矩传动装置，其功用是增大由转向盘传到转向节的力，并改变力的传动方向。按转向器中传动副的结构形式分，可以分为循环球式、齿轮齿条式、蜗杆曲柄指销式、蜗杆滚轮式等几种。

转向器传动效率是指转向器输出功率与输入功率之比。当功率由转向盘输入，从转向摇臂输出时，所求得的传动效率称为正传动效率；反之，转向摇臂受到道路冲击而传到转向盘的传动效率则称为逆效率。

按传动效率的不同，转向器还可以分为可逆式转向器、极限可逆式转向器和不可逆式转向器。

可逆式转向器是指正、逆传动效率都很高的转向器。这种转向器有利于车辆转向后转向轮的自动回正，转向盘“路感”很强，但也容易在坏路行驶时出现“打手”，所以主要应用于经常在良好路面行驶的车辆。

极限可逆式转向器是指正传动效率远大于逆传动效率的转向器。这种转向器能实现车辆转向后转向轮的自动回正，但“路感”较差，只有当路面冲击力很大时才能部分地传到转向盘，主要应用于中型以上的工程车辆等。

不可逆式转向器是指逆传动效率很低的转向器，这种转向器使驾驶员不能得到路面的反馈信息，没有“路感”，而且转向轮也不能自动回正，所以很少采用。

（一）转向器结构及工作过程

1. 齿轮齿条式转向器的结构和工作过程

齿轮齿条式转向器分两端输出式和中间（或单端）输出式两种，其工作原理相同，如图 4-2-2 所示，当转动转向器时，转向器主动齿轮转动，使与之啮合的齿条沿轴向移动，从而使左右横拉杆带动转向节左右转动，使转向车轮偏转，以实现车辆转向。

中间输出的齿轮齿条式转向器实物如图 4-2-3 所示，装配如图 4-2-4（a）所示，它主要由转向器壳体、转向齿轮、转向齿条等组成。转向器通过转向器壳体的两端用螺栓固定在车身（车架）上。齿轮轴通过球轴承、滚柱轴承垂直安装在壳体中，其上端通过花键与转向轴上的万向节（图中未画出）相连，其下部分是与轴制成一体的转向齿轮。转向齿轮是转向器

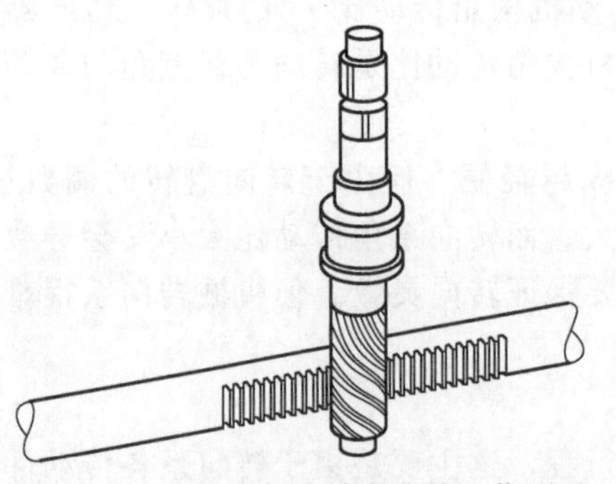
图 4-2-2　齿轮齿条式转向器的工作原理

图 4-2-3　齿轮齿条式转向器实物

的主动件，它与相啮合的从动件转向齿条水平布置，齿条背面装有压簧垫块。在压簧的作用下，压簧垫块将齿条压靠在齿轮上，保证二者无间隙啮合。调整螺塞可用来调整压簧的预紧力。压簧不仅起消除啮合间隙的作用，而且还是一个弹性支承，可以吸收部分振动能量，缓和冲击。

转向齿条的中部［有的是齿条两端，如图 4-2-4（b）所示］通过拉杆支架与左、右转向横拉杆连接。转动转向盘时，转向齿轮转动，与之相啮合的转向齿条沿轴向移动，从而使左、右转向横拉杆带动转向节转动，使转向轮偏转，实现车辆转向。

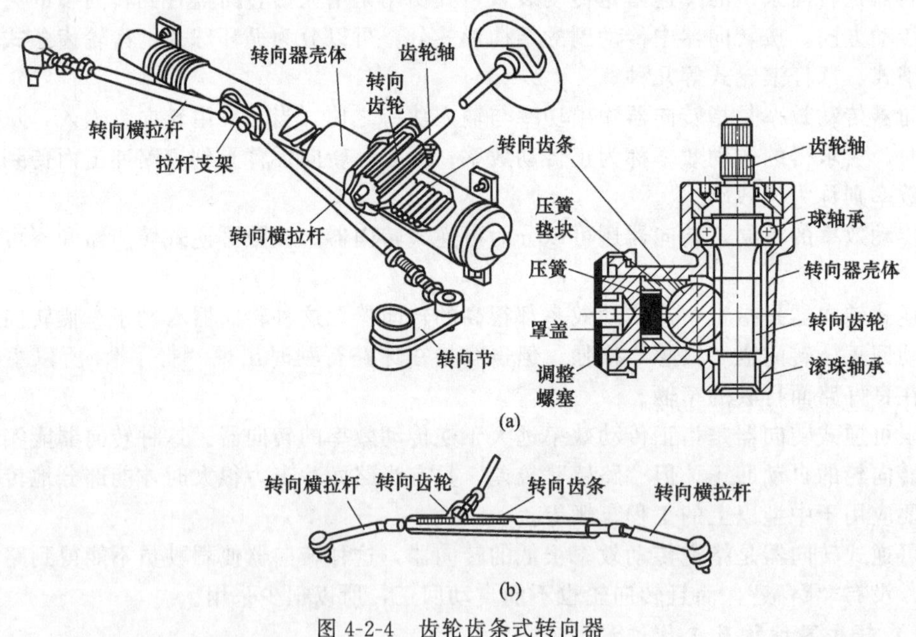

图 4-2-4　齿轮齿条式转向器

2. 循环球式转向器的结构和工作过程

循环球式转向器是目前国内外应用最广泛的转向器结构形式之一，一般有两级传动副，第一级是螺杆螺母传动副；第二级是齿条齿扇传动副，结构示意如图 4-2-5 所示。其工作原理为：为了减少转向螺杆与转向螺母之间的摩擦，两者的螺纹并不直接接触，其间装有多个钢球，以实现滚动摩擦。螺母侧面有两对通孔，可将钢球从此孔塞入螺旋形通道内。转向螺母外有两根钢球导管，每根导管的两端分别插入螺母侧面的一对通孔中，导管内也装满了钢球，这样，两根导管和螺母内的螺旋管状通道组合成两条各自独立的封闭钢球“流道”。

转向螺杆转动时，通过钢球将力传给转向螺母，螺母即沿轴向移动。螺母通过齿条带动齿扇及与齿扇连接的转向垂臂转动，经转向传动机构使机械转向。同时，在螺杆及螺母与钢球间的摩擦力偶作用下，两列钢球只是在各自的封闭流道内循环，不会脱出。循环球式转向器分解如图 4-2-6 所示。

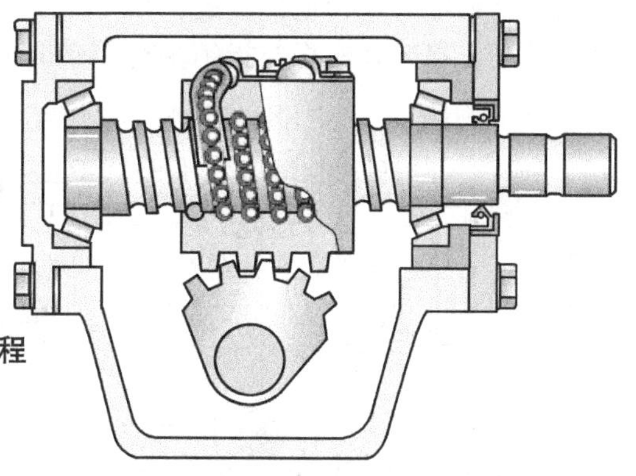

图 4-2-5 循环球式转向器的结构示意

3. 蜗杆曲柄指销式转向器的结构和工作过程

蜗杆曲柄指销式转向器的传动副以转向蜗杆为主动件，其从动件是装在摇臂轴曲柄端部的指销。驾驶员通过转向盘转动转向蜗杆（主动件），与其相啮合的指销（从动件）一边自转，一边以曲柄为半径绕摇臂轴轴线在蜗杆的螺纹槽内作圆弧运动，从而带动曲柄、转向摇臂摆动，实现车辆转向。其示意图如图 4-2-7 所示。

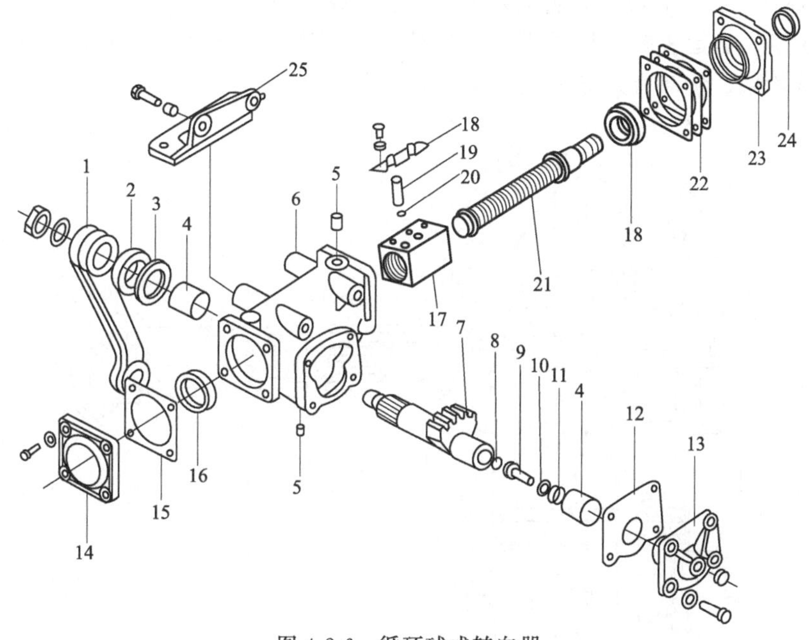

图 4-2-6 循环球式转向器

1—转向摇臂；2—毛毡油封；3—橡胶油封；4—衬套；5—螺塞；6—壳体；7—转向摇臂轴；8—止推垫；9—调整螺母；10—垫圈；11—挡圈；12,15—衬垫；13—侧盖；14—下盖；16—轴承；17—转向螺母；18—导管固定卡；19—钢球导管；20—钢球；21—转向螺杆；22—调整垫片；23—上盖；24—油封；25—支架

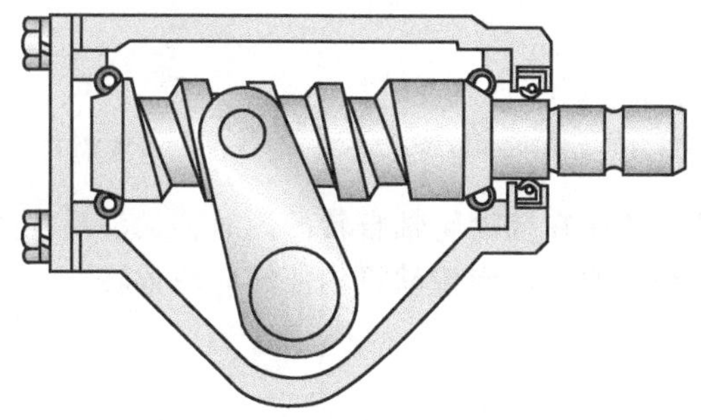

图 4-2-7 蜗杆曲柄单销式转向器的示意图

蜗杆曲柄指销式转向器属极限可逆式转向器，分单销式和双销式，双销式转向器装配如图 4-2-8 所示，它主要由转向器壳体、转向蜗杆、转向摇臂轴、曲柄和指销、上下盖、调整螺塞和螺钉、侧盖等组成。

转向器壳体固定在车架的转向器支架上。壳体内装有传动副，其主动件是转向蜗杆，从动件是装在摇臂曲柄端部的指销。蜗杆与两个锥形的指销相啮合，构成传动副。两个指销均用双列圆锥滚子轴承支承在曲柄上，并可绕自身轴线转动，以减轻蜗杆与指销啮合传动时的磨损，提高传动效率。

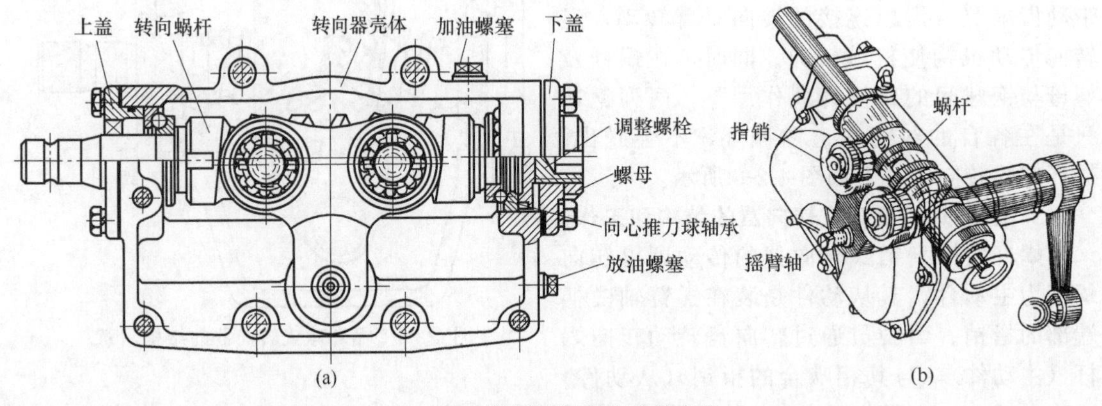

图 4-2-8　蜗杆曲柄双销式转向器

4. 球面蜗杆滚轮极限可逆式转向器的结构和工作过程

轮式推土机、铲运机多采用球面蜗杆滚轮极限可逆式转向器。该转向器主要由球面蜗杆、滚轮、滚轮架、转向器壳等组成（图 4-2-9、图 4-2-10）。

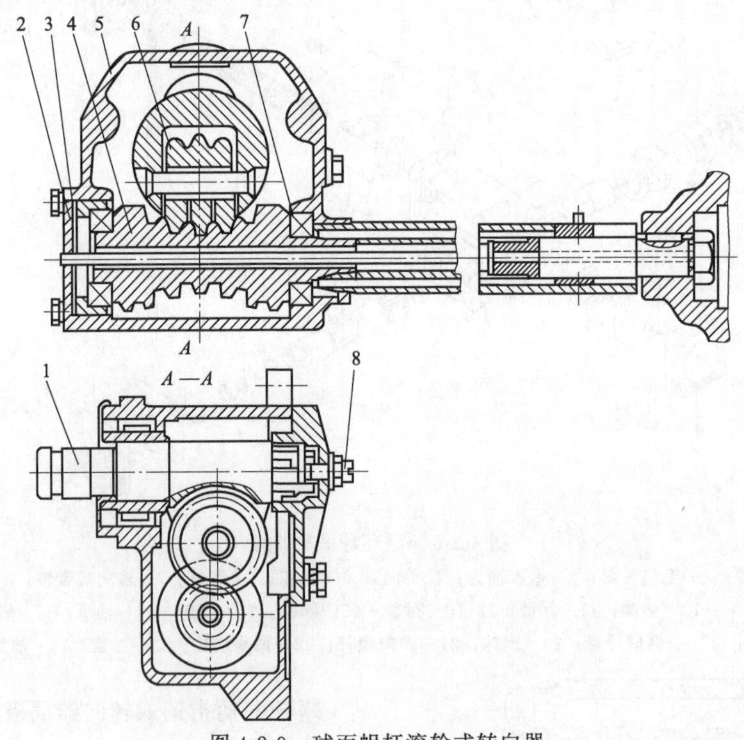

图 4-2-9　球面蜗杆滚轮式转向器

1—垂臂轴；2—轴承盖；3—调整垫片；4—球面蜗杆；5—转向器壳体；6—滚轮；7—滚子轴承；8—调整螺钉

转动转向盘，通过转向轴带动球面蜗杆旋转，滚轮在绕滚轮轴自转的同时，又沿蜗杆的螺旋线滚动，从而带动滚轮支架及转向垂臂轴摆动，通过转向传动机构使转向轮偏转。

（二）循环球转向器的拆装步骤

1. 循环球液压助力转向器的拆卸

在拆卸分解之前，应先放掉润滑油，检查转向器的转动力矩，若转动力矩不符合原厂规

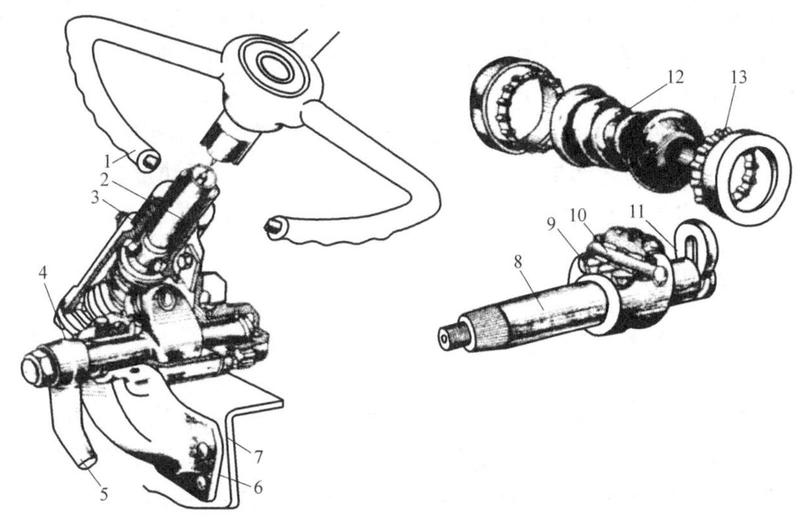

图 4-2-10 球面蜗杆滚轮式转向器立体图

1—转向盘；2—转向轴；3—壳体；4—调整垫片；5—转向垂臂；6—转向器支架；7—车架纵梁；8—转向臂轴；9—滚轮轴；10—滚轮；11—U 形垫圈；12—球面蜗杆；13—滚动轴承

定又无法调整时，应考虑更换转向器总成。拆卸顺序如下。

(1) 拆卸摇臂轴。将摇臂轴上的扇形齿置于中间位置，先拆下摇臂轴油封；接着拆下侧盖固定螺栓，将摇臂轴压出约 20mm；然后给摇臂轴支撑轴颈端套上约 0.1mm 厚的塑料筒，用手抓住侧盖抽出摇臂轴，同时用另一只手从另一端压入塑料筒，防止轴承滚棒散落到壳体内，引起拆卸不便。若是滑动轴承（衬套），就不需加塑料筒了。

(2) 拆前端盖。用冲头冲击前端盖的弹簧挡圈，然后逆时针转动控制阀阀芯的枢轴，取下前盖。

(3) 拆卸转向齿条活塞。把有外花键的专有心轴从前端插入转向齿条活塞的中心孔，直至顶住转向螺杆的端部。然后逆时针转动控制阀阀芯枢轴，将专用心轴、齿条活塞、钢球作为一个组件整体取出。

(4) 拆卸调整螺塞（上端盖）。应先在螺塞和壳体上作对位标记，以便装配时易于保证滑阀的轴向间隙。然后用专用扳手插入螺塞端面上的拆卸孔内，拆下调整螺塞，拆下时应防止损坏调整螺塞。

(5) 拆下阀体。滑阀与阀体都是精密零件，其公差为 0.0025mm，并且经过严格的平衡，在拆卸中不得磕碰，以防止损伤零件表面，拆下后应合理地堆放在清洁处。

(6) 拆下所有的橡胶类密封元件。

2. 循环球液压助力转向器的装配

(1) 装配前，应将各零件清洗干净，并用压缩空气吹干，不得用其他织物擦拭。

(2) 组装转向螺杆、齿条活塞组件：

① 将转向螺杆装入齿条活塞中，然后将黑色间隔钢球和白色承载钢球间隔从齿条活塞背上的两个钢球导孔装入滚道。

② 将钢球装满钢球导管，再将导管插入导孔，按规定扭矩用导管夹固定好导管；

③ 将专用心轴从齿条活塞前端装入齿条活塞，直至顶住转向螺杆。

(3) 安装阀体与螺杆，阀体上的凹槽与螺杆的定位销必须对准。

(4) 安装阀心、输入轴，并装好止推轴承及所有的橡胶密封圈和聚四氟乙烯密封圈。

(5) 把阀体推入转向器壳体中，把专用心轴与齿条活塞一并装入壳体，待与螺杆啮合后，顺时针转动输入轴，将齿条活塞拉入壳体后，再取出专用心轴。

(6) 安装调整螺塞，并调整好调整螺塞的预紧度。

(7) 安装摇臂轴组件，注意对正安装记号和按规定力矩紧固侧盖。并注意用适当厚度的垫片调整“T”形销与销槽之间的间隙，达到控制摇臂轴轴向窜动量的目的。

(8) 调整摇臂轴扇形齿与齿条活塞的啮合间隙，检验输入轴的转动力矩应符合原厂规定。

三、转向操纵机构

(一) 转向操纵机构的功用及组成

1. 功用

转向操纵机构的功用是产生转动转向器所必需的操纵力，并具有一定的调节和安全性能。

转向操纵机构要将驾驶员操纵转向盘的力传给转向器，同时为了驾驶员的舒适驾驶，还要求转向操纵机构可以进行调节，以满足不同驾驶员的需求；为了防止车辆撞击后对驾驶员的损伤，还要求转向操纵机构具有一定的安全保护装置。

2. 组成

如图 4-2-11 所示，转向操纵机构一般由转向盘总成 1、上转向轴 11、转向管柱 9、转向

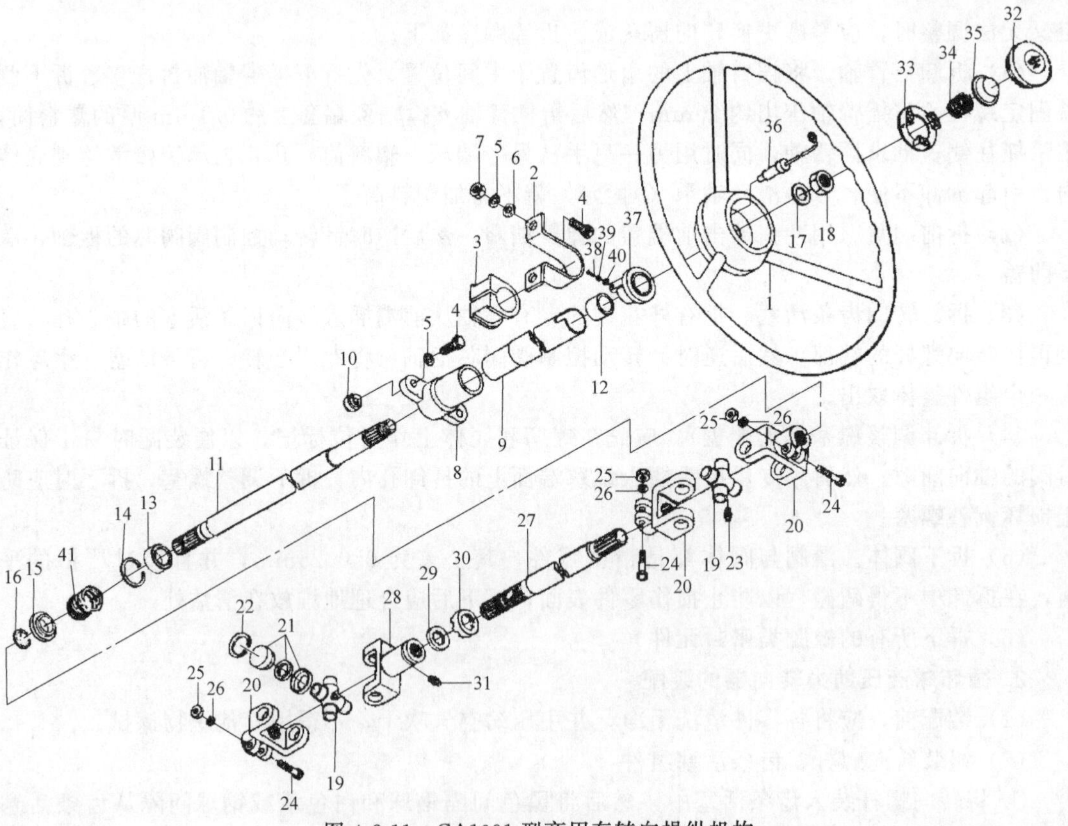

图 4-2-11 CA1091 型商用车转向操纵机构

1—转向盘总成；2—盖板；3—橡胶套；4,24—螺栓；5,26,40—弹簧垫圈；6,39—垫圈；7,18,25—螺母；8—下固定支架；9—转向管柱；10—楔形螺母；11—上转向轴；12—衬套；13—球轴承；14,22—孔用弹性挡圈；15—轴承挡圈；16—轴用钢丝挡圈；17—平垫圈；19—十字轴；20—转向万向节叉；21—滚针轴承总成；23,31—滑脂嘴总成；27—转向传动轴；28—转向万向节滑动叉；29—油封；30—防尘套；32—喇叭按钮盖；33—搭铁接触板总成；34—接触弹簧；35—接触罩；36—电刷总成；37—集电环总成；38—螺钉；41—弹簧

传动轴27、转向万向节叉总成20、转向万向节滑动叉28等组成。转向盘总成1由塑料制成，内有钢制骨架，通过花键将转向盘毂与上转向轴11相连，用螺母18固定，上转向轴上端支承在衬套12内，下端支承在轴承13中，由孔用弹性挡圈14和轴用钢丝挡圈16进行轴向定位。转向管柱9下端压配在下固定支架8中，并通过两个螺栓将下固定支架紧固在驾驶室地板上；上端通过橡胶套3、盖板2，由两个螺栓固定在驾驶室仪表板上。弹簧41可消除转向管柱与上转向轴间的轴向间隙。

下端的转向万向节叉20通过花键与转向器的转向螺杆相连接，滑动叉28通过内花键与转向传动轴27的外花键相连，转向传动轴可轴向移动，以适应驾驶室与车架的相对位移。滑动叉一端焊有塞片，另一端装油封29和防尘套30防止灰砂和泥水进入，并由滑脂嘴31对滑动叉与转向传动轴的花键进行润滑。

十字轴19有两个，上装滑脂嘴23，润滑4个滚针轴承21，由弹性挡圈22固定在万向节叉上。万向节叉的结构与滑动叉基本相同，只是多一锁紧螺栓与上端的万向节叉和上转向轴相连。

（二）转向操纵机构的结构及检修

1. 转向盘

转向盘的构造如图4-2-12所示，它主要由轮毂、轮辐和轮圈等组成。轮辐和轮圈的心部有钢、铝或镁合金制的骨架，外表通过注塑方法包覆有一定形状的塑料外层或合成橡胶，以改善操纵转向盘的手感并提高驾驶员的安全性。转向盘与转向轴一般是通过花键或带锥度的细花键连接，端部通过螺母轴向压紧固定。

商用车喇叭开关一般装在转向盘上，可以随转向盘相对车身转动，而与喇叭连接的导线固定在车身和转向管柱上，不能旋转。因此，与喇叭连接的导线必须与转向盘的旋转部分进行电气连接。目前，大多数商用车在转向盘上都装有集电环，如图4-2-11中的37所示。固定不动的转向管柱上端设有带弹性触片的下圆盘，与喇叭开关相连的集电环端子装在上圆盘上。转向盘安装到转向轴上后，上、下圆盘紧密接触，集电环端子则与弹性触片形成电气接触。

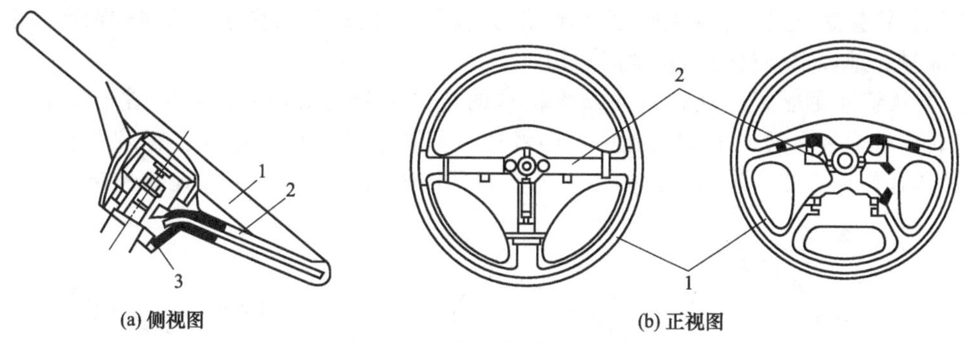

图4-2-12 商用车转向盘结构

1—轮圈；2—轮辐；3—轮毂

2. 转向柱

转向轴（柱）是将驾驶员作用于转向盘的转向操纵力传给转向器的传力轴，它的上部与转向盘固定连接，下部装有转向器。转向轴与转向器连接的方式有两种：一种是与转向器的输入轴直接连接；另一种是通过十字轴万向节或者挠性万向节间接与转向器的输入轴相连接。

为了保证驾驶员的安全，同时也为了更加舒适、可靠地操纵转向系，通常在转向操纵机构上增设相应的安全、调节装置。这些装置主要反映在转向轴和转向柱管的结构上。为了叙述方便，将转向轴和转向柱管统称为转向柱。

安全式转向柱有可分离式安全操纵机构和缓冲吸能式转向操纵机构。

（1）可分离式安全转向操纵机构　可分离式安全转向操纵机构如图 4-2-13 所示。此类转向操纵机构的转向轴分为上下两段，用安全联轴节连接，上转向轴 2 下部弯曲并在端面上焊接有半月形凸缘盘 8，盘上装有两个驱动销 7，与下转向轴 1 上端凸缘 6 压装尼龙衬套和橡胶圈的孔相配合，形成安全联轴节。一旦发生撞车事故，驾驶员因惯性而以胸部扑向转向盘 5 时，迫使转向柱管 3 压缩位于转向柱上方的安全元件 4 而向下移动，使两个销子 7 迅速从下转向轴凸缘 6 的孔中退出，从而形成缓冲而减少对驾驶员的伤害。4-2-13（b）为转向盘受撞击时，安全元件被折叠、压缩和安全联轴节脱开使转向柱产生轴向移动的情形。

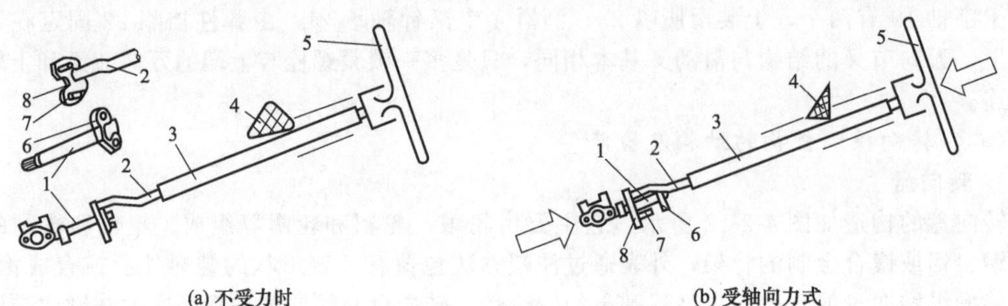

图 4-2-13　可分离式安全转向操纵机构

1—下转向轴；2—上转向轴；3—转向柱管；4—安全元件；5—转向盘；6—上端凸缘；7—驱动销；8—凸缘盘

（2）缓冲吸能式转向操纵机构　缓冲吸能式转向操纵机构从结构上能使转向轴和转向管柱在受到冲击后，轴向收缩并吸收冲击能量，从而有效地缓和转向盘对驾驶员的冲击，减轻其所受伤害的程度。

商用车撞车时，首先车身被撞坏（第一次碰撞），转向操纵机构被后推，从而挤压驾驶员，使其受到伤害；接着，随着商用车速度的降低，驾驶员在惯性力的作用下前冲，再次与转向操纵机构接触（第二次碰撞）而受到伤害。缓冲吸能式转向操纵机构对这两次冲击都具有吸收能量、减轻驾驶员受伤程度的作用。

① 网状管柱变形式　这种转向操纵机构的转向轴分为上下两段，如图 4-2-14（a）所示。上转向轴套装在转向轴的内孔中，两者通过塑料销结合在一起（也有采用细花键结合的），并传递转向力矩。塑料销的传力能力受到严格限制，它既能可靠地传递转向力矩，又

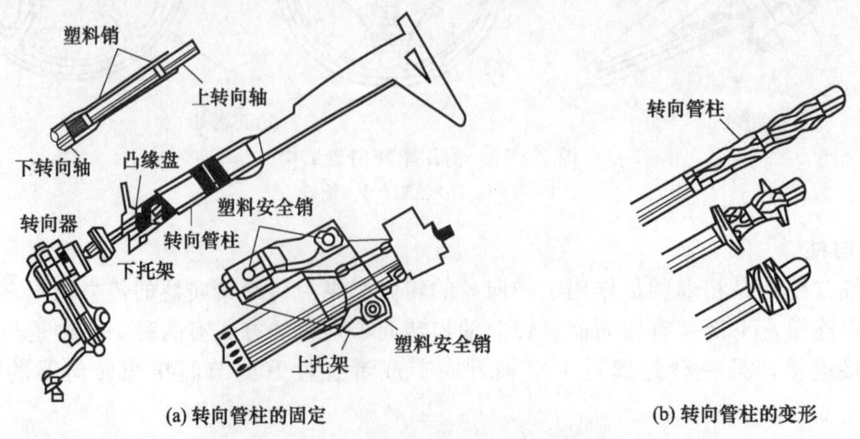

图 4-2-14　网状管柱变形式转向操纵机构

能在受到冲击时被剪断，因此，它起安全销的作用。

这种转向操纵机构的转向管柱的部分管壁制成网格状，使其在受到压缩时很容易轴向变形，并消耗一定的变形能量，如图 4-2-14（b）所示。另外，车身上固定管柱的托架也是通过两个塑料安全销与管柱连接的。当这两个安全销被剪断后，整个管柱就能前后自由移动。

当发生第一次碰撞时，其一，塑料销被剪断，上转向轴将沿下转向轴的内孔滑动伸缩。其二，转向管柱上的网格部分被压缩而变形，这两个过程都会消耗一部分冲击能量，从而阻止了转向管柱整体向上移动，避免了转向盘对驾驶员的挤压伤害。第二次碰撞时，固定转向管柱的塑料安全销被剪断，使转向管柱和转向轴的上端能自由移动。同时，当转向管柱受到来自上端的冲击力后，会再次被轴向压缩变形并消耗冲击能量，如图 4-2-14（b）所示。这样，由转向系引起的对驾驶员的冲击和伤害被大大降低了。

② 钢球滚压变形式　如图 4-2-15（a）所示为一种用钢球连接的分开式转向柱。转向轴分为上转向轴和套在轴上的下转向轴两部分，二者用塑料销钉连成一体。转向柱管也分为上柱管和下柱管两部分，上、下柱管之间装有钢球，下柱管的外径与上柱管的内径之间的间隙比钢球直径稍小。上、下柱管连同柱管托架通过特制橡胶垫固定在车身上，橡胶垫则利用塑料销钉与托架连接。

当发生第一次碰撞时，将连接上、下转向轴的塑料销钉切断，下转向轴便套在上转向轴上向上滑动，如图 4-2-15（b）所示。在这一过程中，上转向轴和上柱管的空间位置没有因冲击而上移，故可使驾驶员免受伤害。第二次碰撞时，则连接橡胶垫与柱管托架的塑料销钉被切断，托架脱离橡胶垫，即上转向轴和上转向柱管连同转向盘、托架一起，相对于下转向轴和下转向柱管向下滑动，从而减缓了对驾驶员胸部的冲击。在上述两次冲击过程中，上、下转向柱管之间均产生相对滑动。因为钢球的直径稍大于上、下柱管之间隙，所以滑动中带有对钢球的挤压，冲击能量就在这种边滑动边挤压的过程中被吸收。

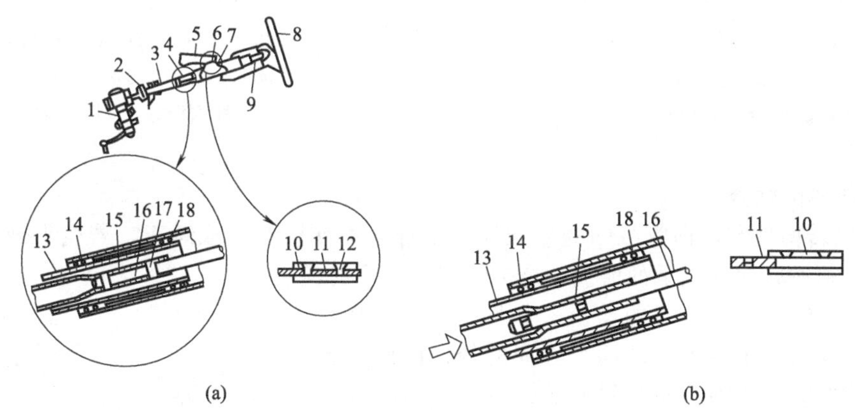

图 4-2-15　钢球滚压变形式转向管柱

1—转向器总成；2—挠性联轴节；3，13—下转向管柱；4，14—上转向管柱；5—车身；6，10—橡胶垫；7，11—转向管柱托架；8—转向盘；9，16—上转向轴；12，17—塑料销钉；15—下转向轴；18—钢球

③ 波纹管变形吸能式　这种转向操纵机构的结构如图 4-2-16 所示。它的转向轴和转向管柱都分成两段，上转向轴和下转向轴之间通过细花键结合并传递转向力矩，同时它们二者之间可以做轴向伸缩滑动。在下转向轴的外边装有波纹管，它在受到冲击时能轴向收缩变形并消耗冲击能量。下转向管柱的上端套在上转向管柱里面，但二者不直接连接，而是通过管柱压圈和限位块分别对它们进行定位。

当商用车碰撞时，下转向管柱向上移动，在第一次冲击力的作用下限位块首先被剪断并

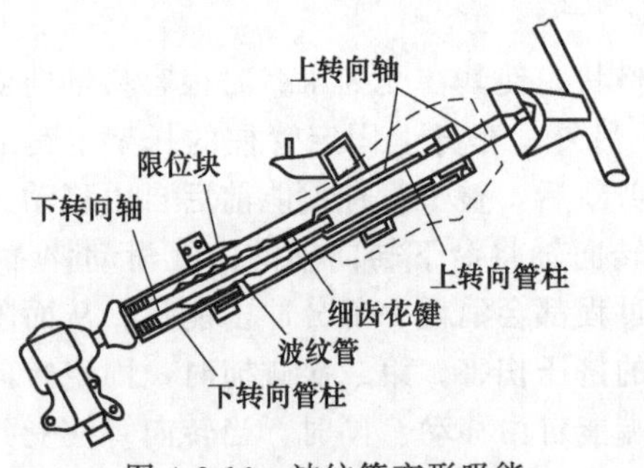

图 4-2-16 波纹管变形吸能式转向操纵机构

消耗能量，与此同时转向管柱和转向轴都做轴向收缩。当受到第二次冲击时，上转向轴下移，压缩波纹管使之收缩变形并消耗冲击能量。

3. 转向柱的调节

驾驶员驾驶姿势和身材高低对转向盘的最佳操纵位置有不同的要求，并且转向盘的最佳操纵位置往往会与驾驶员进、出商用车的方便性发生矛盾。驾驶员可以通过可调节式转向柱在一定范围内调节转向盘的倾斜角度和轴向位置，如图 4-2-17 和图 4-2-18所示。

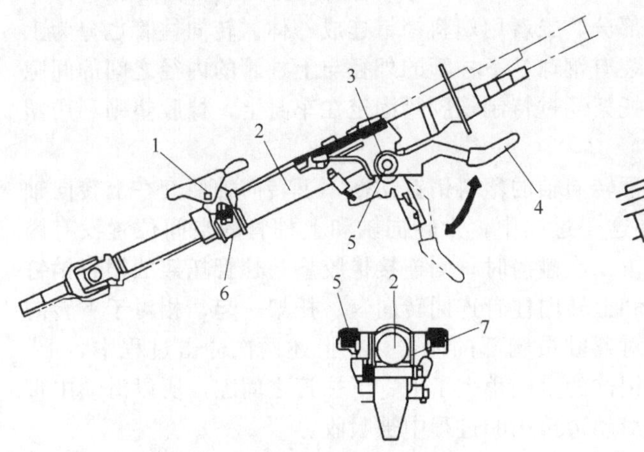
图 4-2-17 转向盘倾斜调整机构

1—枢轴；2—转向管柱；3—长孔；4—调整手柄；5—锁紧螺栓；6—下托架；7—倾斜调整支架

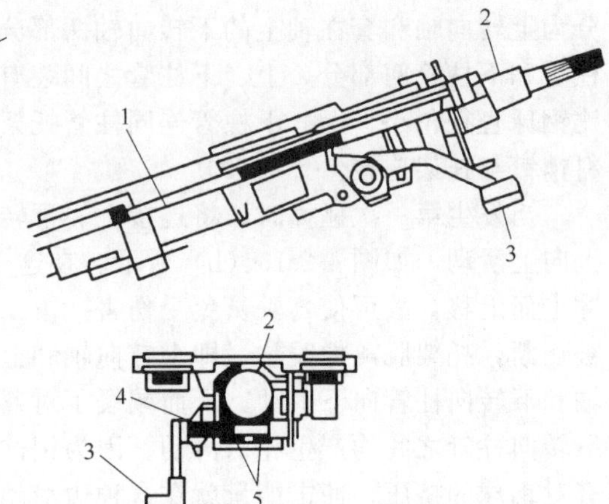
图 4-2-18 转向轴伸缩机构

1—下转向轴；2—上转向轴；3—调节手柄；4—调节螺栓；5—楔状限位块

4. 转向柱的检修

① 检查转向柱与转向管柱的变形与损坏情况。不允许补焊或矫正，若变形或损坏严重必须更换。检查转向柱轴承的磨损与烧蚀情况，严重时应更换。

② 转向传动轴万向节的检查。如图 4-2-19 所示，用手检查万向节在十字轴 1 的两个方向的径向间隙，若发现有间隙时，应更换万向节的轴承 3。拆卸万向节时，先将轴承 3 拆下，再拆下十字轴 1（拆前做好万向节 2 与传动轴 4 的对正标记）。装配时，应先将万向节 2 与传动轴 4 的对正标记对准，先装上十字轴 1，然后用台钳压入轴承 3。

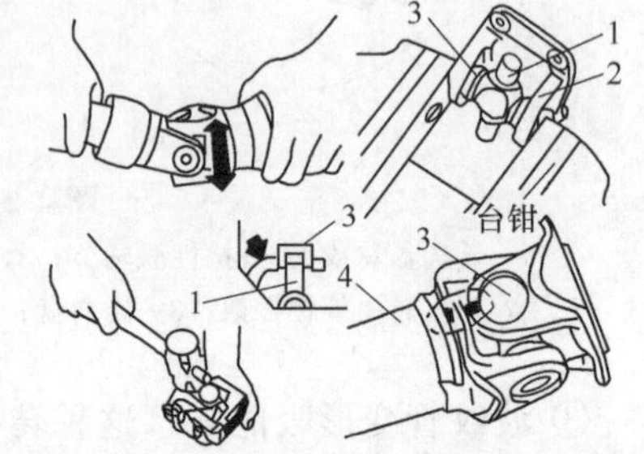

图 4-2-19 转向传动轴万向节的检查

1—十字轴；2—万向节；3—轴承；4—转向传动轴

③ 转向柱支承环的检查。检查转向柱上支承环的磨损与损坏情况，严重的应更换。

④ 安全柱销及橡胶支承套的检查。检查转向柱上的安全销是否损坏，橡胶衬套及聚氯乙烯套管是否损坏。检查橡胶支承环是否老化、损坏。检查弹簧是否损坏或弹力减弱。

四、转向传动机构

（一）转向传动机构的功用及组成

1. 功用

转向传动机构的功用为：

① 将经过转向器放大了的转向力矩传递给转向车轮，使车轮偏转，达到转向的目的；

② 承受转向轮在不平整道路上行驶所造成的振动和冲击，并把这一冲击传到转向器。所以转向传动机构除了应具备足够的强度外，还应具有吸收振动和缓冲的作用并能自动补偿各连接处磨损后造成的间隙。

2. 组成

转向传动机构主要包括转向摇臂、转向直拉杆、转向节臂和转向梯形机构，如图 4-2-20 所示。

在前桥仅为转向桥的情况下，由转向横拉杆和左、右梯形臂组成的转向梯形一般布置在前桥之后，如图 4-2-20（a）所示。在发动机位置较低或转向桥兼当驱动桥的情况下，为避免运动干涉，往往将转向梯形布置在前桥之前，如图 4-2-20（b）所示。若转向摇臂不是在商用车纵向平面内前后摆动，而是在与道路平行的平面内左右摆动（如北京 BJ2020N 型商用车)，则可将转向主拉杆横置，并借球头销直接带动转向横拉杆，从而使两侧梯形臂转动，如图 4-2-20（c）所示。

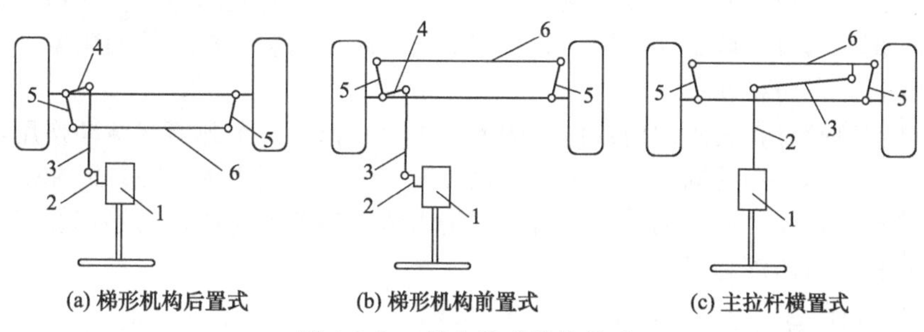

图 4-2-20 转向传动机构组成

1—转向器；2—转向摇臂；3—转向直拉杆；4—转向节臂；5—梯形臂；6—横拉杆

（二）转向传动机构的结构及检修

1. 转向摇臂

转向摇臂如图 4-2-21 所示，大端有细花键锥形孔，用来连接转向摇臂轴，并用螺母固定；小端用球头销与转向直拉杆作铰链连接。转向摇臂从中间位置向两边摆动的角度应大致相等。因此设有装配标记：在摇臂大孔外端面上和摇臂轴的外端面上各刻有短线，或二者的花键部分上都少铣一个齿。装配时应将标记对齐。

2. 转向直拉杆

直拉杆两端钢管直径较大，制有球铰链。球铰链由球头销、球头座、弹簧座、压缩弹簧和螺塞等组成，如图 4-2-22 所示。球头销的锥形部分与转向摇臂连接，并用螺母固定；其球头部分的两侧与两个球头座配合，前球头座靠在端部螺塞上，后球头座在弹簧的作用下压靠在球头上，两个球头座就将球头紧紧夹持住。为保证球头与座的润滑，可从油嘴注入润滑脂。拆装时供球头出入的直拉杆体上的孔口用油封垫的护套封盖住，以防止润滑脂流出和污物侵入。

转向直拉杆既受拉力，也有压力，因此直拉杆都是采用优质特种钢材制造，以保证工作

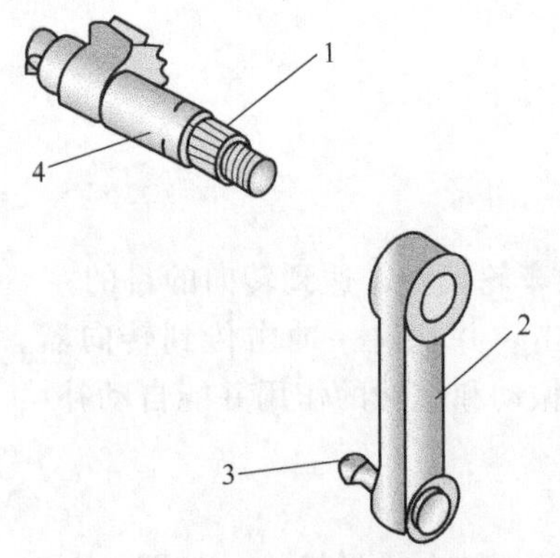

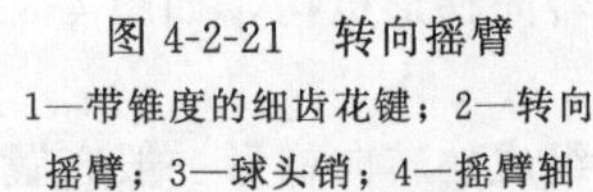

图 4-2-21　转向摇臂

1—带锥度的细齿花键；2—转向摇臂；3—球头销；4—摇臂轴

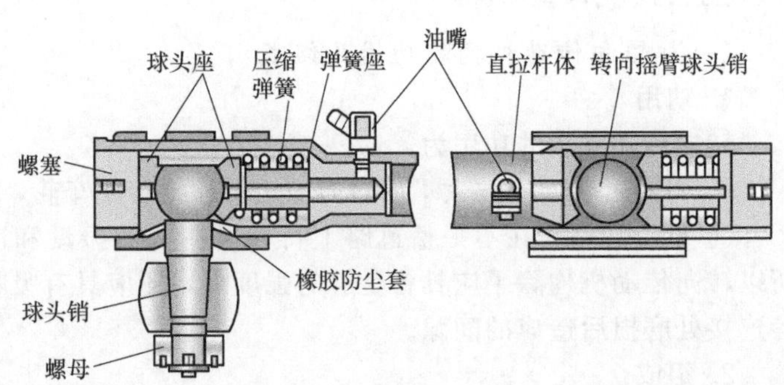

图 4-2-22　转向直拉杆

可靠。在转向轮偏转或因悬架弹性变形而相对于车架跳动时，转向直拉杆、转向摇臂及转向节臂的相对运动都是空间运动，为了不发生运动干涉，上述三者间的连接都采用球销。

压缩弹簧能自动消除因球头与座磨损而产生的间隙，并可缓和由转向轮经转向节臂球头销传来的冲击。弹簧座的小端与球头座之间留有不大的间隙，作为弹簧缓冲的余地，并可限制缓冲时弹簧的压缩量，防止弹簧过载。此外，当弹簧折断时此间隙可保证球头销不致从管孔中脱出。端部螺塞可以调整此间隙，调整间隙的同时也调整了前弹簧的预紧度，调好后用开口销固定螺塞，以防松动。

为了使转向直拉杆在受到向前或向后的冲击力时，都有一个弹簧起缓冲作用，两端的压缩弹簧应装在各自球头销的同一侧。由球头销传来的向后（图中为向右）的冲击力由前压缩弹簧承受。当球头销受到向前的冲击力时，冲击力依次经前球头座、前端部螺塞、直拉杆体和后端部螺塞传给后压缩弹簧。

3. 转向横拉杆

转向横拉杆一端为右旋螺纹，另一端为左旋螺纹，如图 4-2-23（a）所示。横拉杆接头螺纹孔处的轴向槽口有弹性，旋装到横拉杆体上后可用螺栓夹紧。两端接头结构相同，如图 4-2-23（b）所示。由于横拉杆体两端螺纹相反，旋松夹紧螺栓后，转动横拉杆体，可改变转向横拉杆的总长度，以调整前轮前束。

横拉杆两端有球形铰链。球头夹在上、下球头座内，球头座用聚甲醛制成，有较好的耐磨性。球头座的形状见图 4-2-23（c）。弹簧、弹簧座压紧球头座，使两球头座与球头的紧密接触，可起缓冲作用，能自动消除磨损间隙。螺塞可调整弹簧的预紧力。球铰链上部的防尘罩防止尘土侵入。球头销的尾部锥形柱面与转向梯形臂配合，用螺母固定，开口销锁紧。

重型货车的转向横拉杆如图 4-2-24 所示，是钢制上、下球头座。横拉杆体螺孔的切槽用卡箍夹紧，简化了接头的结构和制造工艺。

4. 转向节臂和梯形臂

图 4-2-25 所示为中型货车的转向节臂和梯形臂。转向直拉杆通过转向节臂与转向节相连。转向横拉杆两端经左、右梯形臂与转向节相连。转向节臂和梯形臂带锥形柱的一端与转向节锥形孔相配合，用键防止螺母松动。臂的另一端带有锥形孔，与相应的拉杆球头销锥形柱相配合，同样用螺母紧固后插入开口销将螺母锁住。

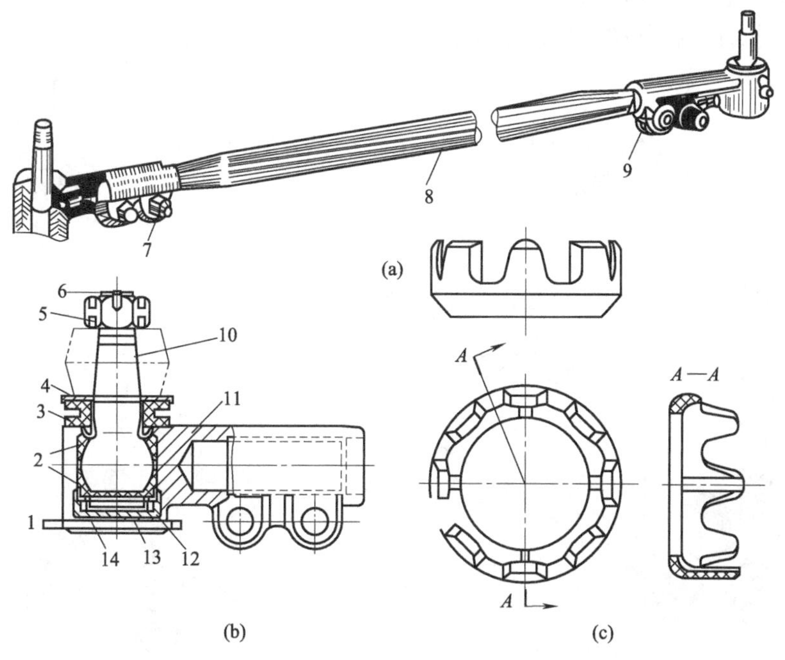

图 4-2-23 CA1092 型商用车转向横拉杆

1—横拉杆接头；2—横拉杆体；3—夹紧螺栓；4—开口销；5—槽形螺母；6—防尘套座；7—防尘垫；8—防尘套；9—球头座；10—限位销；11—螺塞；12—弹簧；13—弹簧座；14—球头销

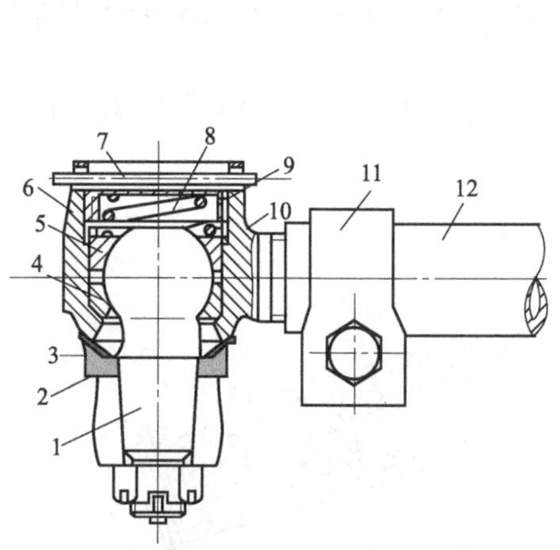

图 4-2-24 货车转向横拉杆接头

1—球头销；2—密封圈；3—防尘罩；4—下球头座；5—上球头座；6—限位套；7—开口销；8—圆锥弹簧；9—螺塞；10—左接头；11—卡箍；12—横拉杆体

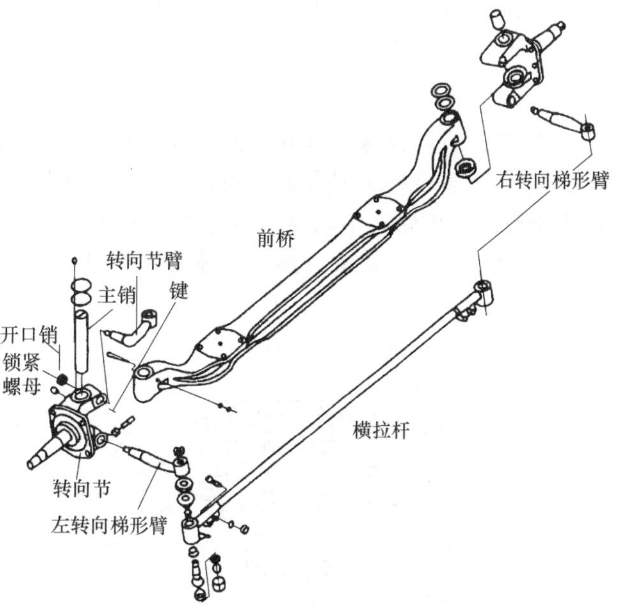

图 4-2-25 中型货车的转向节臂和梯形臂

5. 转向横、直拉杆的检修

① 横、直拉杆结构如图 4-2-26 所示。

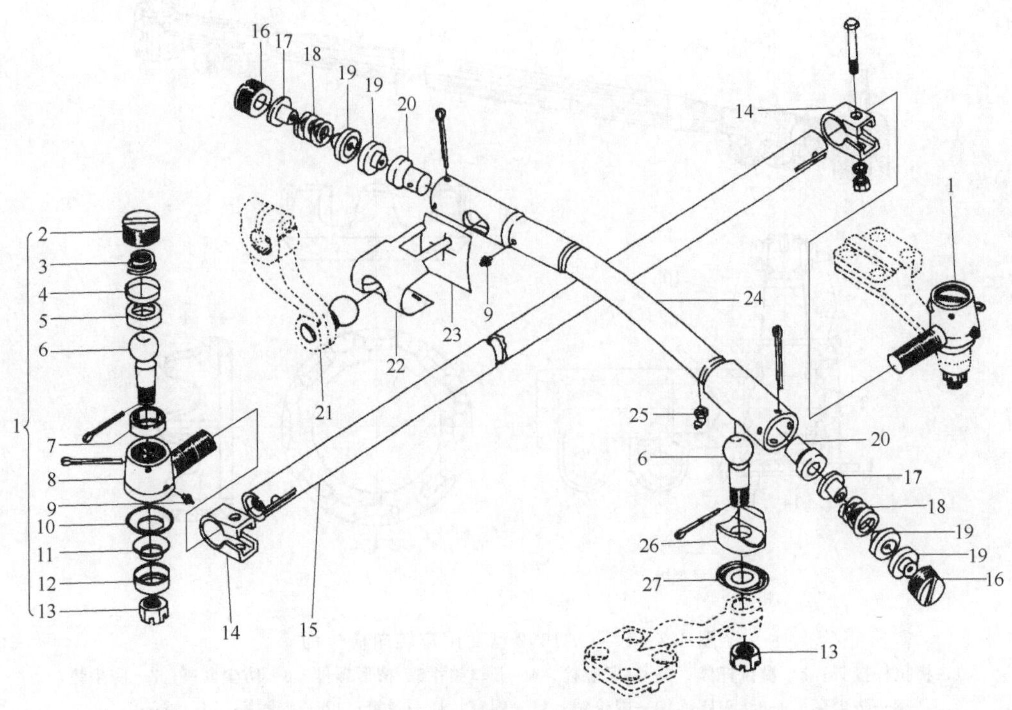

图 4-2-26　东风 EQ1090 商用车横、直拉杆

1—横拉杆左（右）接头总成；2—螺塞；3—圆锥弹簧；4—限位套；5—上球碗；6—球头销；7—下球碗；8—横拉杆左（右）接头；9,25—滑脂嘴；10—上防尘罩；11—下防尘罩；12—密封圈；13—螺母；14—卡箍；15—横拉杆；16—横拉杆螺塞；17—弹簧座；18—弹簧；19—球头碗；20—止推垫块；21—转向垂臂带球头销总成；22—护套；23—油封垫；24—直拉杆；26—防尘罩；27—防尘罩盖

② 横、直拉杆球头销的磨损极限为 0.50mm，超过限度应更换。

③ 横、直拉杆不得有裂纹和其他损伤，横拉杆的弯曲度不应大于 2mm，各球销锥颈小端不得露出节臂锥孔上端面（但最大不应低于 2mm）。

④ 直拉杆球头销的调整：将螺塞 4 拧到底（如图 4-2-27 所示），然后退回 1/4 圈，并对

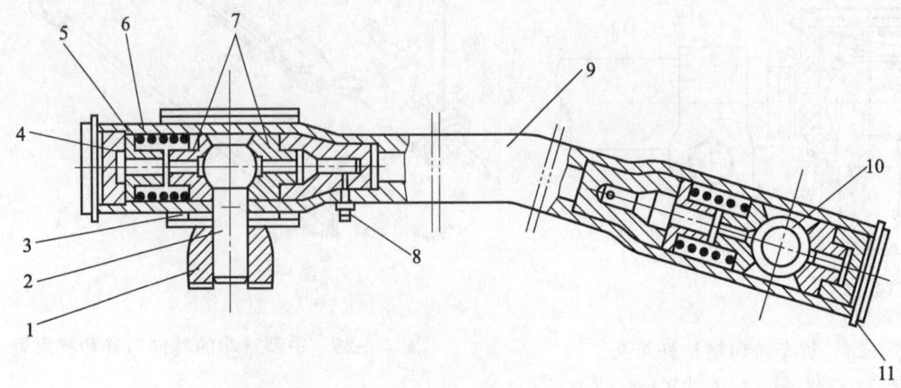

图 4-2-27　东风 EQ1090 商用车直拉杆

1—转向摇臂；2—球头销；3—油封垫；4—螺塞；5—弹簧；6—弹簧座；7—球头销座；8—油嘴；9—直拉杆；10—转向球头销；11—开口销锁止螺塞

准开口销孔，穿入开口销锁止螺塞。

⑤ 横拉杆球头销的调整：将螺塞拧到底，再退回 1/4～1/2 圈，并对准开口销孔，装上开口销锁止螺塞。

五、机械转向系的维护及维修要点

（一）机械式转向系的维护

为保障转向系工作的可靠性和安全性，应对转向系进行定期维护。

在对机械式转向系进行维护时，均应对转向装置做常规性检查，主要检查零件的紧固情况，主要包括转向盘、转向轴管及转向器外壳和转向梯形机构的连接部分螺栓、开口销的连接情况等。

此外，还应检查转向盘的自由转动量，所谓转向盘自由转动量，是指机械处在直行位置且前轮不发生偏转的情况下，查转向盘所能转过的角度。它是转向装置各部件配合间隙的总反映。检查时，使前轮处于直行的位置，装上转向盘自由转动量检查器（图 4-2-28），左右转动转向盘至感到有阻力为止，检查器指针在刻度盘上所划过的角度，即为转向盘自由转动量。一般车辆转向盘自由转动量不得超过 30°。若超过时，则必须消除所有足以影响的因素，如调整转向操纵拉杆球节中的间隙及转向器中传动副的啮合间隙等。

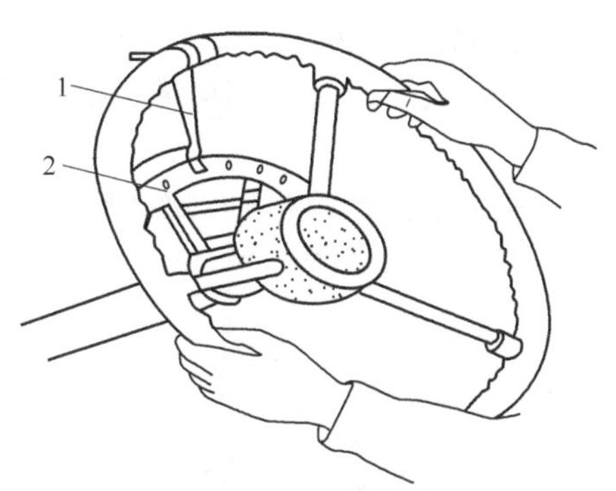

图 4-2-28 转向盘自由转动量检查
1—指针；2—刻度盘

转向操纵的横直拉杆两端的球节，应经常进行清洁和润滑，并定期拆卸清洗。装复时应加足润滑油脂，装好密封垫和防尘罩。

为了检查直拉杆球节的紧度，可将转向盘向左右回转，凭观察及感觉来确定拉杆球节是否有间隙。如有，应调节球节的紧度。调整时，先拆下直拉杆一端螺塞上的开口销，将螺塞拧到底，然后反转退到与开口销孔第一次重合的位置，插上开口销。再以同样方法调整拉杆另一球节的紧度。重新检查转向盘的自由转动量，如大于规定的极限值，则应检查和调整转向器。

（二）机械式转向系主要零件的检修

1. 循环球式转向器的检修

机械循环球式转向器的分解如图 4-2-6 所示，主要由上盖转向螺杆、转向螺母、壳体下盖、摇臂轴、侧盖等主要零件组成。

① 测量转向螺杆轴颈对中心的跳动量，若大于 0.08mm，则需要更换总成，如图 4-2-29 所示。

② 把螺杆装入螺母中，装钢球时可用塑料棒将钢球轻轻敲入循环滚道内。装导管钢球时，可在导管口涂一层润滑脂，防止钢球脱出。每组循环滚道连同导管中的钢球应符合规定，最后用导管夹固定，如图 4-2-30 所示。严禁将钢球误装入循环回路之外。

③ 测量转向螺杆轴向窜动量，如图 4-2-31 所示。维修标准规定该值不大于 0.1mm。螺杆直立时应避免螺母由于自重力作用滑到头而损伤导管或钢球。

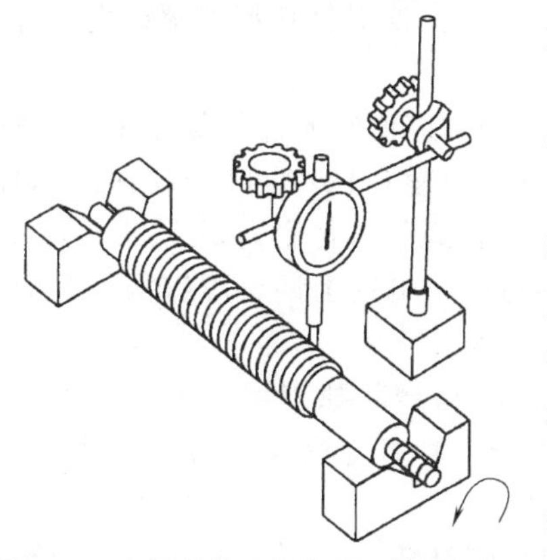

图 4-2-29 测量转向螺杆轴颈的跳动量

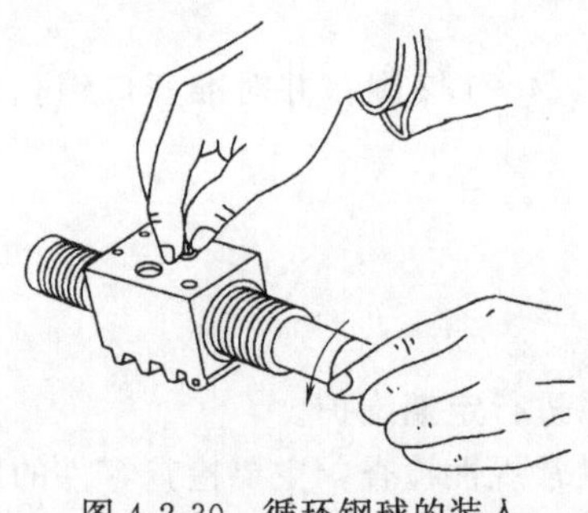
图 4-2-30 循环钢球的装入

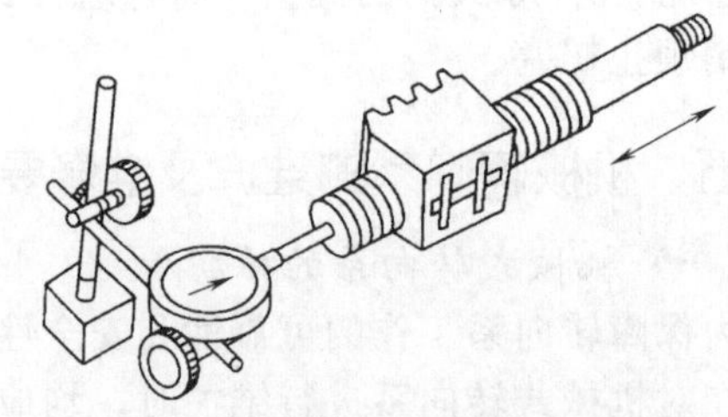
图 4-2-31 测量转向螺杆轴向窜动量

④ 转向螺母位于转向螺杆滚道对称中心，上下左右扳动花键端，测量转向螺杆两端轴颈的垂直和水平跳动量，如图 4-2-32 所示。该值均不应大于 0.10mm。

⑤ 安装轴承内圈，使其紧压在止推平面上，装配调整螺钉前，摇臂轴孔应涂抹薄层润滑脂，按顺序装入，最后用尖嘴钳把孔用弹性挡圈装入槽中，装复后的调整螺钉应能用手轻轻转动。

⑥ 测量调整螺钉轴向间隙（见图 4-2-33）。当轴向窜动量大于 0.12mm 时，需配磨垫圈，使间隙不大于 0.08mm。

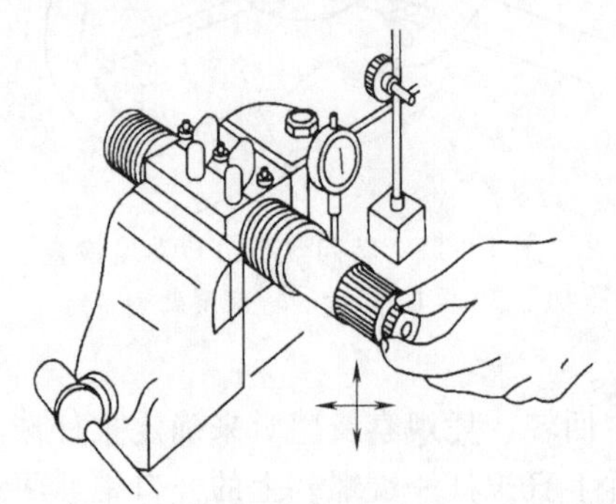
图 4-2-32 测量转向螺杆的垂直和水平跳动量

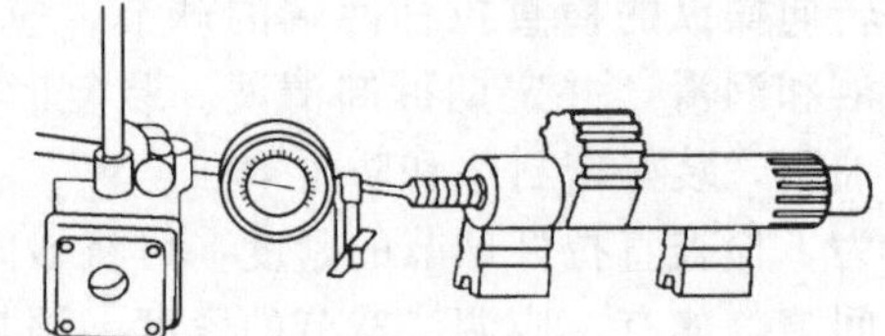
图 4-2-33 测量调整螺钉轴向间隙

⑦ 装复转向器总成，装入下盖并从壳体上孔处放入转向螺杆螺母总成。装入上盖并通过增加或减少调整垫片（调整垫片不得有折痕、锈蚀），使转向螺杆轴承预紧力矩符合规定，测量螺杆轴承的预紧力矩，如图 4-2-34 所示（允许用其他方法测量）。

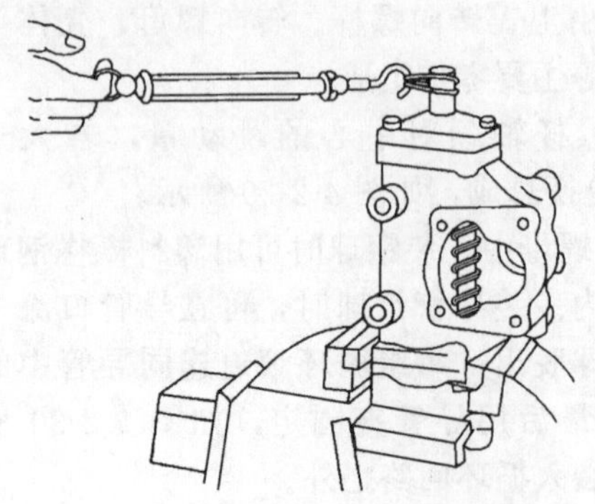
图 4-2-34 测量螺杆轴承的预紧力矩

⑧ 在壳体的摇臂轴输出孔均匀地压入油封，油封的平端面一侧应向外。逆时针拧调整螺钉使摇臂轴与侧盖相连。

⑨ 安装配摇臂轴时应使转向螺母处于中间位置，使扇齿的中间齿与转向螺母的中间齿槽啮合，如图 4-2-35 所示，拧紧侧盖螺钉，拧紧力矩为 29～49N·m。当拧紧侧盖螺钉时，侧盖上调整螺钉的位置应处于拧出的位置。

⑩ 齿条与扇齿的啮合间隙用调整螺钉调整，使转向器位于中间位置（螺杆总转动圈数的一半）时，不允许有啮合间隙。

⑪ 对蜗杆与摇臂轴主销啮合进行调整，先松开摇臂轴调整螺钉，用手握住蜗杆轴输入

端，在蜗杆行程的中间位置附近来回转动，同时用螺丝刀插入调整螺钉头部槽里。顺时针旋转螺钉，直到有摩擦为止。

⑫ 装配完成后检查转向螺杆的转动力矩，如图 4-2-36 所示，此摩擦力矩不应大于2.7N·m。

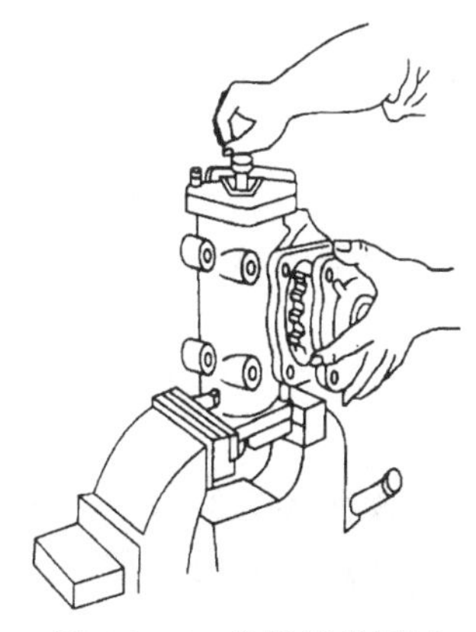

图 4-2-35 拧紧侧盖螺钉

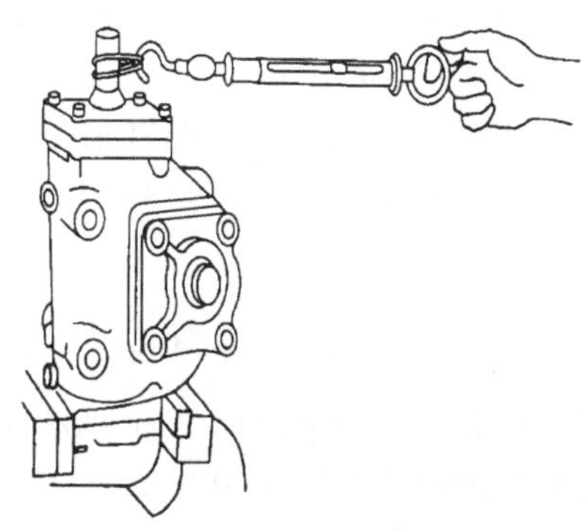

图 4-2-36 检查转向螺杆的转动力

2. 蜗杆曲柄指销式转向器的检修

① 分解转向器后，用干净的汽油或煤油清洗零件。禁止用汽油清洗橡胶类密封件，如油封、O 形密封圈等。不要用蒸汽或碱液清洗平面轴承和指销轴承。经清洗后的零件可以用干燥、干净的气体吹净。

② 检查蜗杆。

a. 当蜗杆滚道有严重磨损与剥落，必须更换。

b. 当蜗杆齿面有明显压痕者，应更换。

c. 当蜗杆任何表面出现裂纹，必须更换。

③ 检查平面止推轴承。

a. 当内外圈滚道磨损、剥落，必须更换。

b. 当保持架变形，有裂口，严重磨损，必须更换。

c. 当轴承钢球有碎裂，钢球从保持架上掉落，必须更换。

d. 轴承必须内圈、外圈、保持架三件成套更换。

④ 检查摇臂轴扇形块、花键轴是否扭曲（如图 4-2-37 所示），若 ϕ42mm 两孔中心线与 ϕ35mm 中心线平行度大于 0.10∶100，或 ϕ42mm 两孔的端面 T 在同一平面内偏差大于 0.08mm，或花键轴端部刻线与 ab 夹角超过 12°，则应更换摇臂轴。

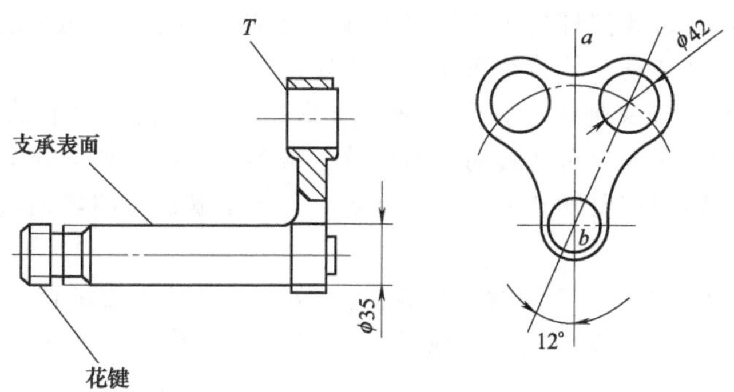

图 4-2-37 检查摇臂轴

⑤ 摇臂轴任何部位有裂纹，或支承表面严重磨损以及严重偏磨，须更换摇臂轴。

⑥ 检查摇臂轴花键处是否有变形、扭曲，发现有两齿以上变形、扭曲、损坏，应更换摇臂轴。

⑦ 检查指销头部是否有剥落或严重偏磨，轴承挡边是否碎裂，出现任一情况，应更换指销轴承总成（必要时可以分解轴承观察）。

⑧ 用两个手指捏住指销头部检查指销轴承转动是否自如，指销在轴承内是否有轴向窜动，必要时重新进行调整。

⑨ 检查转向器壳体里的摇臂轴衬套孔磨损情况，若衬套孔发生严重偏磨，或衬套孔与摇臂轴外径的配合间隙超过0.2mm，则更换衬套。注意，转向器壳体里有两个衬套，要同时更换。

六、机械转向系常见故障的诊断与排除

机械转向系在使用过程中由于维护调整不当、磨损、碰撞变形等原因，会使转向器过紧、转向传动机构和转向操纵机构松旷、变形、发卡等，从而造成转向沉重、车轮回正不良、单边转向不足、低速摆头、高速摆头等故障。

（一）转向沉重

① 故障现象　车辆在行驶中，转动转向盘感到沉重费力，转弯后又不能及时回正方向。

② 故障原因

a. 前束调整不当。

b. 转向器轴承装配过紧。

c. 传动副啮合间隙过小。

d. 横、直拉杆球头销装配过紧或接头缺油。

e. 转向节主销与衬套配合过紧。

f. 转向轴或柱管弯曲，互相摩擦或卡住。

g. 转向装置润滑不良。

③ 诊断与排除

a. 顶起前桥，转动转向盘，若感到转向盘变轻，则说明故障部位在前桥、车轮或其他部位。此时应首先检查轮胎气压，如气压偏低，则应充气使之达到正常值，接下来应用前轮定位仪检查前轮定位，尤其应注意后倾角和前束值，如果是因为前束过大造成的转向沉重，同时还能发现轮胎有严重的磨损。

b. 若转向仍感沉重，说明故障在转向器或转向传动机构，可进一步拆下转向摇臂与直拉杆的连接，此时若转向变轻，说明故障在转向传动机构，应检查各球头销是否装配过紧或止推轴承是否缺油损坏，各拉杆是否弯曲变形等，通常检查时，可用手扳动两个车轮左右转动察看各传动部分，并转动车轮检查车轮轴承松紧度。

c. 拆下转向横拉杆球头螺母后，若转向仍沉重。则转向器本身有故障，可检查转向器是否缺油，转动转向盘时倾听有无转向轴与柱管的碰擦声，检查调整转向器主动轴上下轴承预紧度和啮合间隙，转向摇臂轴转动是否发卡等，如不能解决就将转向器解体检查内部有无部件损坏。

d. 经过上述检查，如仍不见减轻，可检查车桥、车架或下控制臂（独立悬架式）与转向节臂，看其有无变形，如发现变形，应予修整或更换。同时检查前弹簧（板簧或螺旋弹簧），看其是否折断，否则应更换。

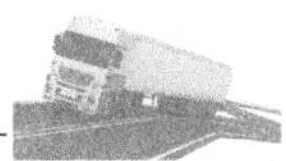

(二) 车轮回正不良

① 故障现象　车辆在行驶中，转向后车轮发生不能完全回正的现象。

② 故障原因

a. 转向车轮轮胎气压不足。

b. 前轮定位失准。

c. 转向器齿轮调整不良或损坏。

③ 诊断与排除

a. 首先检查车轮气压，如气压不准，按标准充气。

b. 若气压正常，用前轮定位仪检查前轮定位参数，如不正确，应调整前轮定位参数。

c. 若仍不能排除故障，应拆检转向器，调整转向器或更换损坏的齿轮。

(三) 单边转向不足

① 故障现象　车辆转弯时，有时会出现转向盘左右转动量或车轮转角不等。

② 故障原因

a. 转向摇臂安装位置不对。

b. 转向角限位螺钉调整不当。

c. 前钢板弹簧、骑马螺栓松动，或中心螺栓松动。

d. 直拉杆弯曲变形。

e. 钢板弹簧安装时位置不正，或是中心不对称的前钢板弹簧装反。

③ 诊断与排除　诊断这类故障，主要根据使用维修情况进行。

a. 若车辆转向原来良好，由于行驶中的碰撞而造成转向角不足或一边大一边小时，应检查直拉杆、前轴、前钢板弹簧有无变形和中心螺栓是否折断等现象。

b. 若维修后出现转角不足，可架起前桥，先检查转向摇臂安装是否正确。将转向盘从左边极限位置转到右边极限位置，记住总圈数，再回转总圈数的一半，察看转向轮是否处于直线行驶位置，如不是则应重新安装转向摇臂。

(四) 低速摆头

① 故障现象　车辆在低速行驶时，感到方向不稳，产生前轮摆振。

② 故障原因

a. 转向器传动副啮合间隙过大。

b. 转向传动机构横、直拉杆各球头销磨损松旷、弹簧折断或调整过松。

c. 转向节主销与衬套的配合间隙过大或前轴主销孔与主销配合间隙过大。

d. 前轮轮毂轴承装配过松或紧固螺母松动。

e. 后轮胎气压过低。

f. 车辆装载货物超长，使前轮承载过小。

g. 前悬架弹簧错位、折断或固定不良。

③ 诊断与排除

a. 检查车辆是否装载货物超长，而引起前轮承载过小。

b. 检查后轮胎气压是否过低，若轮胎气压过低，应充气使之达到规定值。

c. 检查前悬架弹簧是否错位、折断或固定不良，若错位应拆卸修复；若折断应更换；若固定不良，应按规定力矩拧紧。

d. 由一人握紧转向摇臂，另一人转动转向盘，若自由行程过大，说明转向器啮合传动副间隙过大，应调整。

e. 放开转向摇臂，仍有一人转动转向盘，另一人在车下观察转向拉杆球头销，若有松

旷现象，说明球头销或球碗磨损过甚、弹簧折断或调整过松，应先更换损坏的零件，再进行调整。

f. 通过以上检查均正常，可支起前桥，并用手沿转向节轴轴向推拉前轮，凭感觉判断是否松旷。若有松旷感觉，可由另一人观察前轴与转向节连接部位。若此处松旷，说明转向节主销与衬套的配合间隙过大或前轴主销孔与主销配合间隙过大，应更换主销及衬套；若此处不松旷，说明前轮毂轴承松旷，应重新调整轴承的预紧度。

（五）高速摆头

① 故障现象　车辆行驶中出现转向盘发抖，车头在横向平面内左右摆动、行驶不稳等。有下面两种情况：

a. 在高速范围内某一转速时出现。

b. 转速越高，上述现象越严重。

② 故障原因

a. 转向轮动不平衡。

b. 前轮定位不正确。

c. 车轮偏摆量大。

d. 转向传动机构运动干涉。

e. 车架、车桥变形。

f. 悬架装置出现故障：左右悬架刚度不等、弹簧折断、减振器失效、导向装置失效等。

③ 诊断与排除

a. 检查减振器是否失效，若漏油或失效，应更换。

b. 检查左右悬架弹簧是否折断、刚度是否一致，若有折断或弹力减弱，应更换。

c. 检查悬架弹簧是否固定可靠，转向传动机构有无运动干涉等，若有应排除。

d. 支起驱动桥，用三脚架塞住非驱动轮，启动发动机并逐步使车辆换入高速挡，使驱动轮达到车身摆振的车速。若此时车身和转向盘出现抖动，说明传动轴严重弯曲或松旷，转向轮动不平衡或偏摆量大（前驱动）；若此时车身和转向盘不抖动，说明故障在车架、车桥变形或前轮定位不正确。

e. 支起前桥，在前轮轮辋边上放一划针，慢慢地转动车轮，察看轮辋是否偏摆过大，若轮辋偏摆量过大，应更换。

f. 拆下前轮，在车轮动平衡仪上检查前轮的动平衡情况，若不平衡量过大，应加装平衡块予以平衡。

g. 经上述检查均正常，应检查车架、车桥是否变形，并用前轮定位仪检查调整前轮定位。

第三节　动力转向系

一、液压动力转向系概述

（一）动力转向系功用及分类

对于一些重型商用车，由于其使用条件复杂，加之机体笨重以及采用了宽基或超宽基胎，转向阻力很大。如仍采用机械式转向，就很难达到操纵轻便和转向迅速的要求。所以，大多数商用车转向系采用了液压动力转向方式，工作灵敏度高，结构紧凑、外廓尺寸较小，工作时无噪声，工作滞后时间短，而且能吸收来自不平路面的冲击。

液压动力转向系按液流形式可以分为常流式和常压式，按转向控制阀的运动方式又可以分为滑阀式和转阀式。常压式液压动力转向系统如图 4-3-1 所示，其特点是无论转向盘处于中立位置还是转向位置，也无论转向盘保持静止还是运动状态，系统工作管路中总是保持高压。

常流式液压动力转向系统，如图 4-3-2 所示，其特点是转向油泵始终处于工作状态，但液压助力系统不工作时，基本处于空转状态。多数商用车采用常流式液压动力转向系统。

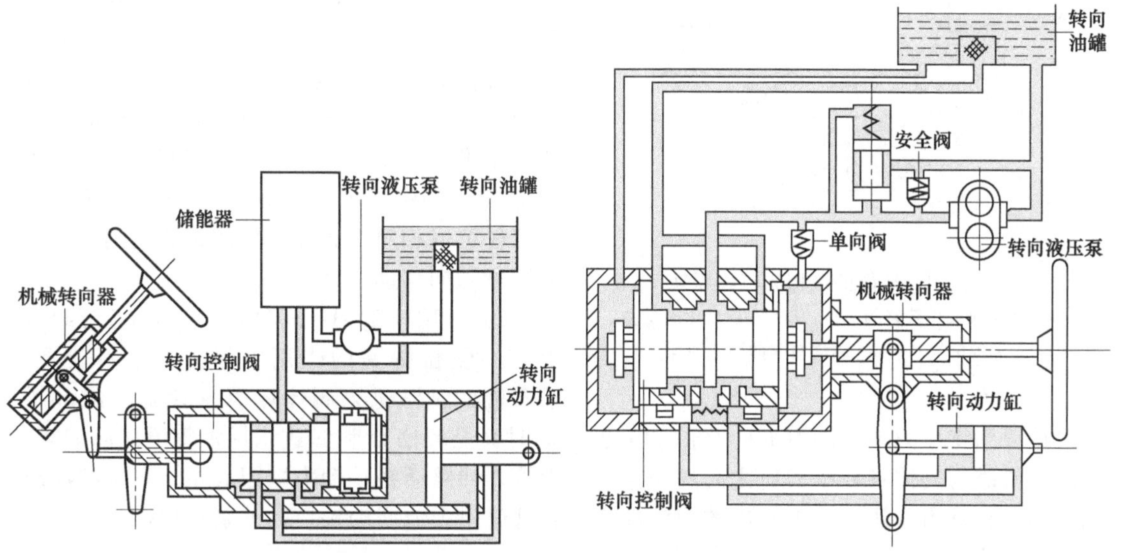

图 4-3-1 常压式液压动力转向装置示意图

图 4-3-2 常流式液压动力转向装置示意图

阀体沿轴向移动来控制油液流量的转向控制阀，称为滑阀式转向控制阀，简称滑阀，如图 4-3-3 所示。

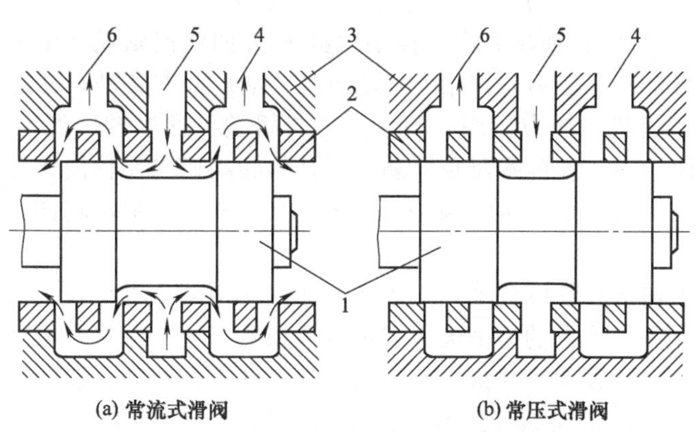

图 4-3-3 滑阀的结构和工作原理

1—阀体；2—阀套；3—壳体；4,6—通动力缸左、右腔的通道；5—通油泵输出管路的通道

阀体绕其轴线转动来控制油液流量的转向控制阀，称为转阀式转向控制阀，简称转阀，如图 4-3-4 所示。

（二）液压常流滑阀式转向系的组成和工作原理

液压常流滑阀式动力转向装置的基本组成如图 4-3-5 所示，主要包括转向储油罐、转向

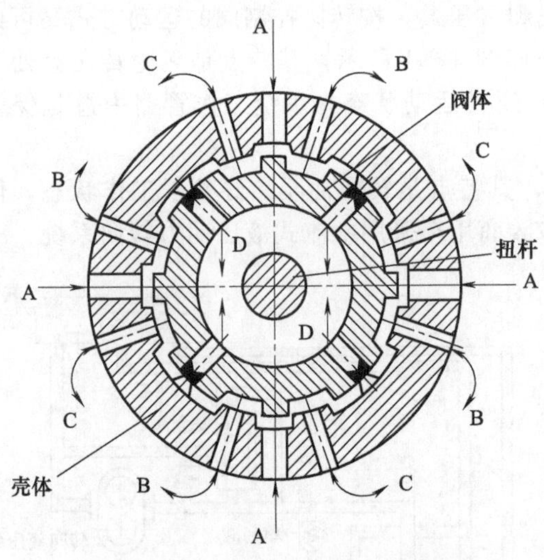

图 4-3-4　转阀的结构和工作原理

A—通油泵输出管路的通道；B,C—通动力缸的左、右腔的通道；D—通储油罐的回油通道

油泵、转向控制阀、转向动力缸等。

如图 4-3-5 所示，滑阀与阀体为间隙配合，在阀体的内圆柱面有三道环槽：环槽 A 是总进油道，与油泵相通；环槽 D、E 是回油道，与储油罐相通。滑阀上有两道环槽：B 是动力缸 R 腔的进、排油环槽；C 是转向动力缸 L 腔的进、排油环槽。两个反作用柱塞之间装有滑阀复位弹簧。滑阀通过两个轴承支撑在转向轴上，它与转向螺杆的轴向相对位置固定不变。但滑阀处于中间位置（相应于商用车直线行驶的位置）时，滑阀两端与阀体的端面各保持 h 的间隙，因而滑阀随同转向螺杆可以相对于阀体自中间位置向两端作 h 的微量轴向移动。

① 商用车直线行驶时［图 4-3-5（a）］，滑阀在复位弹簧的作用下保持在中间位置。油泵输的油液进入阀体环槽 A 之后，经环槽 B 和 C 分别将压力传至动力缸的 R 腔和 L 腔，同时又经环槽 D 和 E 进入回油管道流回油罐。这时，滑阀与阀体各环槽槽肩之间的间隙大小相等，油路通畅，动力缸因其左、右两腔油压相等而不起助力作用。油泵泵出的油液仅需克服管道阻力流回油罐，故油泵负荷很小，整个系统处于低油压状态。

② 商用车右转向时［图 4-3-5（b）］：开始时，由于转向车轮受到很大阻力，转向螺母暂时保持不动，其反作用力推动有左旋螺纹的转向螺杆向右轴向移动，同时带动滑阀压缩复位弹簧向右轴向移动，消除左端间隙 h。此时环槽 C 与 E 之间、A 与 B 之间的油路通道被滑阀和阀体的相应凸肩封闭。而环槽 A 与 C 之间的油路通道增大，油泵送来的油液自环槽 A 经 C 流入动力缸的 L 腔，油压升高。而动力缸 R 腔的油液则经环槽 B、D 及回油管流回储油罐，R 腔油压降低。在压力差作用下，动力缸的活塞向右移动，并通过活塞杆使转向摇臂逆时针转动，从而起转向加力作用。当这一力与驾驶员通过转向器传给摇臂的力合在一起，足以克服转向阻力时，转向螺母也就随着螺杆的转动而向左轴向移动，并通过转向直拉杆带动转向车轮向右偏转。由于动力缸 L 腔的油压很高，商用车转向主要靠活塞的推力，使转向更轻便。

只要转向盘和转向螺杆继续转动，上述液压加力作用就一直存在。当转向盘在一定角度保持不动时，螺杆作用于螺母的力消失，螺母不再相对于螺杆左移。但动力缸中的活塞在油压差作用下，仍继续向右移动，并推动转向摇臂逆时针方向转动，从而使得转向螺母在转向摇臂上端的拨动下，带动转向螺杆及滑阀一起向左移动，直到滑阀回复到中间稍偏右的位置。此时滑阀中间凸肩右边的缝隙小于左边的缝隙，由于节流作用，使进入 L 腔的油压仍高于 R 腔的油压。此压力差在动力缸活塞上的作用力用来克服转向轮的回正力矩，使转向轮的偏转角保持不变。如欲使转向轮进一步偏转，则须继续转动转向盘，重复上述全部过程。

③ 动力转向装置能使转向轮的偏转角随转向盘转角的增大而增大，若转向盘保持不动而转向轮的偏转角也保持不动，即具有“随动”作用。动力缸只提供动力，而转向过程仍由驾驶员通过转向盘进行控制。在工作过程中，转向轮偏转的开始和终止较转向盘转动的开始

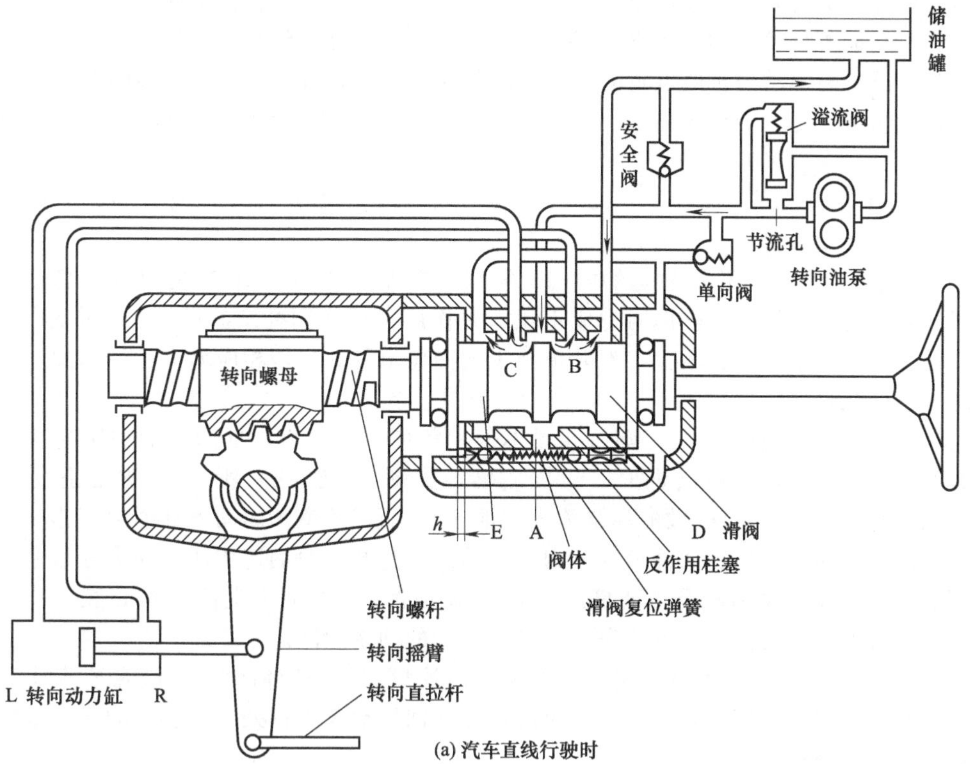

(a) 汽车直线行驶时

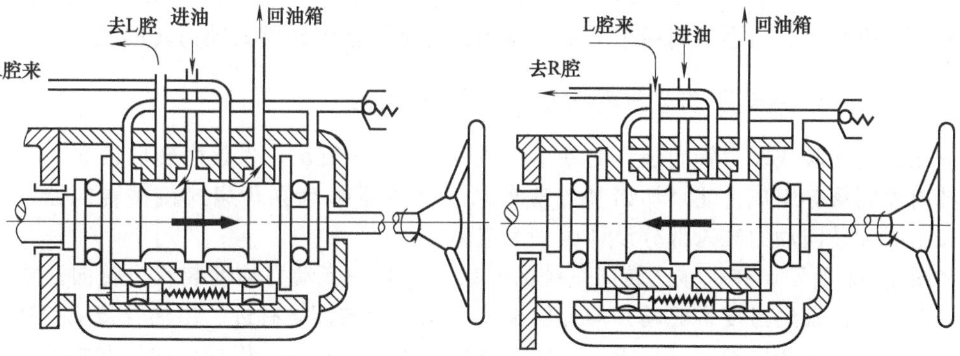

(b) 汽车右转向时

(c) 汽车左转向时

图 4-3-5 液压常流滑阀式动力转向装置

和终止都略微滞后一些。

④ 自动回正：若驾驶员松开转向盘，滑阀在复位弹簧的张力和反作用柱塞油压的推力下回到中间位置，转向控制阀中各环槽凸肩间的缝隙相等，动力缸 L 腔与 R 腔间的油压差随之消失，动力缸停止工作，转向轮在回正力矩的作用下自动回正，并通过转向螺母带动转向螺杆反向转动，使转向盘回到直线行驶位置。在此过程中，螺母作用在螺杆上的轴向力小于复位弹簧的预紧力，故滑阀不再轴向移动，所以在转向轮自动回正过程中不会出现自动加力现象。

⑤“打手”现象的消除：商用车直线行驶时，若遇路面不平，转向轮有可能左右偏转而产生振动，迫使转向摇臂摆动，动力缸 L、R 两腔充满着的油液便对活塞移动起阻尼作用，从而吸收振动能量，减轻了转向轮的振动。

若路面冲击力使转向轮偏转很大。假设向右偏转，而驾驶员仍保持转向盘处于直线行驶位置，此时转向螺杆将受到一个向左的轴向力，这个力使滑阀向左移动，于是L腔油压降低，R腔油压升高，动力转向装置的加力方向与转向轮偏转方向相反，使转向轮回正，抵消路面冲击的影响。尽管循环球-齿条齿扇式机械转向器逆传动效率较高，也不会出现“打手”现象。

⑥ 商用车左转向时［图4-3-5（c）］，开始时滑阀随同螺杆向左轴向移动，油液通路与右转向时相反，动力缸活塞的加力方向也与右转向时相反。

⑦“路感”作用：反作用柱塞的内端、复位弹簧所在的空间，在转向过程中总是与动力缸高压油腔相通，此油压与转向阻力成正比，并作用在反作用柱塞的内端。转向阻力增大，作用在柱塞上的油液压力也增大，驾驶员施于转向盘上的力也须相应增大，使驾驶员感觉到转向阻力的变化情况。

⑧ 如果动力转向装置失效，则该装置不但不能使转向省力，反而会增加转向阻力。当油泵失效后靠人力强制进行转向时［设向右转，如图4-3-5（b）所示］，进油道变为低压（油罐中的油液已不能通过失效的油泵流入进油道），而回油道却因动力缸中活塞移动而具有稍高于进油道的油压。进、回油道的压力差使单向阀打开，两油道相通，动力缸活塞两侧油腔也相通，油液便从动力缸受活塞挤压R腔，流向活塞移离后产生低压的L腔，从而减小了人力转向时的油液阻力。可见单向阀可将不工作的油泵短路。

⑨ 油路中装有节流孔和溢流阀。当油泵输出油量超过一定值时，油液在节流孔节流作用下产生的油压差把溢流阀打开，使多余的油液流回到油泵入口处。安全阀的作用是限制油泵及系统内的最高压力值。

特点：液压常流滑阀式动力转向系统，结构复杂、体积大，所以大多应用于大型货车、客车和工程机械上。而小型商用车上主要应用的是液压常流转阀式动力转向装置。

二、液压常流转阀式转向系的组成和工作过程

液压常流转阀式动力转向装置的基本组成如图4-3-6所示，也是由转向油泵、转向动力缸、转向控制阀等组成。北京切诺基吉普车采用将循环球-齿条齿扇式机械转向器、转阀式转向控制阀和转向动力缸三部分设计成一个整体。

如图4-3-6所示，在机械式转向系统的基础上加装一套动力辅助装置。转向油泵安装在发动机上，由曲轴通过皮带驱动并向外输出液压油。转向油罐有进、出油管接头，通过油管分别与转向油泵和转向控制阀连接。转向控制阀用以改变油路。机械转向器和缸体形成左右两个工作腔，它们分别通过油道和转向控制阀连接。

其控制过程如下。

① 右转向时，转向控制阀将转向油泵的高压油（B通路）与右转向动力缸（R通路）接通，将左转向动力缸（L通路）与油罐（G通路）接通，在油压的作用下，动力转向器活塞向上移动，通过传动机构使转向轮向右偏转，从而实现右转向，如图4-3-6（a）所示。

② 当商用车直线行驶时，转向控制阀处于中间位置，将转向油泵高压油（B通路）与油罐（G通路）相通，转向油泵处于卸荷状态，动力转向器不起作用，如图4-3-7所示。工作油液从转向器壳体的进油孔（B通路）流到阀体的中间油环槽中，经过其槽底的通孔进入阀体和阀芯之间，此时阀芯处于中间位置。进入的油液分别通过阀体和阀芯纵槽与槽肩形成的两边相等的间隙，再通过阀芯的纵槽以及阀体的径向孔流向阀体外圆上、下油环槽，通过壳体油道流到动力缸的左转向动力腔（L通路）和右转向动力腔（R通路）。流入阀体内腔的油液在通过阀芯纵槽流向阀体上油环槽的同时，通过阀芯槽肩上的径向油孔流到转向螺杆

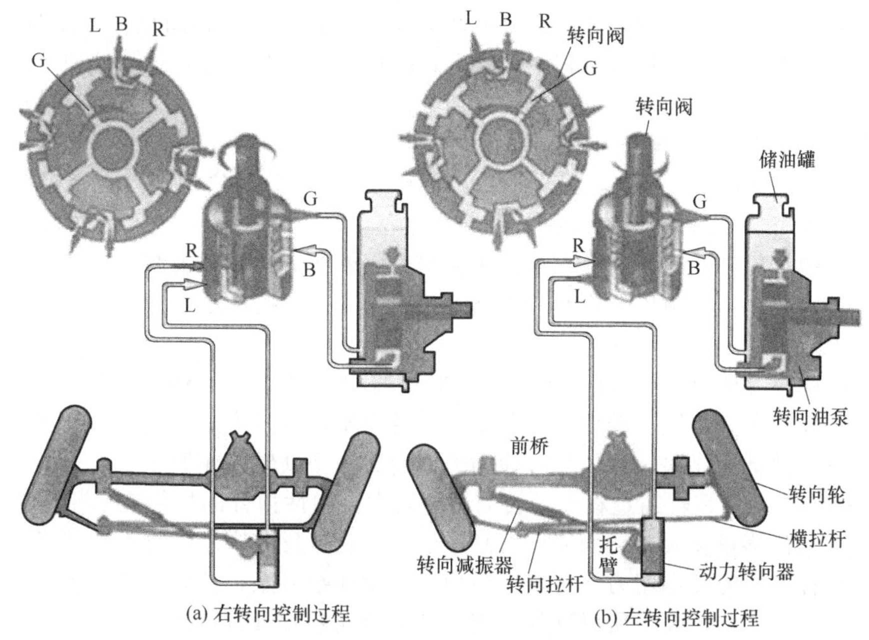

图 4-3-6 液压常流转阀式动力转向的控制过程

R—接右转向动力缸；L—接左转向动力缸；B—接转向油泵；G—接储油罐

和输入轴之间的空隙中，从回油口经油管回到油罐中去，形成常流式油液循环。此时，上、下腔油压相等且很小，齿条-活塞既没有受到转向螺杆的轴向推力，也没有受到上、下腔因压力差造成的轴向推力。齿条-活塞处于中间位置，动力转向器不工作。

商用车直线行驶时，若遇路面作用力而使转向轮偏转（设转向轮向左偏转，驾驶员握住转向盘处于直线行驶位置），转向阻力通过转向传动机构、齿条-活塞、转向螺杆作用于阀体，使阀体相对于不转动的阀芯逆时针方向转动［图 4-3-6（a）所示位置上，阀体相对于阀芯逆时针方向转动］，动力缸下腔油压升高，上腔油压降低，压力差作用在齿条-活塞上使其上移，并通过转向传动机构使转向轮向右偏转而回正。从而保证了商用车直线行驶的稳定性，并有效地避免了转向盘“打手”现象。

③ 左转向时，如图 4-3-6（b）所示，转向控制阀将转向油泵的高压油（B 通路）与左转向动力缸（L 通路）接通，将右转向动力缸（R 通路）与油罐（G 通路）接通，在油压的作用下，动力转向器活塞向下移动，通过传动机构使转向轮向左偏转，从而实现左转向。

商用车左转向时（图 4-3-7），短轴在转向轴驱动下逆时针方向转动，并分两路传递运动和力：一路通过其左端的定位销拨动转阀同步转动；另一路则通过其右端的锁销传至弹性扭杆的右端，并经扭杆左端的三角形花键传给下端轴盖，又通过其圆盘外缘上的缺口和锁销传给阀体和转向螺杆。由于受到路面转向阻力，刚转向时齿条-活塞和转向螺杆暂时不能轴向移动，所以转向螺杆暂时不能随短轴同步转动，即阀体暂时不能随短轴同步转动，弹性扭杆发生扭转变形，从而使阀芯相对于阀体转过不大的角度，二者纵槽槽肩两边的间隙不再相等：通向 L 油道的一边增大；通向 R 油道的一边减小，如图 4-3-6（b）所示。来自油泵的油液从油道 B 进入阀体与转阀之间，流向间隙增大的一边，并经 L 油道流进动力缸的上腔，使该腔油压升高；而与 R 油道相通的动力缸下腔油压则降低（下腔油液通过 R 油道流进阀体与转阀之间，再经传阀的 4 条径向油孔、回油道 G 流回转向油罐）。左、右两腔的压力差作用在齿条-活塞上，帮助转向螺杆迫使齿条-活塞开始下移，转向轮开始向左偏转，转向加力起作用。同时转向螺杆本身也开始与短轴同向转动，只要转向盘继续转动，弹性扭杆的扭转变形便一直保持不变，阀体与转阀之间的相对角位置也不变，转向加力作用就一直存在，转向轮将继续向左偏转。在转向过程中，转向盘转得越快，弹性扭杆的扭转速度就越快，转阀相对于阀体产生角位移的速度也越快，从而使动力缸左、右两腔产生压力差的速度加快，转向轮的偏转速度也相应加快。

④ 渐进随动原理：一旦转向盘停止转动并维持在某一转角位置不动，短轴及转阀便不再转动。但齿条-活塞在油压差的作用下仍继续左移，导致转向螺杆连同阀体沿原转动方向继续转动，使弹性扭杆的扭转变形减小，阀体与转阀的相对角位移量减小，动力缸左、右两腔油压差减小。减小了的油压差仍作用在齿条-活塞上，以克服转向轮的回正力矩，使转向轮的偏转角维持不动。

⑤ 自动回正：若松开转向盘，弹性扭杆右端将自动转过一定的角度而恢复自由状态，阀芯随短轴回复到中间位置，动力缸停止工作，转向轮在回正力矩作用下自动回正。如果需要液压加力，驾驶员可以回转转向盘，使动力转向装置帮助转向轮回正。

⑥“路感”作用：在转向过程中，转向阻力增大，弹性扭杆的扭转变形量也增大，阀芯相对于阀体的角位移量增大，从而使动力缸中油压升高；反之则动力缸中油压降低。在此过程中，弹性扭杆产生的反作用力，与转向阻力成递增函数关系，传到转向盘上，使驾驶员能感觉到转向阻力的变化情况，所以这种转阀式动力转向装置具有“路感”作用。

由上述分析可知，转阀式动力转向装置能使转向轮偏转的角度随转向盘转角的增大而增大；转向轮偏转的速度随转向盘转动速度的加快而加快；转向盘停止转动并维持转角不动，转向轮也随之停止偏转并维持偏转角不动，因而具有随动作用。在正常情况下，驾驶员操纵转向盘所提供的转向力矩主要用来使弹性扭杆产生扭转变形，以控制转向过程，而克服路面转向阻力及转向传动机构摩擦阻力使转向轮偏转所需要的动力主要由转向动力缸提供。

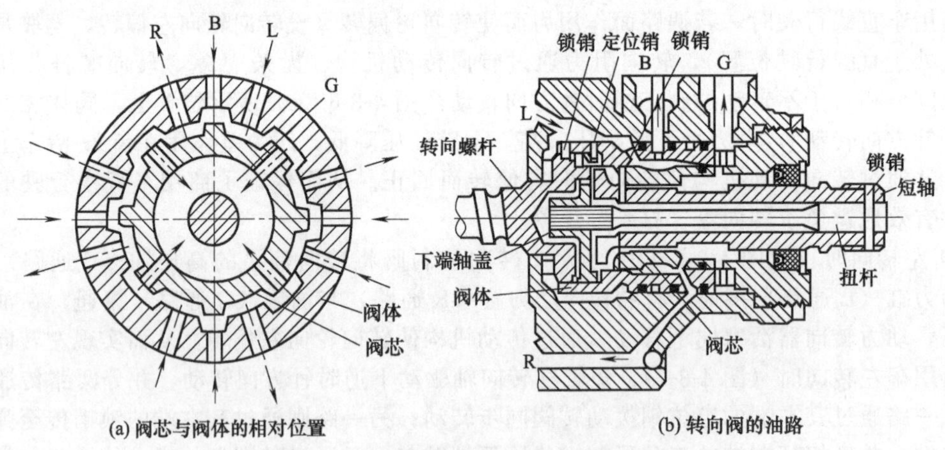

图 4-3-7　液压常流转阀式动力转向的结构

R—接右转向缸；L—接左转向缸；B—接转向油泵；G—接储油罐

小结：动力转向系统是由机械转向器、转向控制阀、转向动力缸以及将发动机输出的部分机械能转换为压力能的转向油泵（或空气压缩机）、转向储油罐组成。其主要功能是实现“渐进随动原理”，即快转快助，大转大助，不转不助。

三、动力转向器

动力转向器是在机械转向器的基础上引入动力输入装置，驾驶员通过转动转向轴，控制转

向阀的开启和关闭，将转向泵的动力输出作为转向器的动力输入，降低驾驶员的劳动强度。

（一）循环球式动力转向器

循环球转阀整体式动力转向器在商用车上应用广泛，陕汽重卡采用的 ZF8098 型转向器即为该类型的转向器，其实物剖解图如图 4-3-8 所示，零件分解图如图 4-3-9 所示，装配图如图 4-3-10 所示。

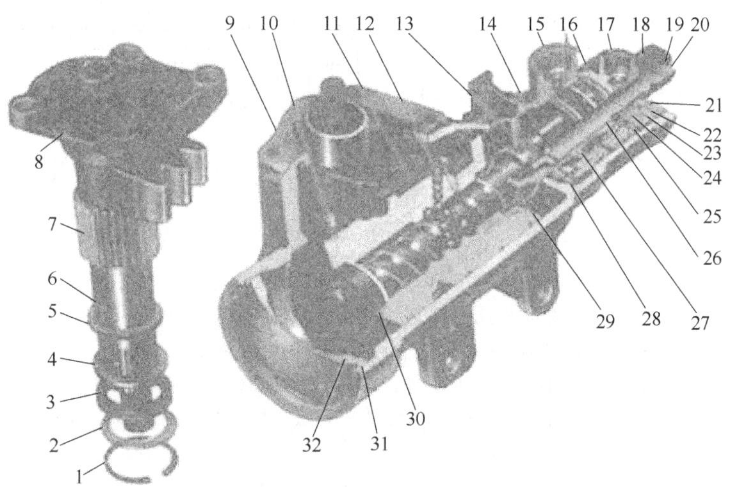

图 4-3-8 液压常流转阀式动力转向器实物剖解图

1—弹簧卡环；2,4—支撑挡圈；3—双唇油封；5—单唇油封；6—摇臂轴；7,13—轴承；8—侧盖；9—转向器壳体；10,16,22—油封；11—齿条活塞；12—钢球；14—转阀总成；15—进油口；17—出油口；18—输入轴；19—扭力杆；20—定位销；21,30—弹簧卡环；；23—调整盖；24—滚针轴承；25—止推轴承；26—阀芯；27—阀体；28—定位销；29—转向螺杆；31—活塞端堵；32—壳体端盖

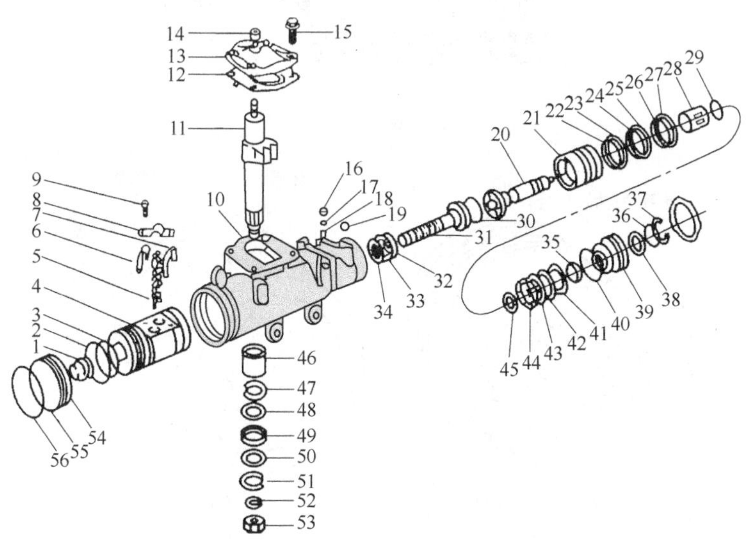

图 4-3-9 循环球式动力转向器的组成

1—活塞端堵头；2—聚四氟乙烯密封环；3—O 形密封环；4—齿条活塞；5—钢球；；6—钢球导管（半边）；7—钢球导管（另半边）；8—导管固定夹；9—导管固定夹螺栓；10—转向器壳体；11—摇臂轴；12—侧盖衬垫；13—侧盖；14—锁紧螺母；15—螺栓；16—软管接头座；17—单向阀；18—弹簧；19—软管接头座；20—输入轴总成；21—阀体；22,24,26—密封圈；23—聚四氟乙烯密封圈；25,27—聚四氟乙烯密封圈；28—阀芯；29,30,40,54—O 形密封圈；31—转向螺杆；32—锥形止推轴承座圈；33,42—止推轴承；34—轴承座圈；35—滚针轴承；36—防尘密封圈；37,51,56—卡环；38—油封；39—调整螺塞；41—大止推挡圈；43—小止推轴承；44—隔圈；45—卡圈；46—滚针轴承；47,49—单唇油封；48,50—支撑挡圈；52—垫圈；53—螺母；55—壳体前端盖

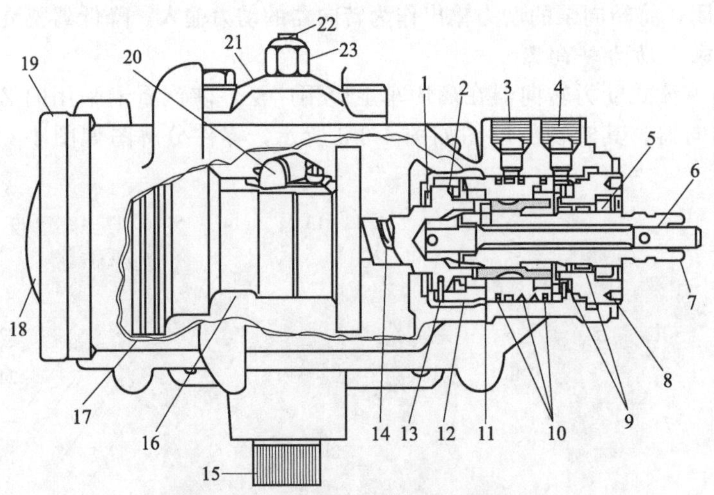

图 4-3-10 循环球式动力转向器装配图

1—止推轴承；2,10—密封圈；3—进油口；4—出油口；5—油封；6—扭杆；7—枢轴；8—调整螺塞；9—轴承；11—滑阀；12—阀体；13—定位销；14—转向螺杆；15—摇臂轴；16—转向齿条活塞；17—齿条活塞密封圈；18—端盖；19—壳体；20—钢球导管；21—侧盖；22—调整螺栓；23—锁紧螺母

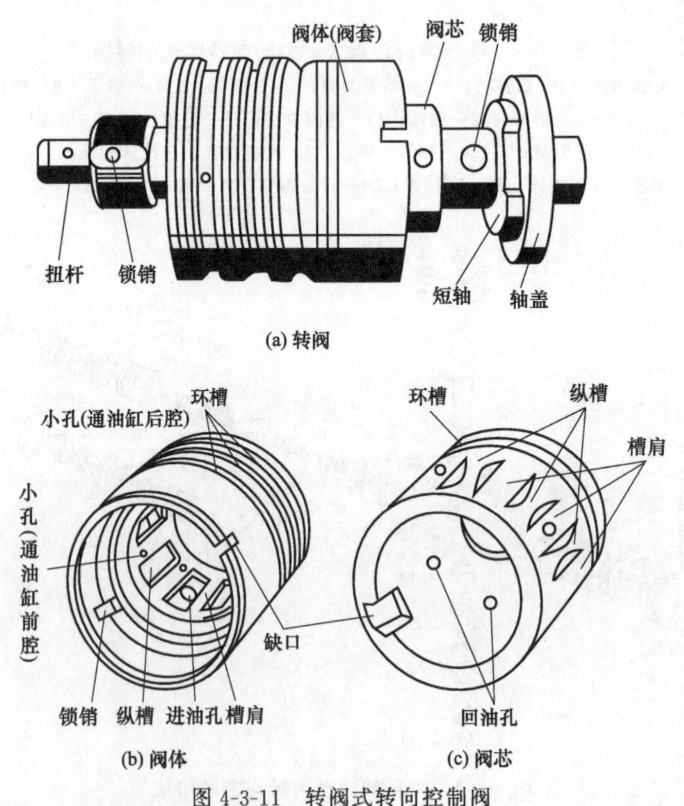

图 4-3-11 转阀式转向控制阀

循环球动力转向器主要由 3 部分构成，即机械转向器、转向控制阀和转向动力缸。

(1) 机械转向器　为循环球式，有两级传动副，第一级是螺杆螺母（活塞-齿条）传动副，第二级是齿条-齿扇传动副，如图 4-3-10 所示，转向器壳体侧盖上的调整螺栓 22 及锁紧螺母 23，用来调整齿条和齿扇的啮合间隙。

(2) 转向控制阀　用于控制压力油的流动方向。主要由阀体（阀套）、阀芯、输入轴组件及密封件等组成，如图 4-3-11 所示。扭杆的一端同阀体连接在转向轴上，另一端通过定位销与阀芯相连。阀体和阀芯上开有相对应的油道，动力缸左腔和右腔分别与阀体上相对两油道相连，阀上还开有回油道。

(3) 转向动力缸　为双向作用型，其作用是利用油压来扩大传送到转向传动机构上的转向力。动力缸缸体即转向器壳体，动力缸活塞即齿条活塞。

（二）齿轮齿条式动力转向器

齿轮齿条式动力转向器有两种形式，即动力中间输出和动力两端输出，如图 4-3-12 所示。两端输出齿条转阀式动力转向器的结构如图 4-3-13 所示。

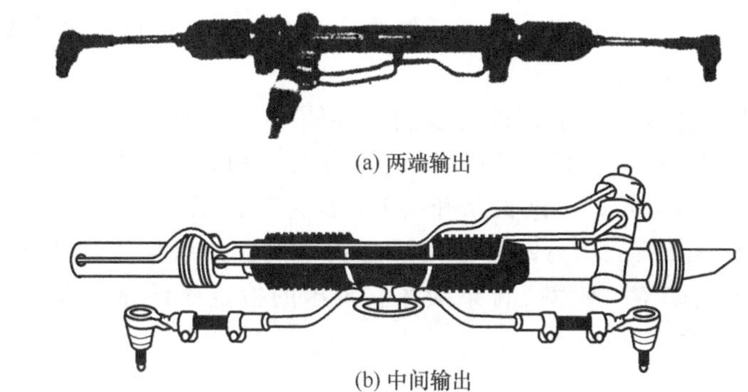

(a) 两端输出

(b) 中间输出

图 4-3-12　两种齿轮齿条式动力转向器

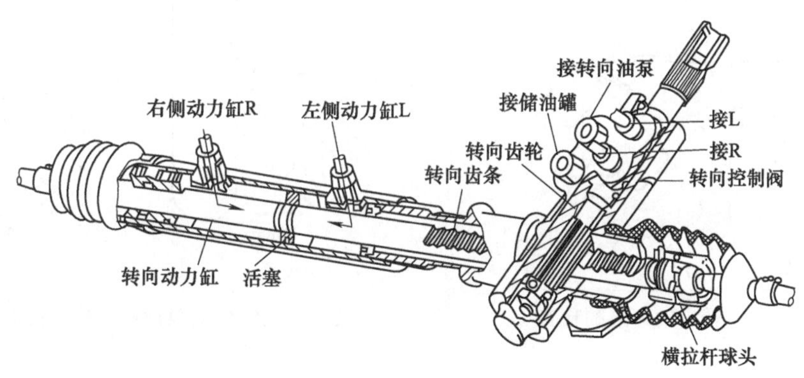

图 4-3-13　两端输出齿条转阀式动力转向器

齿轮齿条式动力转向器在商用车上应用较少，本书只做简要描述，如图 4-3-13 所示，它由齿轮齿条式机械转向器、转向控制阀、转向动力缸、储油罐及拉杆等组成。工作原理同图 4-3-6 控制过程。

四、液压动力转向系的维护及维修要点

（一）检查油量、加油与放气

1. 检查油量

在储油罐上安装有油尺，正常情况下当柴油机不工作时，要求油量加至油尺上限刻度为准，当柴油机以中速稳定旋转时，储油罐的油位高于上限刻度 1～2cm 为正常。当动力转向系统缺油时，可直接向储油罐补充同型号转向油至上述标准。

2. **放气**

在系统中存在空气的情况下，更换或补充油液时需要进行放气。首先用千斤顶将商用车前轴顶起，启动柴油机在低速稳定转速下运转，随着向储油罐逐渐加注新油的同时，慢慢转动方向盘从一侧极限位置转至另一侧极限位置，反复进行直至储油罐回油没有空气排出为止，然后将油液补充至标准位置。

3. **系统中是否有空气的检修方法**

检查助力系统是否有空气的方法有以下两种。

① 在发动机运转过程中，观察储油罐回油口是否有气泡或者有乳化现象，如有则需进行放气。

② 在发动机停转时，将油加至油尺上刻度线位置，然后发动机以中速旋转，观察油罐液面，如果高出上刻度线 2cm 以上，说明系统中还存有空气，进行放气处理。

（二）转向助力泵的检查

转向助力泵需要通过测量泵压来进行检测，如图 4-3-14 所示，将转向泵至转向机的油管接头 B 拆开，在其间串联一个量程 15MPa 的压力表 C 和 D。首先将开关 D 全开，启动柴油机并稳定在低转速范围运转，逐渐关闭开关 D，注意观察压力表读数，直至将开关全部关闭，如果压力表直至 13MPa±10％范围，则泵是正常的，如果泵压达不到规定值，则说明泵的流量控制阀、安全阀产生故障或者泵损坏。泵压的检查应注意开关 D 要逐渐关闭，同时关闭时间不能过长，最多 5s。

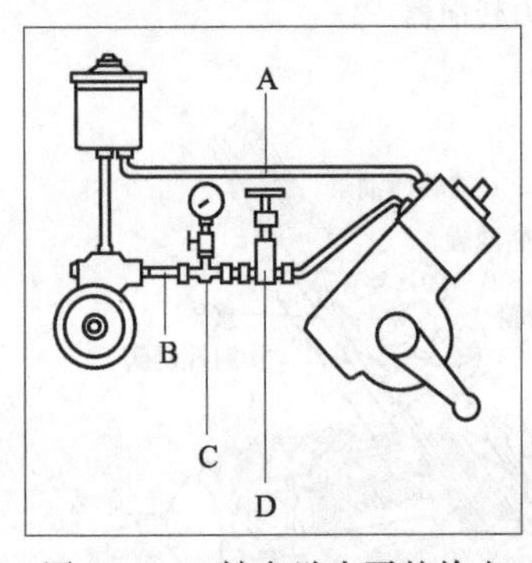

图 4-3-14　转向助力泵的检查

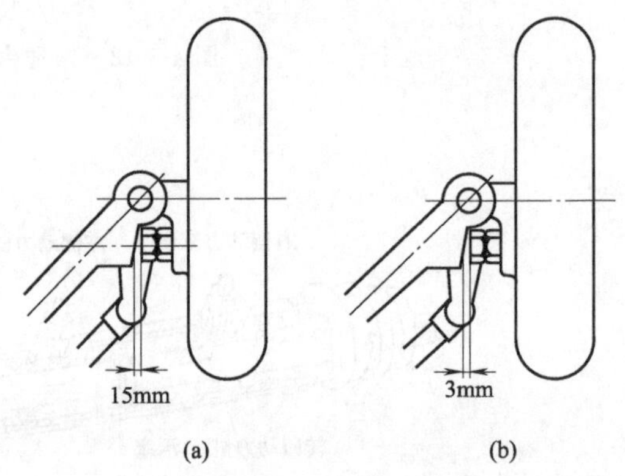

图 4-3-15　转向限位阀及转向机密封性检查

（三）转向限位阀的检查与调整

如图 4-3-15（b）所示，顺时针转动方向盘，当左前轮的限位螺钉与工字梁凸台夹住 3cm 厚钢板时，短时间（不超过 5s）以 100～200N 的力继续打方向，观察此时压力表读数应为 0.4～0.5MPa，则转向限位阀正常无需调整。若压力表不在此范围内，则需要调整，因现在限位阀均具备自动调整功能，将前桥工字梁顶起，使轮胎脱离地面，将方向盘向一个方向打到极限位置（注意，此时不需要在极限位置放置 3mm 厚钢板），此时限位阀上的活塞会将调整滑套也顶到极限位置，再向另外一个方向重复上述操作，限位阀即可调整完毕。

（四）转向机密封性的检查

在转向限位阀调整完毕之后，将前轴用千斤顶再次顶起使车轮脱离点。如图 4-3-15（a）所示，在限位螺钉与前轴转向限位凸块之间放置一块约 15mm 厚的钢板，柴油机保持低速稳态，将前轮转至极限位置并继续向该转向方向拉动方向盘，观察压力表 C 读数是否达到 13MPa，如果低于规定数值，说明转向机内部泄漏，必须检查修理或更换，注意该检查左右

两个方向都必须进行。

（五）方向盘自由行程的检查与调整

将压力表更换成量程 1 MPa 的表头，柴油机保持低速稳态运转，将车轮转至直线行驶位置，此刻测出的系统无负荷循环压力为 0.5MPa，然后向一侧慢慢转动方向盘直到压力上升到 1MPa 时，测量方向盘的这一侧游动量应小于 20mm。再测另一侧方向盘游动量同样应小于 20mm，两侧相加方向盘总自由行程应小于 40mm。

方向盘自由行程的大小主要取决于转向机活塞齿与转向轴扇形齿之间的间隙，因扇形齿齿厚制成锥形结构，因此调整转向轴的轴向位置即可调整方向盘自由量。在方向机侧端盖上有一调整螺杆，旋进该螺杆可将自由行程调小，调整结束后应将锁紧螺母锁紧。此外，转向横拉杆接头如果间隙过大也会影响方向盘自由行程，检查时应予以注意。

五、液压动力转向系常见故障的诊断与排除

动力转向系统常见故障主要表现为方向沉重、方向跑偏、转向异响与漏油等情况。在分析故障时应注意从机械故障和转向助力故障两方面进行查找原因。

（一）两侧方向都沉重

1. 机械故障

引起方向沉重机械方面的原因主要在于转向节。转向节长时间不保养会造成转向立柱和衬套严重缺油、磨损甚至烧蚀，进而引起方向沉重。在每次保养时，必须向转向立柱空腔内注满润滑脂。

机械故障可以用肉眼观察转向立柱、转向节外观和用手搬动前轮来感受前左轮左右摆动的阻力和检查。

2. 液压助力故障

（1）助力泵故障　检查助力泵泵压是否达到标准值，若达不到则会造成转向沉重。首先检查流量控制阀与阀座的啮合面、安全阀钢球是否密封良好。如果是流量阀或安全阀泄漏，可通过研磨的方法予以检查。其次，检查安全阀的弹簧是否失效，可通过在弹簧后面加垫片的方法进行检查，如果增加一垫片后，最大泵压有明显增加，说明弹簧失效，予以更换。如果以上检查都没有问题，则应拆卸助力泵，观察叶片泵的腔壁是否有拉伤或者磨损，若有则进行修复或更换。

（2）转向机故障　通过检查，如果发现转向机助力油压较低时，说明方向沉重的原因在转向机。一般来讲，转向机故障大部分是由活塞、缸筒拉伤或是活塞上密封圈损坏进而引起油液泄露造成的。此外活塞圆周面上的各种密封圈转向螺杆上的密封圈破损，也会造成高压卸荷，进而使助力压力降低。

（3）缺油，系统有空气　如果助力系统缺油，造成系统内有空气，此时转向不仅沉重，而且在转向时还有噪声，此时应按照前面讲述的加油与放气的程序进行排障即可。

（4）储油罐内回油滤清器堵塞　储油罐内回油滤清器长期不更换、保养、造成堵塞，使助力油循环不畅，引起回油背压，同样会使方向沉重，应定期对滤清器进行清洗、保养、更换。

（5）限位阀密封圈失效　限位阀密封圈失效，会造成活塞两腔相通，进而引发助力失效。

（二）单边转向沉重

商用车在行驶过程中，如果发生向一个方向转向轻快，而向另一个方向转向沉重，这一般是由于负责密封一侧高压腔的密封件泄漏所致。还有一种原因是转向沉重一侧的限位阀密封不严造成的，密封不严的原因有两个：一是限位阀调整不当，需按照前面讲的限位阀调整方法重新调整；二是限位阀上两个 O 形圈失效所致，需进行更换。

（三）转向有异响或噪声

转向有异响一般是机械故障，例如主销与衬套损伤、立柱止推轴承损坏等。检查时可以左右打转向，观察异响位置进行拆检。

转向有噪声，严重时转向高压油软管抖动，这显然是缺油进空气所致，按照前面所述的放空气方法操作即可。

（四）快速打方向沉重

慢打方向轻，急转弯时快打方向沉，这说明在快速转向时，助力泵的有效排量不够，助力油对高压油枪的补充跟不上活塞的运动，这类故障原因主要在助力泵。按照助力泵的检修方法排障即可。

（五）方向回位较困难

一般车辆都有转向自动回位的功能，油液助力转向的车辆，由于液压阻尼的作用，自动回正的功能有所减弱，但还应保持有一定的自动回正能力。如果回正时也像转向时那样施力，说明自动回正功能有故障，这种故障一般发生在转向机械部分，例如转向节主销与衬套缺油，转向横拉杆、直拉杆锈蚀，转向轴扇齿与活塞直齿啮合太紧等。

（六）方向跑偏或者摆动

1. 方向跑偏

方向跑偏的故障首先应检查外界因素和机械部分。

(1) 外界因素　当商用车行驶在拱形路面一侧或倾斜路面时，车辆的跑偏是由外界因素造成的，该现象也是正常的。

(2) 机械故障　前轮轮胎气压不同、轮胎新旧程度不同、前钢板错位、前轮定位偏差较大等都会造成方向跑偏。

(3) 液压助力故障　如果排除机械故障，方向仍然跑偏严重，则可能是液压助力故障，例如转向机内控制转向螺母偏摆杆初始位置调整不当，使商用车直线行驶时，转向螺母在偏置位置，偏置的滑阀总使活塞某一侧产生高压助力，造成商用车自动跑偏。

2. 方向摆动

商用车在行驶时无规律的两边摆动，方向不好掌握，说明转向系统机械传动各机构松旷，应予以检修紧固。例如前轮轮毂轴承松旷、横直拉杆球头松旷、前轮钢圈变形等。

（七）转向机漏油

转向机漏油主要集中在转向机上盖、侧端盖和转向轴拐臂连接处。这三个位置都有密封圈，更换新的密封圈和油封就可解决。如果其他位置漏油就很可能是转向机壳体砂眼或者裂痕，细小的砂眼和裂痕可以用高渗透性密封胶来堵漏。

（八）助力泵漏油

如果助力泵后端盖漏油，更换后端盖密封圈即可。如果发现转向油罐的油不断减少，而发动机油底壳内的机油不断增多或者表面上看起来丝毫不烧机油，放出部分油底机油观察也没有什么异常和异味，这种情况是由于助力泵驱动轴端的油封漏油所致。助力泵低压油腔的液压油由油封漏至发动机正时齿轮室，流入油底。

（九）部分制动时方向摆动

商用车在全负荷急刹车时工作正常，在轻轻踩刹车时前轮发生摆动，这一现象在许多车上都曾发生。引起这一故障的原因是多方面的，但绝大多数是因为前制动鼓失圆所致，当制动鼓失圆时，轻踩刹车会使左右轮间歇制动而制动不同步，进而造成车轮摆动。对制动鼓修复或者更换即可。

第五章　商用车制动系

第一节　商用车制动系概述

商用车上用以使外界（主要是路面）在商用车某些部分（主要是车轮）施加一定的力，从而对其进行一定程度的强制制动的一系列专门装置统称为制动系统。其作用是：使行驶中的商用车按照驾驶员的要求进行强制减速甚至停车；使已停驶的商用车在各种道路条件下（包括在坡道上）稳定驻车；使下坡行驶的商用车速度保持稳定。

一、制动系的分类

1. 按制动系的功用分类

（1）行车制动装置　使行驶中的商用车降低速度甚至停车的一套专门装置。一般通过液压或气压将踏板力传到制动器，利用制动器内旋转件与固定件之间的机械摩擦作用，使旋转的车轮减速或停止转动。制动器安装在车轮上，由驾驶员用脚操纵，俗称脚制动。

（2）驻车制动装置　使已停驶的商用车驻留原地不动的一套装置。坡道起步、行车制动效能失效后临时使用或配合行车制动器进行紧急制动，俗称手制动。

（3）第二制动装置　在行车制动系失效的情况下保证商用车仍能实现减速或停车的一套装置，也叫紧急制动装置。在许多国家的商用车安全法规中规定，第二制动系也是商用车必须具备的。

（4）辅助制动装置　下长坡时用以稳定商用车行驶车速、减轻行车制动器的磨损而设置的。

大多气压制动车辆上还设置有安全制动装置，是当制动气压不足时起制动作用，使商用车不能行驶。

2. 按制动系的制动能源分类

（1）人力制动系　以驾驶员的肌体作为唯一制动能源的制动系。

（2）动力制动系　完全依靠发动机动力转化成的气压或液压进行制动的制动系。

（3）伺服制动系　兼用人力和发动机动力进行制动的制动系。

3. 按照制动能量的传输方式分类

按照制动能量的传输方式，制动系又可分为机械式、液压式、气压式和电磁式等。同时采用两种传能方式的制动系统可称为组合式制动系，如大型商用车上使用的气顶液制动系。

二、制动系的组成

任何制动系都有以下四部分组成。

（1）供能装置　包括供给、调节制动所需能量以及改善传能介质状态的各种部件。其中产生制动能量的部分称为制动能源，人的肌体也可作为制动能源。

（2）控制装置　包括产生制动动作和控制制动效果的各种部件，如制动踏板、制动阀等。

(3) 传动装置　包括将制动能量传输到制动器的各个部件，如制动主缸和制动轮缸等。

(4) 制动器　产生制动摩擦力矩的部件。

较为完善的制动系还具有制动力调节装置（ABS）、报警装置、压力保护装置等附加装置。

三、制动系的要求

① 具有良好的制动性能。评价指标有制动距离、制动减速度、制动力和制动时间。

② 操纵轻便。操纵制动系统所需的力不应过大。

③ 制动稳定性好。制动时，商用车不跑偏、不甩尾。

④ 制动平顺性好。制动力矩能迅速而平衡地增加，亦能迅速而彻底地解除。

⑤ 散热性好。连续制动时，制动鼓的温度高达 400℃，摩擦片的“热衰退”能力高，湿水后恢复能力快。

四、制动力的来源

① 制动力来自路面对车轮的一个反作用力，当然这个反作用力的诱导即是制动片与旋转的制动盘或制动鼓接触摩擦产生的摩擦力矩。

② 制动力不仅取决于摩擦力矩，还取决于轮胎与路面间的附着力（它等于轮胎上的垂直负荷与轮胎和路面间的附着系数的乘积），即制动力最大只能等于附着力。而摩擦力的大小决定于轮缸的张力、摩擦因数和制动鼓及制动蹄的尺寸。

③ 当制动力等于附着力时，车轮将被抱死在路面上拖滑。拖滑使胎面局部严重磨损，在路面上留下一条黑色的拖印。同时，使胎面产生局部高温，胎面局部稀化，好像轮胎与路面间被一层润滑剂隔开，使附着系数下降。因此最大制动力和最短的制动距离，是在车轮将要抱死而未完全抱死时出现的。

第二节　行车制动系

一、行车制动系概述

行驶的商用车要实现减速、停车，必须借助路面强制地对车轮产生与行驶方向相反的外力即制动力。制动系利用摩擦原理，借助摩擦力矩阻止车轮的转动或转动的趋势，如图 5-2-1所示，图 5-2-2 是液压制动系工作原理。

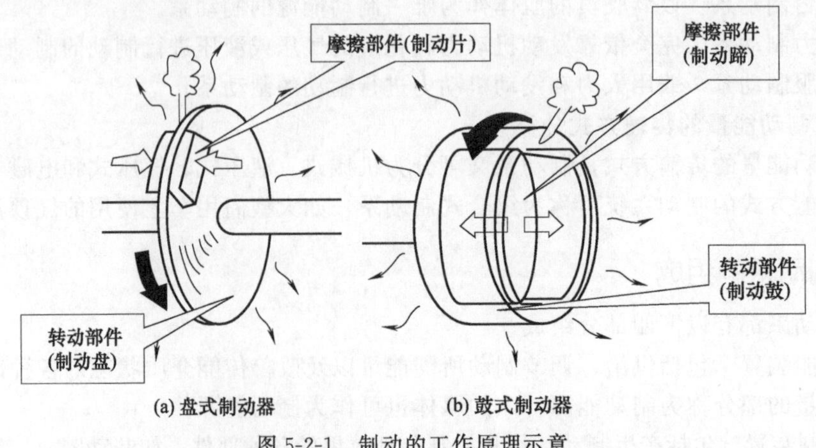

图 5-2-1　制动的工作原理示意

如图 5-2-3 所示为一简单的液压制动系，主要由鼓式车轮制动器和液压传动机构组成。车轮制动器主要由旋转部分、固定部分和调整机构组成，旋转部分是制动鼓；固定部分包括制动蹄和制动底板；调整机构由偏心支承销和调整凸轮组成用于调整蹄鼓间隙。制动传动机构主要由制动踏板、推杆、制动主缸、制动轮缸和管路组成。

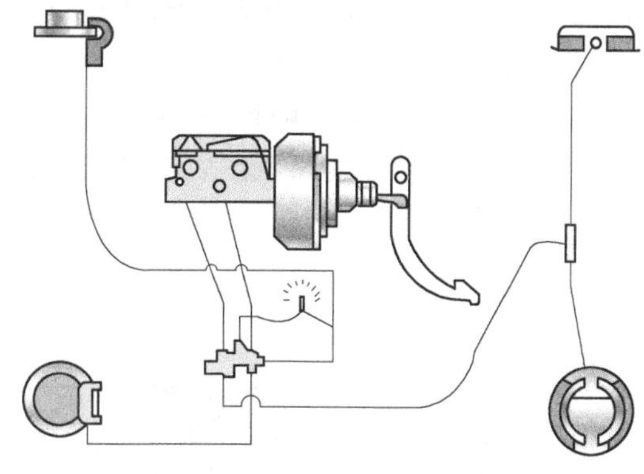

图 5-2-2 液压制动系工作原理

摩擦力的产生是由车轮制动器的固定元件与旋转元件工作表面之间的摩擦作用，不制动时旋转元件与固定元件之间保留一定间隙，旋转元件与车轮一起旋转。

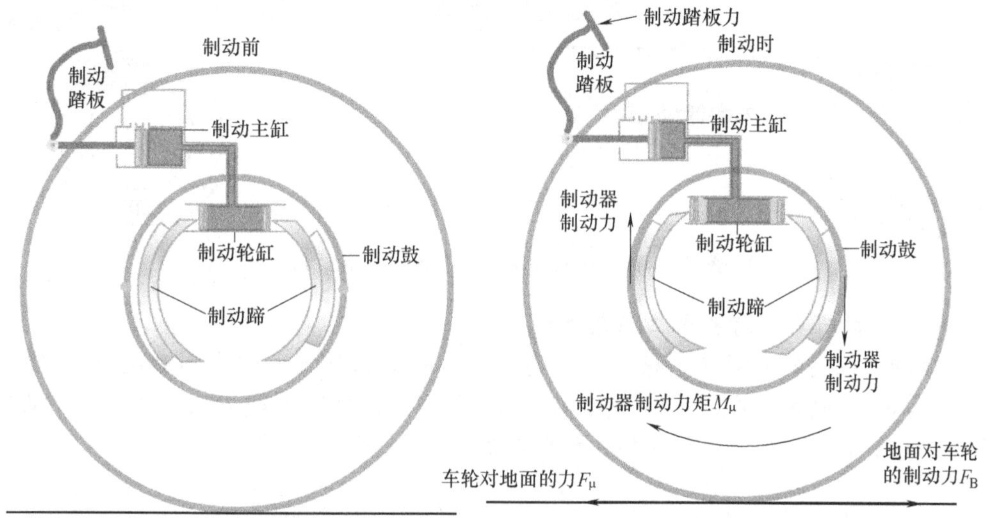

图 5-2-3 制动系工作原理

制动时，驾驶员踩下制动踏板，推杆便推动制动主缸活塞，迫使制动油液经油管进入制动轮缸，油液压力使制动轮缸活塞克服复位弹簧的拉力推动制动蹄绕支撑销转动，上端向外张开，消除制动蹄与制动鼓之间的间隙后压紧在制动鼓上。这样不旋转的制动蹄摩擦片对旋转着的制动鼓就产生一个摩擦力矩 M_μ，其方向与车轮旋转方向相反，其大小取决于制动轮缸活塞的张开力、制动蹄鼓间的摩擦系数及制动鼓和制动蹄的尺寸。制动鼓将力矩 M_μ 传至车轮，由于车轮与路面的附着作用，车轮即对路面作用一个向前的周向力 F_μ，同时，路面也给车轮一个向后的切向反作用力 F_B，即车轮受到的路面制动力。各车轮所受路面制动力之和就是商用车受到的总制动力，它由车轮经车桥和悬架传给车架及车身，迫使整个商用车产生一定的减速度，制动力愈大，减速度愈大。踏板力的大小、制动系的形式和路面的附着性能都会影响制动力的大小。

放松制动踏板，在复位弹簧作用下，制动蹄与制动鼓的间隙又得以恢复，从而解除制动。

二、液压制动系主要部件结构和原理

液压制动系是利用制动液作为传力介质，将驾驶员的踏板力经放大后传至车轮制动器，再将油压转变为制动蹄张开的推力，使制动蹄产生制动作用。液压制动优点是结构简单、制动柔和灵敏、制动稳定性好、能适应多种制动器，现在轿车和小型客货车广泛的采用液压制动，液压式制动传动装置的基本组成如图 5-2-4 所示，带真空助力器的液压制动传动装置如图 5-2-5 所示。

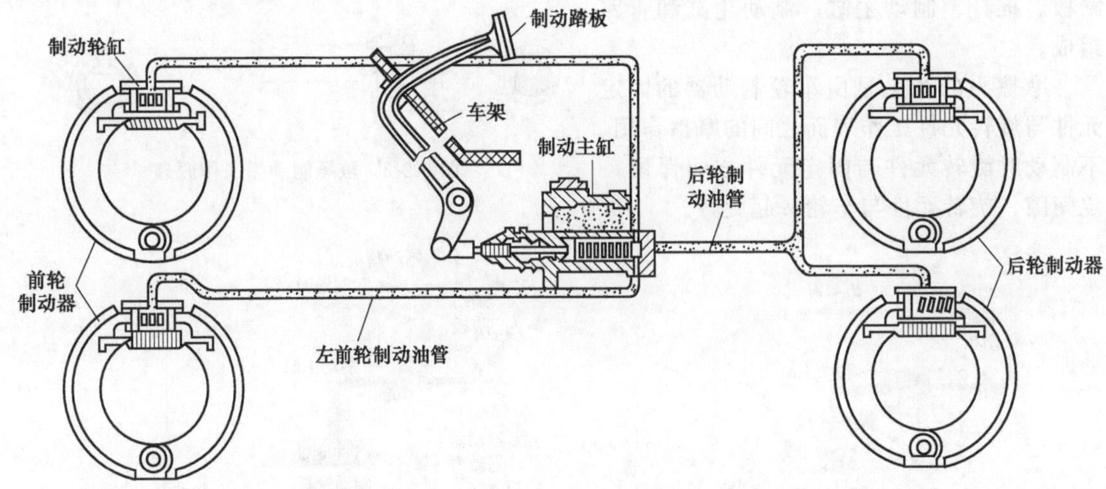

图 5-2-4 液压式制动传动装置的基本组成

（一）液压制动系统的基本工作原理

液压制动系统主要由制动踏板、真空助力泵、制动总泵（也称为制动主缸）、制动液（也称为刹车油）、制动油管、ABS泵总成、制动分泵（也称为制动轮缸）和车轮制动器组成。制动踏板、总泵、油管、分泵和车轮制动器的布置如图 5-2-6 所示。

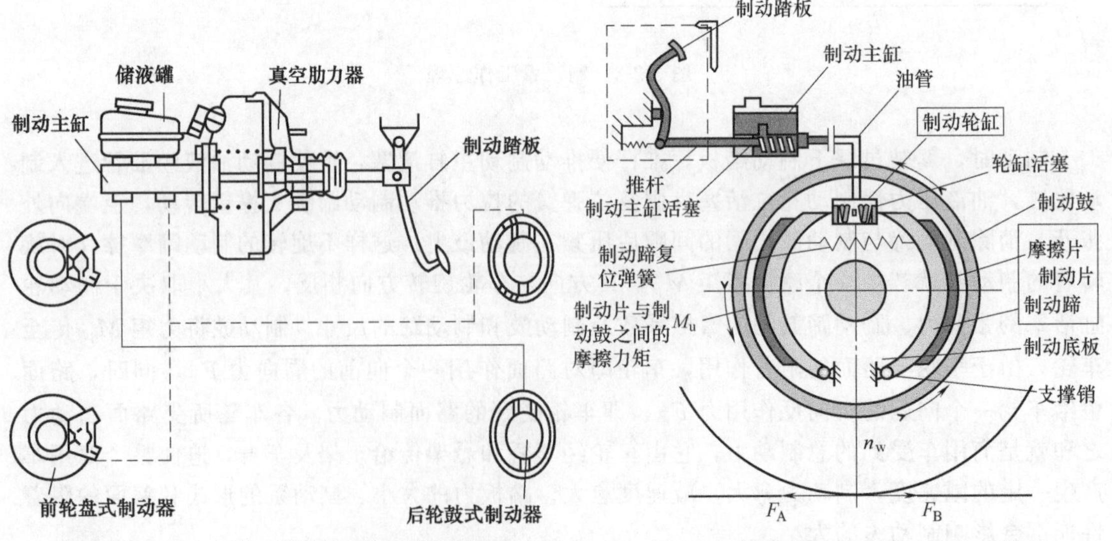

图 5-2-5 带真空助力器的液压制动传动装置

图 5-2-6 制动踏板、总泵、油管、分泵和车轮制动器

制动总泵、制动液、分泵和连接油管内充满制动液，它们组成一个封闭的压力传递系统，当踩下制动踏板时，推动总泵的活塞向前移，总泵内制动液的压力升高，通过油管进入各车轮的分泵，推动分泵的活塞外涨，实现脚踩制动的力向车轮制动器的传递，推动车轮制动器实施制动。

当松开制动踏板时，总泵活塞在油压和回位弹簧作用下回位，分泵活塞和车轮制动动器回位，解除对车轮的制动。

（二）双管路液压式制动传动装置的布置形式

为了提高商用车行驶的安全性，现代汽车的行车制动系都采用了双回路制动系。双回路是指利用彼此独立的双腔制动主缸，通过两套独立管路，分别控制两桥或三桥的车轮制动器，其特点是若其中一套管路发生故障而失效时，另一套管路仍能继续起制动作用，从而提高了汽车制动的可靠性和行驶安全性。双管路液压式制动传动装置布置形式如图 5-2-7 所示，简单有效的布置形式有前两种，较安全的布置形式有后两种。

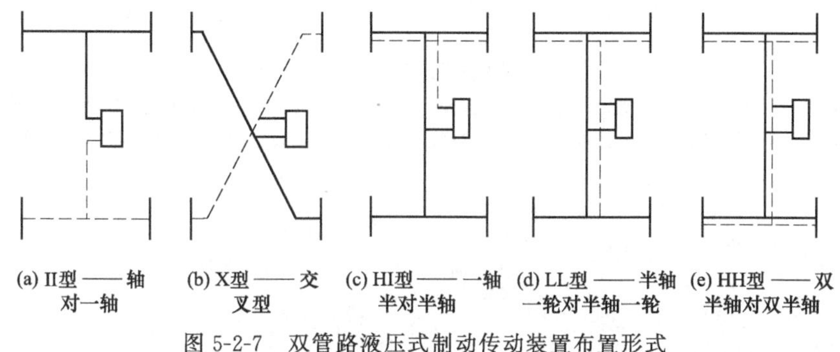

(a) II型——轴对一轴　(b) X型——交叉型　(c) HI型——一轴半对半轴　(d) LL型——半轴一轮对半轴一轮　(e) HH型——双半轴对双半轴

图 5-2-7　双管路液压式制动传动装置布置形式

（三）液压式制动传动装置主要部件的结构

1. 制动主缸

制动主缸（很多地方也称制动总泵）的作用是将自外界输入的机械能转换成液压能，从而液压能通过管路再输给制动轮缸。

制动主缸的主要部件是壳体、活塞、回位弹簧、密封皮碗和储液壶等成，与我们常见的针管相似。制动时，踏板推动活塞移动，通过由活塞、密封皮碗和壳体组成的工作腔内压力升高，制动液排向制动轮缸。

制动主缸分单腔和双腔式两种，分别用于单、双回路液压制动系。对应于双回路制动系，制动主缸常用串列双腔式，图 5-2-8 为串列双腔式制动总泵（主缸）结构，图 5-2-9为串联式双腔制动主缸分解图。

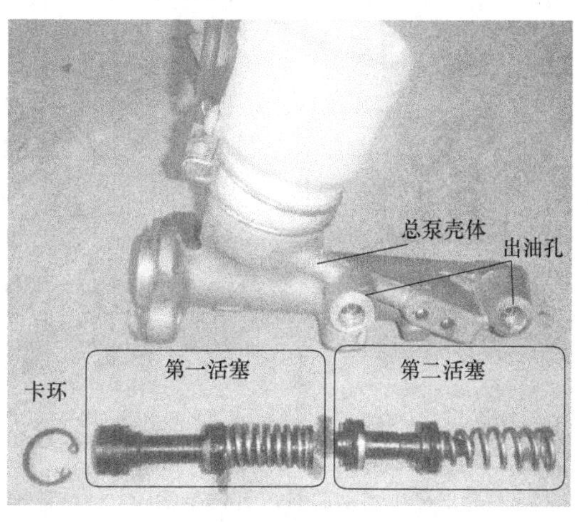

图 5-2-8　串列双腔式制动总泵（主缸）结构

串联式双腔制动主缸的具体结构如图 5-2-10所示，主缸内有两个活塞及相对应的密封皮碗，分别对两个油压腔起密封作用，如图 5-2-11 所示。

第一阶段：来自第一活塞的推力推动第一、二活塞组件向前运动，主皮碗唇边将两个补偿孔封闭。

第二阶段：继续推动活塞，因第二回位

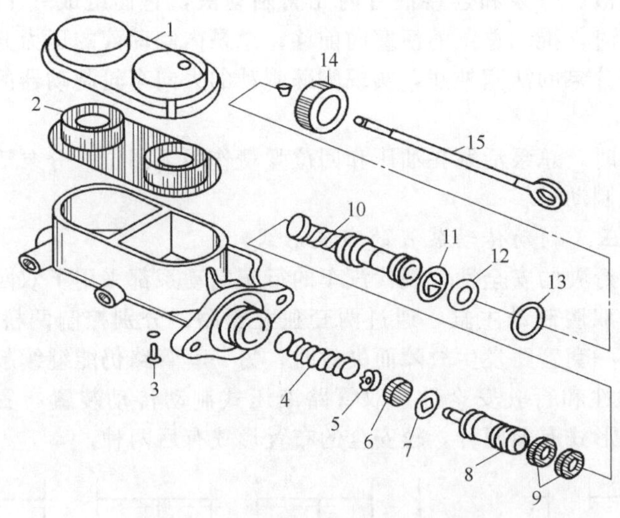

图 5-2-9　串联式双腔制动主缸分解图

1—储液罐盖；2—膜片；3—活塞定位螺钉；4—弹簧；5—橡胶碗护圈；6—前橡胶碗；7—橡胶碗保护垫圈；8—前活塞；9—前橡胶碗；10—后活塞；11—推杆座；12—锁圈；13—密封圈；14—防尘套；15—推杆

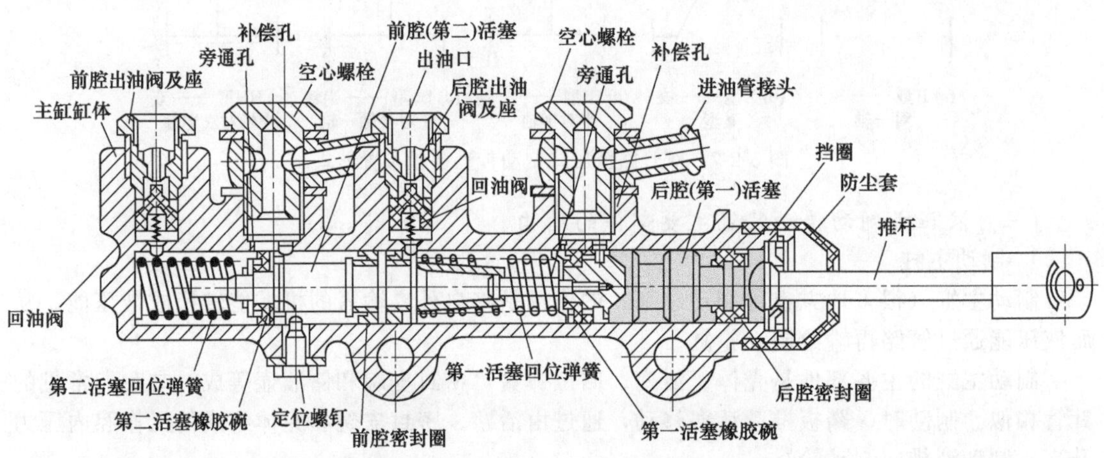

图 5-2-10　串联式双腔制动主缸的具体结构

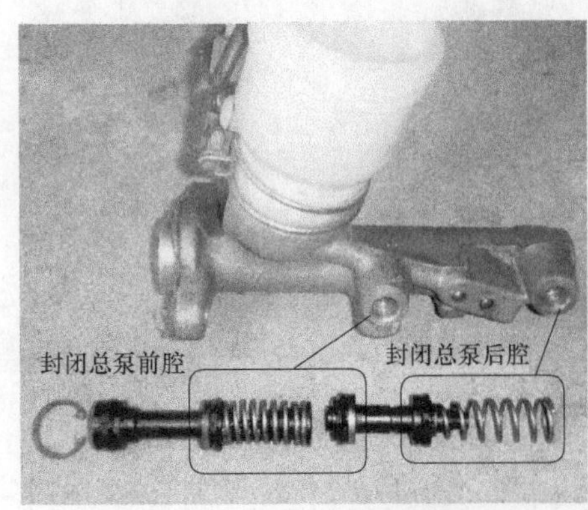

图 5-2-11　制动总泵内有两个活塞及相对应的密封皮碗

弹簧抗力小于第一回位弹簧，故先被压缩，第二压力腔先建压。此时第一压力腔内的制动液未被压缩，故第一腔没有液压。

第三阶段：继续推动活塞，来自第二压力腔的液压作用到第二活塞上产生的反作用力加上逐渐增大的第二回位弹簧抗力之和大于第一回位弹簧的抗力，使第一回位弹簧被压缩，第一腔也开始建压。

若与前腔连接的制动管路损坏漏油时，则在踩下制动踏板时只有后腔中能建立液压，前腔中无压力。此时在液压差作用下，前腔活塞迅速前移到前缸活塞前端顶到主缸缸体上。此后，后腔工作腔中液压方能升高到制动所需的值。

若与后腔连接的制动管路损坏漏油时，则在踩下制动踏板时，起先只是后腔（第一）活塞前移，而不能推动前腔（第二）活塞，因后缸工作腔中不能建立液压。但在后缸活塞直接顶触前缸活塞时，前缸活塞前移，使前缸工作腔建立必要的液压而制动。

双回路液压制动系统中任一回路失效时，主缸仍能工作，只是所需踏板行程加大，将导致汽车的制动距离增长，制动效能降低。

2. 制动轮缸

制动轮缸又称制动分泵，其作用是把油液压力转变为轮缸活塞的推力，推动制动蹄压靠在制动鼓上，产生制动作用。常见的制动轮缸有双活塞式和单活塞式。双活塞式制动轮缸结构如图 5-2-12 所示，分解图如图 5-2-13 所示；单活塞式制动轮缸结构如图 5-2-14 所示。

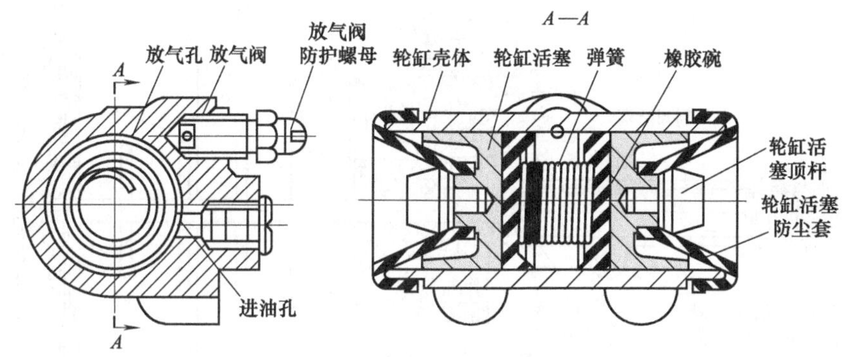

图 5-2-12　双活塞式制动轮缸结构示意

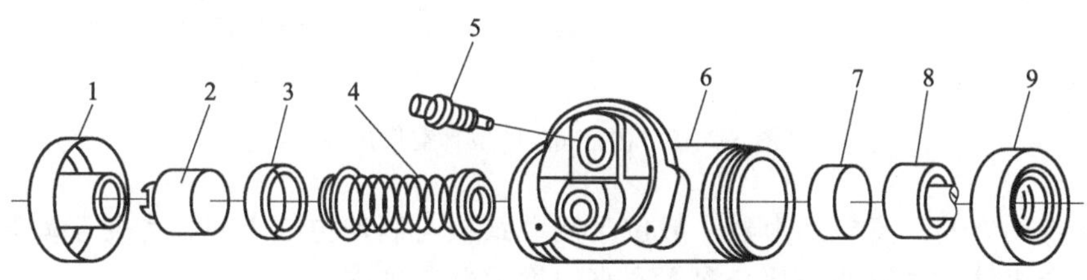

图 5-2-13　双活塞式制动轮缸分解图

1,9—防尘套；2,8—活塞；3,7—橡胶碗；4—回位弹簧总成；5—放气螺钉；6—轮缸缸体

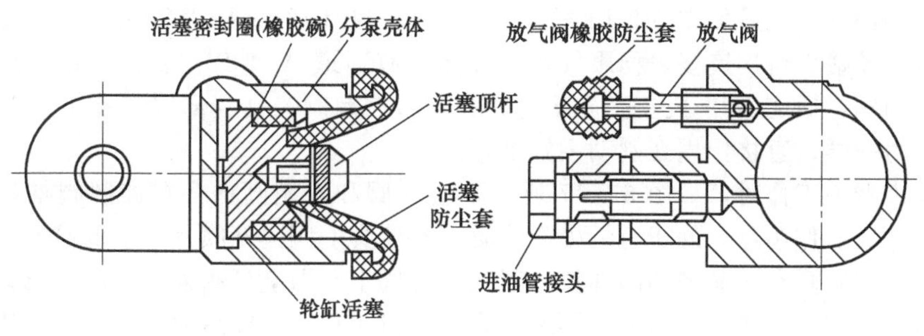

图 5-2-14　单活塞式制动轮缸结构示意

3. **真空加力装置**

发动机工作时，在进气歧管中的真空度作用下，真空筒中的空气经真空单向阀进入发动机，使筒中产生一定的真空度，作为制动伺服的能源（柴油发动机因进气管的真空度不高，需另装一真空泵作为真空源）。

真空加力装置常见的有真空增压器和真空助力器。

(1) 真空增压器　真空增压器位于制动总泵与分泵之间的管道，用于增加总泵的输出油压，增加制动效果。国产 66-Ⅳ型真空增压器如图 5-2-15 所示。

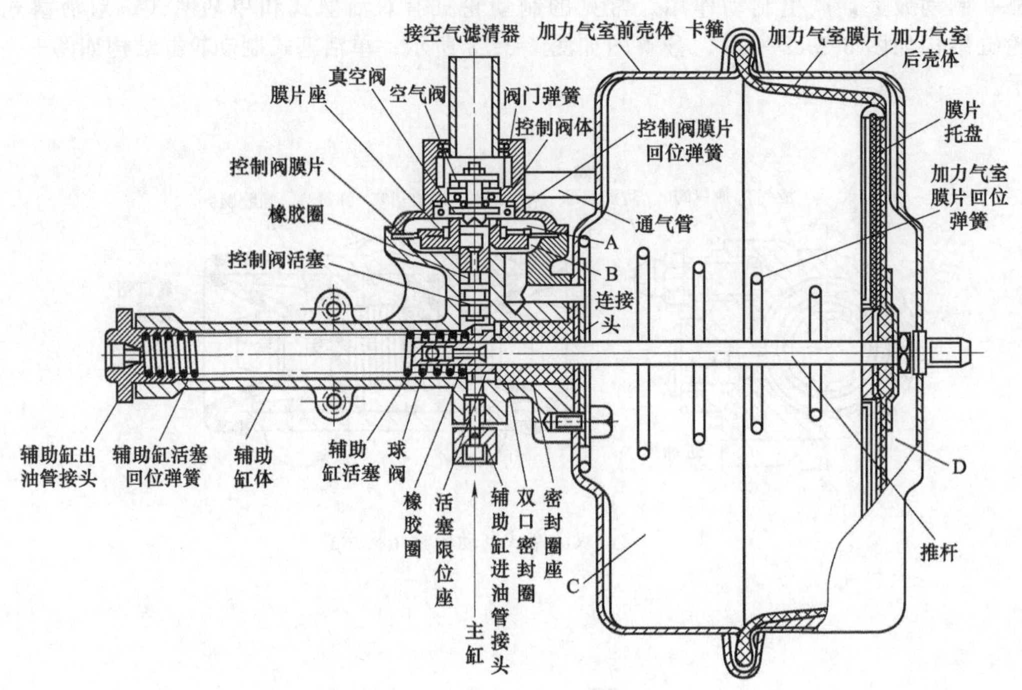

图 5-2-15　国产 66-Ⅳ型真空增压器

(2) 真空助力器　真空助力器一般位于制动踏板与制动主缸之间，为便于安装，通常与主缸合成一个组件，主缸的一部分深入到真空助力器壳体内。

真空助力器主要由真空伺服气室和控制阀组成，如图 5-2-16 所示。

真空伺服气室由前、后壳体组成，两者之间夹装有伺服气室膜片，将伺服气室分成前、后两腔。前腔经真空单向阀通向发动机进气歧管（即真空源），外界空气经过滤环和毛毡过滤环滤清后进入伺服气室后腔。后腔膜片座的毂筒中装有控制阀。控制阀由空气阀和真空阀组成，其结构部分放大后如图 5-2-16 所示，空气阀与控制阀推杆固装在一起，控制阀推杆借调整叉与制动踏板机构连接。伺服气室膜片座上有通道 A 和 B，通道 A 用于连通伺服气室前腔和控制阀，通道 B 用于连通伺服气室后腔和控制阀。真空伺服气室工作时产生的推力，同踏板力一样，直接作用在制动主缸推杆上。

真空助力器不工作时，如图 5-2-17 所示，空气阀和控制阀推杆在控制阀推杆弹簧的作用下，离开橡胶反作用盘，处于右端极限位置，并使真空阀离开膜片座上的阀座，即真空阀处于开启状态。而真空阀又被阀门弹簧压紧在空气阀上，即空气阀处于关闭状态。此时伺服气室的前后两腔相互连通，并与大气隔绝。在发动机工作时，前后两腔内都能产生一定的真空度。

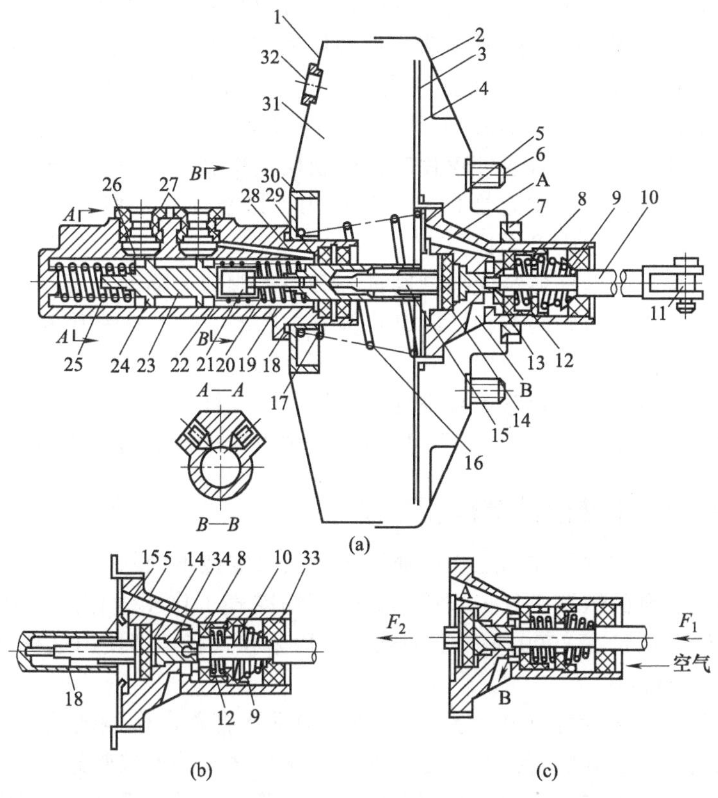

图 5-2-16 真空助力器结构

1—前壳体；2—后壳体；3—气室膜片；4—后气室；5—控制阀体；6,20—螺栓；7—密封套；8—橡胶膜片；9,12,16,19,25—弹簧；10—推杆；11—销；13—球铰链；14—橡胶式反作用盘；15—后推杆；17—油封；18—前推杆；21—弹簧座；22—制动主缸；23—活塞；24—小孔；26—过滤器；27—密封套；28—进油孔；29—补偿孔；30—连接盘；31—前气室；32—真空单向阀；33—空气滤清器；34—铰链杆；A,B—气体通道

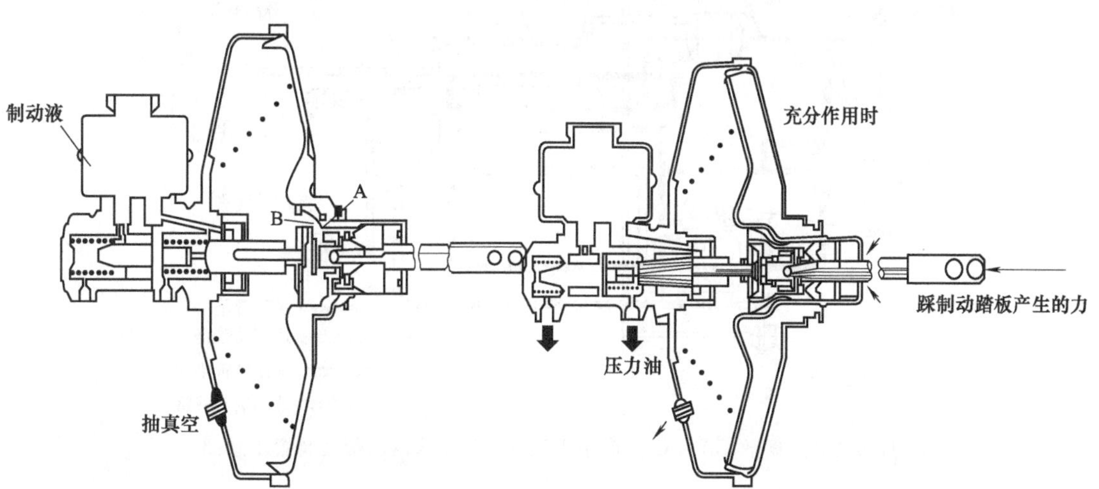

图 5-2-17 真空助力器处于非工作状态　　图 5-2-18 真空助力器处于工作状态

制动时，如图 5-2-18 所示，踩下制动踏板，来自踏板机构的控制力推动控制阀推杆和控制阀柱塞向前移动，在消除柱塞与橡胶反作用盘之间的间隙后，再继续推动制动主缸推

杆，主缸内的制动液以一定压力流入制动轮缸，此力为制动踏板机构所给。与此同时，在阀门弹簧的作用下，真空阀也随之向前移动，直到压靠在膜片座的阀座上，从而使通道隔绝，即伺服气室的前腔和后腔隔绝，进而空气阀离开真空阀而开启，空气经过滤环、毛毡过滤环、空气阀的开口和通道 B 充入伺服气室后腔。随着空气的充入，在伺服气室膜片的两侧出现压力差而产生推力，此推力通过膜片座、橡胶反作用盘推动制动主缸推杆向前移动，此力为压力差所给。此时，制动主缸推杆上的作用力为踏板力和伺服气室反作用盘推力的总和，使制动主缸输出的压力成倍增长。

解除制动时，控制阀推杆弹簧使控制阀推杆和空气阀向右移动，真空阀离开膜片座上的阀座而开启。伺服气室的前后两腔相通，且均为真空状态。膜片座和膜片在膜片回位弹簧的作用下回位，制动主缸解除制动作用。

若真空助力器失效或真空管路无真空度时，控制阀推杆将通过空气阀直接推动膜片座和制动主缸推杆移动，使制动主缸产生制动压力，但作用在踏板上的力要增大。

三、气压制动系主要部件结构和原理

气压制动系是以压缩空气作为工作介质，驾驶员只需按不同的制动强度要求，通过制动踏板控制进入制动气室的压缩空气工作压力，使压缩空气工作压力作用到制动器进行制动，俗称气刹，一般装载质量在 8000kg 以上的载货商用车和大客车都使用这种制动装置。

（一）气压制动回路

气压制动系各元件之间的连接管路有 3 种：①供能管路，供能装置各组成件（如空压机、储气筒）之间和供能装置与控制装置（如制动阀）之间的连接管路；②促动管路，控制装置与制动器促动装置（如制动气室）之间的连接管路；③操纵管路，一个控制装置与另一个控制装置之间的连接管路。如果制动系中只有一个气压控制装置，即只有一个制动阀，就没有操纵管路。

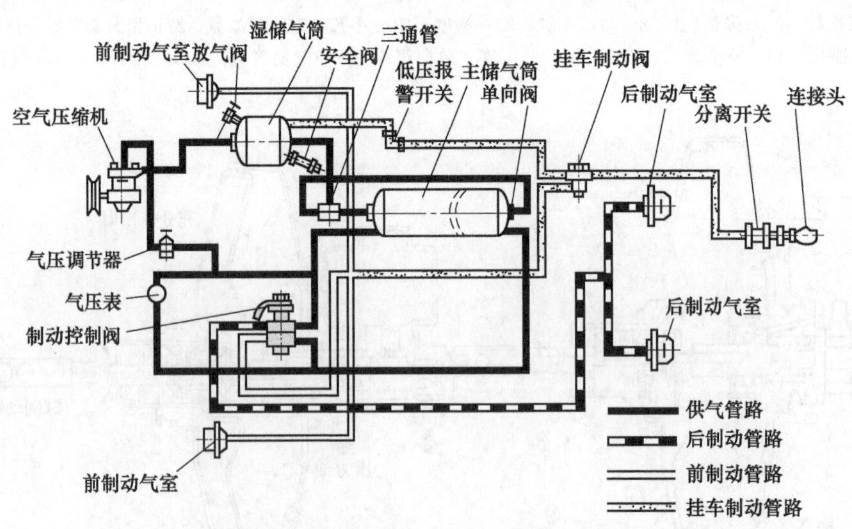

图 5-2-19　解放 CA1092 型商用车双管路气压式制动传动装置示意图

图 5-2-19 为解放 CA1092 型商用车双管路气压式制动传动装置示意图。首先由空气压缩机提供商用车所需的压缩空气，其次在空气压缩机到湿储气筒之间一般装有空气干燥器，保证进入阀体的气体处于干燥状态，避免阀体生锈失效。湿储气筒后面又相连一个储气筒，储气筒有 4 大作用：蓄能、过滤、稳压和降温。湿储气筒和储气筒下方一般都装有放水阀，定

期进行放水；储气筒侧面还装有安全阀，是为了防止压缩空气压力过高而造成失效故障。然后再由储气筒分配给前后的制动气室，由制动阀来控制前后制动管路的压缩空气的通断，最终控制前后车轮的制动器，保证行车安全。

（二）供能装置

气压制动系的供能装置包括：①产生气压能的空压机和积储气压能的储气筒；②将气压限制在安全范围内的调压阀及安全阀；③改善传能介质（空气）状态的进气滤清器、排气滤清器、管道滤清器、油水分离器、空气干燥器、防冻器等；④在一个回路失效时用以保护其余回路，使其中气压能不受损失的多回路压力保护阀等。

1. 空气压缩机和调压阀

（1）空气压缩机　空气压缩机一般固定在发动机缸体的一侧，多由发动机通过传动带或齿轮来驱动。作用是产生压缩空气，是整个制动系的动力源。最常见的结构是空气冷却往复活塞式空气压缩机，它与往复活塞式发动机结构相似。空气压缩机按其气缸的数量可分为单缸和双缸两种，图 5-2-20 和图 5-2-21 分别为单缸风冷式空气压缩机及其分解图。

发动机运转时，空气压缩机即随之运转。当活塞下行时，吸开进气阀门，外界空气经空气滤清器、进气阀进入气缸。活塞上行时，进气阀在弹簧作用下关闭，气缸内空气被压缩并顶开出气阀门，压缩空气经出气口和气管送到湿储气筒。

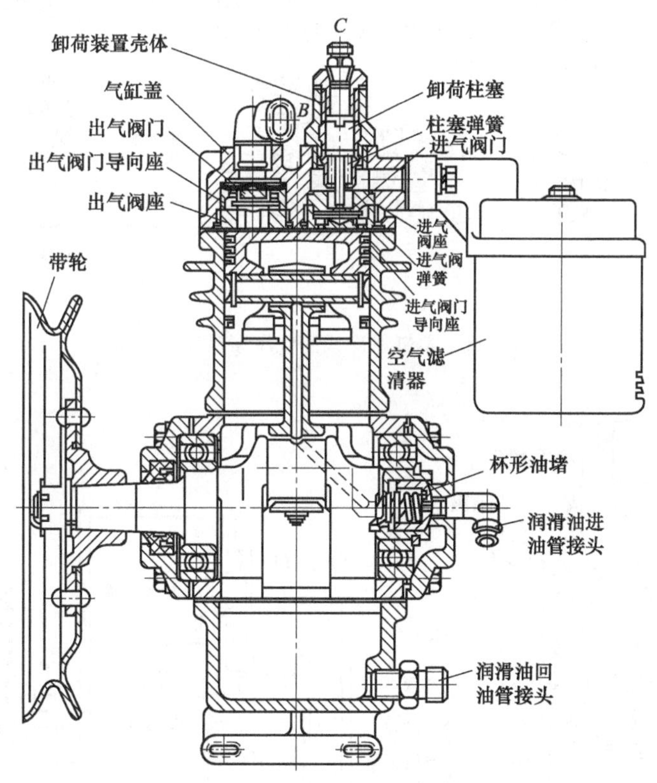

图 5-2-20　单缸风冷式空气压缩机

（2）调压阀　卸荷阀动作由调压阀控制，调压阀串联于储气筒与卸荷阀之间，如图 5-2-22 所示，当储气筒气压达到要求后，调压阀将储气筒气压引入卸荷阀，卸荷柱塞顶开进气阀，使空气压缩机气缸与大气相通不再泵气。而当储气筒的压力下降到一定值时，调压阀又能控制空压机向储气筒充气。

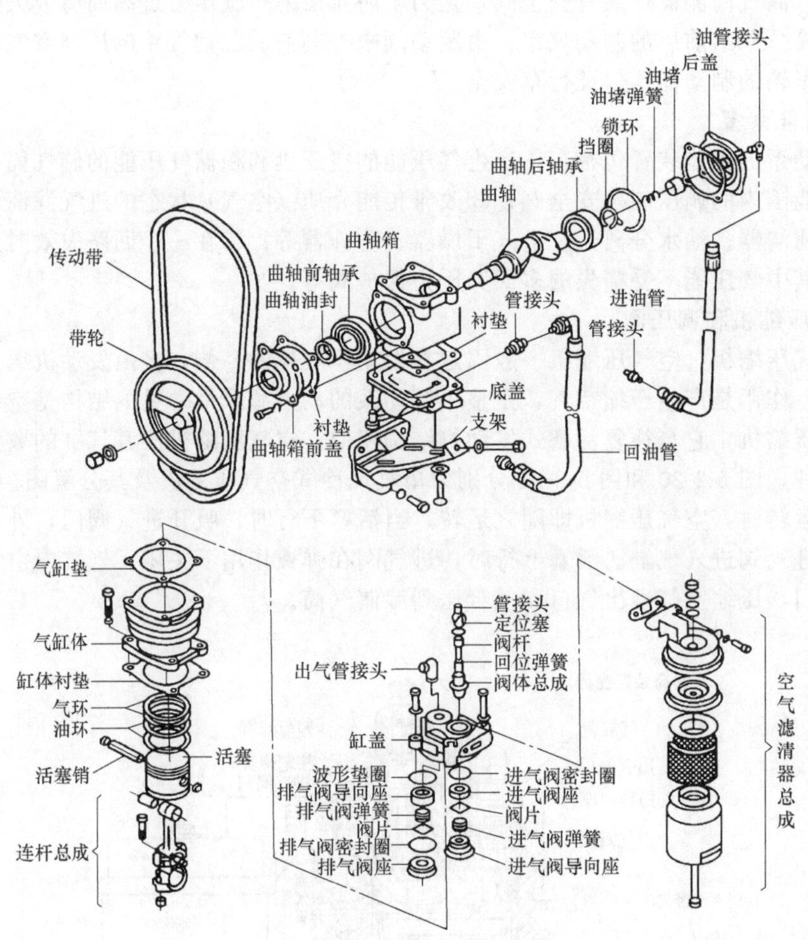

图 5-2-21　单缸风冷式空气压缩机的分解图

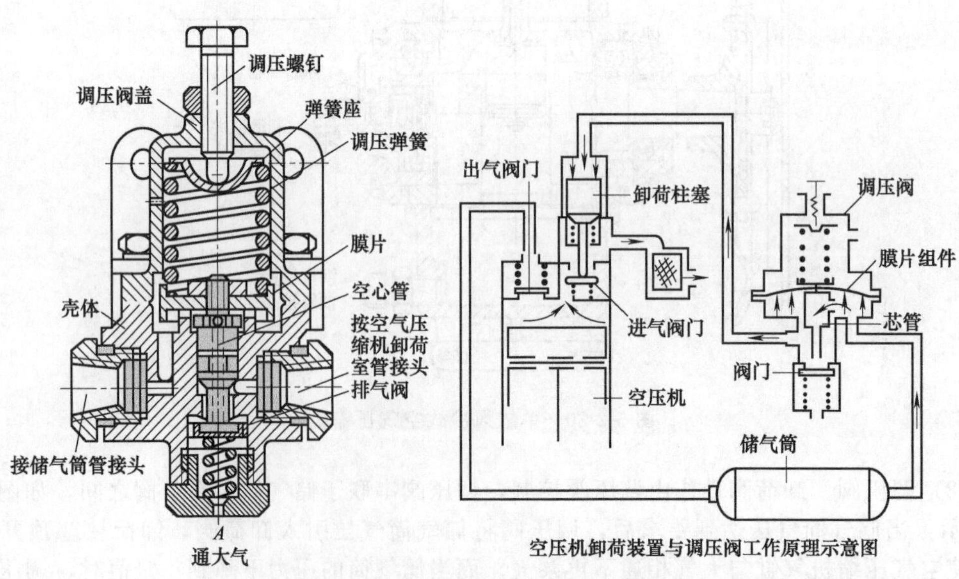

图 5-2-22　空气压缩机的调压阀

空压机卸荷装置和调压阀控制空压机工作状态的工作原理是，当储气筒的压力达到一定值时，作用在调压阀膜片组件下方的气压大于其上弹簧的压力，膜片组件向上移动并带动芯管一同上移，芯管下的阀门关闭，储气筒气压作用在卸荷柱塞上方，使其下移，顶开进气阀门，空压机往复运动的过程中，进气阀门始终开启，空压机处于空转状态。当储气筒的气压下降到一定值时，膜片组件在弹簧作用下下移，芯管顶开阀门，卸荷柱塞上方的气压降低，柱塞上移，进气阀门正常开关，空压机向储气筒充气。

2. 滤气调压阀

在储气筒压力超过规定值时，空压机出气口经调压阀直通大气，将压缩空气放出而中止对储气筒充气，调压阀又与油水分离器组合成一个部件，即滤气调压阀。

3. 防冻器

油水分离器或滤气调压阀输出的压缩空气仍可能含有少量残留水分。为了防止在寒冷季节中，积聚在管路和其他气压元件内的残留水分冻结，最好装设防冻器，以便在必要时向气路中加入防冻剂，以降低水的冰点。

其基本工作原理是，当冬季温度低于5℃，防冻器中的乙醇蒸气会随压缩空气流进入回路，回路中的冷凝水溶入乙醇后，冰点降低。

4. 多回路压力保护阀

多回路压力保护阀的基本功用是：来自空压机的压缩空气可经多回路压力保护阀分别向各回路的储气筒充气。当某一回路损坏漏气时，压力保护阀能保证其余完好回路继续充气。

图 5-2-23 是双回路压力保护阀，它能确保在一个气路漏气时另一个气路能继续充气。

图 5-2-24 是四回路压力保护阀，它能在任一回路损坏漏气时，保证其他三个回路以稍低的压力正常工作。

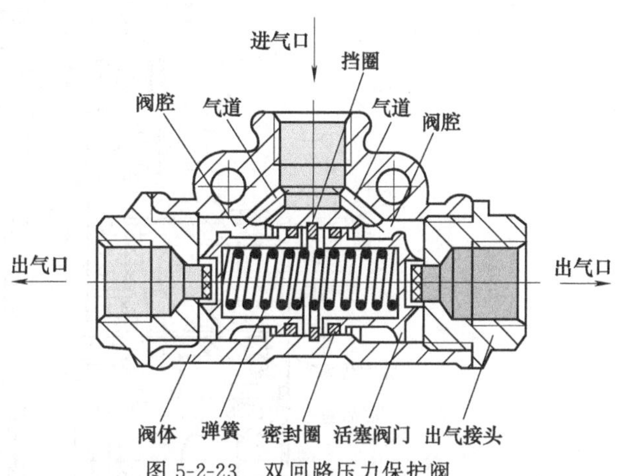

图 5-2-23　双回路压力保护阀

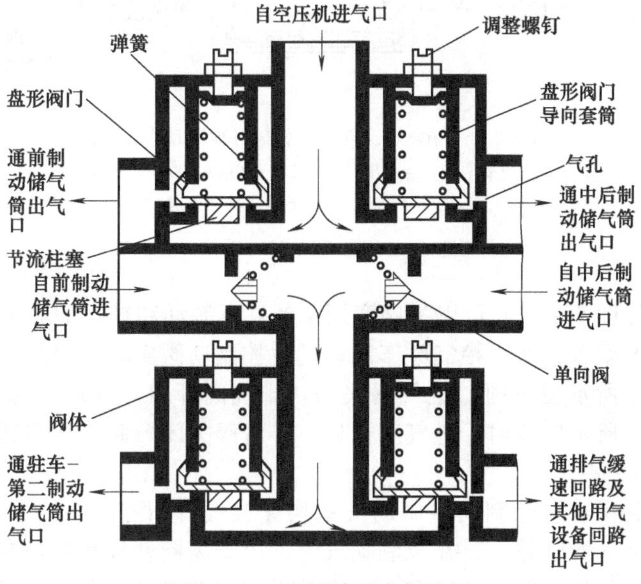

图 5-2-24　四回路压力保护阀

（三）控制装置

1. 制动阀

制动阀是气压行车制动系中的主要控制装置，故又称为制动控制阀。驾驶员踩的制动踏板就是用来控制制动阀，从而控制主储气筒进入制动气室和挂车制动控制阀的压缩空气量，保证作用在制动器上的力与制动踏板的行程成正比，进而控制车轮制动器产生的制动力矩的大小。

解放 CA1092 型商用车使用的是串列双腔活塞式制动阀，如图 5-2-25 所示。上下两腔的工作都由制动踏板控制，并能保证当一个回路漏气时，另一回路仍能工作。

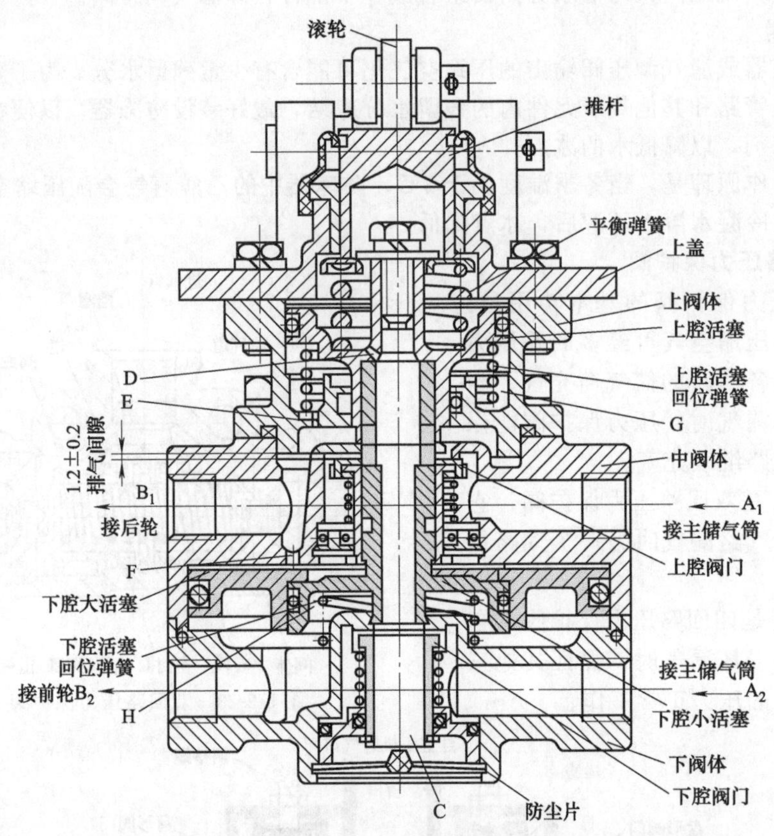

图 5-2-25 解放 CA1092 型商用车制动控制阀

[illegible]、[illegible]—进气口；[illegible]、[illegible]—出气口；C—排气口；D—上腔排气孔；E,F—通气孔；G—上腔；H—下腔

2. 手控制动阀

手控制动阀（见图 5-2-26）可以控制商用车的驻车制动和挂车的驻车制动。因为对驻车制动没有渐进控制的要求，所以控制驻车制动的手控制动阀实际上只是一个气开关。

当操纵杆处于Ⅰ所示位置时，进气阀关闭，排气阀开启，制动气室通过芯管与大气相通。当操纵杆处于Ⅱ所示位置时，进气阀开启，排气阀关闭，制动气室通高压空气。

3. 快放阀与继动阀

快放阀的作用是保证解除制动时制动气室快速放气，如图 5-2-27 所示。快放阀布置在制动阀与制动气室之间的管路上，靠近制动气室，由于离制动气室近，制动气室排气所经过的回路短，放气速度较快。图 5-2-27 所示的状态是进气口关闭，排气口开启。

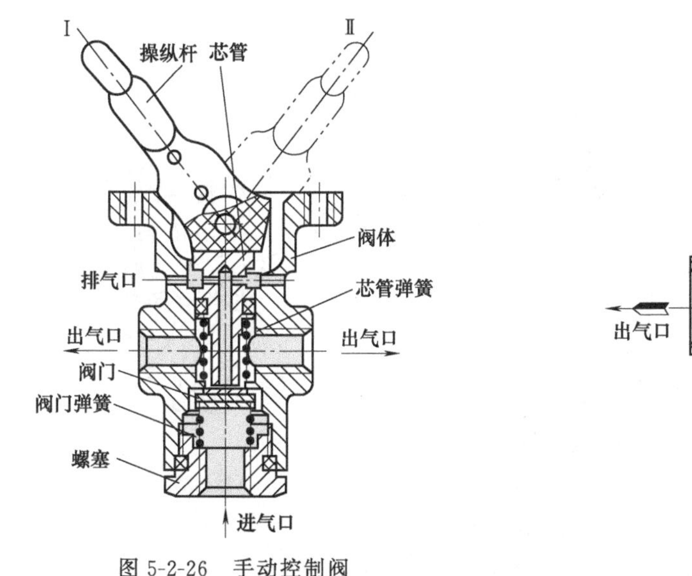

图 5-2-26 手动控制阀

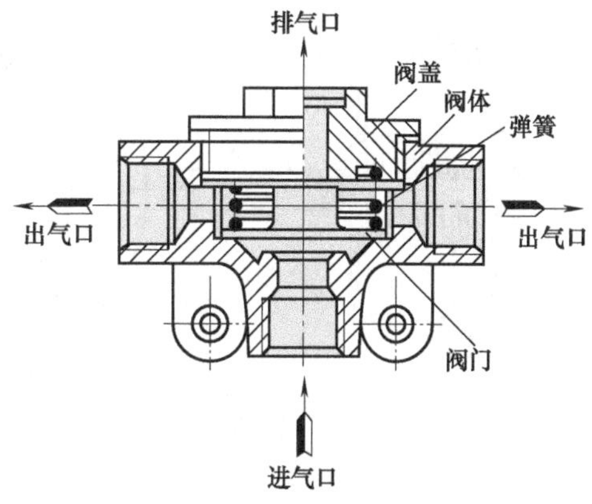

图 5-2-27 快放阀

继动阀的作用是使压缩空气不流经制动阀，而是通过继动阀直接充入制动气室，以缩短供气路线，减少制动滞后时间。如图 5-2-28 所示的状态下，阀门既靠在阀体的阀座上，又靠在芯管上，进气阀和排气阀都是关闭的。

4. 梭阀（双向阀）

梭阀的特点是双腔制动阀的两腔都可以通过梭阀向挂车制动阀输入控制气压，保证在商用车两制动回路之一损坏时，挂车制动阀仍然可以接到制动控制信号。如图 5-2-29 所示。

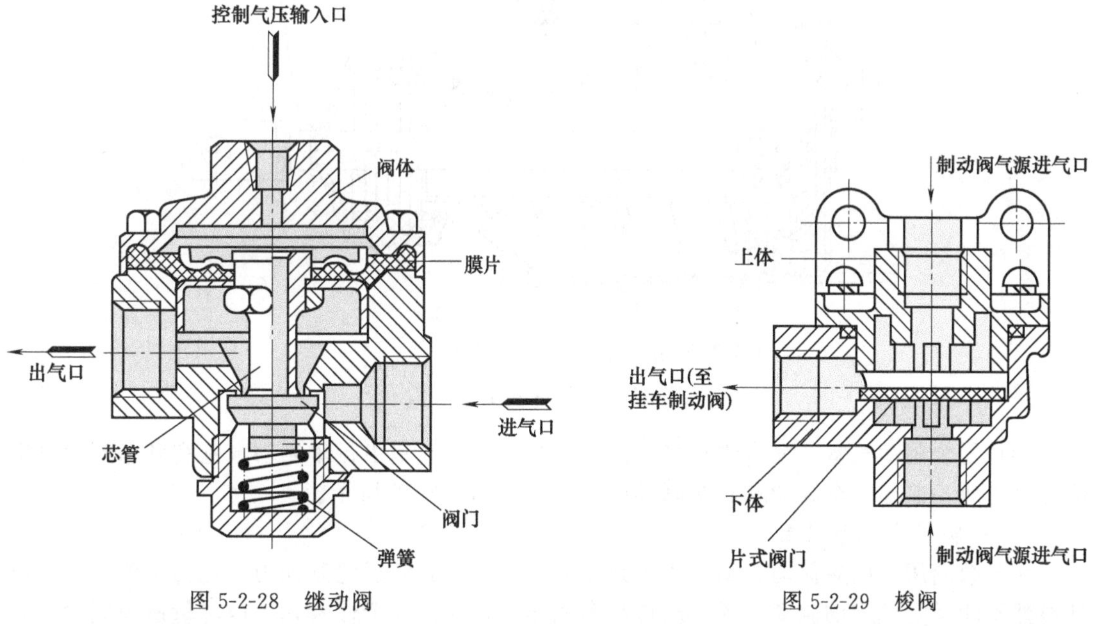

图 5-2-28 继动阀

图 5-2-29 梭阀

（四）制动气室

制动气室的作用是将气压能转换成机械能输出，输出的机械能传给制动凸轮等促动装置，使制动器产生制动力矩。制动气室有膜片式、活塞式和复合式三种。

(1) 膜片式制动气室　膜片式制动气室的两腔通过膜片隔离，连接叉与制动调整臂相连，如图 5-2-30 所示。

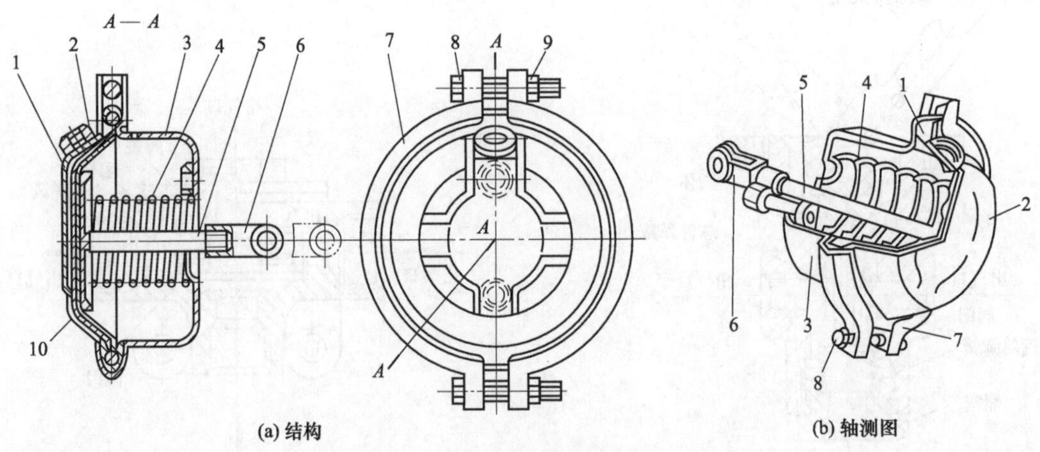

图 5-2-30 膜片式制动气室

1—橡胶膜片；2—盖；3—壳体；4—弹簧；5—推杆；6—连接叉；7—卡箍；8—螺栓；9—螺母；10—支承盘

(2) 活塞式制动气室 膜片式和活塞式制动气室相比，膜片式制动气室的结构简单，但膜片的寿命较短，行程较小，制动器间隙稍有变大即需调整；活塞式制动气室活塞行程大，推力不变，使用中不必频繁地调整制动间隙，寿命较长，但外壳因碰撞变形，活塞易被卡住，结构复杂，成本较高，常用于重型货车。活塞式制动气室如图 5-2-31 所示。

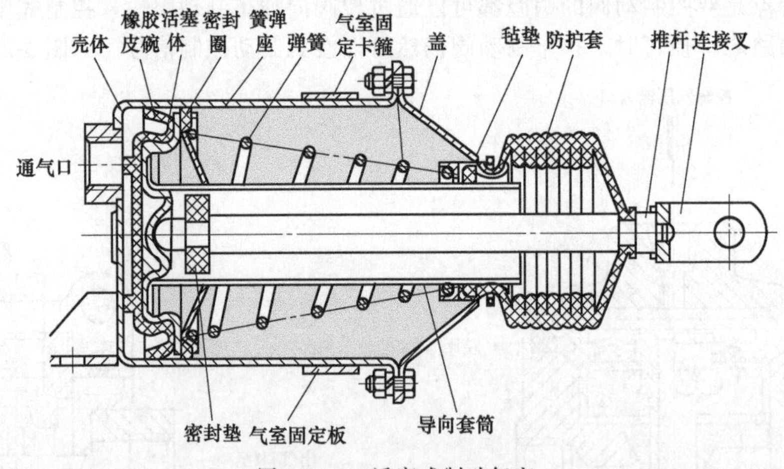

图 5-2-31 活塞式制动气室

(3) 复合制动气室 复合制动气室的特点是：制动气室由行车制动气室和驻车制动气室两部分组成，兼起行车制动和驻车制动的作用，如图 5-2-32 所示。

(五) 制动力调节装置

大多数商用车前后促动管路的压力是相等的，因而其前后轮制动力之比为定值，这种设计显然不能满足理想的制动要求。从提高商用车制动时的安全性考虑，应尽量避免制动时后轮先抱死滑移，并尽可能充分地利用附着条件，产生尽可能大的制动力。这就促使现代商用车越来越多地采用各种制动力调节装置，使前后促动管路压力的实际分配特性曲线在不同程度上接近于相应的理想分配特性曲线，并位于理想分配特性曲线的下方，图 5-2-33 为制动管路压力分配特性曲线图。

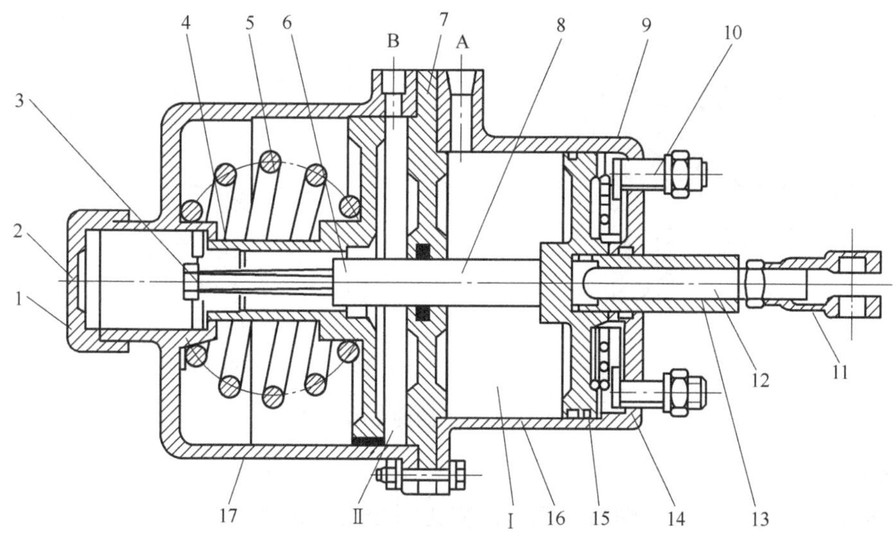

图 5-2-32 复合制动气室

1—防尘盖；2—滤网；3—传动螺杆；4—螺塞；5—储能弹簧；6—驻车制动活塞；7—隔板；8—驻车制动气室推杆；9—行车制动活塞复位弹簧；10—安装螺栓；11—连接叉；12—行车制动气室推杆；13—导向套筒；14—推杆座；15—行车制动活塞；16,17—行车制动气室；A—行车制动气室通气口；B—驻车制动气室通气口；Ⅰ—行车制动气室；Ⅱ—驻车制动气室

制动力调节装置主要有限压阀、比例阀、感载阀和惯性阀等，这些阀一般都串联在后轮制动器的促动管路中。

1. 限压阀

其作用是当前、后促动管路压力 p_1 和 p_2 由零同步增长到一定值后，即自动将 p_2 限定在该值不变，图 5-2-34 为限压阀及其特性。

2. 比例阀

其作用是当前后促动管路压力 p_1 与 p_2 同步增长到一定值 p_S 后，即自动对 p_2 的增长加以节制，亦即使 p_2 的增量小于 p_1 的增量，图 5-2-35 为比例阀的结构原理图。

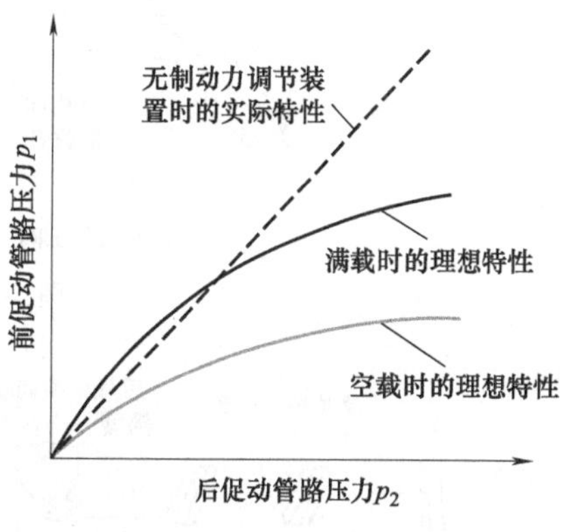

图 5-2-33 制动管路压力分配特性曲线图

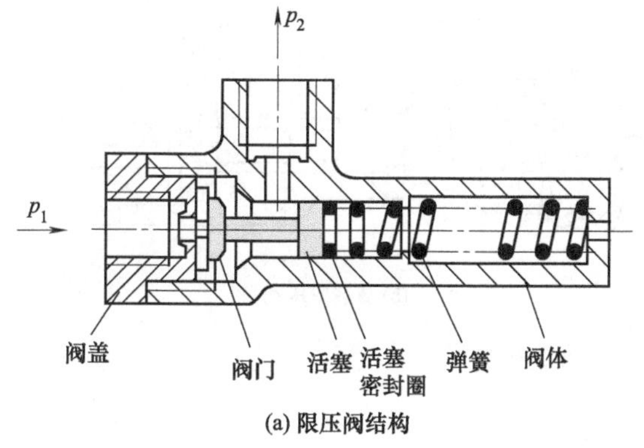

(a) 限压阀结构

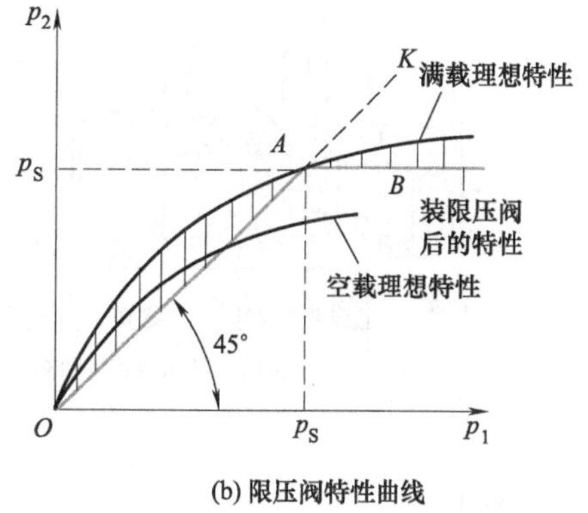

(b) 限压阀特性曲线

图 5-2-34 限压阀及其特性

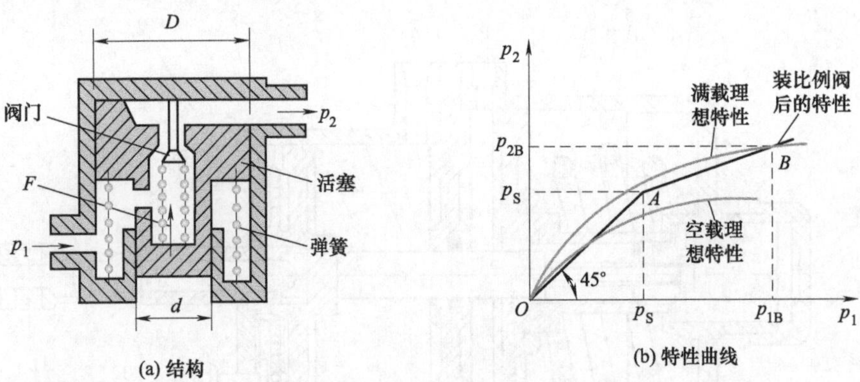

图 5-2-35　比例阀的结构原理

3. 感载阀

感载阀的特点是特性曲线随整车载荷的变化而变化。感载阀有感载比例阀和感载限压阀两种，如图 5-2-36 和图 5-2-37 所示。

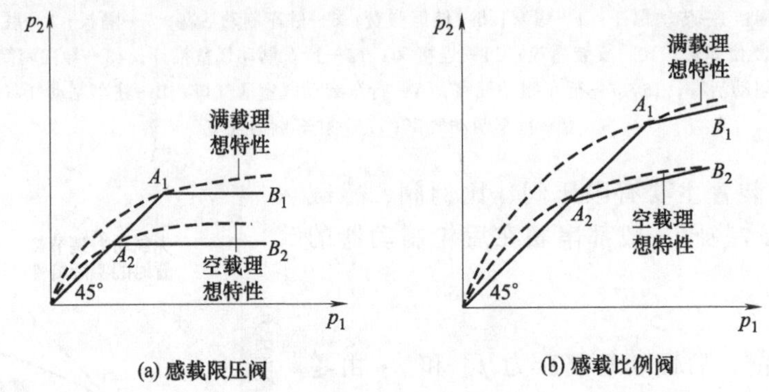

图 5-2-36　液压感载阀静特性

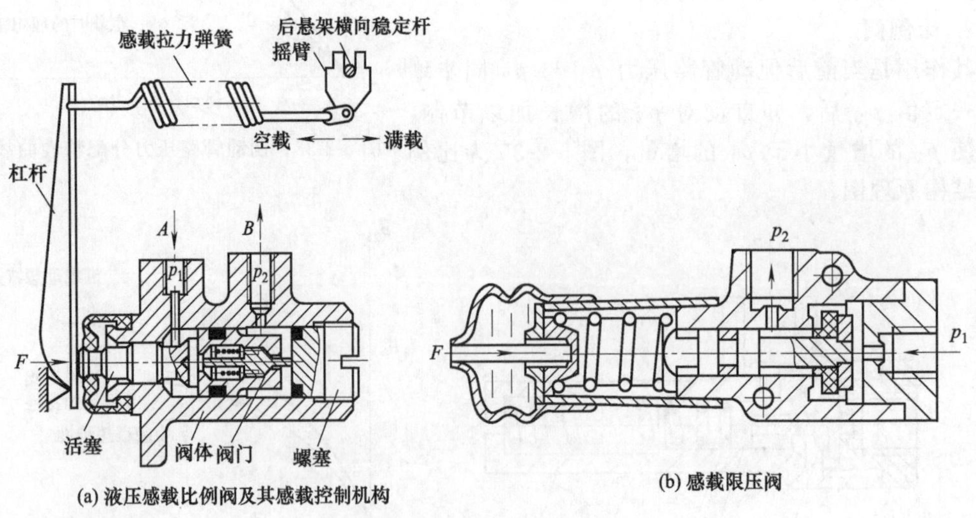

图 5-2-37　感载限压阀

4. 惯性阀

惯性阀（也称 G 阀）是一种用于液压系统的制动力自动调节装置。其特性曲线形状与

感载阀相似，但其调节作用起始点的控制压力值 p_S 取决于商用车制动时作用在商用车重心上的惯性力，即 p_S 不仅与商用车总质量（或实际装载质量）有关，并且与商用车制动减速度有关。

惯性阀有惯性限压阀和惯性比例阀两种，分别见图 5-2-38 和图 5-2-39。

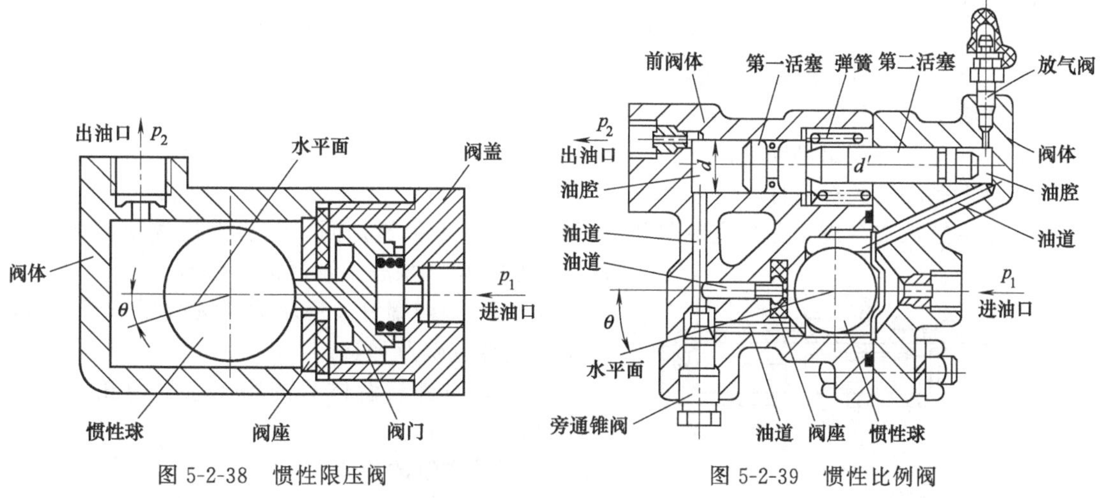

图 5-2-38 惯性限压阀

图 5-2-39 惯性比例阀

四、行车制动系的维护及维修要点

（一）踏板自由行程

踏板自由行程指主缸推杆与活塞间隙及总泵活塞空动行程在踏板上的反映。这一间隙是彻底解除制动和迅速产生制动的必备条件。不留间隙，活塞与皮碗不能退回，制动不能彻底解除；间隙太大，又会减小踏板有效行程，使制动延缓。液压式操纵系统自由行程的调整如图 5-2-40 所示。

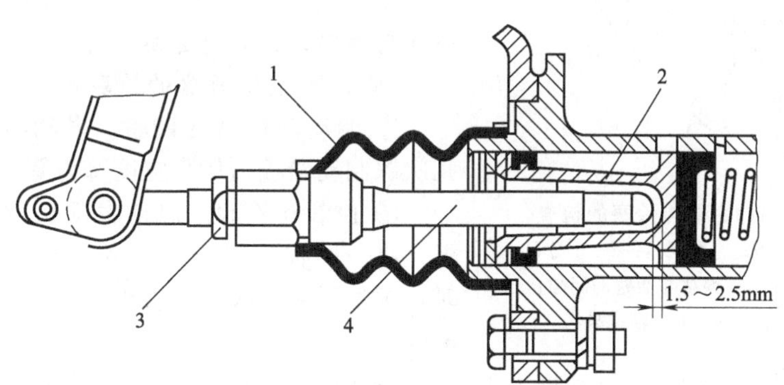

图 5-2-40 踏板自由行程的调整

1—防尘罩；2—总泵活塞；3—锁紧螺母；4—推杆

踏板自由行程的调整步骤：

① 松开锁紧螺母；

② 旋转推杆，推杆伸长时自由行程减小，反之增大；

③ 检查自由行程正常后，将螺母固定。

（二）制动液的使用

制动液的更换以汽车的行驶里程或时间确定，一般行驶里程超过 3 万公里或时间超过两

年需更换。

① 不同规格的制动液不能混用。

② 防止水分或矿物油混入。

③ 制动缸橡胶碗不可长时间暴露放置在空气中。

④ 避免制动液进入眼睛。

⑤ 避免制动液溢洒到汽车漆膜表面，若出现该种情况立即用冷水冲洗。

（三）制动主缸的分解及检修

1. 制动主缸的分解

① 打开储液罐放出制动液。

② 拆下制动开关等附件。

③ 将主缸放在台虎钳上，用旋具顶住后活塞，拆下弹簧挡圈，然后慢慢放松旋具，依次取出后活塞、橡胶碗及后活塞弹簧。

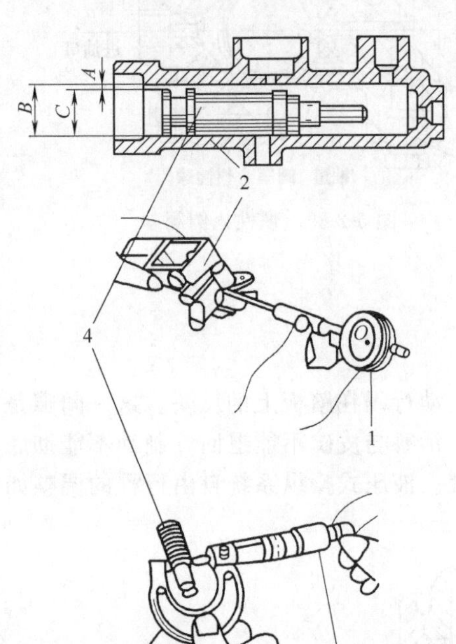

图 5-2-41　制动主缸与活塞的检查

1—内径表；2—制动主缸泵体；3—千分尺；4—主缸活塞；A—泵体与活塞的间隙；B—泵体内孔直径；C—活塞外径

④ 旋下限位螺钉，用压缩空气吹出前活塞后，依次取出橡胶碗及弹簧。

⑤ 用清洗液将解体后的制动主缸内孔及活塞等零件清洗干净。

2. 制动主缸的检修

① 检查储液罐是否破损，若出现破损应更换。

② 如图 5-2-41 所示，检查泵体 2 内孔和活塞 4 表面，其表面不得有划伤和腐蚀；用内径表检查泵体内孔的直径 B，用千分尺 3 检查活塞的外径 C，并计算出内孔与活塞之间的间隙值，其标准值为 0.04～0.106mm，使用极限为 0.15mm，超过极限应更换。

③ 检查制动主缸橡胶碗、密封圈是否老化、损坏与磨损，否则应更换。

（四）真空助力器的检验

① 制动踏板高度试验。发动机熄火时，连续几次踩制动踏板，使真空度降为零。

② 控制阀检验。启动发动机但不踏下制动踏板，将一团棉丝置于助力器空气滤清器口处，此时，棉丝不应被吸入；若棉丝被吸入，说明控制阀漏气。

③ 气室膜片行程检查。发动机不工作而且不踩下制动踏板时，取下气室加油孔橡胶盖，从该孔测出膜片位置，测完后再塞紧橡胶盖。

第三节　车轮制动器

一、盘式制动器

（一）盘式制动器分类及结构

盘式制动器主要有钳盘式和全盘式两种，其中前者更常用。目前轿车常采用的制动器形

式为前盘后鼓和四轮全盘两种，国家标准《道路运输车辆综合性能要求和检验方法》（GB 18565—2016）中 4.2.2 条规定："车长大于 9 米的客车和危险货物运输车，其前轮应装有盘式制动器"。

1. **钳盘式制动器**

钳盘式制动器如图 5-3-1 所示，主要由制动钳和制动盘组成。制动衬块及其促动装置都安装在制动盘两侧的夹钳形支架中，总称为制动钳。钳盘式制动器的制动钳为固定元件，制动盘为旋转元件。钳盘式制动器以制动钳固定在支架上的结构形式分为定钳盘式和浮钳盘式两种。

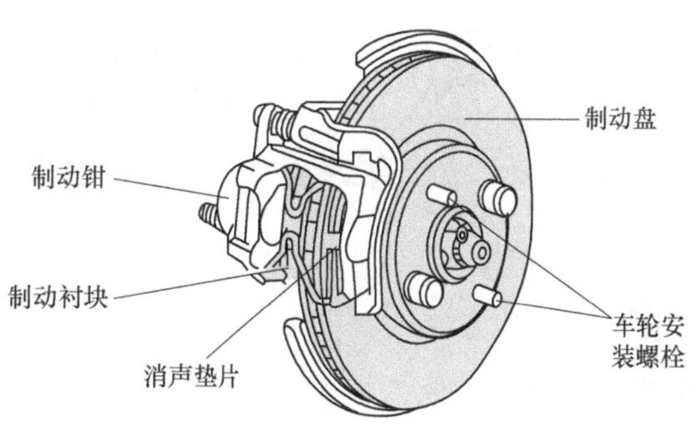

图 5-3-1 钳盘式制动器

（1）定钳盘式制动器　制动钳固定安装在车桥上，其特点是制动钳的结构复杂，有两个制动轮缸，分置于制动盘的两侧，钳内必须有跨越式管路，使得尺寸大，需要作为驻车制动器时，结构更为复杂，所以定钳盘式制动器目前使用较少。其结构如图 5-3-2 所示。

制动时，液压油通过进油口分别进入左右制动轮缸，推动左右轮缸活塞及其上的制动块向中间移动，实现制动。

（2）浮钳盘式制动器　制动钳体通过导向销与车桥相连，可以相对于制动盘轴向移动，内侧的制动块由活塞推动，外侧的制动块由浮动的制动钳体推动。轿车基本上都采用浮钳盘式制动器，其特点是制动效能稳定，尺寸和质量较小。其结构如图 5-3-3 所示。

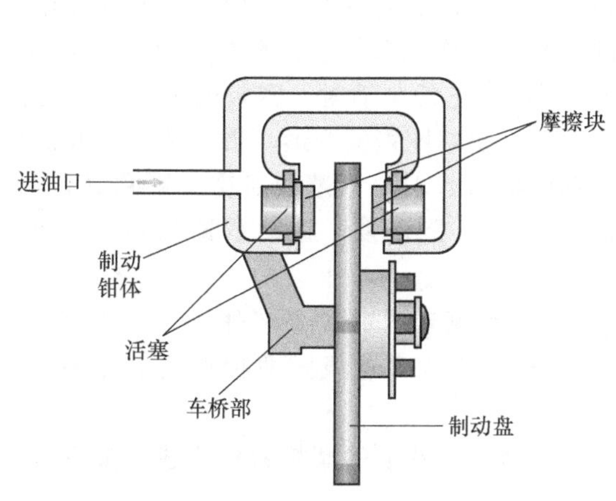

图 5-3-2 定钳盘式制动器的结构

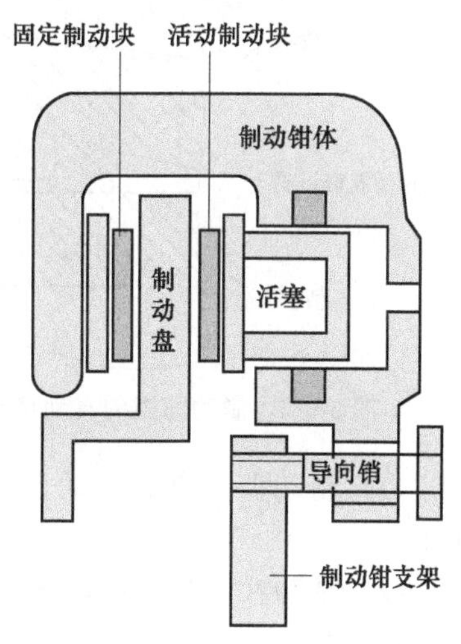

图 5-3-3 浮钳盘式制动器的结构

制动时，液压油通过进油口进入制动轮缸，推动活塞及其上的制动块向左移动，并压到制动盘上，并使得制动轮缸连同制动钳体整体沿导向销向右移动，直到制动盘左侧的制动块也压到制动盘上，实现制动。

2. 全盘式制动器

在重型载货商用车上，要求有更大的制动力，为此采用了全盘式制动器。全盘式制动器摩擦副的固定元件和旋转元件都是圆盘形的，分别称为固定盘和旋转盘，全部工作面可同时与摩擦片接触，其结构原理与摩擦离合器相似。其结构如图 5-3-4 所示。

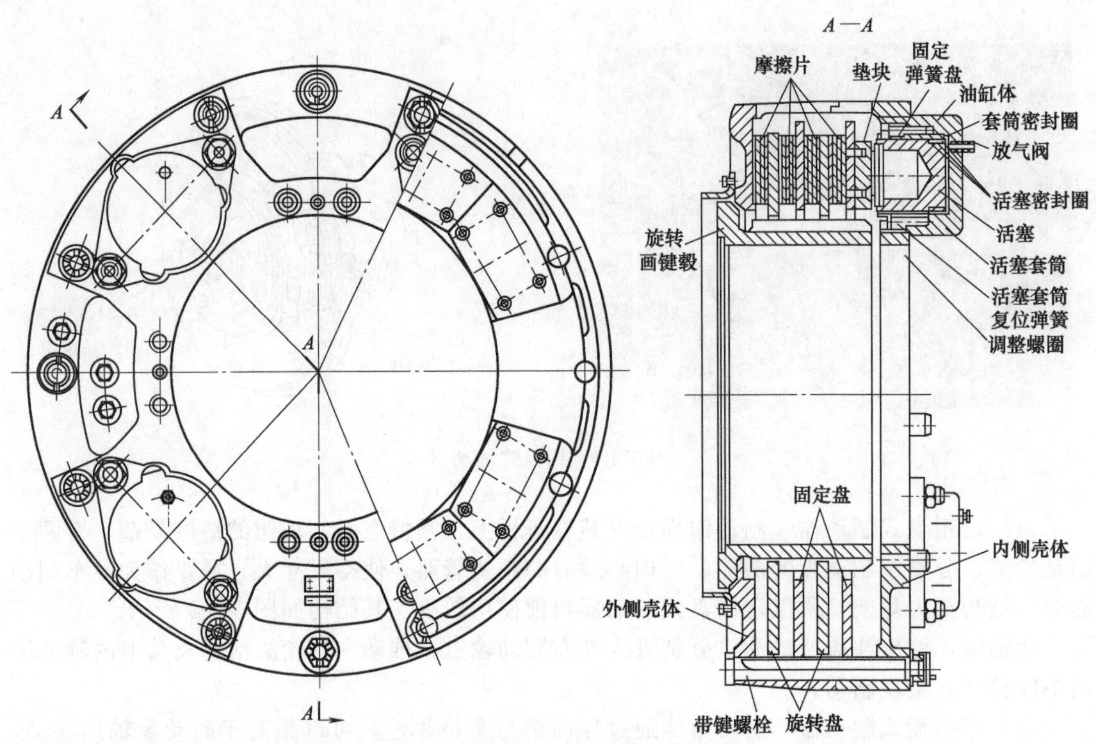

图 5-3-4　全盘式制动器的结构

（二）制动间隙的调整

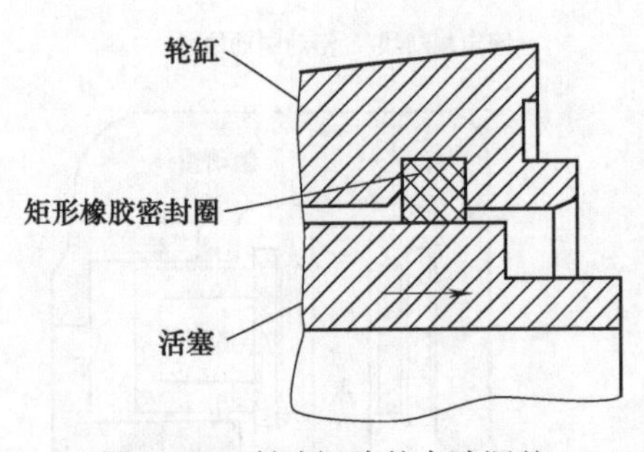

图 5-3-5　制动间隙的自动调整

钳盘式制动器的活塞密封圈除了起密封作用外，还兼起活塞回位作用和调整间隙的作用，其结构如图 5-3-5 所示。正常制动时，密封圈发生弹性变形，解除制动时，密封圈恢复变形，带动活塞一起回位。当制动器间隙过大时，活塞相对密封圈移动，回位时移动部分不可能恢复，移动量即为所调整的间隙量。

（三）盘式制动器的主要部件

（1）制动盘　盘式制动盘一般由铸铁制成，有实心式和通风式两种形式，如图 5-3-6 所示。

（2）制动片　制动片一般是由钢板及其粘贴或铆接在其上的摩擦材料构成，如图 5-3-7 所示。

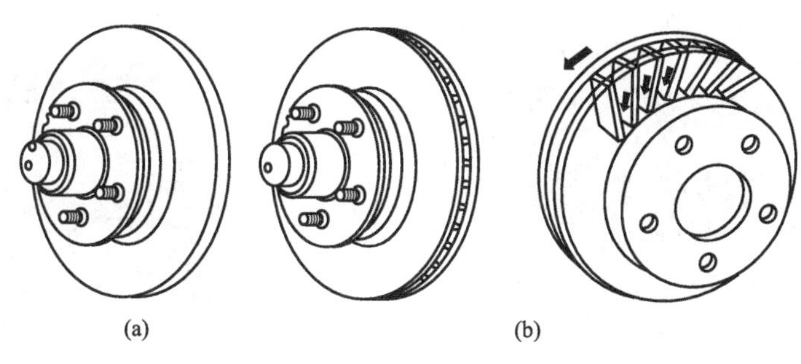

图 5-3-6 制动盘

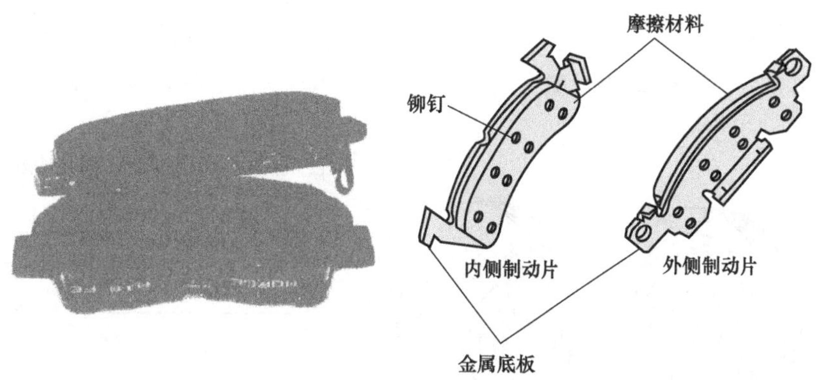

图 5-3-7 制动片

（四）盘式制动器的特点

1. 盘式制动器的优点

① 盘式制动器无摩擦助力作用，制动力矩受摩擦系数的影响较小，即热稳定性好。

② 盘式制动器浸水后效能降低较少，而且只须经一两次制动即可恢复正常，即基本不存在水衰退问题。

③ 在输出相同制动力矩的情况下，盘式制动器尺寸和质量一般较小。

④ 制动盘沿厚度方向的热膨胀量极小，不会像制动鼓的热膨胀那样使制动器间隙明显增加而导致制动踏板行程过大。

⑤ 较容易实现间隙自动调整，其他维修作业也较简便。

2. 盘式制动器的缺点

① 因制动时无增势作用，故要求管路液压比鼓式制动器高，一般要用伺服装置和采用较大直径的液压缸。

② 防污性能差，制动片摩擦面积小，磨损较快。

③ 兼用于驻车制动时，需要加装的驻车制动传动装置较鼓式制动器复杂。

知识拓展：气压盘式制动器

目前已经有气压盘式制动器，如图 5-3-8 所示，钳体总成如图 5-3-9 所示。

二、盘式制动器的维护及维修要点

（一）钳盘式制动器主要零部件检修

1. 制动盘的检查

① 制动盘的外表检查如图 5-3-10 所示。

图 5-3-8　气压盘式制动器

图 5-3-9　钳体总成

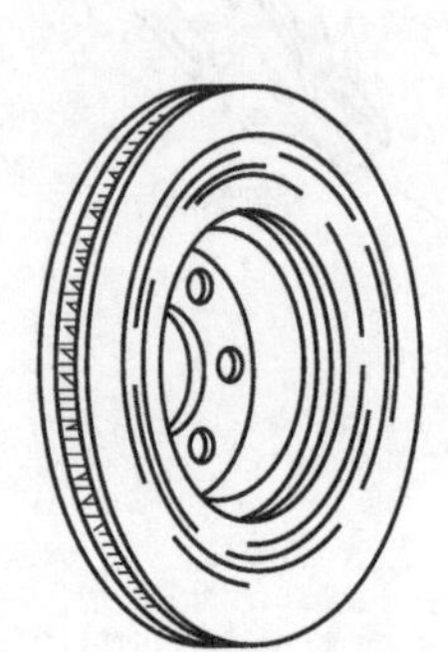

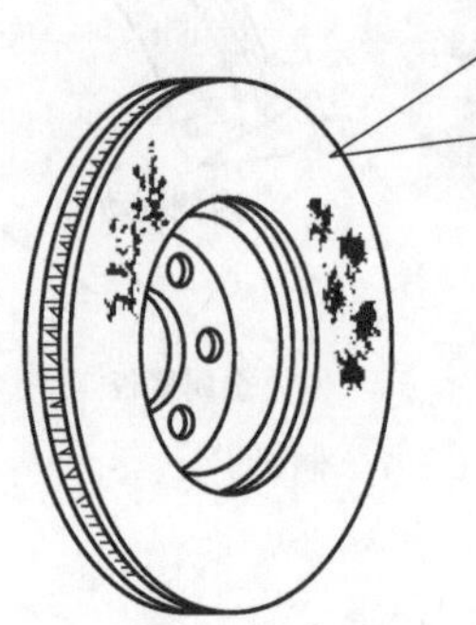

图 5-3-10　制动盘的外表检查

② 制动盘厚度的测量如图 5-3-11 所示。

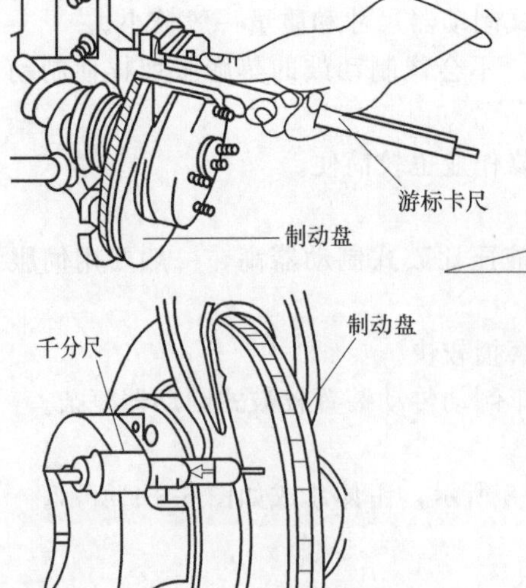

图 5-3-11　制动盘厚度测量

③ 制动盘轴向跳动量的检查如图 5-3-12 所示。

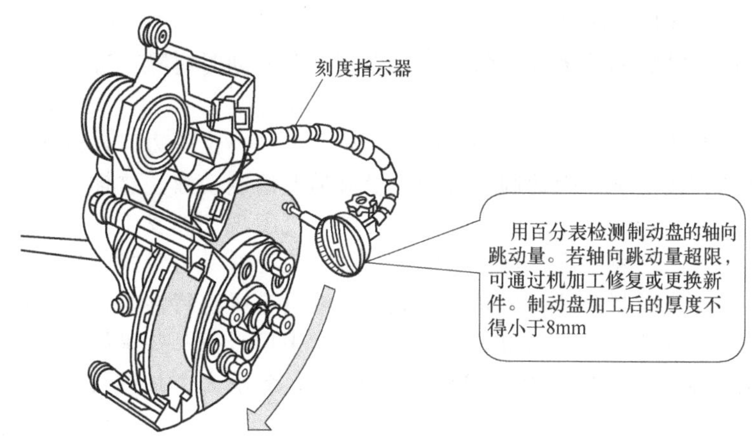

图 5-3-12 制动盘轴向跳动量的检查测量

2. 制动片厚度的检查

制动片厚度的测量如图 5-3-13 所示。

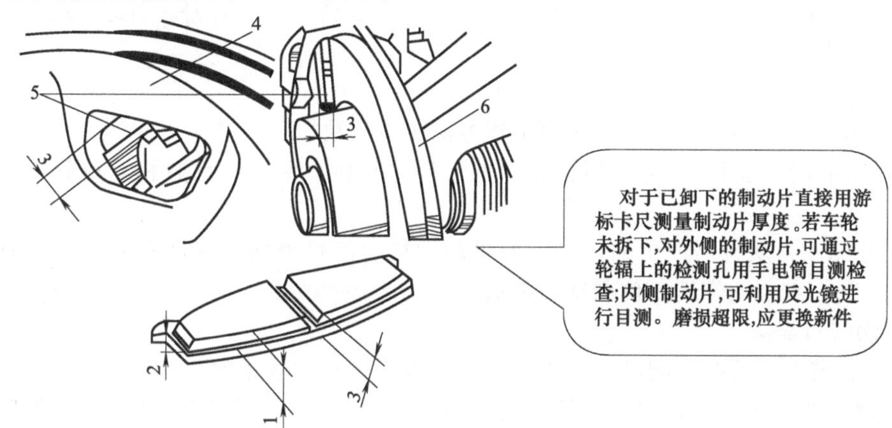

图 5-3-13 制动片厚度的测量

1—制动片（摩擦片）厚度；2—制动片（摩擦片）磨损极限厚度；
3—制动片的总厚度；4—轮辐；5—外制动片；6—制动盘

3. 制动片磨损超限报警装置

弹簧传感器式制动片磨损超限报警装置如图 5-3-14 所示。

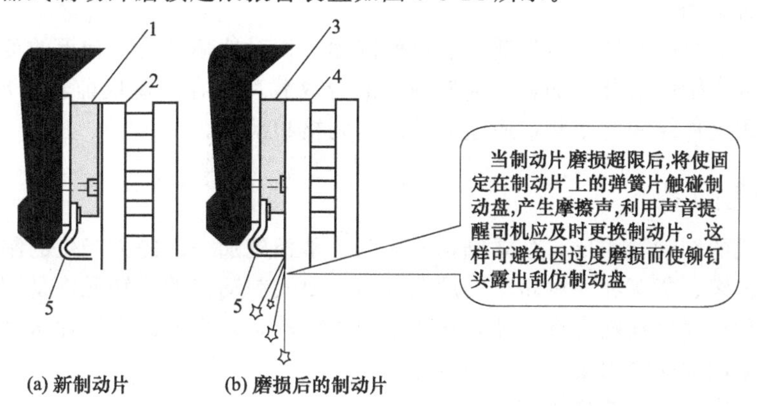

图 5-3-14 弹簧传感器式制动片磨损超限报警装置

1,3—制动片；2,4—制动盘；5—磨损指示器

（二）盘式制动器常见故障

在使用过程中，常见的故障有气阻、制动力不足和制动时有噪声等。

1. 气阻

盘式制动器的发热部位集中在很窄的制动衬块上，其单位压力又比鼓式制动器大，制动衬块和钳体的活塞直接接触，因此制动时的热量极易传给制动液。这样，使盘式制动器容易产生气阻现象。但是，若采取相应的措施，也可防止气阻现象的发生。

有效措施是防止制动液沸点降低。植物油型制动液无法满足盘式制动器的使用要求，因此必须使用高沸点的合成制动液。但是，合成制动液具有吸水特性。在某些使用条件中，沸点下降很快。为防止制动液沸点的明显下降，一般常采用以下一些措施。

① 定期更换制动液。夏季 3 个月或行驶 5000km；冬季 6 个月或行驶 1000km 后，即将制动液更新。

② 不同性质的制动液不可互换使用或混用。

③ 密闭保存制动液。

要限制制动液温度升高，应保证活塞能灵活地自动回位，避免因锈蚀、发卡使制动器打滑或发咬。当制动衬块磨耗过多时，传到制动液的热量也会迅速增加。因此，应及时更换磨耗了的制动衬块。

2. 制动力不足

盘式制动器制动力不足时，可采用下述方法予以解决。

① 改变制动衬块材料。可换用稍软的制动衬块材料，使摩擦系数相对得到提高，制动力变大。

② 清除制动衬块排屑槽中的异物。如果制动衬块的排屑槽被异物覆盖，制动时将失去排出尘土、刮去水分的作用，使制动力降低。

3. 制动时有噪声

制动时，若有“嘎吱、嘎吱”的噪声时，可采用下述方法排除。

① 在制动器钳体活塞和制动衬片之间，加一防噪声片，使活塞上形成一倾斜度。从而保证制动时制动衬块和制动盘柔性接触，使制动衬块在正常磨损状态下无异常噪声出现。

② 选择材质软些、密度小些的制动衬块材料。

③ 制动时，制动衬块向一侧移动，可能出现撞击声响。这是由于制动衬块和钳体之间的间隙过大所致，可用镀覆焊锡的方法消除间隙。但须注意，应使焊锡镀覆在与行驶方向相反的一侧，防止在制动力的作用下失效。

4. 前轮轴承损坏

制动钳体一般装配在转向节后侧，这可使制动时相对地减轻前轮轴承的负荷。但是，有的车型把钳体装于轴的前方，加重了前轮轴承的合成载荷，容易造成前轮轴承的提前损坏。因此，对于采用这种结构的车轮，应适时地进行调整和检修。

三、鼓式制动器

与其他形式的制动器相比，鼓式制动器对制动踏板施加一定的力产生的制动力更大，常用于中型以上的客、货车和一些轿车的后制动器。鼓式制动器的旋转元件是制动鼓，固定元件是制动蹄，制动时制动蹄在促动装置作用下向外旋转，外表面的摩擦片压靠到制动鼓的内圆柱面上，产生制动摩擦力矩。

（一）鼓式制动器的工作原理

鼓式制动器的组成如图 5-3-15 所示，主要由制动鼓、制动蹄、制动分泵（制动轮缸）

等组成。当驾驶员踏下制动踏板 1，使主缸活塞 3 压缩制动液时，轮缸活塞 7 在液压的作用下将摩擦片 9 压向制动鼓 8，使制动鼓 8 减小转动速度，或保持不动。

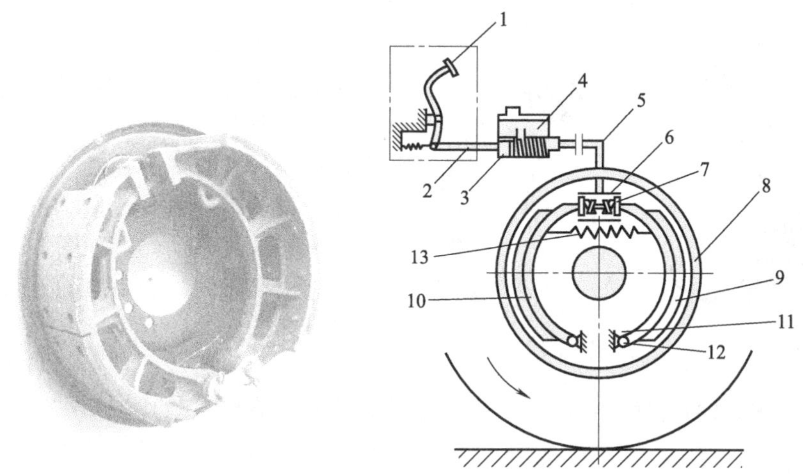

图 5-3-15 鼓式制动器的结构与工作示意图

1—制动踏板；2—推杆；3—主缸活塞；4—制动主缸：5—油管；6—制动轮缸；7—轮缸活塞；8—制动鼓；9—摩擦片；10—制动蹄；11—制动底板；12—支承销；13—制动蹄回位弹簧

（二）鼓式制动器的结构

制动器的固定部分包括制动底板、制动蹄等元件；旋转部分为制动鼓；张开机构有轮缸、凸轮和楔三种形式。定位调整机构有支承销、回位弹簧等。

制动时，轮缸活塞在制动液的作用下向外推动制动蹄，制动蹄克服复位弹簧的弹力使制动蹄向外张开，压向制动鼓，产生制动力矩使商用车制动。解除制动时，制动液压力消失，在复位弹簧的作用下制动蹄复位。

1. **制动底板**

制动底板是鼓式制动器的基础，所有摩擦总成部件安装在制动底板上，如图 5-3-16 所示。底板安装在后桥轴端支撑座上，底板具有防尘和防水，保护制动器不受污染的功能。制动轮缸固定在底板上方，支架、止挡板紧固在底板下方。下复位弹簧使制动蹄的下端钳入底板的切槽中。

稳定销
内六角螺钉
稳定销
制动底板
止挡板

图 5-3-16 制动底板

2. **定位调整机构**

复位弹簧使两制动蹄的上端压靠到推杆上，锲形调节板在其拉簧作用下，向下拉紧在制动蹄与推杆之间。

定位销、定位弹簧及弹簧座用以限制制动蹄的轴向移动，并保持蹄面与底板的垂直。

3. **制动鼓**

制动鼓安装在车轮轮毂上，与车轮一起旋转，内表面与制动蹄摩擦片匹配。常用铸铁或带铸铁摩擦片的铸铝制成。

4. **制动蹄**

制动蹄由钢材焊制，制动蹄的外面部分弯曲与制动鼓外形相匹配，制动摩擦片铆在制动蹄外部表面上，制动蹄端部与轮缸接触，如图 5-3-17 所示。制动蹄内面腹板上有制动蹄复位弹簧、自行调节装置、驻车制动连杆装置等。

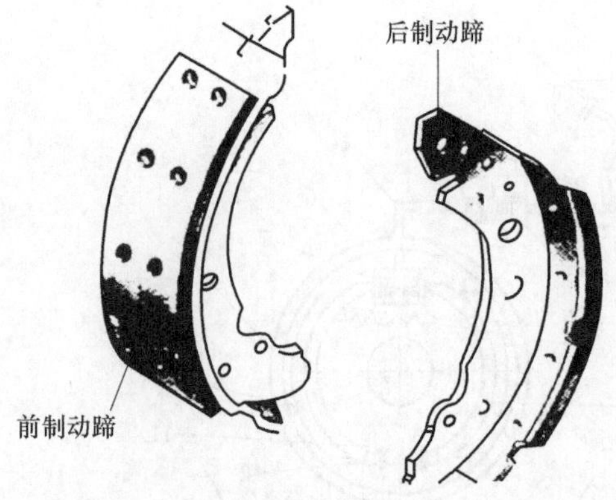

图 5-3-17　制动蹄

5. 张开机构

凡对制动蹄端加力使蹄转动的装置统称为制动蹄促动装置，制动蹄促动装置有轮缸、凸轮和楔三种形式。

以液压制动轮缸作为制动蹄促动装置的制动器称为轮缸式制动器，如图 5-3-18 所示，轿车多用；用楔作为促动装置的制动器称为楔式制动器，如图 5-3-19 所示，适用于冰雪路面制动，可缩短制动距离 15%；以凸轮作为促动装置的制动器称为凸轮式制动器，如图 5-3-20 所示，通常利用气压使凸轮转动，用于大型商用车的气压制动系统。

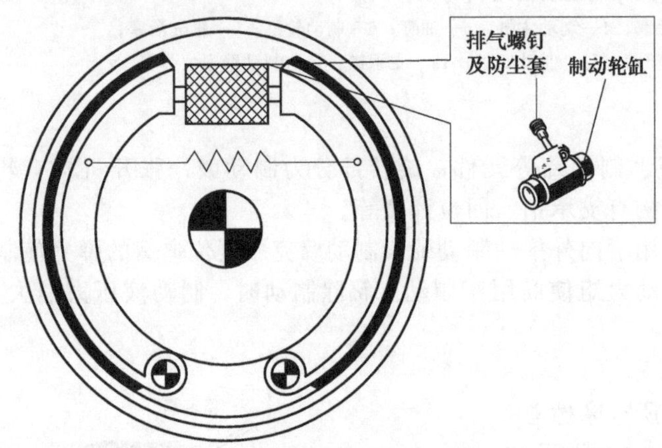

图 5-3-18　轮缸式张开机构示意图

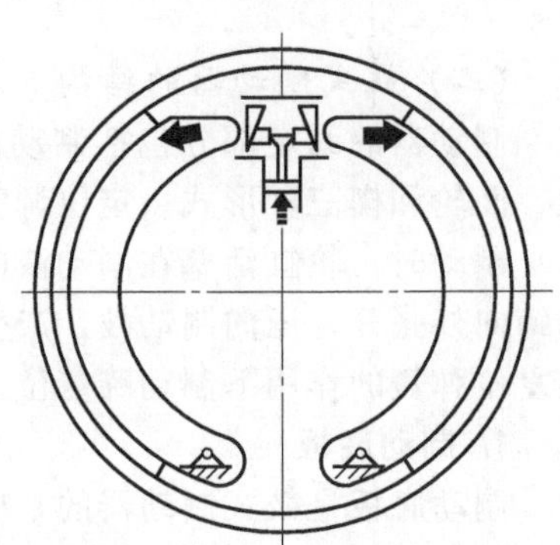
图 5-3-19　楔块式张开机构

气压制动的车辆一般都采用凸轮张开式制动器。制动底板用螺栓与转向节的凸缘连接。制动鼓与轮毂用螺栓连接，而轮毂通过圆锥滚子轴承支承在转向节上。制动凸轮与凸轮轴制成一体，通过支座固定在制动底板上，其尾部花键部分装在制动间隙调整臂的花键孔中。进入制动气室的压缩空气推动其推杆外伸，进而推动制动调整臂转动，调整臂的转动带动了凸轮轴和凸轮转动，迫使制动蹄张开。两制动蹄下端孔内压入青铜衬套后支承于制动底板上的两个偏心支承销上，两蹄的上端由复位弹簧拉靠在制动凸轮上。

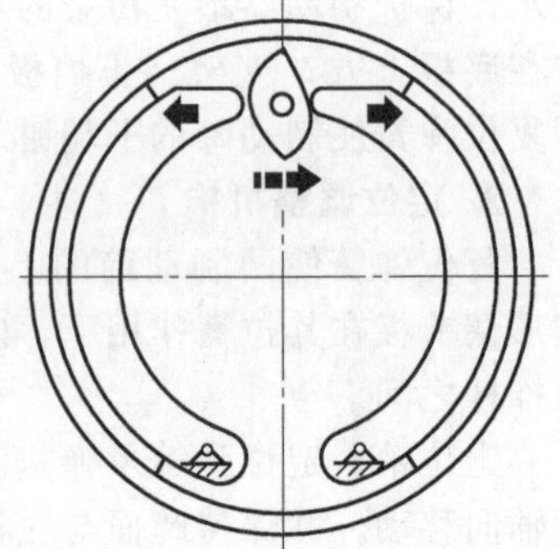
图 5-3-20　凸轮式张开机构

（三）制动蹄的增势和减势作用

在鼓式制动器中，如果制动蹄片张开方向与制动鼓旋转方向相同称为增势，该制动蹄片称为领蹄；如果制动蹄片张开方向与制动鼓旋转方向相反称为减势，该制动蹄片称为从蹄。

领蹄在摩擦力的作用下，蹄和鼓之间的正压力较大，制动作用较强。从蹄在摩擦力的作

用下，蹄和鼓之间的正压力较小，制动作用较弱。

如图 5-3-21 所示制动器，商用车前进时制动鼓的旋转方向如箭头所示，其中左侧制动蹄为领蹄，右侧制动蹄片为从蹄。

（四）鼓式制动器的类型

根据制动蹄对制动鼓的作用径向力可分为非平衡式、平衡式、自增力式制动器。

1. **领从蹄式制动器**

如图 5-3-21 所示，其特点是两个制动蹄各有一个支点，其中左侧制动蹄为领蹄，右侧制动蹄片为从蹄。

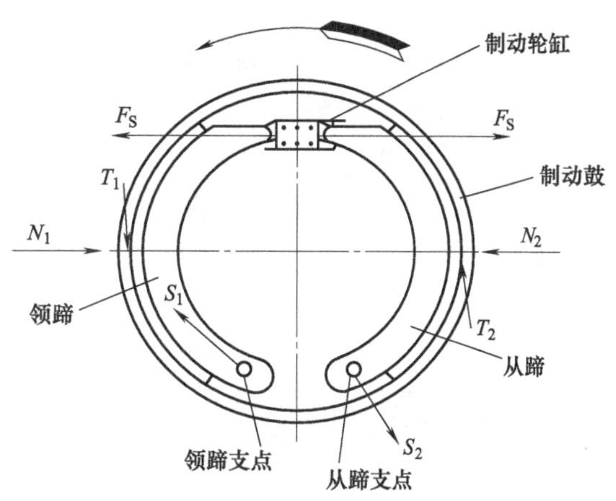

图 5-3-21 领从蹄式制动器示意图

两个制动蹄受到的轮缸促动力相等，称为等促动力制动器。

领从蹄式制动器的两个制动蹄作用在制动鼓上的法向反力大小不等，这种制动器称为非平衡式制动器。

2. **双领蹄和双向双领蹄式制动器**

商用车前进时两个制动蹄均为领蹄的制动器称为双领蹄式制动器，如图 5-3-22 所示。

双领蹄式制动器的结构特点是，每一制动蹄都用一个单活塞制动轮缸促动，固定元件的结构布置是中心对称式。

双向双领蹄式制动器使用了两个双活塞轮缸，无论商用车前进还是倒车，都是双领蹄式制动器，故称双向双领蹄式制动器，如图 5-3-23 所示。

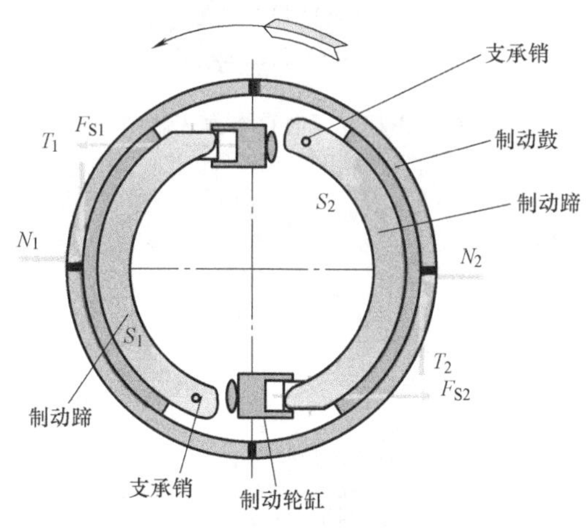

图 5-3-22 双领蹄式制动器

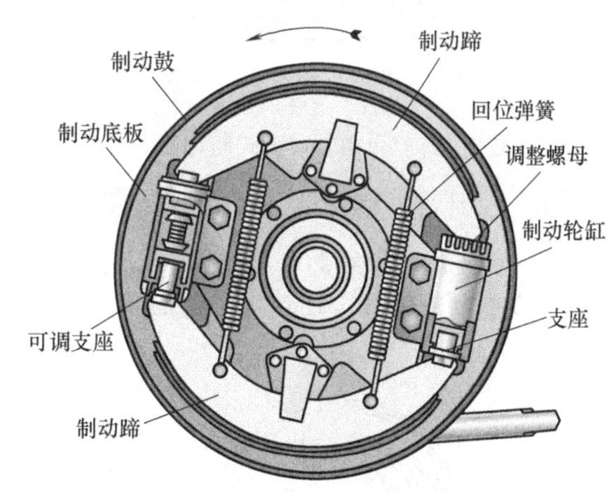

图 5-3-23 双向双领蹄式制动器

3. **双从蹄式制动器**

商用车前进时两个制动蹄均为从蹄的制动器为双从蹄式制动器，如图 5-3-24 所示。

双领蹄、双向双领蹄、双从蹄式制动器固定元件的布置都是中心对称，两制动蹄作用在制动鼓上的法向反力大小相等、方向相反、相互平衡，这种形式的制动器为平衡式制动器。

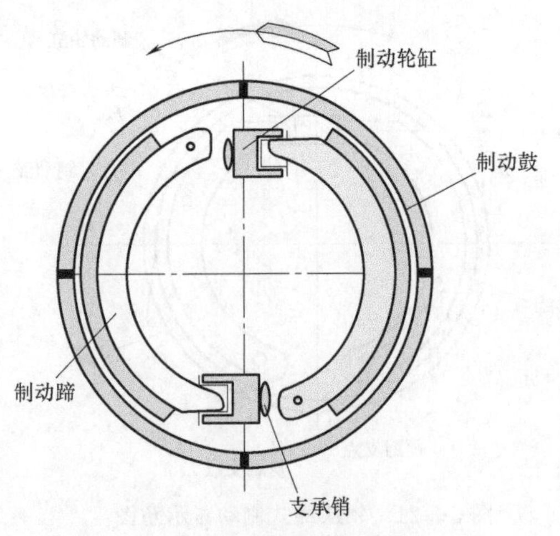

图 5-3-24　双从蹄式制动器

4. 单向自增力式制动器

如图 5-3-25 所示，其特点是两个制动蹄只有一个单活塞的制动轮缸，第二制动蹄的促动力来自第一制动蹄对顶杆的推力，两个制动蹄在商用车前进时均为领蹄，但倒车时能产生的制动力很小。

5. 双向自增力式制动器

如图 5-3-26 所示，其特点是两个制动蹄的上方有一个双活塞制动轮缸，轮缸的上方还有一个制动蹄支承销，两制动蹄的下方用顶杆相连。无论商用车前进还是倒车，都与自增力式制动器相当，故称双向自增力式制动器。

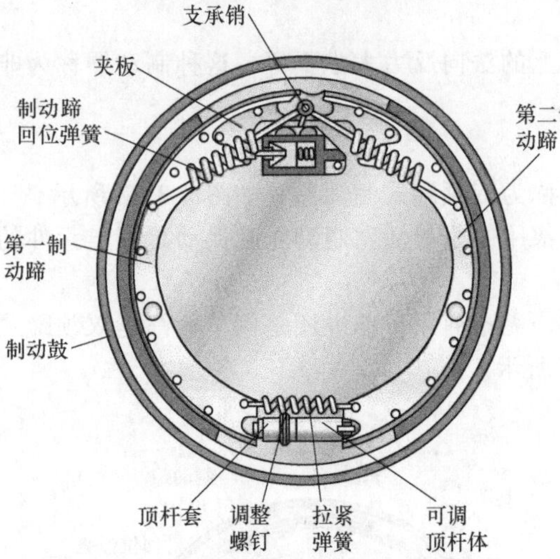

图 5-3-25　单向自增力式制动器

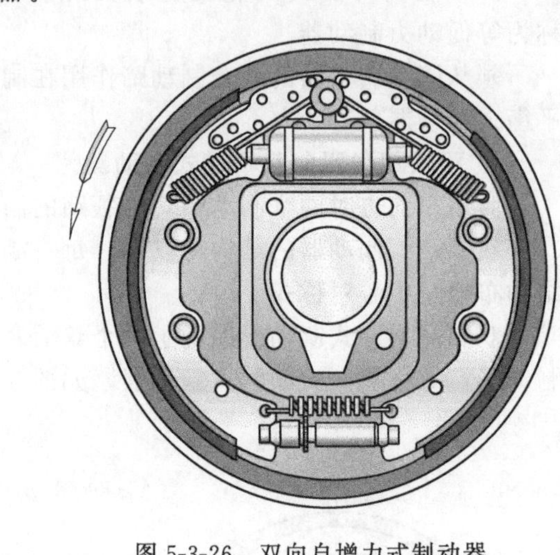
图 5-3-26　双向自增力式制动器

四、鼓式制动器的维护及维修要点

（一）制动鼓的检修

① 检查制动鼓鼓身及其工作表面，如图 5-3-27 所示。

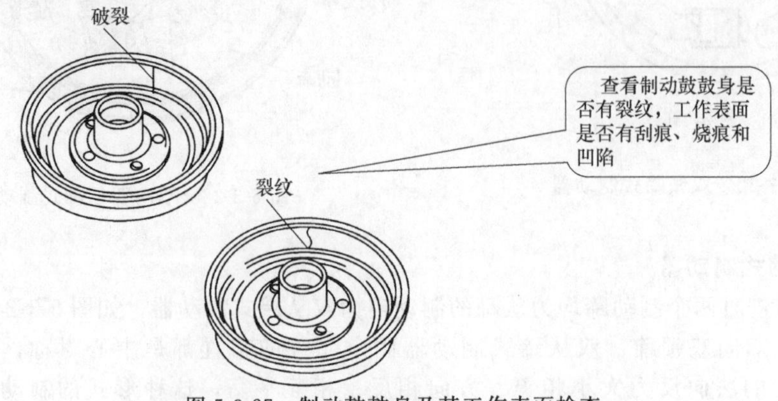

图 5-3-27　制动鼓鼓身及其工作表面检查

② 测量制动鼓内径及圆度误差如图 5-3-28、图 5-3-29 所示。

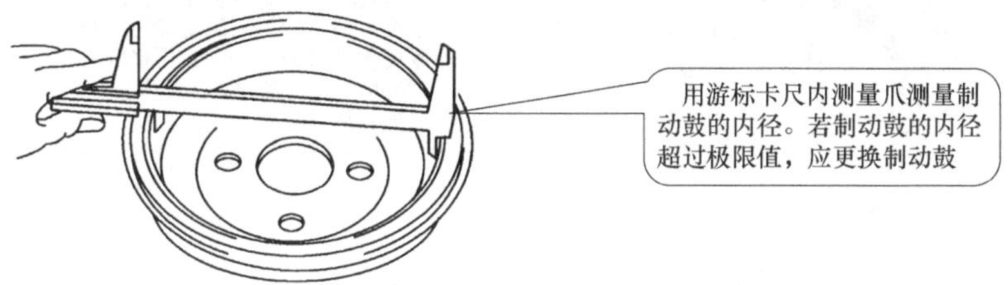

图 5-3-28 制动鼓内径测量

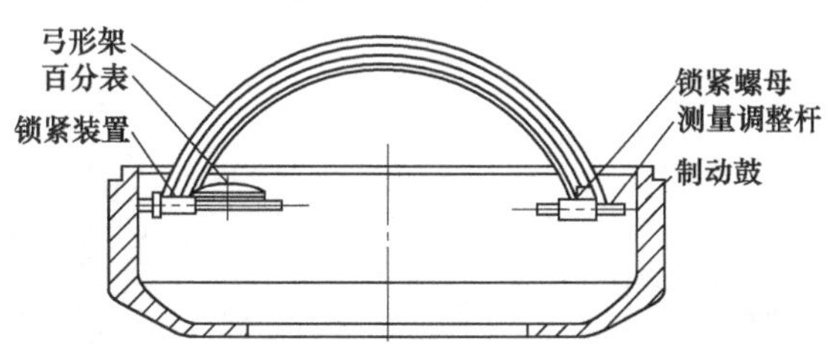

图 5-3-29 弓形架百分表测量制动鼓内径

③ 制动鼓内表面圆度或圆柱度测量，如图 5-3-30 所示。

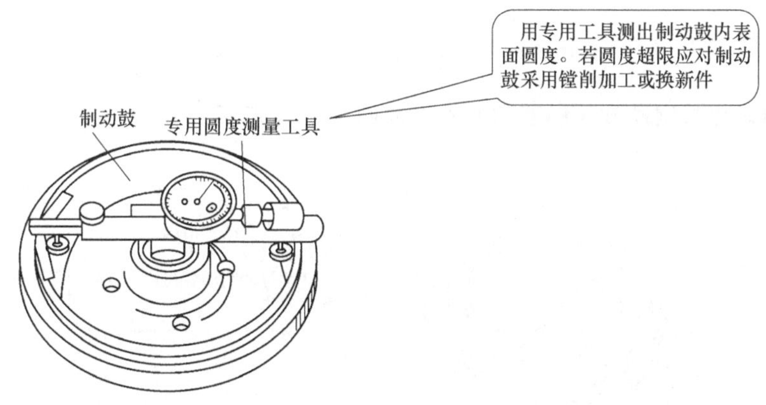

图 5-3-30 专用圆度测量工具测量制动鼓圆度

（二）制动蹄及其摩擦衬片的检修

① 制动蹄的检查，如图 5-3-31 所示。

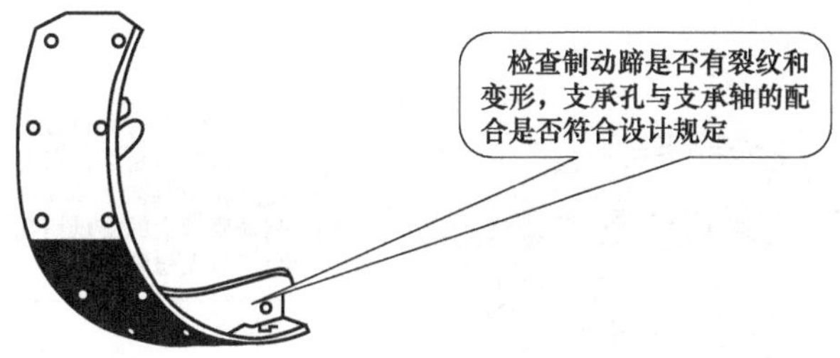

图 5-3-31 制动蹄的检查

② 制动蹄衬片厚度测量如图 5-3-32、图 5-3-33 所示。

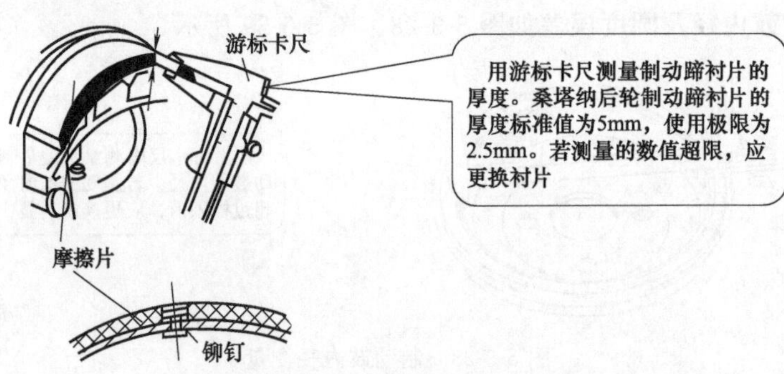

图 5-3-32　制动蹄衬片厚度测量

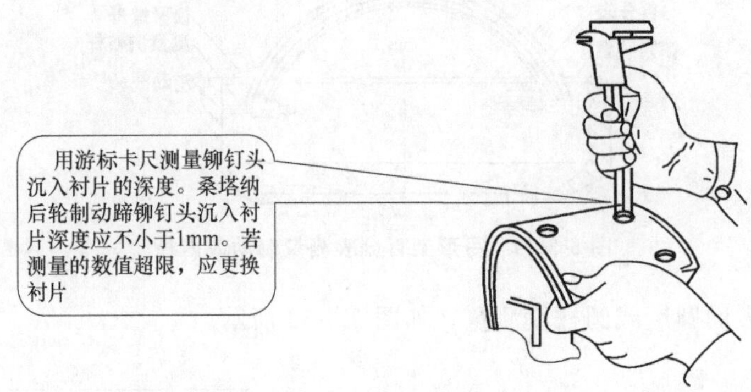

图 5-3-33　铆钉头沉入衬片深度测量

③ 制动蹄衬片与制动鼓接触面积的检查如图 5-3-34 所示。

图 5-3-34　制动蹄衬片与制动鼓接触面积检查

（三）制动底板的检查

如图 5-3-35 所示。

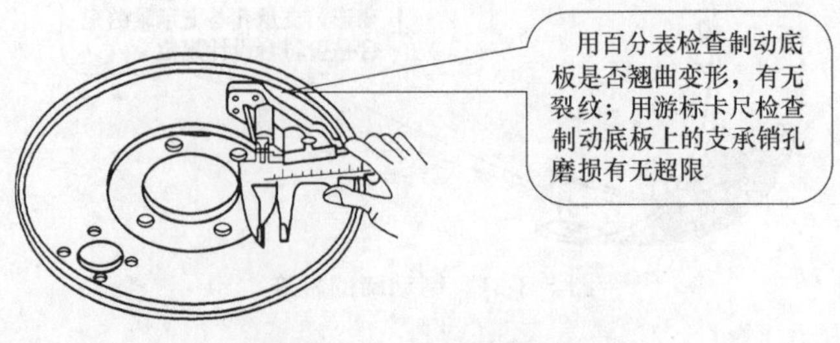

图 5-3-35　制动底板检查

（四）制动器定位弹簧、回位弹簧的检查

如图 5-3-36 所示。

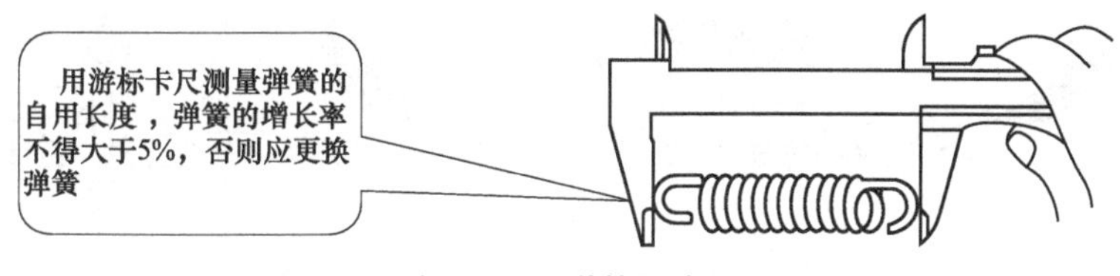

图 5-3-36 弹簧的检查

（五）制动器间隙的调整

制动器间隙是指在不制动时，制动鼓和制动蹄摩擦片之间的间隙。

制动器间隙过小，不能保证完全解除制动，此间隙过大，制动器反应时间过长，直接威胁到行车安全。制动器在使用过程中，随着摩擦片的磨损，制动器间隙会变大，要求制动器必须有检查和调整间隙的可能。

1. 手动调整装置

（1）转动调整凸轮和带偏心轴颈的支承销　如图 5-3-37 所示，凸轮固定在制动底板上，支承销固定在制动蹄上，沿图中箭头所示方向转动调整凸轮时，通过支承销将制动蹄向外顶，制动器间隙将减小。

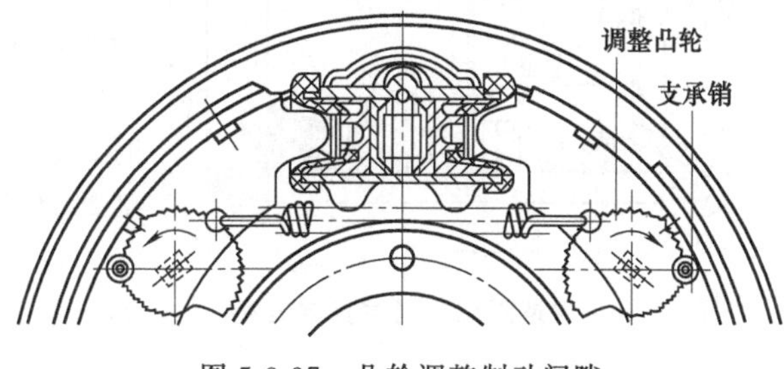

图 5-3-37 凸轮调整制动间隙

（2）转动调整螺母　有些制动器轮缸两端的端盖制成调整螺母，用一字螺丝刀拨动调整螺母的齿槽，使螺母转动，带螺杆的可调支座便向内或向外作轴向移动，使制动蹄上端靠近或远离制动鼓，制动间隙减小或增大。间隙调整好以后，用锁片插入调整螺母的齿槽中，固定螺母位置，如图 5-3-38 所示。

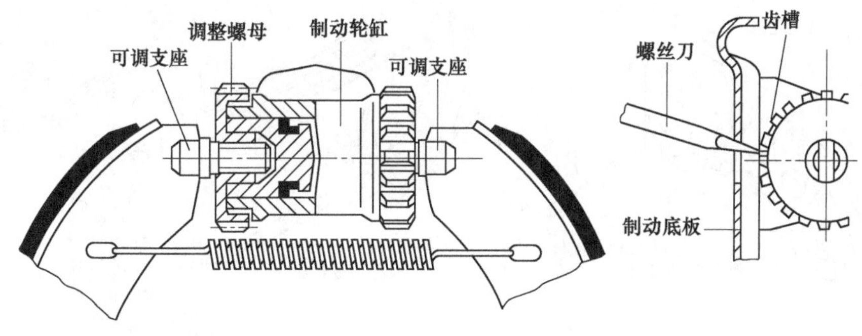

图 5-3-38 用调整螺母调整制动间隙

（3）调整可调顶杆长度　可调顶杆由顶杆体、调整螺钉和顶杆套组成。顶杆套一端具有带齿的凸缘，套内制有螺纹，调整螺钉借螺纹旋入顶杆套内。拨动顶杆套带齿的凸缘，可使调整螺钉沿轴向移动，从而改变了可调顶杆的总长度，调整了制动器间隙。此调整方式仅适用于自增力式制动器，如图 5-3-39 所示。

2. 自动调整装置

现在很多商用车的制动器都装有制动器间隙自动调整装置，它可以保证制动器间隙始终处于最佳状态，不必经常人工检查和调整。

（1）摩擦限位式间隙自调装置　如图5-3-40所示，用以限定不制动时制动蹄内极限位置

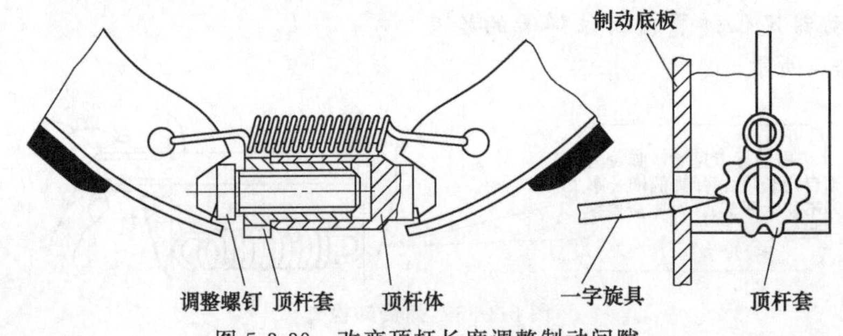

图 5-3-39 改变顶杆长度调整制动间隙

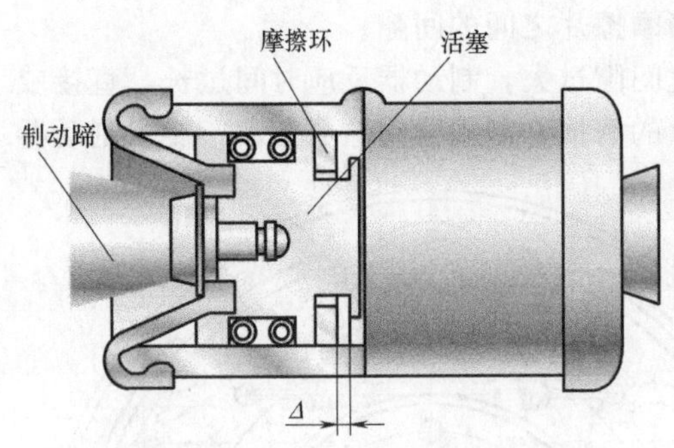

图 5-3-40 摩擦限位式间隙自调装置

的限位摩擦环装在轮缸活塞内，限位摩擦环是一个有切口的弹性金属环，压装入轮缸后与缸壁之间的摩擦力可达 400～550N。如果制动器间隙过大，活塞向外移动靠在限位环上仍不能正常制动，活塞将在油压作用下克服制动环与缸壁间的摩擦力继续向外移动，摩擦环也被带动外移，解除制动时，制动器复位弹簧不可能带动摩擦环回位，也即活塞的回位受到限制，制动器间隙减小。

（2）楔块式间隙自调装置 桑塔纳轿车的制动器间隙主要依靠楔形调节块调整，如图 5-3-41 所示。

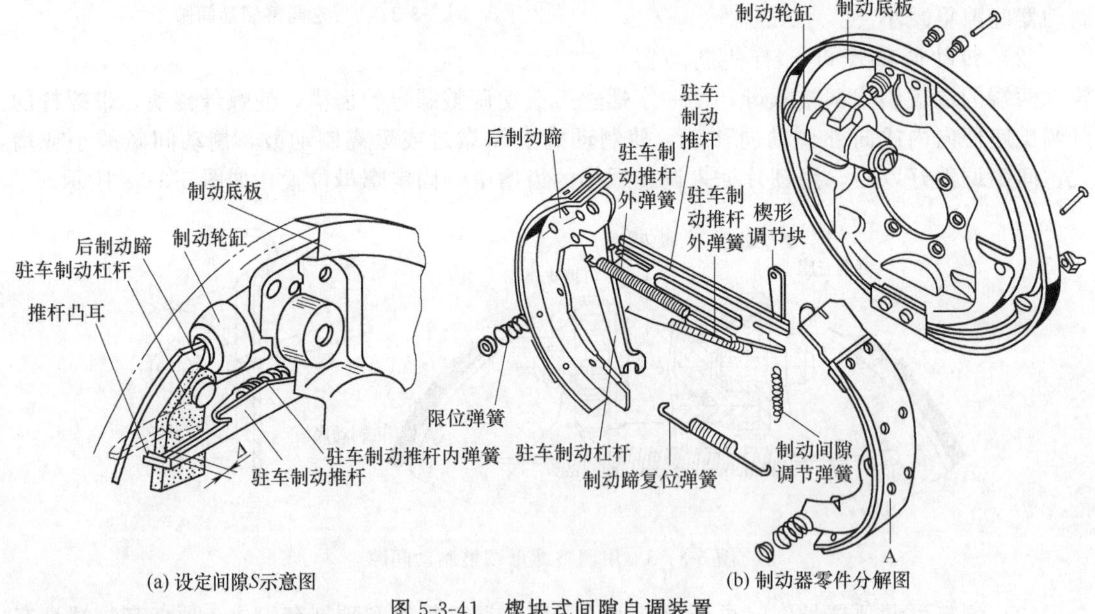

图 5-3-41 楔块式间隙自调装置

第四节 其他制动系统

一、驻车制动系统

（一）驻车制动器的功用

停驶后防止滑溜，坡道起步，在特殊情况下，还可配合行车制动器进行紧急制动。

（二）驻车制动系统分类

按在商用车上安装位置的不同，驻车制动装置分中央驻车制动装置和车轮驻车制动装置两类。前者的制动器安装在变速器或分动器之后，称为中央制动器，其制动力矩作用在传动轴上；有些轿车在后轮制动器中加装必要的机构，使之兼充驻车制动器，结构简单紧凑，为复合式制动器。

（三）驻车制动器结构特点

1. 中央制动式制动器

根据结构不同分为鼓式中央制动式驻车制动器和盘式中央制动式驻车制动器：鼓式中央制动式驻车制动器如图 5-4-1 所示，图 5-4-2 和图 5-4-3 分别为鼓式中央制动式驻车制动器分解图和鼓式中央制动式驻车制动器工作示意图；盘式中央制动式驻车制动器如图 5-4-4 所示。

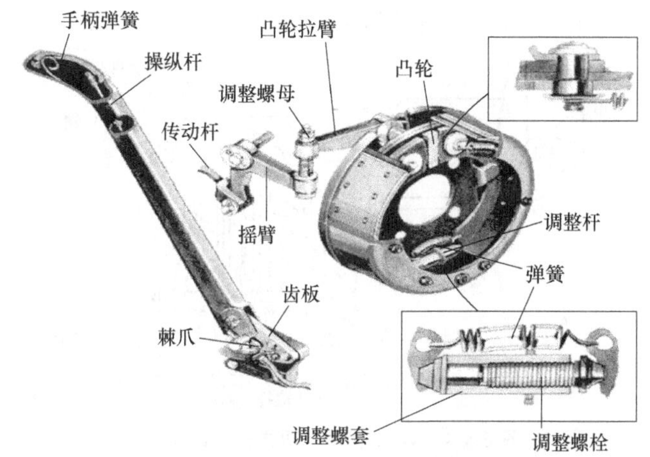

图 5-4-1　鼓式中央制动式驻车制动器

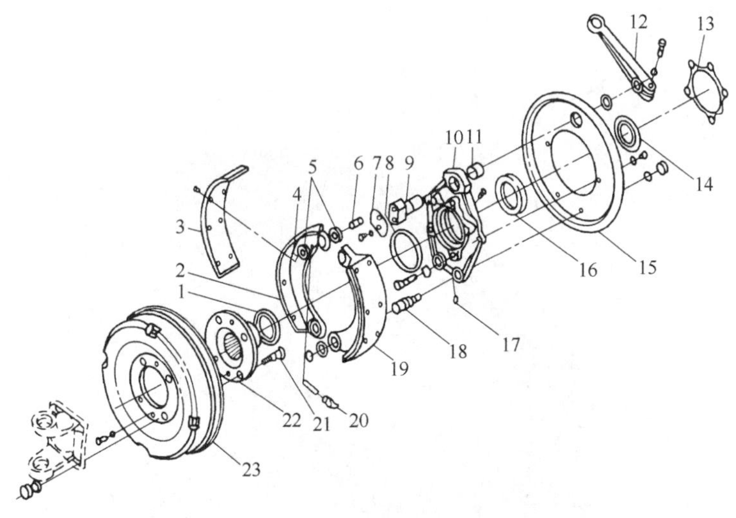

图 5-4-2　鼓式中央制动式驻车制动器分解图

1,14—甩油环；2—制动蹄；3—摩擦片；4—挡圈；5—滚轮；6—滚轮轴；7—限位片；8—挡油盘；9—凸轮轴；10—支座；11—衬套；12—凸轮摇臂；13—支座衬垫；15—制动底板；16—油封；17—泄油塞；18—制动蹄轴；19—制动蹄总成；20—回位弹簧；21—定位螺栓；22—凸缘；23—驻车制动鼓

2. 车轮制动式驻车制动器

如图 5-4-5 所示为带有驻车制动器的车轮制动器。

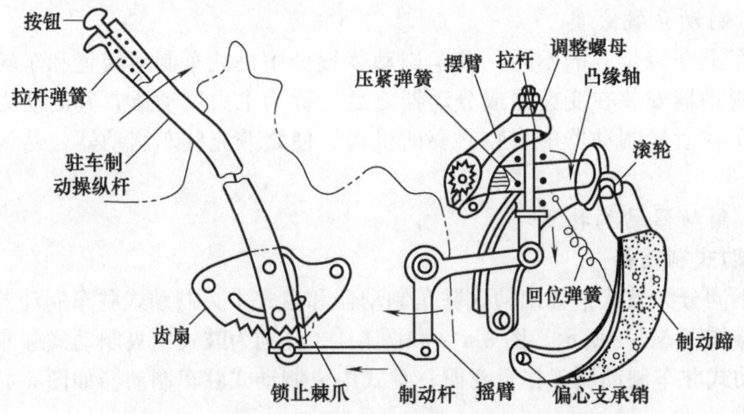

图 5-4-3　鼓式中央制动式驻车制动器工作示意图

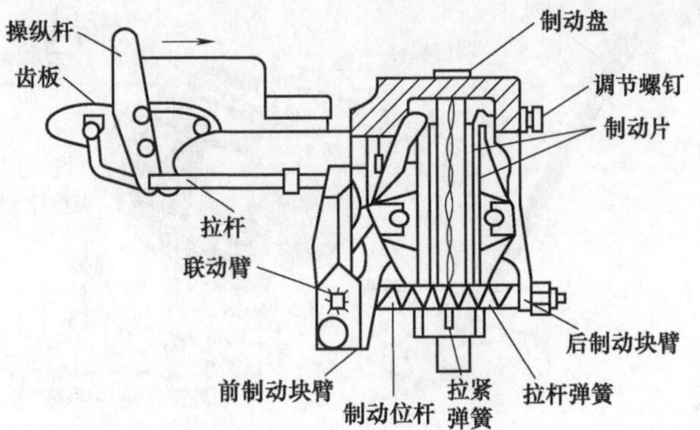

图 5-4-4　盘式中央制动式驻车制动器

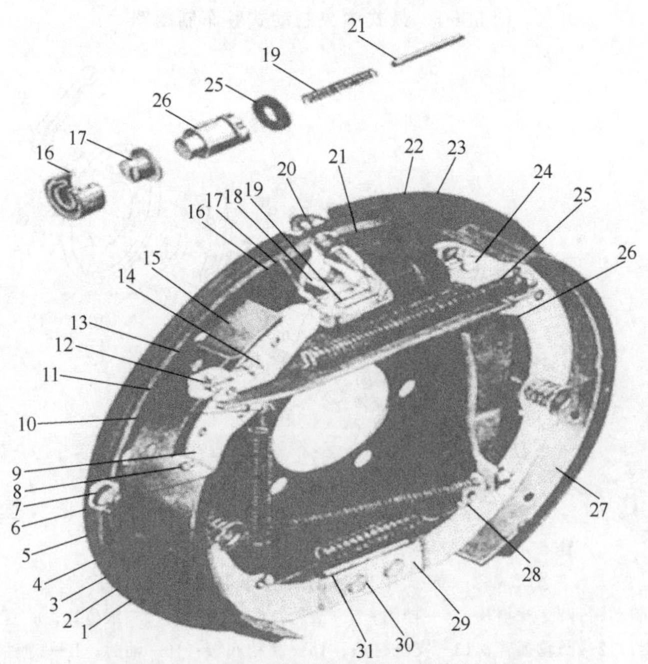
图 5-4-5　带有驻车制动器的车轮制动器

1—限位弹簧座；2—限位弹簧；3—限位销钉；4—制动底板；5—摩擦片；6—调节齿板拉簧；7—密封堵塞；8,14—铆钉；9—制动蹄腹板；10—调节齿板；11—驻车制动推杆；12—驻车制动推杆内弹簧；13—调节支承板；15—前制动蹄；16—密封罩；17—支承座；18—轮缸壳体；19—活塞回位弹簧；20—放气螺钉；21—支承杆；22—橡胶圈；23—活塞；24—平头销；25—驻车制动推杆外弹簧；26—驻车制动杠杆；27—后制动蹄；28—制动蹄回位弹簧；29—限位板；30—平头销；31—支撑板

解除驻车制动时，按下驻车操纵杆上的按钮使棘爪脱离棘齿，使驻车操纵杆回到释放制动位置，放松驻车制动拉索，则制动蹄在回位弹簧的作用下回位。

3. 弹簧作用式驻车制动器

如图 5-4-6 所示为弹簧作用式驻车制动器结构简图。

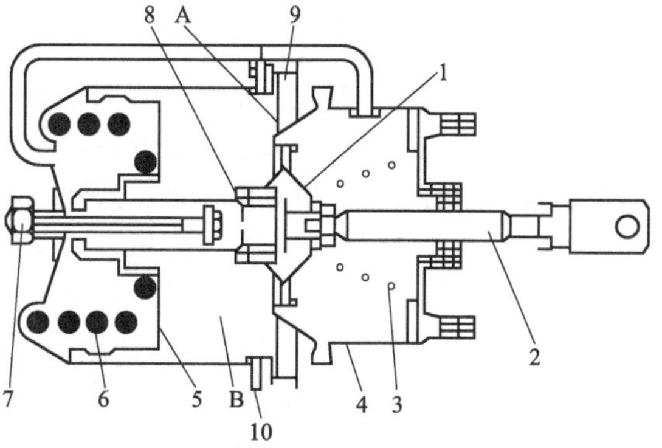

图 5-4-6 弹簧作用式驻车制动器结构简图
1—小活塞；2—推杆；3—锥形弹簧；4—膜片；5—大活塞；6—弹簧；7—螺栓；8—推盘；9—接行车制动阀；10—接驻车制动阀；A—后制动气室；B—驻车制动气室

（四）驻车制动器的检修

1. 制动器的检修

① 检查连接机构有无变形、松旷。

② 驻车制动器的摩擦片铆钉距表面 0.50mm 时应更换。

③ 驻车制动鼓表面磨损使槽深超过 0.50mm 时可对鼓进行修磨，其内径加大不超过 4mm。

2. 驻车制动器的性能检查

① 在空载状态下，驻车制动装置应能保证车辆在坡度为 20%（总质量为整备质量的 1.2 倍以下的车辆为 15%）、轮胎与路面间的附着系数不小于 0.7 的坡道上正、反两个方向保持固定不动的时间应不小于 5min。

② 拉紧驻车制动器时，空车在平地用二挡应不能起步。

③ 驻车制动器操纵杆的工作行程不能超过全行程的 3/4。

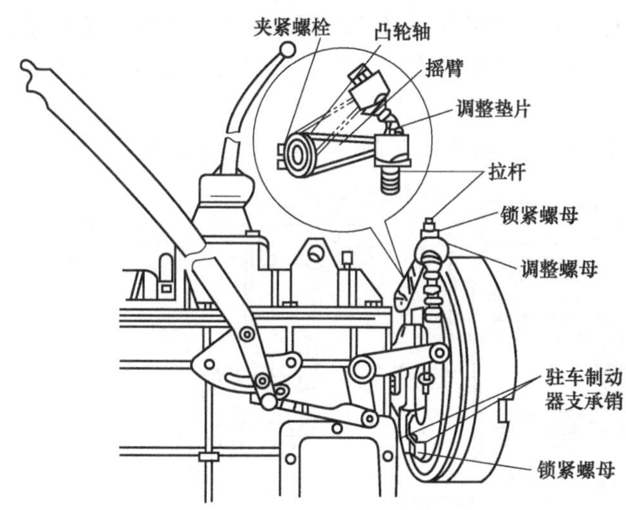

图 5-4-7 鼓式中央制动式驻车制动器制动间隙的调整

④ 放松驻车制动器操纵杆，变速器处于空挡时，支起一只驱动轮，制动鼓应能用手转动且无摩擦声。

3. 驻车制动器制动间隙的调整

（1）中央制动式驻车制动器的调整　鼓式中央制动式驻车制动器制动间隙的调整如图 5-4-7 所示。

① 拉杆长度的调整。

② 摇臂与凸轮相互位置的调整。

a. 将驻车操纵杆向前放松至极限位置。

b. 将摇臂从凸轮轴上取下，逆时针方向错开一个或数个齿后，再将摇臂装于凸轮轴上，并将夹紧螺栓紧固。

c. 重新调整拉杆上的调整螺母，直到有合适的驻车制动拉杆行程为止。调好后，制动间隙应为 0.2～0.4mm。

d. 驻车制动器调好后，完全放松驻车操纵杆时，制动器蹄鼓间隙为 0.2～0.4mm。向后拉驻车操纵杆时，应有两“响”的自由行程，第三“响”时应开始产生制动，第五“响”时商用车应能在规定的坡道上停住。

（2）车轮制动式驻车制动器的调整　调整驻车制动装置时只需调整拉索的长度即可。

二、挂车制动系统

商用车列车的制动系统由牵引车制动系统和挂车制动系统两大部分组成。而每一种制动系统又由制动器、制动传动和控制装置组成。挂车制动器通常和牵引车制动器相同，制动传动和控制装置则取决于牵引车的制动形式和拖挂的载荷。

挂车的制动系统除必须具备对一般商用车制动系要求的减速、驻车灯功能和制动力大、制动平稳、散热性好等性能外，还须满足下列要求。

① 挂车与牵引车的制动系统应相互关联，工作可靠。

② 牵引车和挂车的制动应协调，即满足一定的制动顺序。例如半挂商用车列车的制动顺序是牵引车前轮、半挂车车轮及牵引车后轮；对于全挂车列车，希望挂车制动略早于牵引车，以免因挂车滞后制动造成列车折叠或甩尾等现象。

③ 当挂车意外自行脱挂，制动管路切断时，挂车制动系统应能立即使挂车自行制动。

④ 商用车列车满载拖挂时能在16%的坡道上停住；此外，挂车应另设驻车制动系统，以保证脱挂停放时可靠制动。

商用车列车的双管路双回路气压制动系统的工作原理如图 5-4-8 所示。在双管路制动系统中，挂车的一条主制动管路由牵引车储气筒引出，对挂车的储气筒充气，称为供气管路，管接头往往漆成红色。另一条管路由牵引车的制动控制阀引出，操纵挂齿制动阀（又称继动阀或分配阀）。通过挂车储气罐供给挂车制动气室实现制动。这一管路称为操纵管路，管接头一般漆成蓝色。正常行驶时，空压机产生的压缩空气经调节阀 2、双回路保护阀 3 充入牵引车两个储气筒 4Ⅰ和 4Ⅱ。前者的压缩空气一路进入牵引车前制动阀 5；另一路经双管路分别进入挂车制动阀 11 和充气管路 7、紧急继动阀 9、挂车储气筒 8，牵引车储气筒 4Ⅱ的压缩空气则进入牵引车后制动阀 5。若有一条回路漏气，双回路保护阀 3 可使另一条回路保持一定的气压。进行制动时，踩下牵引车制动阀 5 的踏板，压缩空气经阀 5 进入牵引车前后制动气室 15，同时进入挂车制动阀 11 的上腔，经操纵管路 12，打开紧急继动阀 9 的进气门，使挂车储气筒 8 的压缩空气经阀和调载阀 10 进入挂车制动气室 13，实施制动。

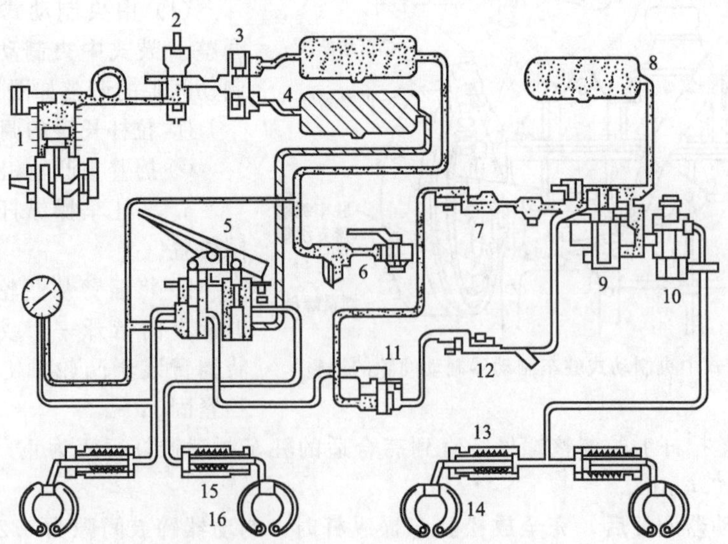

图 5-4-8　双管路双回路气压制动系统（含挂车）

1—空气压缩机；2—调节阀；3—双回路保护阀；4—牵引车储气筒（Ⅰ、Ⅱ）；5—牵引车制动控制阀（前、后）；6—压力保护阀；7—充气管路；8—挂车储气筒；9—紧急继动阀；10—调载阀；11—挂车制动阀；12—操纵管路；13—挂车制动气室；14—挂车制动器；15—牵引车制动气室；16—牵引车制动器

双管路双回路气压制动系统在驾驶室内设有手制动阀，实施挂车的驻车制动，若需要单独解除挂车制动，则要将调载阀放在“松开”位置，挂车意外脱挂时，该系统能将挂车自行制动，压力保护阀6可防止牵引车储气筒压缩空气外泄。

双管路制动系统的挂车储气筒无论列车在行驶或制动时一直处于充气状态，在列车下长坡连续制动时压缩空气也能得到及时的供应，使制动连续、可靠，保证了车辆的安全行驶，这是双管路系统的主要优点。

三、排气制动系统

商用车在坡度较大的道路上长距离下坡行驶时，需要不断进行制动，以使车速不至过高。但频繁地使用行车制动，不仅会使制动器的摩擦片过度磨损，还会使制动器发生热衰退，出现刹车失灵的情况。若采用辅助制动系统，则能避免这种情况的发生。排气制动系统为最常见的辅助制动系统，即用发动机的排气制动来作为辅助制动，以减轻因频繁使用脚制动而出现的制动器衰退现象，也可避免发动机被动的超转速运行，从而延长了机件的使用寿命。虽然辅助制动系统能够降低车速或保持车速稳定，但不能将车辆紧急制停。

（一）排气制动应用

① 矿山或山区公路上行驶的商用车。

② 在行车密度很高，交通情况复杂的城市街道上行驶的商用车。

③ 在冰雪泥泞等滑溜路面上行驶的越野车。

④ 在高速公路上行驶的商用车。

（二）排气制动原理

使用时，通过操纵排气制动开关，使电磁阀向排气制动阀充气，排气制动阀上的蝶形开关关闭排气管，增加了发动机运转的阻力。在排气制动的控制电路中，由于设置了加速开关和离合器开关，因而在踩油门和离合器踏板时，能自动地解除排气制动。排气制动系统原理见图5-4-9，如图5-4-10所示为排气制

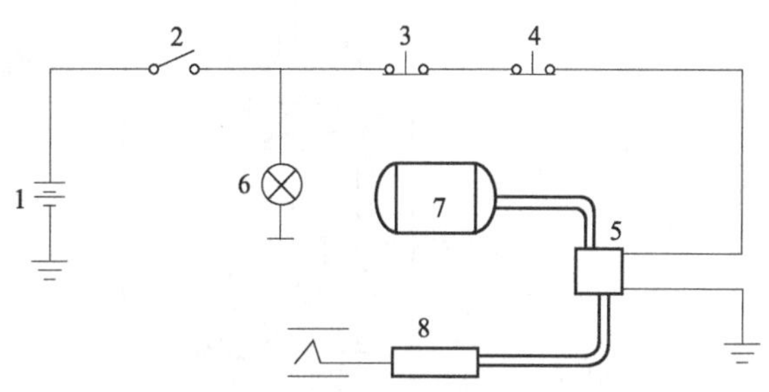

图5-4-9 排气制动系统原理

1—电源；2—排气制动开关；3—加速开关；4—离合器开关；5—电磁阀；6—指示灯；7—储气筒；8—排气制动阀

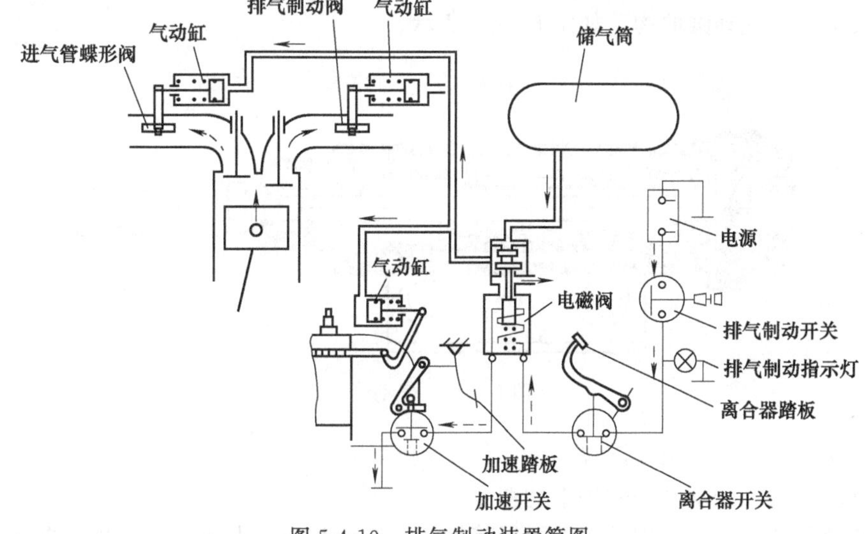

图5-4-10 排气制动装置简图

动装置简图。

（三）排气制动系统主要部件

（1）排气制动阀　排气制动阀为蝶形阀，装在排气歧管出口处，其结构如图 5-4-11 所示。

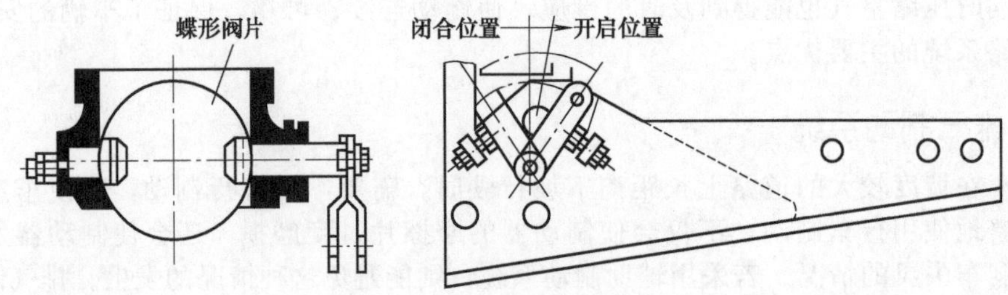

图 5-4-11　排气制动阀

（2）进气管蝶形阀　进气管蝶形阀的构造如图 5-4-12 所示，它装在进气管壳体和进气管之间。

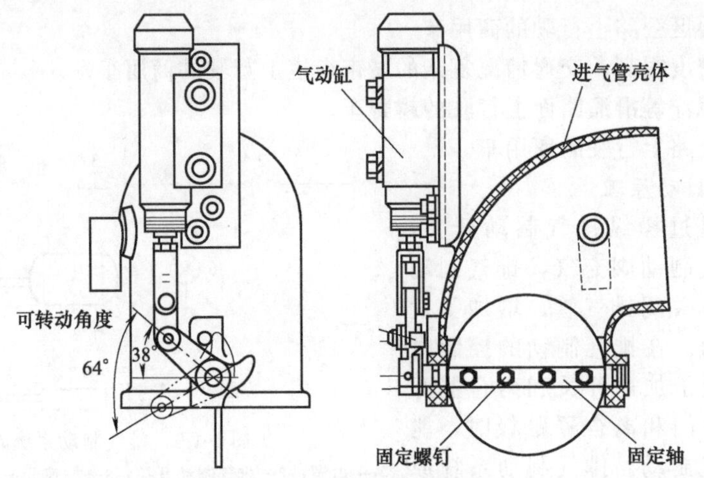

图 5-4-12　进气管蝶形阀

（3）气动缸　气动缸的构造如图 5-4-13 所示。

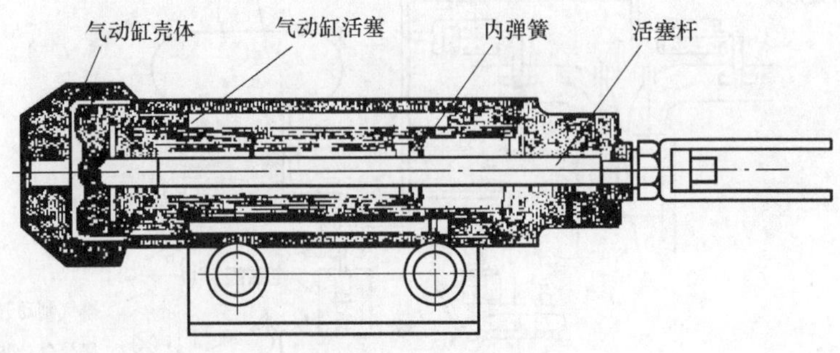

图 5-4-13　气动缸

（4）电磁阀　电磁阀为常闭式。

（5）制动开关　制动开关的构造如图 5-4-14 所示。

（6）离合器开关　离合器开关的两根接线柱串联于控制电路中，它由离合器踏板控制。

(7) 加速开关　加速开关的两根接线柱也是串联于控制电路中，它由加速踏板控制。

(四) 排气制动系统检修

1. 排气制动阀的检修

(1) 制动阀的解体

① 拆卸制动阀：先放掉储气筒中的空气，翻转驾驶室，拆下进排气接头，拆下驾驶室底板上制动阀固定螺栓，取出制动阀。清洗制动阀外表，但油水脏物不得进入内部。分解前各接合部做好装配记号，以防安装错误。解体后零部件依次排列放置。

② 踏板的分解：拆下踏板座架，抽出滚轮轴和踏板轴。

③ 阀体的分解：将上下阀体分开；将上阀体连杆上弹簧压下，取掉顶部小卡簧，依次取出活塞、回位弹簧、继动活塞等组件；卸掉下阀体排气阀，分解进排气阀；取出上阀体沟槽内卡簧，取出第一进排气阀总成各零件。

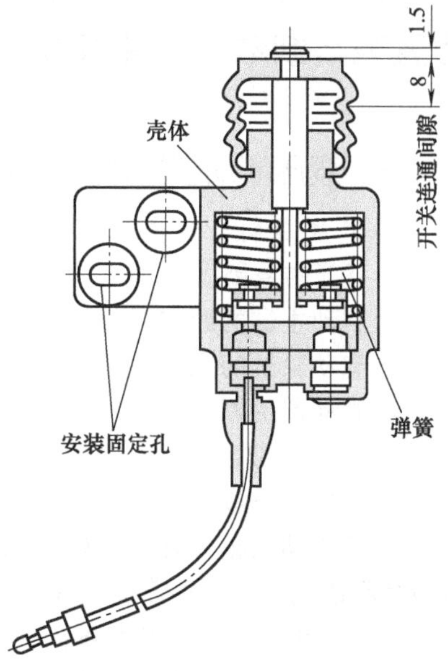

图 5-4-14　制动开关

(2) 制动阀零件的检查

① 踏板轴承孔 $\phi10.25$ 以上，修复或更换踏板；踏板销轴磨至 $\phi9.85$ 以下换新；滚轮内径 $\phi10.1$ 以上，外径 $\phi26$ 以下应更换；支座孔 $\phi26.65$ 以上换套或更换；滑柱 $\phi26.16$ 以下应更换。

② 各回位弹簧生锈、折损、变形、疲劳时换新。有制动阀弹簧件修理包供选用。

③ 进排气阀等橡胶件使用一年以后，用修理包更换，阀门橡胶面有沟槽，腐蚀换新。

(3) 制动阀的组装

① 下阀体的组装：把下阀体排气端向上放置在工作台上，把第二进排气阀装入下阀体，装排气阀盖。

② 将上阀体倒置在工作台面上，把第一进排气阀门、弹簧座、弹簧、护圈、O 形圈、特种垫圈按顺序组装，用锁环固定，将第一阀门总成装入上阀体并用卡环固定；在活塞上装上橡胶弹簧、垫圈并用螺栓固定，活塞上装上密封圈；用连杆依次穿上继动活塞、继动活塞回位弹簧、第一进气阀、上阀体、回位弹簧、活塞、平衡弹簧和压盘等，并用小卡簧固定，按装配记号将阀体和踏板座架连接在一起。

③ 装滑柱、滚轮及踏板等。

④ 将制动阀装到车上，调节踏板调整螺钉，使踏板自由行程为 20～40mm，气压达 686kPa 以上，松开制动踏板或踩住制动踏板，制动阀无漏气部位。

2. 制动阀的检修

① 拆卸前应检查阀轴的轴向间隙，轴向间隙应为 0.5～2.5mm，超过时应予修复。

② 检查制动阀和操作缸的连接部，拉杆和连杆有无松旷，严重时应修复或更换。

③ 拆下拉杆，检查制动阀臂是否灵活，阀门轴是否松旷；检查阀轴和衬套的配合间隙，如间隙超过 0.425mm 时，应更换衬套；蝶形阀如有翘曲变形，应予修复或更换。

④ 调整：松开阀门臂限位螺钉锁紧螺母，使蝶形阀位于全闭状态，然后反转限位螺钉 1/8～1/7 转，使阀门与阀体间隙为 0.20mm；再使蝶形阀位于全开位置，调整另一侧限位螺钉，最后锁紧锁母。

第五节 制动系统常见故障的诊断与排除

一、液压制动装置常见故障诊断与排除

（一）液压制动不良

1. 可能的原因

① 制动主缸的原因。

② 制动轮缸的原因。

③ 制动器的原因。

④ 其他原因。

2. 诊断与排除

① 若制动踏板不升高，始终到底且无力，应先检查主缸是否缺少制动液，主缸进油孔与储液罐通气孔是否堵塞。再检查油管接头有无破损之处或严重漏油，否则应修理或换用新件。若无漏油之处，应检查各机械连接部位有无脱开之处。

② 若制动踏板能升高，这时踩住踏板进行检查。若踩动踏板，踏板能升高且制动效能有好转，则检测踩板自由行程和车轮制动器的间隙，应符合技术标准，否则进行局部调整。

③ 若踩一次制动踏板高度适中，但感到硬而且制动效能差，则个别车轮制动器不良，应检查制动软管是否老化、堵塞，否则检查该车轮制动器。

（二）制动跑偏

1. 可能的原因

① 左、右车轮制动器制动间隙大小不一样，或摩擦片与轮鼓接触面积相差太大，或摩擦片材料、质量、规格不一样。

② 左、右制动鼓内径相差过多，或回位弹簧弹力相差太大，或轮胎气压大小不一样。

③ 个别车轮摩擦片有油污、硬化或铆钉外露，或轮缸内活塞卡滞、橡胶碗发胀，或油管堵塞，或制动鼓失圆。

④ 车架变形，前轴外移，前后轴不平行，两前轴钢板弹簧弹力不一样。

2. 诊断与排除

①商用车行驶中制动，若商用车向左倾斜，则为右轮制动性能差，反之为左轮制动性能差。

② 当商用车制动后，查看轮胎在路面上的拖印情况，若拖印短或没有拖印的车轮，则为制动有故障的车轮。

③ 若查出有故障车轮后，先检查该车轮制动管路是否漏油，轮胎气压是否达到技术标准。若正常，再检测制动间隙是否符合技术标准，否则予以调整。若仍无效，应拆下制动鼓，逐一检查各件。

④ 经上述检修后，各车轮拖印基本符合要求，但制动时仍跑偏，则故障不在制动系，应检测车架或前轴的技术状况。若出现忽左忽右的跑偏现象，则应检查前束或纵横拉杆球头销是否松旷。

（三）制动拖滞

1. 可能的原因

① 制动踏板没有自由行程或回位弹簧过软、折断，踏板轴锈滞、发卡，回位困难。

② 主缸活塞变形，回位弹簧过软或折断。

③ 制动间隙过小，制动蹄回位弹簧过软、失效，制动蹄在支承销上不能自由转动。

④ 制动轮缸橡胶碗胀大，活塞变形。

⑤ 制动管路凹瘪、堵塞，导致回油不畅。

2. 诊断与排除

①商用车行驶一段路程后，用手触摸各制动鼓，若全部发热，说明故障在制动主缸；若个别制动鼓发热，则故障在个别的制动轮缸上。

② 若故障在制动主缸，应先检查踏板自由行程。如果无自由行程，则主缸推杆与活塞间隙过小或没有间隙，应进行调整。若自由行程符合标准，则拆下主缸储油室加油螺塞，踩下踏板慢回位，看其回油状况，若不回油则为回油孔堵塞；若回油缓慢则为橡胶碗、橡胶圈发胀或回位弹簧无力；或油液太脏，黏度太大。

③ 若故障在制动轮缸，把有故障的车轮顶起，旋松制动轮缸的放气螺钉，如制动液随之急速喷出，车轮也立即旋转自如，说明管路堵塞，轮缸不能回油，此时应疏通油管。若旋转车轮仍有拖滞，可检查制动间隙和回位弹簧，若正常，应检拆制动轮缸。必要时，活塞、橡胶碗均换用新件。

二、气压制动装置常见故障诊断与排除

（一）气压制动不良故障

1. 故障现象

① 制动时不能迅速减速或停车。

② 第一次踏下制动板时制动不良，连续踩踏制动板，踏板逐渐升高，但脚踏触感减弱，且制动效果不佳。

2. 故障原因

① 空气压缩机故障：皮带打滑或断裂，活塞与缸筒严重磨损，卸荷阀关闭不严，气压调节阀起不到很好的调节作用。

② 储气筒上安全阀失效导致气压过低。

③ 制动阀故障：进排气阀关闭不严，膜片破裂，活塞的密封圈密封性不好，排气间隙过大。

④ 快放阀膜片破裂。

⑤ 制动气室膜片破裂。

⑥ 车轮制动器发生故障。例如：制动鼓与制动蹄之间间隙过大或接触面积过小；制动蹄片上沾有油污或水；制动蹄片上铆钉松动；制动鼓失圆或磨出沟槽；凸轮轴、制动蹄的支撑销锈死或磨损松旷；调节臂上的调整蜗杆调整不当。

⑦ 制动气室推杆行程过小。

⑧ 制动踏板自由行程太大。

⑨ 制动管路凹瘪、内壁积垢严重或软管内孔不畅通，或制动管路漏气。

3. 故障诊断方法

① 先启动发动机运转数分钟，观察气压表读数是否达到技术标准。如果气压不足，应检查空气压缩机是否工作正常、管路是否漏气、空气压缩机传动带是否过松。

② 若发动机运转时，未踩下制动踏板，储气筒内气压不断升高，而发动机熄火后，气压又不断下降，则空气压缩机至制动控制阀之间的气道漏气。

③ 若储气筒内气压符合标准，当踩下制动踏板时，气压不断下降，即为制动控制阀至各制动气室之间有漏气处或膜片破裂而漏气。

④ 若无漏气，则应检查制动踏板自由行程，检查摩擦片与制动鼓之间的间隙是否过大，再检查制动臂的调整是否适当，否则应进行调整。

（二）气压制动失效故障

1. 故障现象

商用车行驶中，将制动踏板踩到底，制动装置不起作用，或在使用一次或几次制动后，制动装置突然不起作用，都属于制动失效故障。

2. 故障原因

（1）储气筒无气或充气量不足　例如：①空气压缩机传送带折断或打滑；②空气压缩机与储气筒之间的储气管路破损、堵塞，或管路接头松脱漏气严重；③卸荷阀卡死；④挂车制动分离开关未关或关闭不严；⑤储气筒破裂，储气筒各功能阀失效、漏气。

（2）制动阀故障　例如：①制动阀的进气阀被卡住或关闭不严造成进气阀不能打开，压缩空气从排气口排出；②制动踏板传动机构折断；③制动管路折断，接头松脱或管路堵塞。

（3）制动气室故障　例如：①制动气室膜片破裂；②壳体破损，接合面松动；③推杆在壳体孔中卡死而不能移动；④调整臂调整不当导致制动气室推杆行程过小。

（4）车轮制动器故障　例如：①制动凸轮轴与支架衬套卡死，导致凸轮轴不能转动，或转角过小；②制动蹄摩擦片、制动鼓磨损后间隙过大；③制动蹄摩擦片大面积脱落或严重烧蚀；④制动鼓开裂破碎；⑤制动器过热或潮湿。

3. 诊断与排除

① 先检查储气筒内有无压缩空气。若无压缩空气，应查找有无漏气之处。若无漏气，则为空气压缩机故障，应检修空气压缩机。

② 若空气压缩机工作正常，则检查制动踏板与制动控制阀拉臂是否脱节，制动控制阀的调整螺钉是否松动。若上述都正常，则应拆检制动控制阀，疏通气道。

（三）气压制动跑偏故障

1. 故障现象

商用车在行驶的过程中，制动时自动向一侧偏驶。

2. 故障原因

① 左、右车轮制动器制动力不等。左、右车轮制动器间隙不一致，制动鼓与制动摩擦片接触面积相差太大，个别制动鼓失圆，内径相差过大；或回位弹簧弹力相差悬殊，制动蹄与支承销锈蚀，转动困难；个别摩擦片有油污、硬化、铆钉外露或材料不一样或质量不同。

② 左、右车轮制动操纵力不平衡。个别制动气室连接软管腐蚀、老化、破裂、堵塞或接头漏气；个别制动气室膜片破裂、老化、弹簧折断或弹力过小及推杆弯曲变形；制动凸轮转角大小不一，支架磨损、松旷或凸轮轴颈与支架锈蚀卡滞。

③ 其他原因。左、右轮胎气压大小不一致。轮胎花纹不一样、前轴两侧钢板弹簧弹力不等、车架变形、前轴位移、前后轴不平行等。

3. 诊断与排除

① 商用车行驶中制动时，当商用车向左偏斜，即为右轮制动性能差，反之则为左轮制动性能差。通常是根据路试法，后轮轮胎拖印判断或经制动试验台检测法进行检测，确定其故障部位。

② 应先检查制动气室。一人踩住制动踏板，另一人检查该车轮制动气室、气管或接头有无漏气。若无漏气检查制动气室推杆伸缩情况，查看是否有弯曲、变形或卡死现象及左右推杆是否一致。

③ 如果上述良好，可将车轮架起，从制动鼓检视孔察看摩擦片是否有油污等；检测制

动间隙是否过大。若上述良好，可踩下制动踏板，并迅速抬起，观察制动蹄回位是否自如。若不能迅速回位，多为制动蹄回位弹簧弹力不足或凸轮轴卡死，则应进行修理或换用新件。

④ 若上述检查调整无效，则应检查制动鼓是否失圆，摩擦片是否磨损或硬化，铆钉头是否外露，以及弹簧弹力是否符合技术标准、检查凸轮轴转动是否灵活。根据具体情况进行维修或换用新件。

（四）气压制动拖滞故障

1. 故障现象

抬起制动踏板，制动阀排气缓慢或不排气，不能迅速解除制动，致使车辆出现起步困难、行驶无力等现象。

2. 故障原因

（1）制动阀故障　例如：①制动阀排气间隙小；②制动阀排气阀座橡胶发胀，堵塞排气口；③排气阀导向座锈蚀、发卡。

（2）传动机构故障　例如：①踏板传动机构卡住不回位；②制动踏板无自由行程；③制动踏板自由行程过小。

（3）车轮制动器故障　例如：①制动气室推杆卡住不回位；②制动凸轮轴支架固定螺栓松动，使凸轮轴不同心而导致转动不灵活；③制动蹄摩擦片与制动鼓间隙过小；④制动蹄摩擦片与制动鼓烧结、粘住、脱落，回位弹簧脱落、折断或弹力过小；⑤制动蹄轴因锈蚀、润滑不良或与衬套配合间隙过小而导致转动困难。

（4）其他故障　例如：①半轴套管与轮毂轴承配合松旷导致制动鼓偏斜；②轮毂轴承外圈与轮毂配合松旷导致制动鼓倾斜；③制动气室膜片老化、膨胀、变形，制动软管老化、发胀、堵塞；④制动踏板轴发卡，踏板回位弹簧脱落、折断引起踏板不回位。

3. 诊断与排除

① 抬起制动踏板时，制动控制阀排气缓慢或不排气大多属于制动控制阀故障。若排气快或断续排气而制动拖滞，则属个别车轮制动器故障。若用手摸试各车轮制动鼓时，如果是制动阀故障，则所有车轮制动鼓发热；若个别车轮制动器有故障，则该车轮制动鼓发热，应拆检该车轮制动鼓。

② 若制动控制阀有故障，应先检查制动踏板自由行程。若行程正常，则拆检制动控制阀排气阀弹簧及座。若良好，则检查制动控制阀推杆是否锈滞。

③ 若个别车轮拖滞，可在抬起制动踏板时，观察制动气室推杆情况。若其回位缓慢或不回位，应检查制动凸轮轴与支架间润滑程度和同轴度。若回位正常，可检测制动间隙。若架起车轮检测的间隙与落下车轮检测的间隙有变化，则轮毂轴承松旷，或半轴套管与轮毂配合松旷。若上述良好，则应拆下制动鼓，检测制动器各机件并进行必要的维修或换用新件。

三、驻车制动装置常见故障诊断与排除

（一）驻车制动不良

1. 原因

① 驻车制动自由行程过大。

② 制动鼓工作表面磨损、起槽、裂纹，摩擦片与制动鼓贴合不良或摩擦片与制动鼓配合间隙过大。

③ 摩擦片表面有油污、泥水，磨损过度或焦化。

④ 制动蹄片在支承底板中卡住，或支承底板变形致使制动蹄轴歪斜。

⑤商用车起步时，操作失误，未松驻车制动操纵杆导致摩擦片烧蚀。

2. **诊断与排除**

① 将变速杆回到空挡位置，拉紧驻车制动操纵杆，支起后轮。这时转动传动轴，如能转动，则说明驻车制动不良。

② 检查驻车制动操纵杆的自由行程是否过大。

③ 用塞尺检测摩擦片与制动鼓配合间隙是否符合技术标准，否则应进行调整。

④ 若上述良好，则检测驻车制动器制动鼓圆度误差，查看摩擦片是否有油污，与制动鼓贴合状况及制动底板是否变形，检查制动蹄轴是否锈蚀，否则维修或换用新件。

（二）驻车制动拖滞

1. **原因**

① 制动蹄摩擦片与制动鼓间隙过小，局部有粘连接触，制动蹄回位弹簧弹力小、过软或折断。

② 制动蹄与制动蹄轴装配过紧，转动困难或锈蚀，导致制动蹄回位缓慢或不回位。

2. **诊断与排除**

① 若商用车在离合器良好状态下不能起步，车辆行驶无力，驻车制动鼓发热，则说明驻车制动拖滞。

② 先检查齿板上的限位片是否丢失或未装。

③ 用塞尺检测摩擦片与制动鼓间隙是否符合技术标准，否则应调整。

④ 若以上良好，应拆检驻车制动器。

第六节　商用车防抱死系统（ABS系统）

一、ABS系统

（一）常用名词

1. **附着力与附着系数**

附着力是轮胎与路面之间切向作用力的最大值。

附着力的大小等于附着系数和路面对轮胎垂直反力的乘积。

附着系数的大小与轮胎类型、轮胎气压、路面情况、车速、负荷、温度等诸因素有关。

2. **滑移率**

滑移率表示车轮纵向运动中滑动成分所占的比例。定义为

$$S=(v-r\omega)/v\times100\%$$

式中　v——车轮中心的速度；

ω——车轮的角速度；

r——车轮的滚动半径。

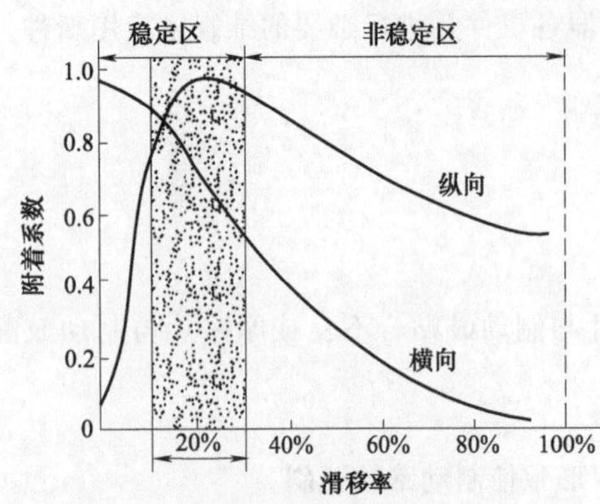

图 5-6-1　滑移率与附着系数的关系

试验表明：当滑移率为15%～30%（轮胎处于滑移的临界状态）时，纵向附着系数最大，而横向附着系数在滑移率为0时最大。如图5-6-1所示。

（二）ABS防抱死制动系统概述

在商用车制动时，如果车轮抱死滑移，车轮与路面间的侧向附着力将完全消失。如果只是前轮（转向轮）制动到抱死滑移而后轮还在

滚动，商用车将失去转向能力。如果只是后轮制动到抱死滑移而前轮还在滚动，即使受到不大的侧向干扰力，商用车也将产生侧滑（甩尾）现象。这些都极易造成严重的交通事故。因此，商用车在制动时不希望车轮制动到抱死滑移，而是希望车轮制动到边滚边滑的状态。

所以为了充分发挥轮胎与路面间的这种潜在的附着能力，目前在大多数车辆上都装备了防抱死制动系统（Antilock Brake System），简称 ABS。

1. 防抱死制动系统的作用

防抱死制动系统在各种路面和行驶状态紧急制动时，保持滑移率在 15%～30%之间，能防止商用车在常规制动过程中由于车轮完全抱死而出现的后轴侧滑、前轮丧失转向能力等现象，从而充分发挥轮胎与路面间的潜在附着力，最大限度地改善商用车的制动性能，以提高商用车在制动过程中的方向稳定性和转向操纵能力，从而满足行车安全的需要。

2. ABS 的控制方式分类

在 ABS 中，能够独立进行制动压力调节的制动管路称为控制通道。如果对某车轮的制动压力可以进行单独调节，称这种控制方式为独立控制；如果对两个（或两个以上）车轮的制动压力一同进行调节，则称这种控制方式为一同控制。

在对两个车轮的制动压力进行一同控制时，如果以保证附着力较大的车轮不发生制动抱死为原则进行制动压力调节，称这种控制方式为按高选原则；如果以保证附着力较小的车轮不发生制动抱死为原则进行制动压力调节，则称这种控制方式为按低选原则。

尽管各种 ABS 的结构形式和工作过程并不完全相同，但都是通过对趋于抱死车轮的制动压力进行自适应循环调节，来防止被控制车轮发生制动抱死。

3. ABS 的优点

(1) 车辆控制　装备有 ABS 的商用车驾驶员在紧急制动过程中，保持着很大程度的操纵控制。在紧急制动过程中，用标准的液压制动器产生的打滑使驾驶员失去对车辆的控制。ABS 恢复稳定性并使驾驶员恢复对车辆的控制。

(2) 减少浮滑现象　潮湿、光滑道路和车轮抱死情况下容易在路面上滑移的现象称为浮滑现象，当车辆驾驶员行驶在具有一层水和油薄膜的路面之上时，出现与浮滑现象类似场景。由于 ABS 减少了车轮抱死的机会，因此，也减少了制动过程中出现浮滑现象的机会。

（三）ABS 的基本工作原理

通常，ABS 是在普通制动系统的基础上加装车轮速度传感器、ABS 电控单元、制动压力调节装置及制动控制电路等组成的，如图 5-6-2 所示。在常见的 ABS 系统中，每个车轮上

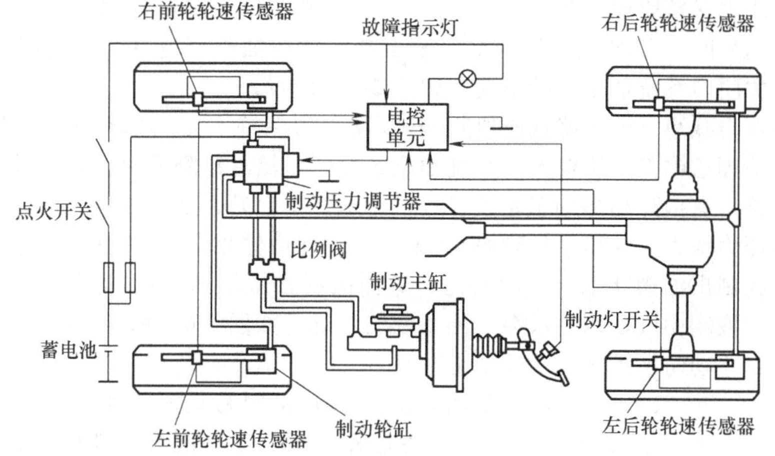

图 5-6-2　防抱死制动系统的基本组成

各安装一个转速传感器，将有关各车轮转速的信号输入电子控制装置。电子控制装置根据各车轮转速传感器输入的信号对各个车轮的运动状态进行监测和判定，并形成相应的控制指令。制动压力调节装置主要由调压电磁阀组成、电动泵组成和储液器等组成一个独立的整体，通过制动管路与制动主缸和各制动轮缸相连。制动压力调节装置受电子控制装置的控制，对各制动轮缸的制动压力进行调节。

ABS 的基本原理就是通过调节制动管路的压力，控制车轮制动器的制动力，使商用车在紧急制动时，轮速保持在适当的范围内，车轮滑移率控制在 10%～30%的稳定制动区段上，车轮不被抱死，既能保持最大的制动力，又能充分利用车轮附着力，大大提高制动效能。

制动过程中，ABS 电控单元（ECU）不断地从传感器获取车轮速度信号，并加以处理，分析是否有车轮即将抱死拖滑。

ABS 的工作过程可以分为常规制动、制动压力保持、制动压力减小和制动压力增大等阶段。

（1）常规制动阶段（油压建立阶段） 开始制动时，驾驶员踩制动踏板，制动压力由制动主缸产生，经进油阀作用到车轮制动轮缸上，此时出油阀依然关闭，ABS 系统没有参与控制，整个过程和常规液压制动系统相同，制动压力不断上升，如图 5-6-3 所示。

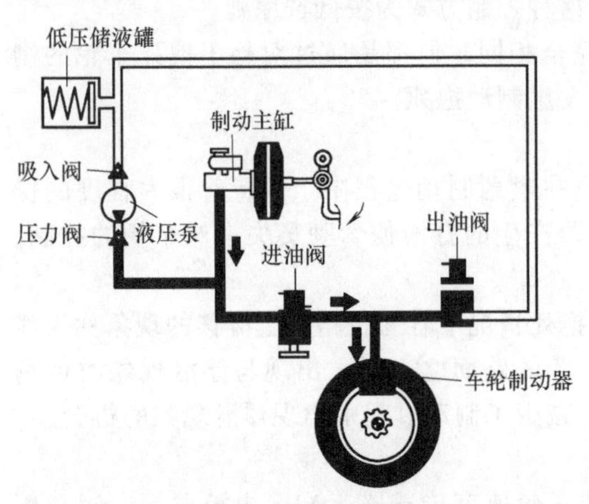

图 5-6-3 油压建立阶段

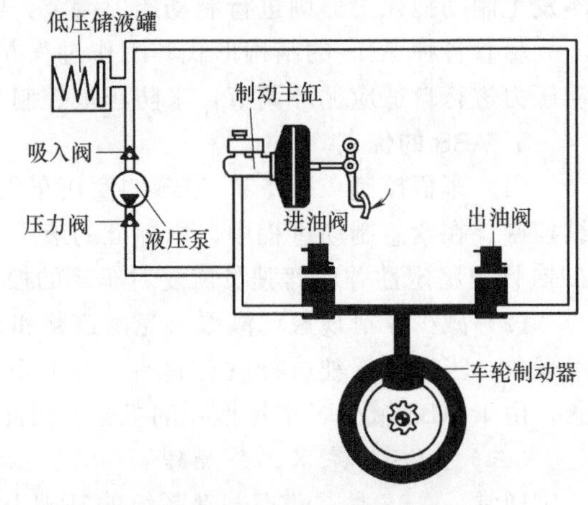

图 5-6-4 油压保持阶段

（2）制动压力保持阶段（油压保持阶段） 当驾驶员继续踩制动踏板，油压继续升高到车轮出现抱死趋势时，ABS 电子控制单元发出指令使进油阀通电并关闭阀门，出油阀依然不通电而保持关闭，系统油压保持不变，如图 5-6-4 所示。

（3）制动压力减小（油压降低阶段） 若制动压力保持不变，车轮有抱死趋势时，电子控制单元给出油阀通电打开出油阀，系统油压通过低压储液罐降低油压，此时进油阀继续通电保持关闭状态，有抱死趋势的车轮被释放，轮速开始上升，如图 5-6-5 所示。

（4）制动压力增大（油压增加阶段） 为了使制动最优化，当车轮轮速增加到一定值后，电子控制单元控制出油阀断电，关闭阀门；进油阀同样也不通电而打开，ABS 液压泵继续工作，从低压储液罐中吸取制动液泵入液压制动系统，如图 5-6-6 所示。

知识拓展：驱动防滑系统（ASR 系统）

ASR（Anti-Slip Regulation，即驱动防滑系统）也叫自动牵引力控制 TCS（Traction Control System），是一套在 ABS 基础上发展起来，与 ABS 一起对打滑的驱动轮进行控制的系统。

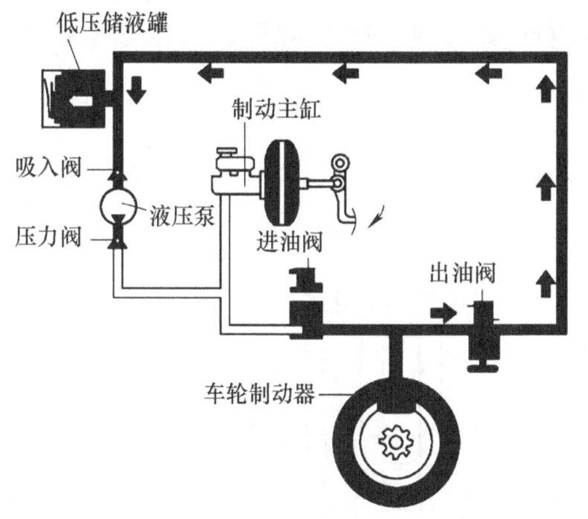

图 5-6-5 油压降低阶段

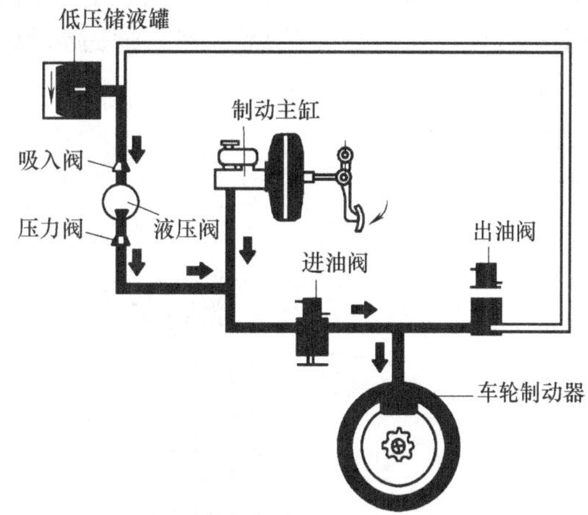

图 5-6-6 油压增加阶段

如果路面的附着系数很小，容易使商用车的牵引力超过轮胎与路面间的附着极限（即$F_t > F_\phi$），产生驱动轮过度滑转，后轮驱动的商用车将可能甩尾，前轮驱动的商用车则容易方向失控，导致商用车向一侧偏移。驱动防滑的基本原理与制动防滑相似，把车轮滑移率控制在一定范围内，提高地面附着力的利用率，改善驱动性能。

目前，ASR 常用的控制方法有种：一是调整发动机加在驱动轮上的转矩的发动机控制。汽油机常通过控制燃油喷射量、点火时间、节气门开度来减低其输出转矩；柴油机常通过控制燃油喷射量来减低其输出转矩。二是对发生打滑的驱动轮直接施加制动的制动控制。如果驱动轮在不同附着系数的路面上，通过对打滑的驱动轮实施制动，降低滑移率，提高驱动力。对于附着系数相同的路面，可通过发动机控制来实现防驱动轮打滑，也可对打滑的两驱动轮实施制动；为防止制动蹄过热，当车速高于一定值时，制动控制将不起作用，要依靠发动机控制。

ASR 与 ABS 有十分密切的联系，是 ABS 的自然延伸。二者在技术上比较接近，部分软、硬件可以共用。ABS 所用的传感器和压力调节器均可为 ASR 所利用，ABS 的电子控制装置只需要在功能上进行相应的扩展即可用于 ASR 装置。在 ABS 的基础上，只需添加 ASR 电磁阀，即可对过分滑转的车轮实施制动。对电控发动机来说，通过总线就可控制发动机的输出力矩。非电控发动机，只需增加一些传感器和执行机构，就可控制发动机的输出力矩。基于此，通常把二者有机地结合起来，形成商用车 ABS/ASR 防滑控制系统。

二、轮速传感器

轮速传感器的作用是将轮速变为电信号，输送给控制单元，以使控制单元准确判断制动时车轮是否被抱死。

轮速传感器由传感头和齿圈组成，传感头由永久磁铁和感应线圈组成，齿圈由铁磁性材料制成，如图 5-6-7 所示。

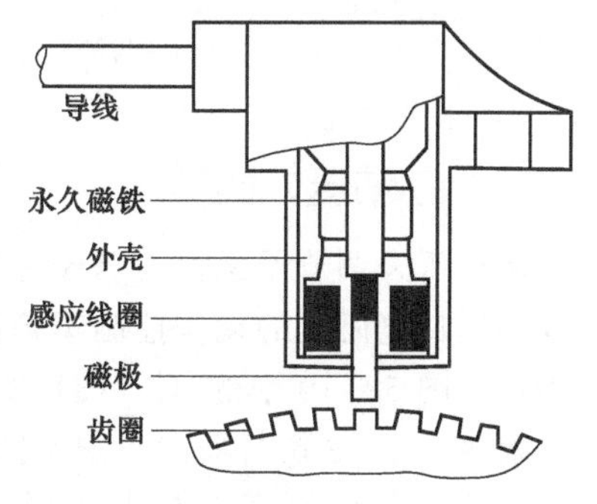

图 5-6-7 轮速传感器的结构

轮速传感器的工作原理：齿圈与车轮同步转动，当齿圈旋转时，齿顶与齿隙轮流交替对向磁铁，当齿圈转到齿顶与传感头磁铁相对时，传感头磁铁与齿圈之间的间隙最小，由永久磁铁产生的磁力线就容易通过齿圈，感应线圈周围的磁场就强，如图 5-6-

8（a）所示；当齿圈转动到齿隙与传感头磁铁相对时，传感头磁铁与齿圈之间的间隙最大，由永久磁铁产生的磁力线就不容易通过齿圈，感应线圈周围的磁场就弱，如图 5-6-8（b）所示。

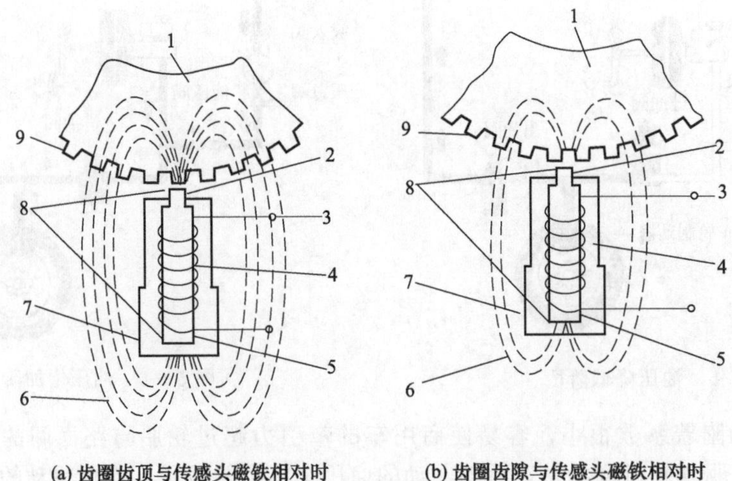

(a) 齿圈齿顶与传感头磁铁相对时　　(b) 齿圈齿隙与传感头磁铁相对时

图 5-6-8　轮速传感器工作原理

1—齿圈；2—磁铁端部齿；3—感应线圈端子；4—感应线圈；5—磁铁；6—磁力线；7—轮速传感器；8—磁极；9—齿圈上的齿

轮速传感器通常安装在各车轮轴上，如图 5-6-9 所示。

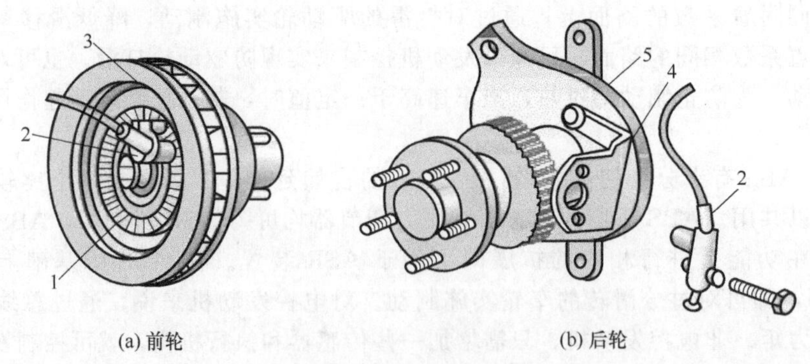

(a) 前轮　　(b) 后轮

图 5-6-9　轮速传感器的安装

1—齿圈；2—轮速传感器；3—轮毂；4—托架；5—轴座

三、制动压力调节器

制动压力调节器又称为 ABS 控制器，是 ABS 系统的执行机构，其功用是接受 ECU 的指令，通过电磁阀的动作控制车轮制动轮缸的制动压力，装在制动主缸与制动轮缸之间的油路中，如图 5-6-10 中的（A7/3）所示。

商用车 ABS 执行器因车型不同，其安装位置和制动管路的布置等均有所不同，但其本身的构造和工作原理则基本相同，它由电磁阀、蓄能器和泵所构成，如图 5-6-11 中的 3 所示。

回油泵和蓄能器如图 5-6-12 所示。蓄能器是液压系统中的一种能量储蓄装置。它在适

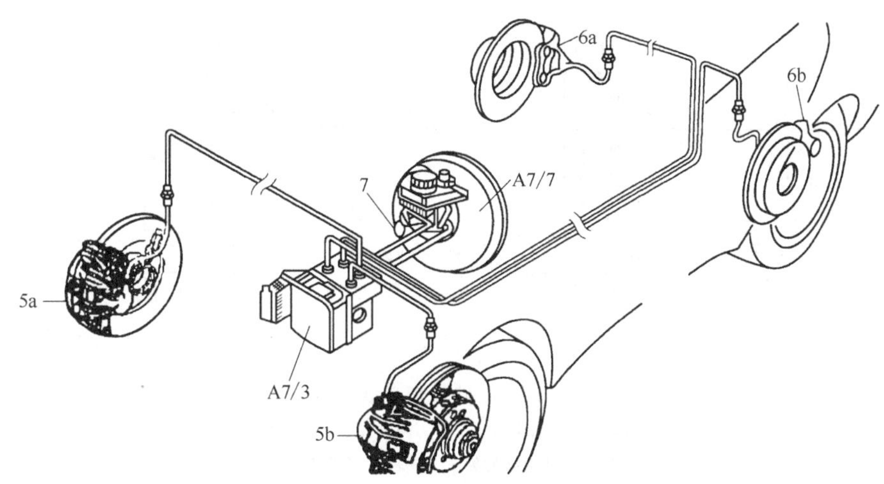

图 5-6-10 制动压力调节器（A7/3）

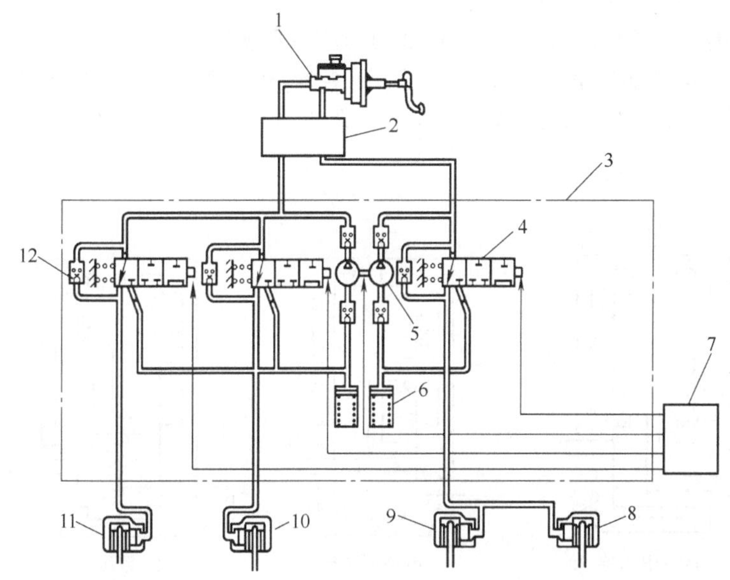

图 5-6-11 电控防抱死制动系统的液压系统

1—制动主缸；2—比例旁通阀；3—制动压力调节器；4—三位电磁阀；5—回油泵；6—蓄能器；7—电控单元；8—后右制动轮缸；9—后左制动轮缸；10—前右制动轮缸；11—前左制动轮缸；12—单向阀

当的时机将系统中的能量转变为压缩能或位能储存起来，当系统需要时，又将压缩能或位能转变为液压或气压等能而释放出来，重新补供给系统；当系统瞬间压力增大时，它可以吸收这部分的能量；保证整个系统压力正常。

电磁阀的工作状态有以下三种。

① 压力升高。在不供电的情况下，电磁线圈无励磁，阀体在回位弹簧的作用下，处于最下端位置［见图 5-6-13（a)］，阀体关闭通往蓄能器的油路 C，同时打开通往制动轮缸的油路 B，使制动轮缸的压力油直接进入制动轮缸。这时的工作状态和普通液力制动系统相同，轮缸的工作压力随着主缸油压的增加而升高。

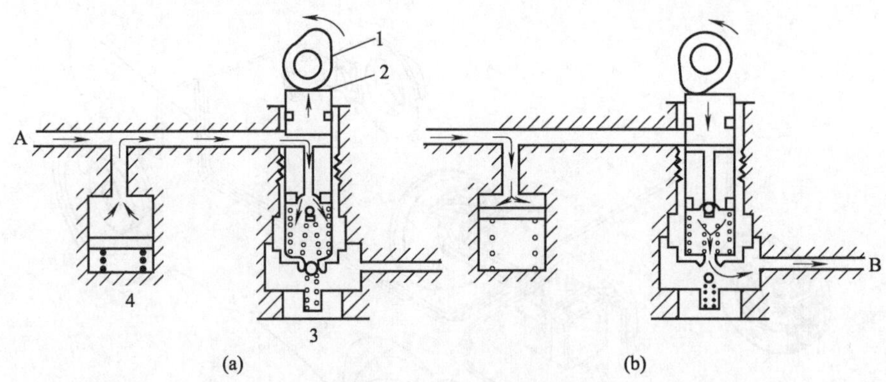

图 5-6-12 回油泵和蓄能器

1—凸轮；2—油泵柱塞；3—回油泵；4—蓄能器；

A—来自制动轮缸；B—泵回制动主缸

② 压力保持。当电控单元发出指令，给电磁线圈通高达最大电流一半数值的电流时，在电磁力的作用下，阀体克服回位弹簧的压力而上升，关闭 A、B、C 三条油路［见图 5-6-13（b)］，从而切断主缸的来油，以保持轮缸的油压不再增减。

③ 压力降低。当制动轮缸的油压过高时，电控单元便发出指令，使最大电流通过电磁阀。这时，阀体进一步上升，直至最上端位置［见图 5-6-13（c)］，接通轮缸和蓄能器的油路，使轮缸油压降低。

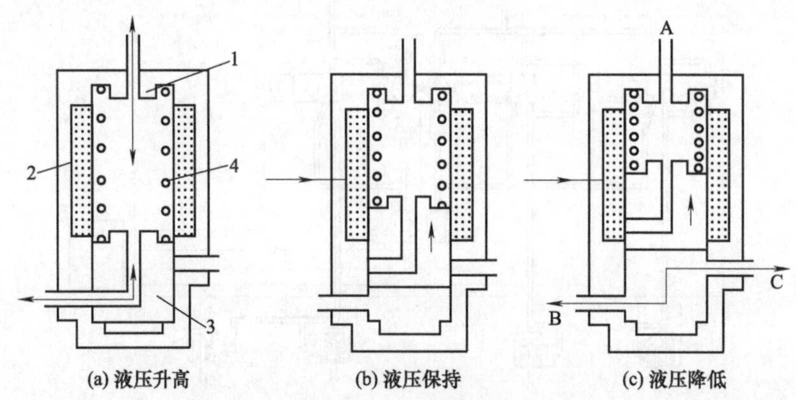

图 5-6-13 三位电磁阀

1—固定铁芯；2—电磁线圈；3—阀体；4—回位弹簧；

A—通往制动主缸；B—通往制动轮缸；C—通往蓄能器

四、电子控制单元

ABS 电子控制单元是 ABS 系统的控制中心，又称为 ABS ECU。ABS ECU 的主要任务是连续监测接受 4 个轮速传感器送来的脉冲信号，向液压控制单元 HCU 发出指令，控制制动轮缸油路上电磁阀的通断和 ABS 液压泵的工作来调节制动压力，防止车轮抱死。ABS 电脑由输入电路、数字控制单元、输出电路和报警电路组成，如图 5-6-14 所示。

五、ABS 系统常见故障的诊断与排除

ABS 系统检修的基本内容包括故障诊断与检查、故障排除与修理、定期保养与维护。

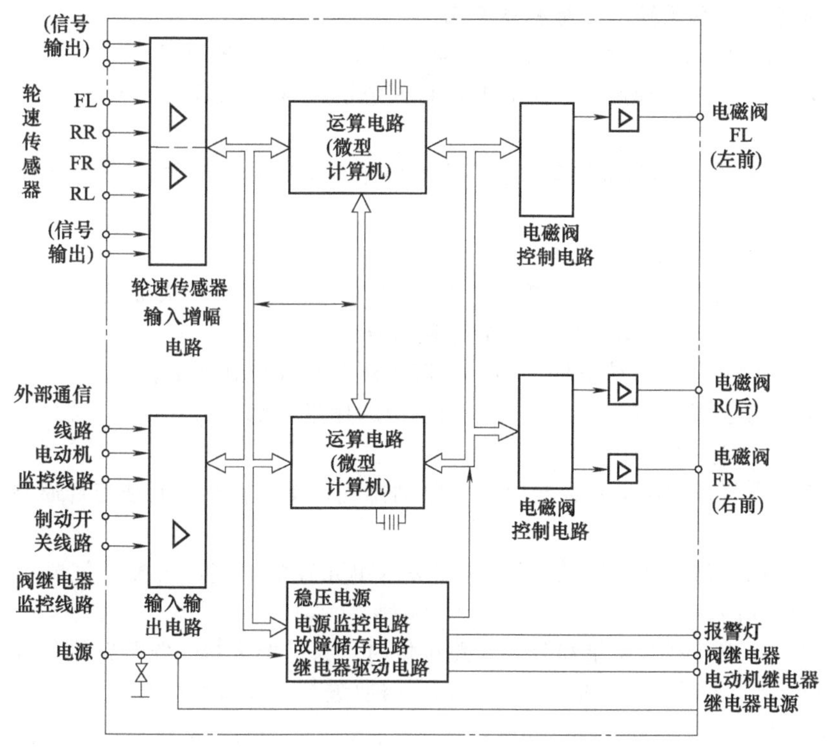

图 5-6-14 电控防抱死制动系统的电控单元

1. ABS 系统的故障一般检修步骤

① 确认故障情况和故障症状。

② 先对 ABS 系统进行直观检查，检查是否有制动液渗漏、导线破损、插接器松脱、制动液液位过低等情况。

③ 利用自诊断系统进行读取故障码，可以用解码器读取，也可以通过报警灯的闪亮进行读取，然后根据维修手册查找故障码代表的故障情况。

④ 根据故障情况，利用必要的工具和仪器对故障部位进行具体的检查，确定故障部位和故障原因。

⑤ 修理或更换部件以排除故障。

⑥ 清除故障码。

⑦ 检查故障报警灯是否仍然持续点亮，若是则可能是系统仍存在故障，也可能是故障已经排除，但故障码未被清除。

⑧ 若报警灯不再持续点亮，则对车辆进行路试，确认 ABS 系统是否恢复正常工作。

2. 修理的基本内容

通过诊断与检查判断出 ABS 系统中的故障部位，就可以进行调整、修复或换件，直到故障被排除为止。修理的步骤如下。

① 泄去 ABS 系统中的压力。

② 对故障部位进行调整、拆卸、修理或换件。

③ 按规定步骤进行放气。

如果是轮速传感器有故障，应按规定进行传感器的调整、更换；ABS ECU 损坏只能更换。

3. 电控防抱死制动系统的故障检查方法

① 噪声。大多数ABS系统在工作时，都会产生一定程度的噪声。

② 制动不抱死。当车速超过30km/h进行紧急制动时，ABS系统工作，车轮不会抱死，制动拖印浅。

③ ABS工作时会引起踏板快速振动。但在常规制动系统工作时，引起踏板振动的原因一般是制动盘不平整。

4. ABS制动液的更换与排气

① 排空旧制动液。将软管一头接在打开的放气螺塞上，另一头插到一个容器中，接着用力踏制动踏板，从各制动分泵中放出全部制动液。

② 用无水酒精将制动系统清洗干净，接着用压缩空气将其吹干。

③ 加注新制动液至上限记号处，每车制动液的用量为0.55L。

④ 排除制动系统中的空气。

其一级管路排气是指制动总泵至分泵管路的排气，排气的操作方法与普通制动系统的排气完全相同。

其二级管路排气是指对ABS执行器（即液压单元）的排气，这种排气要求使用专用工具ELIT检测仪进行。

通常情况下，进行制动总泵和分泵管路维修时，只需要进行一级管路排气即可，只有在更换ABS执行器（液压单元）或制动液时，才需要进行二级管路排气。

【知识拓展】

(1) ABS系统与常规制动系统是不可分割的。

(2) 由于ABS电脑对过电压、静电非常敏感，所以维修时应注意。

① 在点火开关处于接通（ON）位置时，不要拆装系统中的电器元件和线束插接器，以免损坏电子控制装置。若要拆装，应先将点火开关断开。

② 用充电机给商用车上的蓄电池充电时，要从车上拆下蓄电池电缆线后才可进行充电。切不可用充电机启动发动机，也不要在蓄电池与商用车电器连接的情况下，对蓄电池进行充电。

③ 在车上进行电焊时，要戴好静电器，在拔下电脑插接器后再进行焊接。

(3) 制动液两年要求更换一次。

(4) 电子控制装置受到碰撞敲击也极容易引起损坏，因此，要注意使电子控制装置免受碰撞和敲击。

(5) 高温环境也容易损坏ABS电脑。

(6) 不要让油污沾染电子控制装置，特别是电子控制装置的端子，否则会使线束插接器的端子接触不良。

(7) 在蓄电池电压低时，系统将不能进入工作状态，因此，要注意对蓄电池的电压进行检查，特别是当商用车长时间停驶后初次启动时更要注意。

(8) 不要使车轮轮速传感器齿圈沾染油污或其他脏物，否则，车轮轮速传感器产生的轮速信号就可能不够准确，影响系统控制精度，甚至使系统无法正常工作。

(9) 由于在很多具有防抱死制动功能的制动系统中都有供给防抱死制动压力调节所需能量的高压蓄能器，在对这类制动系统的液压系统进行维修作业之前，切记应首先泄压，使蓄能器中的高压制动液完全释放，以免高压制动液喷出伤人。

(10) 具有防抱死控制功能的制动系统应使用专用的管路，因为该系统往往具有很高的压力，如果使用非专用的管路，极易造成损坏。

(11) 大多数防抱死控制系统中的车轮轮速传感器、电子控制装置和制动压力调节装置都是不可修复的，如果发生损坏，应该进行整体更换。

(12) 在对制动液压系统进行维修以后，或者在使用过程中踩制动踏板觉得变软时，应按照要求的方法和顺序对制动系统进行空气排除。

(13) 应尽量选用商用车生产厂推荐的轮胎，如要换用其他型号的轮胎，应该选用与原车所用轮胎的外径、附着性能和转动惯量相近的轮胎，但不能混用不同规格的轮胎，因为这样会影响防抱死控制效果。

(14) 在防抱死报警灯持续点亮情况下进行制动时，应注意控制制动强度，以免 ABS 失效而使车轮过早发生制动抱死。

(15) 装备 ABS 系统的商用车，其制动操作方法和没有装备 ABS 系统的传统商用车制动系统的方法是一样的。

【知识拓展】 商用车气压防抱制动系统

1. 气压 ABS 的组成

气压防抱制动系统（简称气压 ABS）与液压防抱制动系统的制动力控制原理相似，即通过轮速传感器检测车轮的转速，当车轮出现滑动/抱死趋势或现象时，ABS 电子控制单元 ECU 根据轮速传感器传送的信号，实时调节对应车轮的制动力，以避免车轮发生滑动/抱死，进而提高车辆紧急制动工况下的转向操纵性及行驶稳定性，确保驾驶者能够进行有效的紧急避让操纵及减少大多数路况下的紧急制动间隔。

气压 ABS 系统主要由电子控制单元 ECU、调节阀、轮速传感器、ABS 故障指示灯及诊断系统等组成。

2. 电子控制单元 ECU

电子控制单元 ECU 是气压 ABS 控制系统的核心部件，也是衡量 ABS 系统性能及功能等级的主要部件。根据安装形式的不同，ECU 主要分为驾驶室安装型（Cab-mounted）和车架安装型（Frame-mounted）两大类。ECU 与轮速传感器、调节阀、电源、指示灯、故障诊断连接器相连。在制动过程中，ECU 根据轮速传感器反馈的轮速脉冲信号（是否发生滑动/抱死趋势），通过控制调节阀的动作实时调节对应车轮的制动力，进而及时消除对应车轮的抱死倾向。

当气压 ABS 系统发生故障时，ECU 实时地将故障信息传递至 ABS 故障指示灯并转化存储为相应的故障码。ECU 还具有车载故障自动诊断功能。

对于装备缓速器的商用车，当气压 ABS 系统进入工作状态时，缓速器控制系统在接收到 ECU 发送信号后中止缓速器动作；当 ABS 停止工作后，ECU 触发缓速器重新进入正常工作状态。

3. 调节阀

在气压制动系统工作过程中，ABS 调节阀起到调节制动室气体压力的作用。在没有接收到 ABS ECU 的控制指令时，调节阀允许压缩气体自由通过，此时气体压力无衰减。ECU 控制调节阀的动作主要分为改变通往制动室的气体压力，或保持气压管路的现有压力。

典型的 ABS 调节阀总成由两只调节阀与一个中继阀（Relay Valve）组成。假如 ABS 具备牵引力控制功能，ABS 调节阀总成中还将集成一个牵引力控制阀。当调节阀采用独立结构时，调节阀应布置在气压管路中的中继阀之后，并尽可能接近其对应的制动室，以确保最佳的控制效果。

独立式调节阀通常具有三只气口，即进气口、输气口与排气口。

进气口（Supply Port）：接收来自快速开释阀或中继阀的压缩气体。

输气口（Delivery Port）：将压缩气体输进制动室。

排气口（Exhaust Port）：开释来自制动室的压缩气体。

ECU控制调节阀的基本原理如下：当车轮出现抱死倾向时，ECU发出控制指令触发电磁线圈，驱动进气口封闭及排气口打开；当排气口排出的气体足以消除车轮出现的抱死倾向时，ECU触发排气口封闭并根据现时制动状况，决定是否继续保持进气口封闭以维持现有压力，或打开进气口使制动室气压提升并循环上述动作。

4. 轮速传感器

轮速传感器由两大主要部件组成，即触发齿圈（Exciter）及信号拾取器（Pickup），另外还包括相关的导线及安装支架等。

触发齿圈，简单地说就是带齿形切口的圆环。最常见的触发齿圈采用100只等分齿，但是具体齿数最终由系统设计所决定。

信号拾取器，通常又统称为传感器。信号拾取器为封装件，根据外观可主要分为杆式拾取器及直角拾取器两种。当触发齿圈在其前方转动时，拾取器产生相应的电子脉冲，ECU根据该脉冲信号识别对应车轮的转速及加速/减速的速率。拾取器与齿圈之间间隔的细微增大将导致脉冲信号强度的骤然衰退，所以轮速传感器是由相互间间隔固定的拾取器、齿圈构成的一个整体，其间隔必须维持在商用车制造商规定的强制参数范围内。

轮速传感用具有多种安装形式。在商用汽车气压ABS中，最常见的是拾取器安装在轮毂内的支架中，方向正对着随车轮一起旋转的齿圈端齿面，而齿圈则安装在轮毂上。

气压ABS的系统构造根据采用的轮速传感器及调节阀的数目而定，商用车最常见的气压ABS可分为：4传感器/4调节阀（4S/4M）；6传感器/4调节阀（6S/4M）；6传感器/6调节阀（6S/6M）。

挂车最常见的气压ABS有2S/1M、2S/2M、4S/2M及4S/3M。

5. ABS故障指示灯

安装气压ABS的商用车，必须同时装备能够显示大部分ABS故障的黄色指示灯。内部（驾驶室内）ABS指示灯必须安装于驾驶者可直视的范围内，通常安装在仪表板上。

6. ABS车载故障自动诊断

固然ABS车载故障自动诊断装置并非法规强制项目，但是几乎所有商用车的气压ABS都具有自动诊断功能。通常，自动诊断系统通过安装在驾驶室内的ABS故障指示灯，或安装在ECU上的LED灯指示ABS系统存在的故障。维修人员可以通过如下方法诊断出ABS的系统故障：

ABS指示灯或LED灯的闪烁信号；

由专用诊断工具通过仪表板下方的接口读取系统存储的故障码。

7. 气压ABS的优越性

与常规气压制动相比，气压ABS得益于响应快捷的电子控制系统和接近车轮的ABS调节阀，因而具有更为灵敏及精确的制动力控制。商用车装备气压ABS的优越性主要包括：

① 加强车辆在恶劣路况下的控制能力；

② 缩短车辆紧急刹车的制动间隔；

③ 在减少交通事故的同时降低了运输成本；

④ 安装及维护成本低（相对于液压ABS），且对环境污染小。

8. 如何驾驶气压ABS商用车

气压ABS不同于液压ABS，所以某些针对液压ABS的操纵技巧并不适用于气压ABS。在制动装备气压ABS的商用车时，除了保持踩踏制动踏板的制动力稳定外，还需要额外留

意以下事项。

① 具体制动操纵与未装备 ABS 的气压制动系统一样。

② 在紧急制动时，使用点刹方法。对于快速行驶的气压 ABS 商用车，持续地将踏板踩到底仍有可能导致车辆出现制动跑偏或甩尾等制动失控事故。

③ 气压 ABS 启动防抱死功能时，驾驶者不会感受到如同液压 ABS 的制动踏板脉冲反弹（反馈）力或特别的循环制动噪声。

④ 制动过程中及时根据车辆的状态及踏板反馈力调整施加踏板的制动力，以保证车辆处于受控的制动状态。

参考文献

[1] 夏礼作，鲍利平. 东风系列柴油汽车结构与维修 [M]. 北京：机械工业出版社，2009.
[2] 周林福. 汽车底盘构造与维修 [M]. 北京：金盾出版社，2016.
[3] 刘文举. 柴油载货汽车故障诊断与检修实例 [M]. 北京：金盾出版社，2016.
[4] 赵学敏. 汽车底盘与维修 [M]. 北京：国防工业出版社，2003.
[5] 陈建宏，许炳照. 汽车底盘机械系统检修 [M]. 北京：人民交通出版社，2009.
[6] 许力. 经济型轿车底盘故障检修实例 [M]. 北京：金盾出版社，2013.
[7] 邓楚南. 轿车构造（上、下）[M]. 北京：人民交通出版社，1999.
[8] 杨艳芬. 汽车底盘构造与维修 [M]. 北京：中国人民大学出版社，2010.
[9] 么居标. 汽车底盘构造与维修 [M]. 北京：机械工业出版社，2003.
[10] 李春明. 汽车底盘电控技术 [M]. 北京：机械工业出版社，2004.
[11] 冯顺利. 汽车传动系检修 [M]. 哈尔滨：哈尔滨工程大学出版社，2011.
[12] 上汽通用汽车有限公司. 汽车手动变速器与驱动桥及检修 [M]. 北京：高等教育出版社，2016.
[13] 陈伟. 斯太尔富勒 RT11509C 变速器操纵机构的结构及故障分析 [J]. 汽车技术，1995，(9).
[14] 孙雷. 变速器和分动器的维护要点 [J]. 汽车运用，2012，(11).
[15] 魏建秋. 中重型柴油汽车底盘结构与维修 [M]. 北京：金盾出版社，2012.
[16] 周建钊. 底盘结构与原理 [M]. 北京：国防工业出版社，2006.
[17] 李文耀、姜婷. 工程机械底盘构造与维修 [M]. 北京：人民交通出版社，2016.
[18] 周林福. 汽车底盘构造与维修 [M]. 北京：人民交通出版社，2007.